*I manometri salgono lentamente, oltre l'ultima linea rossa.
Si fa un silenzio assoluto.
Talvolta, dietro ai vetri blindati, risplende un bagliore di fiamme.*

Ernst Jünger, *Irradiazioni*, 1942.

"Ho sentito dire che gli abitanti dello Utah stanno intentando causa al governo federale. Per come furono condotti i test militari, quarant'anni fa…"
"Oh!" fece Doughty. "Le pecore a due teste e quelle cose lì… Di notte, se si sta sottovento rispetto alle zone in cui furono condotti i test, si incontrano ancora spettri e magri notturni… Le Montagne Rocciose… è meglio non andarci con la luna piena".

Bruce Sterling, *L'impensabile*, 1991.

Tschernobyl – Harrisburg – Sellafield – Hiroshima

Kraftwerk, *Radioactivity*, 1991.

"Se non abbiamo imparato da Chernobyl, dobbiamo fare in modo che Fukushima sia un vero punto di svolta".

Natalia Mironova, ingegnere termodinamico e attivista, 2011.

Harvey Wasserman e Norman Solomon
con la collaborazione di Robert Alvarez e
Eleanor Walters

Cavie Umane

L'America e l'energia nucleare: cronaca di un disastro annunciato

**Edizione italiana a cura di   Raffaello Bisso
e Andrea Lombardi**

**Traduzione di
Raffaello Bisso e Dino & Simona Oddo**

Nel 1947 Albert Einstein scrisse:

Attraverso la liberazione dell'energia atomica, la nostra generazione ha portato al mondo la forza più rivoluzionaria dai tempi della scoperta preistorica del fuoco. Questo potere elementare dell'universo non può essere asservito al concetto superato dei ciechi nazionalismi. Perché non vi è segreto e difesa, né possibilità di controllo se non attraverso l'attenta consapevolezza e insistenza delle genti del mondo.
Noi scienziati riconosciamo la nostra ineludibile responsabilità di far comprendere ai nostri amici cittadini gli elementi base dell'energia atomica e delle sue implicazioni per la società. In ciò sta la nostra sola sicurezza e la nostra sola speranza – noi crediamo che una cittadi-nanza informata agirà per la vita e non per la morte.

È a questa fede in una cittadinanza informata che dedichiamo questo libro.

Harvey Wasserman
Norman Solomon
Robert Alvarez
Eleanor Walters

COPYRIGHT DELL'EDIZIONE ITALIANA
© 2016

Soldiershop

Prefazione all'edizione italiana

Cavie umane, nell'originale *Killing Our Own* (letteralmente, "Uccidendo i nostri", inteso come i nostri cittadini, i nostri soldati, noi stessi) nasce nel 1982, sotto l'ombra che si al-lunga a dismisura dell'incidente di Three Mile Island.
Oggi come allora, l'informazione libera da interessi, rispettosa della complessità dei temi legati all'energia, intellettualmente onesta (*non* "*equidistante e indipendente*", perché un autore serio prende sempre posizione) non era e non è abbastanza presente per aiutare il pubblico a trovare il filo delle cose.
L'attualità di *Killing Our Own* si è purtroppo riproposta puntualmente: mentre ne veniva ultimata la presente edizione le notizie da Fukushima hanno invaso i media ed è apparso evidente ancora una volta come le storie di sofferenze, malgoverno e manovre più o meno occulte che *Killing Our Own* denuncia non siano esclusiva degli Stati Uniti.
Il lettore purtroppo ritroverà configurazioni familiari: come nella centrale giapponese prima dello *Tsunami*, superficialità nella manutenzione e nei controlli, procedure non ri-spettate per risparmiare, ecc.
E dopo il manifestarsi di gravi pericoli per l'uomo e per l'ambiente, soppressione di do-cumenti, intervento selettivo sulla divulgazione di studi e statistiche (a seconda dell'esito, ovviamente), confusione deliberata dei termini del problema a mezzo stampa fino al falso scientifico, tenuto in vita il più possibile, dell'esistenza di un dosaggio sicuro; tutto questo è già in *Killing Our Own*, che riporta anche di campagne di diffamazione e attacchi alla carriera di ricercatori i cui risultati non erano in sintonia con gli interessi militarindustria-li; e secretazione di dati per sottrarli ad analisi statistiche estensive. Scienza che diventa pseudoscienza dietro la sollecitazione di certi poteri.

Precisiamo però che questa edizione è estranea agli allarmismi e ancora più ai complotti-smi che semplificando l'immagine della scienza e della tecnologia, giocano sulle tracce dell'"analfabetismo" scientifico di cui è variegata la coscienza civile italiana e che, pe-sando sulla politica quanto sul comune sentire, tanto favoriscono il declino generale del nostro Paese. Tale declino, causato dalle "rappresentazioni deformate della conoscenza", rischia di trasformarlo sì in "appendice turistica del mondo civile"[1], ma pure abbellita da mostruosi, costosi ventilatori che sprecano i nostri paesaggi più belli senza influire che in percentuale minima sul bilancio energetico reale.
L'Italia rappresenta un caso a parte, in senso negativo purtroppo, perché la possibilità di una indipendenza energetica dell'Italia dall'egemonia dell'industria del petrolio e di una ricerca anche in campo nucleare indipendente dalle manovre della politica venne scongiu-rata sin dai primi anni del dopoguerra dai casi Mattei-Ippolito-Marotta[2]. Chi vorrà leggere anche per sommi capi di queste vicende, scoprirà, oltre ad appassionanti trame *gialle* de-gli anni del boom, tante risposte ai perché che tutti ci poniamo sulle magagne del nostro Paese.

La ricerca di base e applicata in Italia – come la sua rappresentazione – soffrivano e sof-frono ancora di incomprensione nella cultura di massa, ma ancor più degli ostracismi o

[1] E. Bellone, *Scienza negata - Il caso italiano*. Codice Edizioni, Torino, 2005.
[2] Ibid, pp. 12-13. V. anche *Gli U.S.A. contro la sovranità energetica e scientifica italiana*, seconda parte, in "Indipendenza" n. 13, maggio-giugno 2010.

della lottizzazione da parte della politica. In un Paese la cui preparazione scientifica media è tra le ultime del mondo, emerge la criticità delle fonti di informazione indipendenti da lottizzazione e interessi di parte, dagli interessi ciechi del militare-industriale.

Perciò *Cavie umane* oggi più che mai può aiutarci a un bilancio e a una presa di distanza, speriamo un superamento, delle costose tare del sentire pubblico italiano. Ripercorrendo utilmente, ad esempio, i trascorsi che hanno portato alla nascita di un movimento di opinione o meglio di presa di coscienza collettiva negli USA già a metà degli anni '60, precursore dei movimenti *No Nukes* degli anni '80, che poi hanno attecchito e furoreggiato in Europa – e che in Italia hanno portato, tra l'altro, al referendum del 1987.

Oggi deve essere chiaro che le scelte energetiche sono scelte tra modelli di società. Il messaggio di *Cavie umane* è che il cittadino deve pretendere e cercare informazioni e storie di prima mano per esprimere scelte tra alternative possibili articolate, evitando di fermarsi al "sì o no" che ovviamente s'impone quando ci si trova davanti la scheda di un referendum. Il cittadino informato, prima di preferire, deve sapere quanto costi una scelta, a partire dalla sicurezza della risorsa, dalla sua origine mineraria, al trasporto, alla gestione, alle conseguenze a medio e lungo termine della fase estrattiva e dello smaltimento. Alla possibile trasparenza nelle fasi critiche, in cui possono essere invocate criticità militari che deviano le informazioni su binari extrademocratici.

In gran parte dell'Occidente, informazioni falsate o semplificate nella mentalità collettiva si polarizzavano tra una fiducia pedissequa e disinteressata e un ritrarsene in base a paure irrazionali, impedendo il formarsi di quella *informed citizenship* einsteniana – premessa della discussione e della presa di posizione informata e partecipata – che è scopo e argomento di questo libro.
Che viene proposto ora *anche* nella speranza che un eventuale ritorno dell'Italia al nucleare non sia, come purtroppo si prefigurava di recente, un altro costosissimo passo falso di un Paese in via di sottosviluppo, come amavano dire negli anni '70 profeti mai ascoltati.

Raffaello Bisso, 2011.

Introduzione[3]

Questa è l'agghiacciante storia dei danni che sono già stati causati al nostro popolo – ai bambini più che agli adulti – dallo scatenamento del potere dell'atomo. Sono esaminate la sperimentazione delle armi nucleari, le negligenti procedure nell'industria nucleare, e i problemi con le nostre centrali nucleari. Tratta anche il danno futuro che ci si aspetta dalla mutazione dei nostri geni a causa delle radiazioni.

Più di tre decenni e mezzo sono passate dal primo test atomico a Alamogordo, nel New Mexico – 16 luglio 1945 – e le susseguenti detonazioni a Hiroshima e Nagasaki. Da quel momento i nostri militari hanno fatto esplodere più di 700 bombe atomiche sul nostro suolo continentale e nel Pacifico. Molti degli effetti sulla salute iniziano a farsi sentire solo adesso.

Non sembra casuale che stiamo patendo attualmente una epidemia nazionale di cancro, nella quale un americano su cinque muore di quel terribile male. Potrebbe essere plausibile e prudente assumere che il fallout radioattivo che abbiamo introdotto nell'atmosfera globale, letteralmente tonnellate di materiale soltanto dai test delle bombe atomiche, rappresenti un fattore significativo oltre all'inquinamento industriale e al fumo di sigarette. Sin dagli anni '50, l'americano Linus Pauling e il russo Andreij Sakharov – entrambi premi Nobel – avevano avvertito che letteralmente milioni di persone sarebbero morte in tutto il mondo a causa di queste esplosioni sperimentali.

Vi sono state delle "cavie da laboratorio" americane che hanno ampiamente confermato queste previsioni. Come questo libro documenta per la prima volta, subito dopo le esplosioni di Hiroshima e Nagasaki, soldati americani furono lì inviati per aiutare a rimuovere le macerie. Non furono avvertiti che vi era pericolo nel bere l'acqua contaminata e respirare la polvere radioattiva. Molti di questi uomini avvertirono gli effetti letali delle radiazioni delle bombe quasi immediatamente. Nonostante le facili rassicurazioni dal nostro governo, essi avevano sofferto uno straordinario tasso di rari tumori, che potevano soltanto essere stati causati da quelle radiazioni.

Tragedie simili hanno colpito soldati americani presenti alle numerose sperimentazioni di bombe seguenti. Dal 1945 ai primi anni '60, circa 300.000 uomini e donne con l'uniforme dell'*US Army* furono esposti alle radiazioni dai test atmosferici, sottomarini e sotterranei. I militari volevano conoscere come gli eserciti reagissero agli armamenti atomici in guerra, e usarono i soldati americani per scoprirlo. Anche se il Pentagono ha da sempre insistito che vi era poco o nessun pericolo derivante da questi esperimenti, gli autori presentano qui prove irrefutabili, emerse solo gradualmente, che molti dei nostri GI hanno sofferto e sono morti di leucemia, cancro, insufficienze respiratorie croniche, debolezza muscolare progressiva, e disturbi mentali. Ancor più tragicamente di tutto, alcuni dei loro bambini sono stati partoriti con handicap fisici e mentali.

Eppure, a dispetto di prove schiaccianti, la *Veterans Administration* ha categoricamente rifiutato di ammettere che vi sia una qualunque prova che queste infermità fossero dovute a cause di servizio, ai veterani, le loro vedove e i loro figli sono sempre stati negati dei risarcimenti.

---

[3] La presente introduzione all'edizione originale del 1982 fu scritta dal noto pediatra dottor Benjamin Spock (1903-1998), autore del fortunato libro *Baby and Child Care*, del 1946, NdE.

Naturalmente, nessun caso individuale di leucemia o cancro, o difetto di nascita ha un'etichetta con scritto esattamente cosa lo ha causato. Ma le statistiche, raccolte dai veterani stessi, mostrano che i test erano responsabili.

Con scioccante insensibilità, il nostro governo rifiutò persino di divulgare la lista di quelle centinaia di migliaia che furono deliberatamente esposte, una lista che avrebbe grandemente aiutato nella tempestiva individuazione di altri cancri e salvare centinaia di vite.

I civili così sfortunati da vivere sottovento ai test, in città come St. George, nello Utah, e Fredonia, in Arizona, patirono anche loro infermità e morte. Furono rassicurati dalla *Atomic Energy Commission* che le radiazioni non gli avrebbero fatto alcun male. Ma negli anni seguenti, furono tormentati da uno scoppio di cancri e leucemia che poteva provenire soltanto dal fallout dei test. Eppure, come i veterani, incontrarono un muro di gomma di smentite governative.

Storie inquietanti iniziano a venire alla luce anche tra le persone e gli animali viventi vicino alle fabbriche di armi nucleari, ai siti di estrazione e di stoccaggio delle scorie, impianti di lavorazione dell'Uranio, e centrali elettronucleari. Allevatori nella Pennsylvania centrale, per esempio, iniziarono a osservare delle anormalità nei loro animali quando l'Unità 1 di Three Mile Island entrò in funzione nel 1974. Riferirono poi problemi molto peggiori nella scia dell'incidente all'Unità 2 nel 1979. Molti animali diventarono sterili. Altri svilupparono dei comportamenti bizzarri. Cuccioli nacquero con delle marcate deformità. Questi allevatori avevano visto queste anormalità solo raramente in passato. Adesso erano ricorrenti ripetutamente e in molti allevamenti. Ma gli ispettori del governo produssero dei rapporti che negavano spregiudicatamente la maggioranza delle anormalità, che erano già state notate da degli osservatori neutrali. In realtà, gli ispettori non visitarono nemmeno alcune delle fattorie sulle quali avevano steso dei rapporti. Addossarono la colpa delle poche anomalie che ammisero di aver trovato sulla cattiva gestione e l'ignoranza da parte degli allevatori.

Gli allevatori residenti vicino alla fabbrica di Plutonio di Rocky Flats in Colorado, vicino al centro di rilavorazione del combustibile nucleare a nord dello stato di New York, vicino a una discarica di scarti di una miniera di Uranio nel Colorado, e presso a quattro diversi siti di reattori – incluso Three Mile Island – hanno lamentato difetti e infermità simili tra i loro animali. Essi hanno documentato lo stesso tipo di problemi apparsi per la prima volta sin dagli anni '50 nelle pecore colte sottovento dalle detonazioni dei test nucleari.

Prove parallele sono ora a portata di mano, da comuni cittadini e da ricercatori indipendenti, che i tassi di mortalità infantile e di cancro e leucemia sono cresciuti tra gli umani viventi vicino ai reattori nucleari.

La risposta del governo fu di nuovo un condiscendente e totale diniego.

Il resoconto degli stessi studi sulla salute governativi è macchiato da gravi scandali e da palesi insabbiamenti. Negli anni '60, la *Atomic Energy Commission* assunse un esperto d'eccellenza di nome Thomas Mancuso per esaminare la salute dei lavoratori alle installazioni nucleari come la fabbrica di armi di Hanford nello stato di Washington. Ma quando scoprì, dopo più di un decennio di ricerche, come vi fosse un elevato tasso di cancro a Hanford, il governo lo licenziò e cercò di confiscare i suoi dati. Altri scienziati d'alto livello, inclusi i Dottori John Gofman, Alice Stewart, Karl Z. Morgan, Rosalie Bertell, e Irwin Bross, sono stati censurati, molestati, privati delle loro borse di studio per aver difeso i loro studi, che mostravano come agli umani e gli animali venisse fatto del male.

Il nostro governo commissionò un vasto studio delle vittime giapponesi a Hiroshima e Nagasaki. Ma le informazioni furono tenute segrete, e usate in seguito in una maniera che portò a accuse di manipolazioni e deliberato occultamento dei pericoli delle radiazioni. Ora, quasi quattro decenni dopo, è diventato evidente che le radiazioni rilasciate sono dieci volte più pericolose che chiunque avesse creduto possibile prima, non solo verso coloro che furono uccisi all'epoca ma anche verso i "sopravissuti".

Vi sono dei grandi pericoli potenziali nell'industria dell'energia nucleare che il nostro governo e le aziende di pubblica utilità minimizzano costantemente. Il più drammatico è il pericolo di una fusione nucleare, la quale potrebbe uccidere molte migliaia di persone immediatamente, e anche di più con i suoi effetti postumi. L'incidente a Three Mile Island rivelò che il governo e le aziende di pubblica utilità non hanno il pieno controllo di questa tecnologia. Per molti giorni non riuscirono a sapere cosa era andato storto, o cosa fare in merito. Vi fu trascuratezza nella manutenzione. Non vi erano dei piani adeguati a fronteggiare un tale disastro. Parte dell'equipaggiamento era fondamentalmente mal progettato. Le risposte del governo e delle aziende di pubblica utilità all'epoca e in seguito alle accuse che le radiazioni avevano già causato danni a neonati e animali, mostrarono ancora che il loro impulso predominante era quello di rassicurare il pubblico che non c'era niente di grave e non vi fosse un pericolo reale – anche quando non vi era una base tecnica o morale per queste dichiarazioni.

Vi sono poi anche dei problemi connessi alle radiazioni a basso livello che fuoriescono da tutti questi reattori. Questo libro documenta due casi – Three Mile Island e Arkansas Nuclear One – dove sono state raccolte solide prove indicanti un aumento del tasso di mortalità infantile derivante da queste emissioni. Alcuni scienziati hanno denunciato come i tassi di mortalità infantile siano aumentati anche attorno ad altri reattori. Eppure, né il governo né l'industria hanno mai condotto un definitivo studio nazionale dei tassi di cancro e mortalità infantile nei pressi dei reattori nucleari, anche se sarebbe abbastanza facile eseguirlo.

Il pericolo sorge anche dalla produzione del combustibile e dal suo trasporto, e dal trasporto e dallo stoccaggio permanente delle scorie nucleari, queste ultime rappresentanti un problema per il quale anche i governi ammettono non ci sia soluzione.

Come documenta questo libro, i problemi della salute sono già sorti perfino dallo stoccaggio a breve termine di questi mortali veleni radioattivi. Tuttavia, i leader governativi e industriali continuano a cercare di rassicurarci.

Tutto ciò mi ha da tempo convinto che non possiamo fidarci di queste persone e, cosa ancor più importante, questa energia nucleare è troppo pericolosa per averla in giro. Ma è chiaro che il nostro governo è impegnato così a fondo nelle armi nucleari e nell'energia nucleare che ignorerà le prove più schiaccianti, negherà la verità, metterà in pericolo la salute e anche la vita stessa, e cercherà di infangare la reputazione degli scienziati che sono in disaccordo con le sue politiche.

Le sperimentazioni atomiche nell'atmosfera cessarono con la messa al bando dei test nel 1963. Tuttavia, le sperimentazioni sono continuate con le esplosioni sotterranee, assumendo che le radiazioni possono essere contenute. L'attuale amministrazione ha richiesti addirittura altri test. Ma molte di queste esplosioni hanno fatto fuoriuscire dei quantitativi pericolosi di radiazioni. Il famigerato test *Baneberry* nel Nevada fece fuoriuscire migliaia di volte le radiazioni dell'incidente a Three Mile Island.

Sono realmente necessari questi esperimenti?

Un paio di anni fa, Norris Bradbury, un ex direttore del Laboratorio di Los Alamos, dove fu progettata la prima bomba atomica, e Hans Bethe, vincitore del premio Nobel per i suoi risultati nella fisica nucleare, scrissero una petizione (appoggiata dalla Federazione degli Scienziati Americani) al Presidente Carter richiedente la cessazione degli esperimenti. Essi puntualizzarono come l'affidabilità meccanica dei nostri armamenti nucleari era stata provata "quasi esclusivamente attraverso una sperimentazione non nucleare"; e che era stata "raro al punto di essere inesistente" che un test nucleare sia stato necessario per risolvere un qualunque problema nel nostro arsenale nucleare. E allora perché andare avanti?

Io credo ardentemente che non appena vi sia un fondato sospetto di pericolo da una qualunque fonte così maligna come le radiazioni, allora è tempo di fare ogni sforzo per eliminarla. Mi sento particolarmente toccato sulle radiazioni perché i bambini sono molto più vulnerabili che gli adulti – non solo per quanto riguarda la possibilità di sviluppare la leucemia e il cancro, ma anche di essere messi al mondo con difetti fisici o mentali. E una volta che le mutazioni sono state indotte nei geni, saranno trasmesse geneticamente per sempre. Che diritto abbiamo di minacciare di deformità o morte quelli che sono troppo giovani per protestare o i bambini non ancora nati?

Che diritto abbiamo come cittadini adulti di permettere al nostro governo di prendere questo potere di maleficio nelle sue mani?

Tale danno sarebbe già abbastanza grave se non vi fossero alternative. Ma io credo che il rischioso e insensato accumularsi di armi nucleari e la loro diffusione in sempre più nazioni potrebbe cessare se i nostri cittadini chiedessero al nostro governo di cessare di temporeggiare e di intraprendere un negoziato per un vero disarmo nucleare con la Russia. Il danno causato dal mero costruire queste bombe in posti come Rocky Flats sarebbe quindi pure eliminato.

Potremmo risolvere il problema del nostro fabbisogno energetico senza i rischi multipli dell'energia nucleare se il nostro governo provvedesse delle direttive per il risparmio energetico e lo sviluppo di fonti non inquinanti e rinnovabili, come il solare, l'eolico, e l'energia mareomotrice.

Solo voi, come cittadini partecipi, potete bloccare la terrificante piaga dell'energia nucleare e delle armi nucleari. Ma prima dovete leggere le stime dei danni passati e futuri qui raccolte, in modo da formarvi un'idea indipendente. Quindi, se ne sarete convinti, sarete ben motivati a esercitare la vostra piena influenza.

dottor Benjamin Spock, 1982.

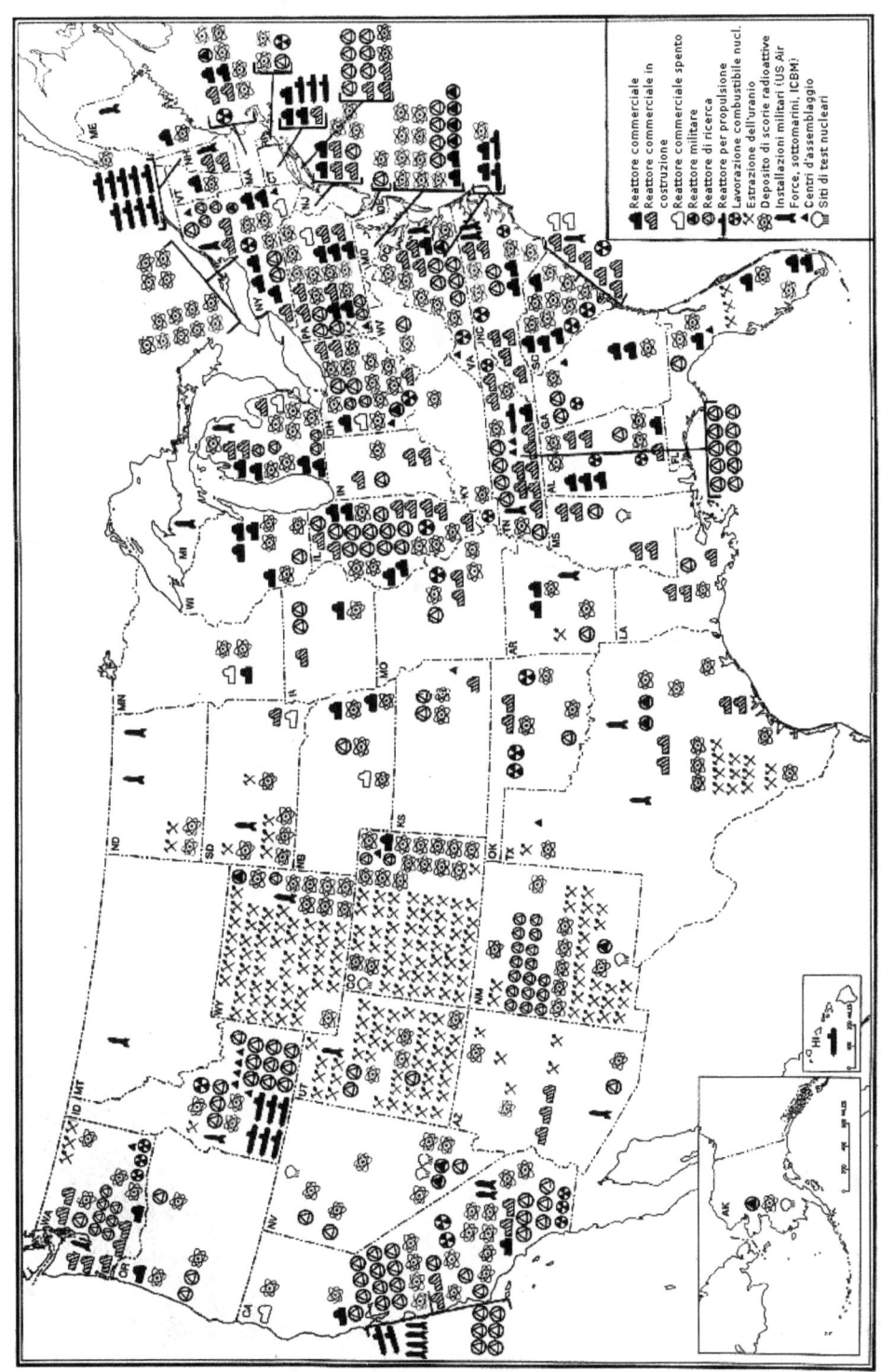

La radioattività negli Stati Uniti d'America nel 1982.

PARTE I - LE BOMBE

I.
I primi veterani dell'atomo

Come milioni di altri americani, il caporale dei *Marines* Lyman Eugene Quigley si sentì sollevato quando arrivarono le notizie di Hiroshima e Nagasaki.
Quigley, un uomo alto e prestante, affabile, capelli neri e lisci e sopracciglia folte; si era arruolato nei *Marines* a vent'anni, poco dopo Pearl Harbor. Lasciato il lavoro di assemblatore di motori elettrici nel nativo Illinois, Quigley fece l'addestramento come recluta e poi quello avanzato in California; nella primavera del 1943 era già su una nave trasporto truppe nel sud Pacifico diretto in Australia e Nuova Zelanda.
Inquadrato nella 2ª Divisione *Marines* passò più di due anni nel teatro del Pacifico e vide azione prima a Tarawa e Okinawa, poi a Tinian e a Saipan. Quigley restò poi nelle Isole Marianne, lavorando in una squadra di bulldozeristi dei *Marines* che spianava il terreno per una base area destinata ad essere usata dai *B-29* con carichi convenzionali e, due volte, con bombe atomiche.
"Sapevamo tutti che la guerra era finita, e che erano state usate bombe di tipo speciale", ricordava Lyman Quigley trent'anni dopo. "Io pensavo soltanto: la guerra è finita, me ne torno a casa, Eravamo così felici, che si tornava a casa. Ma non è andata così. Purtroppo".
Dopo che la tanto attesa resa formale ebbe luogo il 2 settembre, gli ordini che spettavano a Quigley non lo mandavano a casa, ma a Nagasaki.
Pace o no, la censura militare U.S.A. vietò l'accesso ai giornalisti a Hiroshima e Nagasaki sino a metà settembre. "La guerra era finita, ma la censura no", scrisse George Weller, corrispondente di guerra e Premio Pulitzer. "Ciò di cui il governo voleva si scrivesse erano i campi per i prigionieri di guerra [POW] nel nord del Giappone... lontano da dove le sorti della guerra erano state decise un mese prima"
Violando le disposizioni del Governo U.S.A. che aveva vietato alla stampa l'accesso al Giappone meridionale, Weller si diresse verso l'isola di Kyushu; il 6 settembre 1945 egli fu il primo civile occidentale di cui si abbia notizia che sia entrato a Nagasaki dopo il bombardamento atomico. Erano passate quattro settimane. "Uscendo dalla stazione scoperchiata di Nagasaki vidi una città abbrustolita come una mela al forno, carbonizzata e aperta sino al cuore...".
Weller si portò in cima a una collina per poter gettare uno sguardo dall'alto. Il lungo canale di accesso al porto sembrava innaturalmente deserto, con la luce ondeggiante di una nave da carico solitaria che mandava il suo fumo verso i moli calcinati e cadenti, le gru contorte". Riuscivamo a vedere lo stabilimento principale della Mitsubishi, sembrava uno *Zeppelin* schiantato di acciaio nudo e contorto, piegato come la costruzione del Meccano fatta da un bambino che sia stata calpestata. Nella forma generale pareva ancora quasi intatta, nonostante fosse quasi direttamente sotto la bomba. Il robusto soffitto aveva assorbito l'urto e fermato i raggi. I lavoratori erano stati più fortunati delle loro famiglie

to l'urto e fermato i raggi. I lavoratori erano stati più fortunati delle loro famiglie nelle case a un solo piano tutto attorno allo stabilimento. Tra loro ci fu la maggior parte delle vittime".

Un'ispezione delle forze Armate americane fu inviata nelle città che avevano subito la devastazione atomica; arrivò a Hiroshima l'8 settembre e a Nagasaki pochi giorni dopo. "In tutte le aree esaminate, la contaminazione con materiali radioattivi a livello del suolo risultava inferiore al livelli di rischio", dice la storia ufficiale dell'Esercito USA. Meno di due settimane dopo l'inizio del controllo delle due città giapponesi da parte della squadra di ispezione, il Dipartimento della Guerra annunciò che gli scienziati avevano accertato che la radiazione residua a Nagasaki non era preoccupante. La situazione però mancava di precedenti, e la comprensione degli effetti delle particelle derivate dalla fissione nucleare era agli albori. Il 23 settembre, 45 giorni dopo il bombardamento, le truppe di occupazione USA sbarcavano nel porto di Nagasaki.

"Arrivavano a bordo delle Jeep", raccontava Kayano Nagai pochi anni dopo. Aveva quattro anni quando vide le forze di occupazione entrare nella sua città. "Papà mi disse che erano *Marines* e molti di loro erano studenti di college. Erano tutti molto affabili e avevano maniere gentili, e ogni volta che dicevamo *Haro* ci davano cioccolata e gomma da masticare". Gran parte di Nagasaki era in rovine. La madre di Kayano e un numero stimato di ottantamila altri abitanti di Nagasaki erano stati uccisi dal bombardamento atomico; migliaia di altri erano agonizzanti.

"Andavamo per Nagasaki impreparati e restavamo orribilmente scossi da quello che vedevamo", ricordava Lyman Quigley molti anni dopo. "Davvero, eravamo ignari di quale diavoleria infernale fosse la bomba". "Eravamo senza alcuna idea riguardo a quanto avremmo visto. Non avevamo ricevuto alcuna informazione. Eravamo increduli, sciocccati, comunque stupefatti. Era una visione raccapricciante. I cadaveri venivano ancora bruciati all'aperto. I capelli delle donne cadevano, le teste degli uomini erano lisce e tutti avevano piaghe purulente sulla testa, sulle orecchie, da tutte le parti".

Per quanto fosse spaventosa la vista di tutta quella sofferenza, per il momento sembrava riguardare soltanto altre persone.

Quigley e altri soldati della Compagnia C, 2° Battaglione Genio Pionieri, 2ª Divisione *Marines*, si aprirono un passaggio dai docks lungo una ripida collina; forti di circa 150 uomini, i *Marines* della Compagnia C si acquartierarono in un edificio scolastico parzialmente crollato sulla collina che si affacciava sul punto dove era esplosa la bomba atomica.

Gli ordini ricevuti non includevano insolite procedure o equipaggiamenti di sicurezza. Quigley e i suoi compagni bevevano l'acqua dalla rete cittadina, e lavoravano nel mezzo dell'area più duramente danneggiata senza alcun indumento protettivo e senza appositi equipaggiamenti. Non erano stati dotati di dosimetri fotografici personali[4] o altri sistemi per misurare la loro esposizione alla radioattività.

Quigley era responsabile di una squadra di *Marines* che con i bulldozer dovevano rimuovere i resti delle strutture crollate, portare via le macerie, liberare le strade e spianare il terreno. Per i *Marines* della Compagnia C le giornate si trasformarono in una impegnativa routine tra i detriti polverosi, spostando, trascinando, montando di guardia nel centro col-

---

[4] Il dosimetro personale a pellicola fotografica (*radiation-dose badge*) è un dispositivo usato per determinare l'esposizione individuale alle radiazioni ionizzanti È costituito da una tessera da indossare (*badge*) contenente un pezzo di pellicola fotografica sensibile al tipo di radiazione che si vuole misurare. La sua esposizione provoca l'impressione della pellicola, NdT.

pito di giorno e dormendo nel campo improvvisato nella scuola alla notte. Quigley acquistò dei kimono di seta per la sorella e per qualche ragazza del suo paese. Ma c'era poco tempo per il turismo e poche attrattive.

Verso la fine dell'autunno la maggior parte dei Marines lasciarono Nagasaki. Il 4 novembre, dopo 43 giorni passati a lavorare nelle macerie radioattive di Nagasaki, il caporale Quigley ricevette una *Good Conduct Medal* ("Noi la chiamavamo l'Anatra Zoppa[5]", come ricordava scherzando) e nel corso del mese fu rinviato negli Stati Uniti.

"Quando sono tornato, avevo bruciature, prurito, piaghe che si estendevano lungo la testa e sopra le orecchie", ricordava Quigley. Le piaghe gli ricordavano quelle degli abitanti di Nagasaki. Nel dicembre 1945, durante una normale visita di congedo, richiamò su di esse l'attenzione di un dottore "Lo classificarono nel mio profilo medico come un fungo, e fu un errore – adesso lo so". Inoltre: "Avevo una sensazione di caldo alle labbra. Me lo ricordo distintamente".

Il 21 dicembre 1945, Lyman Eugene Quigley fu congedato con onore dal Corpo dei *Marines*. Apparentemente, il suo servizio militare aveva tutti i crismi di una tipica storia americana. Il preoccupante retroscena radioattivo, con i suoi ironici e inquietanti colpi di scena, non si sarebbe manifestato per decenni.

Una vittoria di Pirro

Cinque mesi prima che Lyman Quigley tornasse a casa, il presidente degli Stati Uniti considerava le nuove prospettive dell'energia atomica. "Abbiamo scoperto la bomba più terribile nella storia del mondo", scrisse nel suo diario il presidente Harry S. Truman due settimane prima che gli Stati Uniti facessero esplodere ordigni nucleari sopra le città giapponesi di Hiroshima e Nagasaki. "Ho detto al Segretario alla Guerra, Mr. Stimson, di usarla su obiettivi militari, su soldati e marinai, non su donne e bambini". La bomba atomica, notava il presidente Truman, "sembra essere la cosa più terribile mai scoperta, ma può essere resa la più utile".

Truman ponderava le opzioni disponibili all'indomani dell'esplosione sperimentale della prima bomba atomica il 16 luglio 1945. Uno scoppio nucleare denominato *Trinity*, nel deserto del New Mexico, era stato lo spettacolare trionfo dei partecipanti all'ultrasegreto Progetto Manhattan che aveva sviluppato la bomba.

Ma alcuni ricercatori del Progetto Manhattan si sentivano a disagio riguardo alla nuova arma. Avvertimenti come il rapporto confidenziale Franck, che gli scienziati avevano presentato al Segretario alla Guerra Stimson, spingevano per un'esplosione dimostrativa di una bomba atomica su un obiettivo scarsamente popolato. In ogni caso, come sottolineò in seguito il principale estensore del Rapporto Franck, il dottor Eugene Rabinowitch, "[…] la macchina da guerra americana era lanciata a tutta forza e nessun appello alla ragione poteva fermarla".

Al Dipartimento della guerra americano, gli ufficiali anziani ritenevano che "fosse molto importante dimostrare che la bomba era un armamento efficace, e giustificare così i suoi alti costi", osservò David H. Frisch, un fisico che aveva lavorato al Progetto Manhattan.

---

[5] Il *Ruptured Duck* era un distintivo indicante che il portatore aveva terminato con onore il servizio assegnato e poteva considerarsi in congedo. Fu conferito ai militari degli Stati Uniti dal 1939 al 1946, NdT.

Frisch ricordava che gli esperti militari americani erano impazienti"di usare la bomba prima di tutto dove i suoi effetti fossero non soltanto politicamente efficaci ma anche tecnicamente misurabili".

Il direttore del Progetto Manhattan, il generale Leslie R. Groves, ricordò come fosse "desiderabile che il primo bersaglio fosse di dimensione sufficiente perché i danni fossero confinati al suo interno, in modo da poter determinare in modo più certo la potenza della bomba". Per la stessa ragione, i criteri di scelta delle città bersaglio includevano l'assenza di precedenti bombardamenti. Trentacinque anni dopo i bombardamenti atomici di Hiroshima e Nagasaki, il governo degli Stati Uniti le elencava tra i "Test nucleari annunciati degli Stati Uniti"[6].

"Nessuno sa in realtà quante persone siano state uccise a Hiroshima: può essere una cifra tra 60.000 e 300.000", commenta il dottor Robert Jay Lifton, il cui studio sui sopravvissuti alla bomba A vinse il *National Book Award*. "La città di Hiroshima ne stima 200.000. Dipende dal modo in cui si conta, dai gruppi che si considerano, se si includono quelli che sono morti in seguito. E dipende da fattori emotivi che influenzano chi fa la stima. È significativo che le stime americane tendono ad essere più basse di quelle giapponesi".

A Tokio, la disorientata classe dirigente giapponese non ebbe molto tempo per valutare il caos catastrofico e senza precedenti di Hiroshima. Tre giorni dopo un altro lampo accecante – stavolta basato sul Plutonio invece che sull'Uranio, ed innescato con un più sofisticato sistema ad implosione – devastava Nagasaki. In entrambe le città, a dispetto delle buone intenzioni del diario di Truman, donne e bambini furono le prime vittime insieme a diverse migliaia di americani di origine giapponese, mandati in Giappone all'inizio della guerra[7]. E non meno di undici prigionieri di guerra americani detenuti ad Hiroshima morirono nel bombardamento[8].

"Tutti i partecipanti dovrebbero essere profondamente soddisfatti per il successo dell'operazione", riportava il Brigadiere Generale Thomas F. Farrell a proposito del bombardamento di Nagasaki, in un memorandum per il Generale Groves. Ma quando la guerra finì pochi giorni dopo, secondo il giornalista Lansing Lamont, al laboratorio di Los Alamos nel New Mexico, "In quella notte di agosto più di uno scienziato, senza aver bevuto un goccio, andò vagando nell'oscurità in preda alla nausea"[9].

I politici americani senza dubbio erano ansiosi di comunicare l'immagine del un ritorno alla normalità a Hiroshima e Nagasaki nel più breve tempo possibile. Quando le truppe di occupazione americane raggiunsero Nagasaki nel tardo settembre 1945, erano lì soprattutto per cercar di rassicurare un mondo inquieto.

---

[6] Vedi appendice D.

[7] Circa 600 sopravvissuti tornarono a casa, in gran parte in California e alle Hawaii. Per quanto fossero cittadini U.S.A., nessuno riuscì ad ottenere assistenza medica dal governo per gli effetti delle radiazioni dovute ai bombardamenti atomici. Cfr. *San Francisco Chronicle*, 12 maggio 1979, p. 30; *American Atomic Bomb Survivors. A Plea for Medical Assistance* (San Francisco: National Committee for Atomic Bomb Survivors in the United States, 1979).

[8] "Documenti governativi e testimonianze del personale provano che gli U.S.A. hanno tenuto nascoste le informazioni su questi caduti per 34 anni", secondo lo storico Barton J. Bernstein. Il governo mantenne il silenzio sulla sorte dei prigionieri di guerra, secondo il professore della Stanford University, "in modo da non danneggiare o indebolire la reputazione dei leader U.S.A. e per scongiurare dubbi di tipo morale da parte dei cittadini riguardo all'uso delle atomiche in combattimento", United Press International, dateline San Francisco, conferenza stampa di Barton Bernstein del 23 luglio 1979. Vedi anche "*New York Times*", 21 agosto 1979.

[9] Lansing Lamont, *Day of Trinity*, New York, Atheneum, 1965, p. 268.

I circa 1.000 *Marines* e il piccolo distaccamento di *Seabees*[10] della Marina che entrarono a Nagasaki sei settimane dopo il bombardamento nucleare furono assegnati nell'area devastata attorno al centro dell'esplosione. Con compiti di pulizia, giunsero a destinazione mentre i comandi militari americani annunciavano che gli scienziati non avevano trovato a Nagasaki radiazioni residue di cui preoccuparsi. Due settimane più tardi, con operazioni di portata più limitata, le truppe dell'esercito americano entrarono nella zona di Hiroshima.

Ciò che dovettero subire nei decenni successivi ricorda da vicino il calvario del gran numero di americani vittime delle radiazioni, costantemente ignorati e rinnegati proprio dalle istituzioni responsabili di aver causato i loro problemi.

Senza un posto nella storiografia ufficiale, molti di questi veterani soffrirono in privato, ritrovandosi, al raggiungimento della mezza età, con malattie invalidanti e spesso rare. Alcuni svilupparono malattie terminali legate al midollo osseo e alla produzione di sangue, problemi biologici da tempo associati all'esposizione a radiazioni. Ad altri successe di venire affetti da attacchi cardiaci, gravi problemi ai polmoni, dolori alle ossa e alle giunture, stanchezza cronica e strani disturbi della pelle a un'età insolitamente giovane.

La questione di fondo del dibattito su questi veterani è se essi abbiano sofferto di un'incidenza significativamente maggiore di malattie rispetto agli altri americani maschi della stessa età. I problemi di salute di questi veterani erano meramente casuali, o rappresentavano un'incidenza straordinariamente alta di particolari malattie, legata ai compiti da loro svolti tra i detriti radioattivi dei bombardamenti?

Normalmente, in base alle tabelle mediche di incidenza, tra gli americani ultracinquantenni ci si può aspettare una media di 1.5 casi ogni 1.000 di mieloma multiplo, una forma di cancro del midollo osseo. Normalmente pertanto ci si potrebbe aspettare che un singolo caso di mieloma multiplo si manifestasse negli anni tra i 1.000 *Marines* presenti di routine nel raggio di un miglio dal centro dell'esplosione di Nagasaki durante le ultime settimane del settembre 1945. Abbiamo trovato cinque casi di mieloma multiplo tra questi Marines: un'incidenza estremamente alta di malattia terminale del midollo osseo.

Altre malattie del sangue – come malattia di Hodgkin, mielofibrosi e leucemia – sono documentate tra i veterani e le loro vedove. Anche altre malattie dolorose e invasive divennero comuni.

La bomba presenta il conto

Nell'autunno del 1946 – un anno dopo le bombe sul Giappone – Lyman Quigley si trasferì a Portland, nell'Oregon, dove andò a lavorare presso la compagnia dei trasporti cittadina. Presto cominciarono forti attacchi di dolori addominali". Mi svegliavo alla notte piegato in due dai dolori. Era sempre peggio. Sembravo uno spettro. Impossibile da descrivere. Dovreste passarci per sapere com'è. Una tortura". Nel dicembre del 1951 i medici asportarono l'appendice di Quigley. I dolori allo stomaco, comunque, continuarono. In seguito sviluppò un tumore allo stomaco.

Un giorno, nel marzo del 1953, Quigley ebbe un'improvvisa emorragia ai polmoni e perse sangue per più di una settimana. Gli si formò una cicatrice su un polmone. Aveva 31 anni, era sposato e con figli. "I medici mi dissero che non riuscivano a immaginare cosa

---

[10] I *Seabees* ("api di mare") sono i Battaglioni costruttori della Marina Militare USA, addetti alla costruzione di basi, strade, aeroporti, etc., NdT.

mi stesse succedendo. A questo punto mi venne un sospetto". Dopo più di 25 anni, la sua memoria conservava vividamente il ricordo di quel giorno dell'estate del 1953 in cui parlò al suo medico del suo lavoro con il lavoro con il bulldozer tra le macerie radioattive di Nagasaki. "Il dottore allora comincia a fare grafici sulla lavagna intorno all'atomo, al tempo di dimezzamento e quella roba lì. D'un tratto si volta verso di me e dice: «Vorrei che lei non venisse più a trovarmi»".

Alla fine degli anni '50 sulla testa di Quigley spunta un fastidioso bernoccolo. Il tumore fu rimosso chirurgicamente, diagnosticato come lipoma (tumore benigno del tessuto adiposo). In seguito i medici rimossero "un tumore delle dimensioni di un uovo" dal suo ginocchio.

Dolore e debolezza alle gambe restavano. A questo punto Quigley manifestò problemi respiratori; gli fu diagnosticata una "malattia polmonare cronica ostruttiva". A 43 anni, ci fu un attacco di cuore: il primo di una serie di cinque.

Con la perdita del lavoro, le parcelle mediche superarono la copertura assicurativa di migliaia di dollari. "Chiedemmo prestiti impegnando la casa, l'auto, le coperture assicurative", ricorda Quigley.

All'inizio degli anni '70 il peggiorare delle condizioni di salute lo obbligarono a pensionarsi. Un assegno mensile di disabilità di 300 dollari, insieme a una pensione di 140 dollari del sindacato dei Teamster, alleviavano ben poco le sue difficoltà economiche. Bernice, sua moglie da un quarto di secolo, cominciò a prestare servizio in ospedali per far quadrare il bilancio. Nell'autunno del 1978 Lyman Quigley ebbe visite alla sua casa nella zona a nordest di Portland. Sofferente ma determinato, si sedette al tavolo della cucina coperto da pile di corrispondenza del Dipartimento della Difesa, dell'Ufficio dei Veterani, di scienziati indipendenti. Trentatré anni dopo essere sbarcato a Nagasaki, la storia personale e quella dell'energia atomica erano diventate per Quigley un tutto inestricabilmente.

Era un tipico americano, cresciuto durante la Depressione, orgoglioso del proprio servizio militare. Le sue opinioni politiche erano moderate; la sua rivista preferita, il *Reader's Digest*. Ciò che lo rendeva diverso era la convinzione che qualcosa di cui la storia non aveva parlato, si fosse infiltrato nel suo corpo, nei suoi organi e nelle sue cellule – e, così temeva, forse anche nel patrimonio genetico che aveva passato ai figli, Ron e Linda, allora ventenni.

"Quando mio padre cominciò a mettere insieme i fatti e a giungere alla conclusione che la sua malattia potesse derivare dall'esposizione alle radiazioni, trovammo che questo era più spaventoso che non sapere nulla", ricordò Ron. "Non era solo spaventoso ma ci esauriva emotivamente e finanziariamente... ricordo che a volte mio padre si isolava in un angolo della casa per due o tre giorni, soffrendo così tanto per i dolori al cuore, alle gambe, al petto, così senza fiato da non essere in grado di partecipare alle attività della famiglia o anche semplicemente di uscire a prendere la posta o passare qualche minuto fuori".

Per alcuni anni, con intensità crescente, Lyman Quigley aveva letto tutto quanto riusciva a procurarsi sulle conseguenze del fall-out atomico. In *Radiation*, l'autorevole libro di Ralph E. Lapp e Jack Schubert, trovò documentato il fatto che il serbatoio d'acqua potabile di Nagasaki dal quale lui e gli altri Marines avevano prelevato spensieratamente l'acqua potabile, era probabilmente radioattivo. A circa un miglio di distanza dal centro di Nagasaki, "nella zona del serbatoio di Nishiyama, il fallout stimabile in una dose di 100 röntgen – una dose considerevole se assorbita dal corpo umano".

Quigley aveva tentato di fare domanda alla *Veterans Administration* per ottenere benefici sociali legati alle attività svolte in servizio nell'autunno del 1973, sostenendo che il grave degrado della sua salute derivava dall'esposizione alle radiazioni mentre era a Nagasaki coma Marines. I funzionari della *Veterans Administration* con i quali parlò lo dissuasero dal fare domanda, dicendo che non c'erano speranza che venisse approvata. Due anni dopo Quigley ritornò e insistette per fare domanda. Nel gennaio 1976 la *Veterans Administration* emise un rifiuto. Dopo un incontro a Portland l'anno seguente, la *Veterans Administration* emise una sentenza in data 10 marzo 1978, ribadendo il rifiuto. "Cause di servizio per esposizione a radiazioni residue che coinvolgano cuore, polmoni, stomaco, testa e ginocchia non sono previste", dichiarava l'Amministrazione: "Si è determinato che le origini dei suoi attuali disturbi non sono legate al servizio".

A Nagasaki "la radioattività decadeva molto rapidamente ed era sparita del tutto cinque settimane dopo l'esplosione", affermava una nota scarabocchiata sulla pratica di Quigley. In una lettera del 1976, il Dottore John D. Chase, allora capodirettore medico dell'Amministrazione, scriveva: "I dati della Marina riportano che le navi non si sono avvicinate a Nagasaki prima che fosse trascorso un tempo sufficiente affinché la possibile radiazione residua non fosse scesa a livelli trascurabili".

Ma a questo punto Quigley sapeva che la bomba di Nagasaki conteneva Plutonio, che come è noto rimane più a lungo nei polmoni e in altri tessuti interni; il Plutonio decade così lentamente che ci vogliono 24.000 anni perché la sua letale radiazione α decada della metà. Altri isotopi radioattivi lasciati da una bomba atomica includono lo Stronzio 90, un radioisotopo che si fissa nelle ossa,[11] e il Cesio 137 che è assimilato dai muscoli.

A Lyman Quigley venne un sospetto. Che il suo fosse un problema comune tra i veterani, ora sparsi per gli Stati Uniti, che avevano raggiunto la cima di quella collina a Nagasaki in forza alla Compagnia C, 2° Battaglione Genio Pionieri, 2ª Divisione *Marines*.

Dopo 30 anni, non era facile rintracciare i vecchi commilitoni del gruppo che aveva sgomberato le macerie di Nagasaki. A tutti gli altri ostacoli si aggiungeva il fatto che la vita per Lyman Quigley era diventata un dolore continuo. Consultando vecchie rubriche, lettere ingiallite ed elenchi del telefono, per la fine del 1978 aveva localizzato cinque uomini della Compagnia C dei Marines.

Nella cittadina di Sparta, sulle montagne del Tennessee orientale, Junior Hodge – che era addetto ai bulldozer a Nagasaki con Quigley – aveva convissuto con l'anemia cronica negli ultimi vent'anni. "Sembra come se la forza mi abbandonasse", ci disse Hodge. Uno dei suoi testicoli si era ingrossato, mentre l'altro era quasi scomparso. "Non ho molti soldi, e non mi posso permettere di andare dai dottori", lamentò con voce strascicata. La storia di disturbi ai polmoni e allo stomaco di Hodge era virtualmente identica a quella di Quigley.

A Pittsburgh, Quigley rintracciò John Zotter; a Toledo, Ohio, Willard Good; a Berwyn, Illinois, Philip Leschina; in un'altra zona di Portland, William Gender. Inoltre Quigley trovò la madre di Floyd Crews, che aveva fatto parte della parte della Compagnia A addetta ai bulldozer; era morto nel 1972.

Quigley annotò tutto con cura e accumulò cartelle mediche e deposizioni. Stava emergendo un disegno, con alcune sorprendenti similarità tra le sofferenze di loro sette. Hodge, Good, Gender, Crews, e Quigley avevano sofferto di gravi problemi ai polmoni, che per alcuni avevano richiesto interventi chirurgici e che in tutti i casi avevano causato problemi respiratori cronici per decenni. Continui attacchi intestinali, cominciati pochi mesi do-

---

[11] Lo Stronzio-90, essendo chimicamente affine al Calcio, in quanto appartiene allo stesso gruppo chimico, può essere utilizzato dall'organismo al posto di quest'ultimo all'interno del tessuto osseo, provocando l'insorgenza di forme tumorali, specialmente negli organismi in fase di crescita. Inoltre il suo tempo di dimezzamento è di circa 28 anni, sufficientemente lungo per concentrarsi pericolosamente nell'ambiente ed essere assorbito dagli esseri viventi, NdT.

po aver lasciato Nagasaki, continuarono tutta la vita per Hodge, Zotter, Gender, Crews, e Quigley; ciascuno di loro sperimentò continui dolori alle gambe. E una pronunciata infestazione di strane piaghe essudanti e ulcerazioni alla pelle era stata comune tra Hodge, Zotter, Good, Gender, e Quigley.

Willard Good a metà degli anni '60 aveva cominciato una cura per la policitemia vera, un eccesso di globuli rossi che colpisce ogni anno un americano su 250.000. Nel 1976, a 53 anni, Good andò in pensione anticipata.

Molti dei soggetti hanno detto di aver provato un crollo fisico al raggiungimento della mezza età —come se fossero diventati molto più vecchi della loro età anagrafica. E ogni volta i medici specialisti non ci si raccapezzavano riguardo ai loro problemi.

Per la metà del 1979 Quigley aveva rintracciato un totale di 15 uomini – o loro parenti – che avevano alloggiato con lui nella scola scoperchiata di Nagasaki. Sparsi su tutti gli Stati Uniti e ignorando le afflizioni fisiche postbelliche degli altri, molti degli uomini avevano sperimentato dolori drammatici problemi di salute ad un'età molto precoce. Sei ebbero attacchi di cuore, fatali in quattro casi, prima di avere 50 anni. Disturbi gravi ai polmoni, continui dolori acuti allo stomaco, strane malattie della pelle, debolezza e dolori alle ossa delle gambe —tutte queste afflizioni fisiche, a partire da un'età molto precoce, si riscontravano in circa metà dei 15 veterani della Compagnia C rintracciati.

A poco più di un'ora di macchina dalla casa di Quigley, nella cittadina di Lebanon nella Willamette Valley viveva il veterano della Compagnia C William Hoover. "Bill era stato fortunato, o così pensava", rifletteva Juanita Hoover un anno dopo che Quigley aveva localizzato suo marito. Ma eventi in rapida successione posero fine alla sensazione di Hoover di essere stato fortunato. Prima, ricorda la moglie di Bill Hoover", fu operato per un tumore all'anca e ebbe un tumore della pelle a un orecchio; fu operato anche a un testicolo. Poi il 15 ottobre 1979, scoprì di avere un cancro a un polmone. Da operare immediatamente. Era cresciuto così in fretta da attaccarsi al pericardio. Due terzi del suo polmone destro furono rimossi". Hoover per poco non morì sotto i ferri.

I quindici ex *Marines* le cui storie cliniche Quigley aveva ricostruito rappresentavano circa la decima parte della Compagnia C con cui era stato a Nagasaki. I quindici rappresentavano un campione casuale che mostrava però una notevole incidenza dell'insorgere precoce di malattie specifiche. Più importante, Quigley sottolineava, il fatto che lui aveva cominciato a fare ciò che il Governo USA avrebbe potuto fare ben più agevolmente, con le risorse e i dati d'archivio cui aveva accesso; ma il Governo non ci si era mai impegnato, aveva anzi rifiutato di aiutare Quigley nei suoi sforzi.

Per Lyman Eugene Quigley, veterano di Tarawa, di Okinawa e di altre sanguinose battaglie del Pacifico durante la guerra, gli avversari più tenaci si dimostrarono i suoi problemi di salute, alleati con il non collaborativo Governo USA. I nuovi dati che aveva scoperto sembravano non fare alcuna differenza per la *Veterans Administration*, che rifiutò nuovamente la sua domanda. "Ho una forte volontà di vivere",, disse Quigley facendo scorrere pile di fogli di carta con l'intestazione del Governo USA contenenti le risposte negative",e non mi arrendo ancora. Non è ancora il momento". Andò avanti col suo lavoro di ricerca, finché un attacco di cuore lo uccise nella primavera del 1980 a 58 anni.

Poche ore dopo il funerale, Bernice Quigley attraversò Portland per incontrare un gruppo di giapponesi sopravvissuti alla bomba atomica che stavano visitando la città nel contesto di un giro di conferenze. Parlando con loro apprese che un gran numero dei disturbi sofferti da suo marito, incluse delle strane macchie viola sulle gambe che apparivano e sparivano, erano decisamente familiari ai visitatori giapponesi che vivevano a Hiroshima e a

Nagasaki quando erano cadute le bombe atomiche. Per Bernice Quigley, vedova di fresco, un cerchio doloroso si chiedeva, con dolorosa ironia.

Cinquanta miglia a est di Portland lungo il Columbia River, l'ex *Marine* Ralph Sheridan Clapp mise su casa dopo la Seconda Guerra Mondiale. Ma dall'autunno del 1945, la sua vita non era stata più la stessa. "Prima di andare a Nagasaki, un amico mi aveva detto che sembravo più una gazzella che un essere umano". Sul finire delle poche settimane passate a Nagasaki con compiti di sgombero macerie, stando a Clapp e alle testimonianze di ex *Marines* che erano stati in quella città con lui, iniziarono gravi problemi respiratori. Col passare degli anni, Clapp passò periodi sempre più lunghi in ospedale per somministrazioni di ossigeno e analisi.

All'inizio della primavera del 1979 abbiamo visitato Sheridan Clapp al Barnes VA Hospital di Vancouver, Washington. Clapp era seduto in letto, la voce flebile ma risoluta. "È un po' ironico farsi tutta la guerra senza un graffio, un concentrato di inferno, e poi finire così", disse. Clapp aveva combattuto ad Okinawa, ma era un altro tipo di lascito che lo preoccupava ora, a 57 anni. "Io penso, per davvero, che l'opinione pubblica americana deve essere avvertita. Siamo andati laggiù giovani come l'acqua. Stavamo più o meno dando una pulita a Nagasaki. Tu bevi l'acqua e tutto il resto, perché diavolo è tutto contaminato…".

Vistisi negati dalla *Veterans Administration* i benefici di servizio, Clapp ha raccolto un ingente archivio di risposte della VA contenenti le stesse rassicurazioni – spesso uguali parola per parola – a quelle ricevute da Lyman Quigley.[12] "Perché?", ci ha chiesto Clapp durante un incontro. Lasciando vagare lo sguardo lungo il rumoroso padiglione dell'ospedale, si è risposto da solo: "Devono essere tutti i soldi che girano intorno al nucleare".

Problemi respiratori cronici non erano la sola ragione del ricovero di Sheridan Clapp all'inizio del 1979. I dottori avevano scoperto strane anomalie del sangue, che richiedevano test sempre più estensivi dal momento che tutte le malattie del sangue più comuni venivano escluse. A primavera finalmente venne emessa una diagnosi: Clapp soffriva di una riduzione potenzialmente letale del coagulante "Fattore VIII" – una situazione così rara da essere rappresentata in tutto il mondo da non più di 100 casi negli ultimi trent'anni, secondo l'ematologo che curava Clapp, il Dottore Scott H. Goodnight Jr. dell'Oregon Health Sciences Center.

L'agonia di Clapp fu straziante – perché non ne poteva più di ospedali, e anche perché era convinto ci fossero ragioni politiche dietro ai motivi che portavano la VA a respingere le domande dei veterani americani esposti alle radiazioni nel corso del servizio militare. "Questo Paese dovrà darsi una regolata se noi dovessimo sopravvivere, questo è tutto ciò che ho da dire", ci disse durante una visita all'ospedale nel marzo 1979".Tutti gli stramaledetti soldi per sviluppare questi impianti nucleari. Non capisco cosa stiano pensando. Sono contrario che portino avanti tutto ciò. No, assolutamente no". Un giorno di aprile, Sheridan Clapp prese la sua matita e scrisse una lettera in cui parlava di Plutonio e terminava con queste parole: "Fermateli. Cordialmente, Sheridan Clapp". Morì cinque settimane dopo.

Sheridan Clapp lasciò una vedova piena di dolore e di rabbia non nascosta. Due anni dopo la morte del marito c'era una piccola inflessione di dolore in meno nella voce di Delores Clapp, ma l'indignazione si era rafforzata. "Sheridan ha dato la vita per la patria, sicuro,

---

[12] Gli autori hanno ottenuto il carteggio completo delle domande di Quigley e di Clapp dall'ufficio regionale della VA di Portland.

proprio come se fosse morto su un campo di battaglia", disse, seduta nel soggiorno della casa di famiglia a Hood River, Oregon. "Se non fosse andato a Nagasaki, sarebbe qui oggi a godere i suoi nipoti. Lo sento in modo così forte. Se fosse solo una questione di soldi, il rifiuto del governo di ammettere la verità non conterebbe così tanto. Ma è il principio della cosa".

La risposta del governo

Verso la fine degli anni '70, il governo federale cominciò a sollecitare pubblicamente gli ex GI che fossero stati direttamente coinvolti nei test atomici militari tra il 1946 e il 1962 a chiamare un apposito numero gratuito. Ma i veterani di Hiroshima e di Nagasaki erano stati intenzionalmente esclusi dall'ambito del programma di raccolta telefonica di dati. Al dipartimento della Difesa, due tra i più alti ufficiali del progetto ammisero di aver personalmente risposto a una mezza dozzina di tali chiamate o lettere.

"Fummo in grado di riassicurarli sul fatto che non avevano subito un'esposizione significativa", disse il Tenente Colonnello Bill McGee della *Defense Nuclear Agency* (abbreviato, ironia della sorte, in DNA), una branca del Pentagono incaricata dal governo di valutare l'impatto delle armi atomiche. McGee e altri ufficiali della DNA non ci dissero quanti contatti aveva ricevuto l'agenzia riguardo al lavoro a Hiroshima-Nagasaki.

Nel gennaio 1979 andammo ad indagare al quartier generale della VA, a pochi isolati dalla Casa Bianca, sulle domande legate all'esposizione a radiazioni residue a Hiroshima o Nagasaki. Il capo della Commissione per gli appelli dei veterani della *Board of Veterans Appeals*[13] della VA, Irving Kleinfeld, affermò "probabilmente ci risultano un paio di casi" di domande che rientrano in questa categoria. Kleinfeld aggiunse di dubitare seriamente che altri funzionari della VA ne sapessero di più.

Nell'ufficio centrale delle pubbliche relazioni della VA la storia era simile. Alla domanda se risultassero richieste legate all'esposizione a radiazioni residue a Hiroshima o Nagasaki, l'ufficiale delle pubbliche relazioni Stratton Appleman rispose: "Non abbiamo niente sulle bombe di Hiroshima e Nagasaki".

A quanto sembrava, la macchina delle pubbliche relazioni della VA dava le stesse risposte ad altri giornalisti curiosi. In North Carolina, il 21 gennaio 1979, il "*Charlotte Observer*" pubblicò un articolo su Clifford Helms, residente nella zona, 54 anni, veterano dei *Seabee* della Marina, con paralisi e problemi ai reni che aveva fatto domanda alla VA riguardo ai suoi compiti di pulizia a Nagasaki. L'articolo dell'"*Observer*", a firma di Bob Drogin, diceva che "Secondo Al Rayford, portavoce della *Veterans Administration* a Washington, Helms è il primo veterano a chiedere il riconoscimento di disabilità basato sull'esposizione a radiazioni originate dalle atomiche sganciate su Nagasaki e Hiroshima".

In seguito Rayford negò di aver mai sostenuto che la domanda di Helms fosse la sola connessa a Hiroshima o Nagasaki. Drogin rispose con una dichiarazione scritta: "Al Rayford mi ha detto inequivocabilmente che Clifford Helms era il primo e il solo veterano a richiedere l'invalidità in seguito all'esposizione a Hiroshima e Nagasaki. Le mie note sono chiare al riguardo. Inoltre, gli ho posto ripetutamente questa specifica domanda perché il fatto mi sembrava improbabile".

---

[13] Commissione per i Ricorsi dei Veterani di guerra, NdT.

In seguito abbiamo chiamato anche funzionari di secondo livello della VA, i cui nomi comparivano nel nutrito dossier delle domande presentate da Lyman Quigley. La pista ci portava a Robert C. Macomber, capo dello staff incaricato dei criteri di valutazione della VA, un impiegato di carriera della VA che ci disse di non aver mai sentito una domanda simile da un reporter. In effetti, ci disse Macomber, gli era capitato di avere più di due dozzine di domande relative a Hiroshima e Nagasaki sulla scrivania del suo ufficio.

Restando pazientemente al telefono diverse ore, Macomber scartabellò le pratiche omettendo solo i nomi e dati sensibili dei richiedenti. Macomber stimava che una cinquantina di pratiche su Hiroshima e Nagasaki erano state archiviate a livello VA nazionale, circa venti erano ancora presso gli uffici regionali della VA e non ancora inoltrate alla sede centrale. Tutte queste richieste ci disse, erano state respinte.

James (Jack) McDaniel si era arruolato nei *Marines* allo scoppio della seconda guerra mondiale – era allora un giovane e atletico giovanotto di non ancora vent'anni. Pochi anni dopo era tra i circa duecento *Marines* acquartierati in un hotel bombardato del lungomare vicino al centro dell'esplosione di Nagasaki (a quanto si ricordavano al momento del loro incontro 33 anni e mezzo più tardi, per qualche giorno Sheridan Clapp era stato nello stesso hotel semidemolito sul lungomare). Come il resto delle truppe americane assegnate alla pulizia, non ricevette istruzioni di sicurezza, monitor per le radiazioni, o indumenti protettivi.

Quando il congedo gli giunse mentre era a sud della California, l'unico pensiero di McDaniel fu di tornare da sua moglie, 1.000 miglia più a nord. Trovò un lavoro come meccanico di camion nei boschi del Pacific Northwest e rimase con la Weyerhaeuser Corporation, a sud-ovest dello stato di Washington, più di vent'anni. Amava la vita che faceva, lavorava in lussureggianti foreste e godeva le meraviglie della natura nella campagna intorno alla cittadina di Toutle.

Ma col passare del tempo, la salute di McDaniel peggiorò drasticamente. Nel 1975, i medici diagnosticarono la macroglobulinemia di Waldenstrom, una forma estremamente rara di cancro del midollo osseo che porta alla sovrapproduzione di proteine del sangue.

"Non so se sarò in grado di lavorare nei quattro anni che mi mancano alla pensione. Peggioro rapidamente", diceva McDaniel all'inizio del 1979. Parlava con rimpianto del passato – "Ero robusto come un cavallo, ero forte" – e del governo del quale per tanto tempo aveva avuto fiducia: "Non vogliono ammettere che sia stato un errore mandarci laggiù senza istruzioni, senza preparazione e senza protezioni".

McDaniel di recente aveva aperto una pratica presso la VA per benefici legati ai suoi compiti a Nagasaki, senza successo; i suoi principali crucci riguardavano la futura sicurezza economica della moglie. L'opinione dell'ematologo di McDaniel, Dottore Richard B. Dobrow di Vancouver era che "la questione del riconoscimento [da parte della VA] avrà probabilmente una risposta politica, non medica".

Nonostante i forti dolori dovuti alla chemioterapia, McDaniel si recò a Washington, D.C. per parlare ad una conferenza stampa nel giugno 1979. Al Commodore Hotel, vicino al Campidoglio, incontrò nel corso della mattinata altri partecipanti alla conferenza. Tra di loro c'erano due persone che come pochi altri americani potevano capire ciò che stava attraversando: Virginia Ralph, il cui marito, Harold Joseph Ralph, ex Marine, era morto nel 1978 di mieloma multiplo, una brutale forma di cancro al midollo osseo; e Harry A. Coppola, un ex *Marine* anch'egli sofferente di mieloma multiplo. Coppola, McDaniel, e il marito della signora Ralph erano tutti stati nella zona corrispondente al centro dell'esplosione di Nagasaki a fine settembre 1945.

Seduto nella lobby dell'hotel, McDaniel frugò in un involto e tirò fuori alcune foto delle rovine di Nagasaki che aveva conservato, scattate da dove era alloggiato; Virginia Ralph mostrò le foto delle macerie di Nagasaki prese dal marito nel posto dove era stato assegnato. Erano immagini praticamente uguali, sembravano prese dallo stesso punto.

Virginia Ralph, che aveva perso il marito dopo una lunga e devastante agonia, sedeva vicino ad Harry Coppola, che doveva aspettarsi le mortali sofferenze della stessa malattia nel prossimo futuro. Vicino a loro, Jack McDaniel stava cedendo ad un cancro mortale allo stesso tipo di cellule del sangue nel suo midollo.

L'eredità dell'era atomica, stava emergendo letteralmente nelle ossa delle persone.

La signora Ralph era accompagnata dal figlio ventunenne Mike. Il dolore per aver perso il marito e il padre in un modo così tremendo erano ancora freschi, quasi un anno dopo la morte di Harold Joseph Ralph. Per Virginia Ralph, una donna di campagna costretta ad adattarsi al lavoro d'ufficio a Streator, Illinois, per mantenere i figli, era snervante girare tra le varie agenzie federali. Oltre alla politica generalizzata di evadere negativamente tutte le domande dei veterani delle pulizie di Hiroshima e Nagasaki, Virginia trovava particolarmente irritante che il loro stesso governo non si fosse mai preoccupato di fare studi sistematici sulla salute degli stessi veterani – né di ammettere che tali studi sarebbero stati appropriati. "In realtà, non interessava a nessuno", accusava la signora Ralph. "E adesso, il governo USA fa ostruzionismo". E riflettendo sull'inesorabile, angosciante declinare del marito verso la morte a 54 anni: "Gli ultimi due anni sarebbe meglio dimenticarli. Gli ultimi dieci giorni della sua vita sono stati un incubo per tutti noi. Farei qualsiasi cosa per risparmiare ad un'altra famiglia l'esperienza che abbiamo passato". [...]

Virginia Ralph trovava che il suo viaggio a Washington per la conferenza stampa nel giugno 1979 riaccese una scintilla di ottimismo. "Per i due anni e mezzo prima del viaggio a Washington", sottolineava nel corso dell'estate, "le risposte del governo e della VA a tutta la mia corrispondenza o l'impressione come di qualcuno che avesse le mani legate dietro la schiena e la faccia contro un muro di mattoni. Il viaggio a Washington mi ha dato speranza! Le mani si sono slegate e il muro comincia a sgretolarsi. Di fronte alle cose che attualmente si sanno, il governo americano non può più eludere le proprie responsabilità".

Ma la riconciliazione in cui sperava Virginia Ralph non doveva avvenire.

Sino alla primavera del 1979 le agenzie federali non si erano mai trovate ad affrontare una vasta pubblicità riguardo ai veterani che erano stati nella distruzione nucleare di Hiroshima e Nagasaki. La conferenza stampa di Washington conferì alla questione una visibilità senza precedenti, e alcuni rappresentanti federali cominciarono a dedicare più tempo e più risorse a dare delle risposte.

Al Pentagono, alla fine del giugno 1979, l'*Associated Press* intervistò il Tenente Colonnello Bax Mowery della *Defense Nuclear Agency* e riportò che l'agenzia "sta tentando di identificare le circa 250.000 persone esposti a radiazioni per cause di servizio nei test della bomba atomica e in seguito alle due esplosioni in Giappone".

Era la prima volta che il governo USA mostrava ufficialmente interesse a sapere qualcosa di più sui soldati americani impegnati nella pulizia di Hiroshima e Nagasaki.

Ma tali dichiarazioni non vanno confuse con dei reali cambiamenti nella prassi e nelle attitudini. Nel numero di novembre 1979 di "*Newsweek*" veniva citato un funzionario della *Defense Nuclear Agency* che a proposito dei soldati americani impegnati a Hiroshima e Nagasaki avrebbe detto: "Questi signori sono piuttosto invecchiati, e così stanno iniziando ad ammalarsi per il semplice fatto di trovarsi sulla cara vecchia terra. Qualcuno li ha convinti a dare la colpa alle radiazioni". Alla *Veterans Administration* e alla Casa Bianca, i funzionari rispondevano alle domande dei giornalisti col ritornello: "non c'è ragione di essere preoccupati".

La crescente attenzione dei media portò un certo numero di giornali a dedicare editoriali molto critici su come il governo gestiva la questione.

A Capitol Hill, pochi membri del Congresso erano intenzionati a fare un passo avanti. Quando Junior Hodge, per esempio, chiese aiuto al proprio rappresentante, Al Gore Jr., l'ex Marine veterano dei bulldozer di Nagasaki non ricevette alcun aiuto intanto che giaceva malato in Tennessee. Un assistente del deputato Gore notava che le centrali elettriche nucleari della Tennessee Valley Authority rappresentavano un grosso ostacolo politico vicino a casa. "Lo so che il fallout delle bombe atomiche non è esattamente la stessa cosa", ci disse l'assistente, "ma ricorda abbastanza da vicino le centrali nucleari perché a livello ufficiale sia meglio stargli lontano".

Pochi membri del Parlamento statunitense presero posizione. Tra loro c'era Patricia Schroeder. Oltre a presenziare accanto ai veterani di Nagasaki alla conferenza stampa, il parlamentare Schroeder il 9 agosto 1979 mandò una lettera molto dura al direttore della VA, Max Cleland. Definendo "irresponsabile" la gestione da parte della VA dei veterani che avevano lavorato alla rimozione delle macerie dopo i bombardamenti atomici della guerra, il messaggio della Schroeder ai vertici della VA era secco: "Sono allibita, scioccata, dal vostro venir meno alle responsabilità verso questo personale che, senza precauzioni né attrezzature adeguate, si è sottoposto senza saperlo ad elevati livelli di radiazione e ora paga un prezzo altissimo". La Schroeder proponeva inoltre che la VA iniziasse "uno studio adeguato" sulla salute dei veterani di Hiroshima e Nagasaki, insieme con "esami e test su tutto il personale superstite che, ufficialmente o meno, era presente nei siti entro un anno dopo il bombardamento", terminando "Non possiamo rimediare al male che è stato fatto. Ma possiamo, tuttavia, ammettere il nostro errore e cercare di lenire le terribili sofferenze che affliggono questi *Marines*".

Il direttore Max Cleland rispose alla Schroeder dopo due mesi e mezzo, in una lettera datata 29 ottobre 1979. "Prima di tutto", rispose Cleland, "Vi posso assicurare che non c'è alcuna intenzione da parte della *Veterans Administration* né, per quanto ne sia informato, da parte di alcuna altra agenzia governativa, di coprire o distorcere la verità riguardo ad effetti biologici negativi dell'esposizione alla radiazione nucleare".

A Nagasaki, sosteneva, "un'ora dopo l'esplosione, la radiazione originata dal fallout era di circa 10 rad... Per fare un confronto, una radiografia gastrointestinale può generare da 5 a 30 rad, a seconda del contesto dell'esame. I 10 rad presenti un'ora dopo l'esplosione, si riducono molto rapidamente ad una piccola frazione... Ad Hiroshima, i livelli di radioattività sono scesi in modo molto simile".

Il banale confronto con i raggi X incidenti dall'esterno non teneva conto dei prodotti di fissione di una bomba, alcuni dei quali inevitabilmente emettono radiazioni Alfa e Beta per anni o secoli dopo un'esplosione nucleare. Basta una minuscola particella – fermatasi in un polmone, in un osso, nel muscolo o in altri tessuti vulnerabili dopo essere stata ingerita o respirata – e questa continuerà a irradiare da dentro il corpo, con conseguenze potenzialmente mortali.

Cleland continuava: "Il Dipartimento della Difesa precisa che un team congiunto giapponese-americano ha effettuato uno studio completo dei livelli di radiazione conseguenti al fallout a Hiroshima e a Nagasaki, dal 3 al 7 ottobre 1945, due mesi circa dopo i bombardamenti. I livelli di radiazione risultavano sino a 0.015 milliröntgen all'ora per Hiroshima, e 1 milliröntgen all'ora per Nagasaki".

Tutto ciò faceva sbollire ogni allarmismo, insisteva Cleland. "Sottolineo ancora che alla VA non abbiamo desiderio di «insabbiare» né in qualche modo abbiamo pregiudizi sulle richieste in buona fede dei nostri veterani. Abbiamo a che fare, comunque, con una questione ancora oggetto di ricerca scientifica, e la conoscenza medica attualmente disponibile semplicemente non supporta la conclusione che tumori o altre malattie che affliggono o hanno afflitto veterani abbiano una relazione causale alla loro prossimità con Hiroshima o Nagasaki dopo le esplosioni nucleari. Il vostro interesse per i riconoscimenti ai veterani viene apprezzato, e spero di aver placato i vostri timori che alla VA siamo in qualche modo riluttanti ad affrontare questa complessa e controversa questione"[14].

Pochi mesi dopo aver espresso ottimismo sul fatto che il governo si sarebbe ravveduto, Virginia Ralph dichiarò, tristemente ma più saggiamente: "Stanno insabbiando alla grande. Hanno paura di fare la minima ammissione, in quanto le persone che vivono vicino ai reattori nucleari si chiederebbero cosa succederà a loro tra trent'anni".

La tragedia di Harry Coppola

Mentre certe agenzie governative si preparavano ad una lunga battaglia, alcune delle vittime facevano lo stesso. Si formò un gruppo, denominato *Committee for U.S. Veterans of Hiroshima and Nagasaki*[15]. Vi aderivano centinaia di veterani e di loro parenti, convinti che le loro vite erano state segnate irreversibilmente dalla partecipazione ai gruppi di sgombero delle macerie in Giappone. Una delle prime attività fu svolta nell'agosto 1979, quando Virginia Ralph e Harry Coppola andarono in Giappone in visita ufficiale a nome del gruppo.

Per Coppola – già nel pieno calvario di una malattia terminale via via più dolorosa – il viaggio a Nagasaki era la prima visita in quella città dopo 34 anni. Fino a poco tempo prima non sembravano esserci ragioni per tornarvi. Cittadino di Boston di origini italiane, *Marines* con episodi di combattimenti ad Iwo Jima e Bougainville citati nel congedo ufficiale, fornaio e infine imbianchino, che aveva messo da parte un po' di risparmi e si era trasferito in Florida – per trent'anni Harry Coppola aveva quasi scordato di esser finito nell'area centrale dell'esplosione di Nagasaki nel settembre 1945.

Ma nel 1978 Coppola apprese che stava morendo di cancro al midollo – mieloma multiplo – che spiegava i dolori e la fragilità delle sue ossa, che lo tormentavano dal 1974. Non gli restava molto da vivere secondo il dottor James N. Harris, specialista di West Palm Beach. Il dottor Abdullah Fatteh, medico legale della Contea di Broward con sede a Fort Lauderdale, studiò la cartella di Coppola e concluse che era "probabile che il mieloma multiplo di Mr. Coppola abbia relazione causale con l'esposizione alle radiazioni nel 1945".

Coppola presentò domanda alla *Veterans Administration* per il riconoscimento di invalidità di servizio a favore di se stesso, dei suoi tre figli, e della sua, a breve, vedova, basando la domanda su una connessione tra Nagasaki e la sua malattia terminale. Come in casi simili, la risposta della VA fu un secco no.

In seguito, dopo che il caso ebbe risonanza nazionale, rappresentanti della *Defense Nuclear Agency* provarono a stroncare l'interesse del Congresso dicendo ai membri dell'ufficio del rappresentante del Michigan al Congresso, Robert W. Davis, che Harry Coppola non

---

[14] *"Newsweek"*, 26 novembre 1979.
[15] Comitato per le Vittime di Hiroshima e Nagasaki, NdT.

era stato a Nagasaki nel 1945. Ma il foglio di congedo dal corpo dei Marines di Coppola include nel suo servizio militare "Occupazione del Giappone – 22 Settembre 1945 – 6 ottobre 1945". E una testimonianza di Masuko Takaki, una bambina che abitava a Nagasaki nell'autunno 1945, conferma la presenza di Coppola nella zona centrale della città, la zona della bomba. "In particolare lo ricordo", dichiara la testimonianza, "perché mio padre lo ha invitato diverse volte a casa per cena, e ricordo che dava a mio padre sigarette americane. Lo ho anche riconosciuto dalle fotografie sui giornali giapponesi durante la sua visita il 6 agosto 1979, e ho anche cercato di rincontrarlo".
Coppola faceva parte di una squadra di una dozzina di esperti mitraglieri MP dei *Marines* che giunsero a Nagasaki poco prima del distaccamento più numeroso di *Marines* e *Seabee*. Non poté mai dimenticare di aver provato una "nausea infernale" due settimane dopo l'arrivo a Nagasaki; lui e un altro *Marine* con gli stessi sintomi nella squadra di MP furono trasferiti in fretta e messi su una nave della Marina che andava negli States. Dopo un viaggio nel corso del quale perse molti dei suoi capelli, Coppola fu congedato due giorni dopo l'arrivo a Oceanside, California".Ci mandarono via di furia", ricordava Coppola. "Altri tizi che aspettavano da settimane di essere congedati, mi chiesero «Conoscete qualche politico?»". Coppola ebbe l'impressione che "volessero liberarsi di me al più presto".
Il ritorno in Giappone del 1979 si dimostrò più difficile del primo viaggio.
"Vado in Giappone perché bisogna dire la verità", disse Coppola in una dichiarazione scritta. "Sono già andato a Washington, D.C., e la *Veterans Administration* non mi vuole aiutare. Mi riempie di amarezza che il mio governo, per il quale sono stato orgoglioso di combattere, rifiuti di ammettere che la bomba di Nagasaki mi sta uccidendo. Con quello che ho scoperto e con tutto quello che ho passato, ora sono contro tutta questa storia del nucleare".
Poche settimane dopo, all'inizio del giro in Giappone di Coppola, l'*Associated Press* riportò la sua intenzione di "cercare aiuto finanziario in Giappone per pagarsi le spese mediche". AP citava Coppola: "Lo so che è sgradevole – chiedere alla nazione che abbiamo bombardato, ma gli Stati Uniti non ci sentono". A causa delle spese per il suo cancro al midollo, Coppola disse, "ho dilapidato i risparmi di una vita, circa 29.000 dollari, e mi sono indebitato".
Coppola, apparentemente un beneficiario dei bombardamenti atomici, era diventato a 59 anni un simbolo vivente – e morente – che confutava l'illusione che gli effetti di un'arma nucleare potessero essere confinati alle vittime designate.
"Non sapevo davvero come mi avrebbero accolto. Sapevo che avrei dovuto tenere un ciclo di conferenze eccetera, ma non m'immaginavo il resto. Non sapevo proprio cosa aspettarmi". L'emozione fu massima quando il visitatore americano e gli ospiti giapponesi si specchiarono nel comune dolore. Coppola era assediato dai giornalisti; spesso era accompagnato da Masuko Takaki, ora una donna adulta che era riuscita a ritrovare l'ex *Marine* che ricordava seduto come ospite a cena.
Quando Coppola arrivò a Nagasaki per le celebrazioni del 34° anniversario del bombardamento sulla città, ad aspettare il suo discorso c'era un grande anfiteatro stipato con 1.800 persone. "Quando ho finito di parlare, mi hanno applaudito finché non sono uscito. Facevo pochi passi e m'inchinavo di nuovo, e loro si alzavano tutti in piedi, era incredibile, le acclamazioni erano assordanti. Perché gli avevo detto, nel mio discorso, che Truman era finito all'inferno, gli ho detto che non avrebbe dovuto buttarla lì, la bomba. Non ha colpito obiettivi militari, l'ha buttata in mezzo a quelle due città, con donne e bambini".

Nel salotto della sua modesta casa fuori West Palm Beach, con la prospettiva di una morte non lontana, per Coppola i ricordi del suo secondo viaggio in Giappone erano dolci e amari a un tempo: "Sono stati molto buoni. Mi hanno offerto assistenza medica gratuita, mi hanno offerto tutto, persino di vivere lì. Ma io dico accidenti, non voglio morire in Giappone, dovrei lasciare la mia famiglia, non sarei curato per quello". La moglie Anna si chinò verso la poltrona in un gesto di affetto. "Mieloma multiplo significa tanti, ne son pieno, non mi possono curare. E mi hanno detto che non si può davvero fermare; stanno provando a controllarlo, ma non può essere arrestato. Ma se devo morire, dico, voglio morire a casa – non voglio morire laggiù. È la sola ragione perché non accetto la loro proposta. Ma loro non riescono a capire perché il governo degli Stati Uniti non mi voglia aiutare".

Per Coppola, soggetto a frequenti, tormentosi attacchi, viaggiare era penoso. "A volte mi sembra di essere all'inferno", diceva, descrivendo il dolore alle ossa che lo lasciava spesso "come se qualcuno ti tagliasse via le gambe". La gente gli diceva che a vederlo, non sembrava una persona prossima alla morte. "Una mela può sembrare bella lustra da fuori, anche quando dentro sta marcendo".

Nonostante la crescente sofferenza, Coppola voleva partecipare alle attività previste a Washington, D.C., a fine settembre.

Durante l'estate, decine di veterani americani avevano firmato una petizione al Presidente Jimmy Carter e a Max Cleland, domandando cambiamenti radicali nei criteri della VA. "Alcuni dei soldati USA che erano con noi a Nagasaki non possono firmare questa petizione, perché sono morti per infarti prematuri, malattie del sangue, cancro del midollo e altre infermità", si leggeva nel documento. "Con il passare del tempo, è diventato chiaro che le nostre malattie, e quelle dei nostri compagni, erano legate con la nostra permanenza nell'epicentro della detonazione nucleare di Nagasaki nell'autunno 1945, dove prestavamo servizio come a noi ordinato".

Domenica 23 settembre 1979 – esattamente 34 anni dopo che i *Marines* delle truppe di occupazione erano entrati nel porto di Nagasaki – Harry Coppola, Virginia Ralph, e molti altri veterani della pulizia di Nagasaki e loro vedove andarono a piedi attraverso Lafayette Park verso la Casa Bianca. Coppola, in giacca e cravatta, e indossando il berretto dei *Veterans of Foreign Wars* nella chiara giornata di sole, consegnò una pila di petizioni firmate a William Lawson, direttore esecutivo del *Federal Veterans Coordinating Committee* della Casa Bianca.

Il mattino dopo, 34 anni dopo il mattino in cui i *Marines* e i *Seabee* si alzarono per cominciare i loro compiti di pulizia in Giappone, funzionari della VA e un rappresentante della Casa Bianca si sedettero assieme ai veterani di Nagasaki e a loro parenti da New York, North Carolina, Florida, Illinois, e California. C'era una certa tensione nella suite della sede nazionale della VA. Seguirono tre ore di dialogo e dibattito spesso acceso.

"Non abbiamo molta altra scelta dall'accettare le autorevoli prove forniteci dal Dipartimento della Difesa", disse alla delegazione John Wishniewski, vicedirettore del Servizio Risarcimenti e Pensioni della VA. "C'è stato assicurato dal Dipartimento della Difesa che i livelli di esposizione a Nagasaki e Hiroshima erano sicuramente minimi".

"Mi sono preso il mieloma multiplo, e lei dice di introdurre nuovi elementi", replicò Harry Coppola. "Bene, ho introdotto nuovi elementi, referti medici, dai più importanti dottori del Paese…". Coppola disse inoltre: "Mentre il direttore della VA vive come un nababbo, con uno stipendio da favola, io non so come – io sto per finire col mangiare il cibo per cani! Vivo di sussidi! E ora che porto queste prove, mi sento dire: controlla negli archivi militari. Beh, ho riguardato negli archivi militari, e metà delle cose che ho fatto non ci sono. Sono andato a scuola di giapponese a Guadalcanal per imparare a parlare giapponese, e non c'è scritto. Ho una ferita da schegge alla schiena presa a Bougainville, e non c'è. Sono stato ferito a una gamba a Iwo Jima – e non c'è scritto. E non c'è neanche scritto che ho fatto servizio a Nagasaki! Di che archivi state parlando? Ho fatto domanda per disabilità dovuta al servizio, e ricevo una lettera prestampata che dice: «Non risulta dagli archivi». Ma io ho il cancro…".

Per Margaret E. Powers, vedova di un veterano di Nagasaki, il viaggio a Washington da Castleton-on-Hudson, New York, era sostenuto dallo stesso tipo di esasperata frustrazione. Il marito, l'ex-Marine William S. Powers, era morto a 48 anni per una emoraggia gastrointestinale dovuta al cancro nel 1965. Era una persona gentile e dimessa, ma la sua amarezza esplose dopo che un amministratore della VA le assicurò che l'agenzia era interessata ad apprendere tutto ciò che fosse possibile riguardo ai veterani.

"Ma hanno i nomi di questi *Marines*?", domandò Mrs. Powers, rivolgendosi ad altri personaggi vestiti da funzionari della VA. "Alla VA, non hanno mai registrato chi c'era stato né per quanto tempo, vero? Voglio dire, come pensano di rintracciare queste persone? Forse non sanno nemmeno che sta succedendo tutto questo… Ho dovuto scoprirlo da sola, e sono vedova da quattordici anni, e mio marito è stato lì dal primo giorno, dal 23 settembre, e c'è rimasto [a Nagasaki] tre mesi prima che lo mandassero a Sasebo, e hanno sgomberato l'area con bulldozer eccetera, trovando ancora corpi sotto le macerie, sentendosi male anche solo per l'odore che c'era in quel posto. E non v'importava gran che, vero, di mandare tutti quei ragazzi laggiù".

Virginia Ralph aggiunse che la VA rifiutava di assumersi la responsabilità per le menomazioni che uscivano decenni dopo la fine del servizio militare". Se un uomo è ferito a una gamba, o alla testa, o perde un braccio in servizio, è assistito immediatamente, perché c'è una prova visibile. Ma quando un uomo è esposto a delle radiazioni che lo invadono lentamente, non c'è modo di rilevare che la sua malattia viene dalle radiazioni. Magari diventa letargico; mio marito aveva problemi a parlare; e il dottore diceva: "Deve riuscire ad abituarcisi.'

"Ma quando tutto peggiorò, quando le sue ossa cadevano a pezzi, quando è entrato nella fase finale, allora i dottori all'ospedale della VA, tutti i dottori che lo visitavano, la prima cosa che chiedevano era, "Avete mai lavorato con le radiazioni?". Ralph era un coltivatore, e non ci aveva mai avuto a che fare – tranne che a Nagasaki. "Mi sembrava che la VA pensasse che la malattia avesse colpito mio marito da un giorno all'altro. Questo è falso. E non credo che sia stata l'iniziativa di un singolo, perchè ho visto numerose lettere di rifiuto, e riportano tutte la stessa frase: "«Suo marito ha ricevuto radiazioni insignificanti». «Suo marito ha ricevuto lievi radiazioni». Nel caso del Plutonio, cosa vuol dire insignificante?... Quanto è una radiazione lieve?".

Tornato in Florida, Coppola concesse una serie di interviste. "Accetto di morire, non siamo qui per sempre", disse al Tampa Tribune . "ma non accetto che il Governo mi dia dei giri".

Alla fine del 1979, il tumore al midollo divenne ancora più doloroso. In pena per le condizioni sempre più gravi del marito, Anna Coppola confidò: "Non so come una persona possa sopportare tanto dolore".

Poco prima di Natale il Miami Herald riportava Coppola in prima pagina: "Ma il Governo mi vuole morto? Sperano che muoia domani, così il caso sarà chiuso, e si saranno liberati di una bella noia". Quel mese Howard Rosenberg, un membro dello staff del redattore Jack Anderson, chiamò il Dipartimento della Difesa chiedendo un commento sul clamore suscitato a livello nazionale dalle accuse spettacolari di Coppola e dalla sua instancabile pervicacia. Chiacchierando con un funzionario della Defense Nuclear Agency, Rosenberg domandò se tali accuse esplicite avessero fatto infuriare gli alti papaveri del nucleare militare. "Noi non perdiamo le staffe... il tempo pareggia i conti", fu la risposta dell'ufficiale del Pentagono.

Nella primavera del 1980 il ricorso di Coppola alla VA fu respinto. La VA giustificò la decisione dichiarando che "la cartella clinica relativa al servizio non evidenzia cure per condizioni che possano essere considerate derivanti da esposizione a radiazioni, e non offre alcuna prova dell'emergere precoce del mieloma multiplo. La condizione attuale non dimostra di essersi manifestata, per almeno il 10%, entro il primo anno successivo al congedo dal servizio militare attivo".

Come notava in un editoriale il Palm Beach Post, "Coppola considerò queste motivazioni un insulto, e a ragione". La latenza tra l'esposizione alle radiazioni e il mieloma multiplo è notoriamente di un quarto di secolo o anche di più. Rispose Coppola: "Sono molto amareggiato nei confronti del Governo. Quando la mia Nazione ha avuto bisogno di me a Guadalcanal, io c'ero. A Bougainville c'ero. A Guam c'ero. A Iwo Jima c'ero; davo copertura col fuoco della mia mitragliatrice mentre piantavano la bandiera sul Monte Suribachi".

Dei mille uomini iniziali del battaglione di *Marines*, ricordò, solo una dozzina circa era sopravvissuto la guerra. Si era sentito fortunato per essere tra di loro. Ma la radioattività creata dagli americani sembrava sul punto di giungere dove i giapponesi non erano riusciti – e il rifiuto della VA bruciava come sale nelle ferite aperte dalle radiazioni.

Nel frattempo, le proteste seguivano altre strade. Al congresso nazionale della *International Woodworkers of America* del 1979 venne approvata una risoluzione in cui si osservava che "il governo U.S.A. è venuto meno alla sua responsabilità di aiutare i veterani e le loro famiglie che soffrono gravi malattie e difficoltà finanziarie in conseguenza dell'esposizione a radiazioni residue dei bombardamenti atomici di Hiroshima e Nagasaki". La risoluzione del sindacato proclamava: "Sosteniamo il diritto di questi veterani e delle loro vedove di ricevere compensazioni dalla *Veterans Administration* per disabilità dovute al servizio". Pochi mesi dopo, la casa Bianca ricevette una petizione firmata da decine di famosi scienziati e politici giapponesi, che chiedeva aiuto urgente per Coppola e gli altri veterani di Hiroshima e Nagasaki.

Harry Coppola passò negli ospedali buona parte della primavera del 1980. Parlando in un registratore a cassette, la voce forte ma il respiro sempre più tormentato, disse: "Nelle scorse settimane per due volte sono stato vicino a morire, e so che non mi manca molto", "Nessun essere umano dovrebbe soffrire come stiamo soffrendo noi".

Al momento della sua morte, il 16 giugno 1980 – mancavano tre mesi al suo sessantesimo compleanno – Harry Coppola era uno dei cinque ex *Marine* il cui mieloma multiplo era stato pubblicamente collegato alla presenza nella zona centrale dell'esplosione atomica di Nagasaki alla fine di settembre del 1945.

Un tributo di sangue

Alvin N. Lasky, uomo d'affari di St. Louis, fece "soprattutto pulizia e turni di sentinella" alla Compagnia armi d'accompagnamento, 6° Reggimento Marines, 2ª Divisione "Allog-giato nella zona industriale del porto" accanto alla zona dell'esplosione a Nagasaki. A Lasky fu diagnosticato il mieloma multiplo nel 1974, e riuscì a condurre una vita sorpren-dentemente normale data la sua malattia terminale.

Richard W. Bonebrake, membro della Compagnia B, 1° Battaglione, II Reggimento, 2ª Divisione *Marines*, ebbe l'ordine di pattugliare il centro bombardato di Nagasaki. Nell'ottobre 1977, a Williamsport, Indiana, dove lavorava come impiegato di banca, Bonebrake apprese di avere un mieloma multiplo, e cominciò la lunga procedura della chemioterapia.

George Proctor, anch'egli della 2ª Divisione *Marines* mandata a pulire l'area centrale di Nagasaki, dovette abbandonare il suo lavoro nell'edilizia, soffrendo da anni del mieloma multiplo che lo uccise nell'ottobre 1979. La vedova, Agnes Proctor, ricordava il racconto del marito riguardo a forti attacchi di nausea e di dolori alle giunture mentre era ancora in Giappone durante l'occupazione. La sua domanda alla VA fu respinta.

Il mieloma non era limitato ai cinque ex *Marines* da noi contattati. Anthony Thomas Sirani, marconista dell'Esercito in forza alla 2ª Divisione *Marines*, arrivò nel centro di Nagasaki il 23 settembre. A 55 anni, nel dicembre del 1979, Sirani morì di mieloma multiplo all'ospedale Nassau di New York. La malattia emerse anche tra il personale di Marina che accompagnò i *Marines* assegnati alla pulizia e all'occupazione di Nagasaki, e tra veterani dell'Esercito impegnati in simili compiti di pulizia a Hiroshima dalla seconda metà dell'ottobre 1945.

"Per quanto ancora il governo ignorerà statistiche che si parla di dieci volte la media nazionale per questa malattia rara?" chiese il deputato Robert Davis. Un elettore di Davis, Napoleon Micheau di Escanaba, Michigan, contrasse il mieloma multiplo decenni dopo la pulizia a *Hiroshima*. Il suo calvario spinse Davis a rilasciare una dichiarazione nella primavera del 1980, in cui si denunciava "il tragico rifiuto del Dipartimento della Difesa di cooperare a rintracciare il personale coinvolto nelle operazioni di pulizia a Hiroshima e Nagasaki".

Il Dipartimento della Difesa, in ogni modo, continuava con l'ostruzionismo. In una lettera al Parlamentare dell'Illinois Thomas Corcoran (Repubblicano) il 18 marzo 1980, il direttore della *Defense Nuclear Agency*, Vice Ammiraglio R. R. Monroe sosteneva che "la scienza medica, allo stato attuale, ha identificato una relazione soltanto «marginale» tra l'esposizione alle radiazioni e il manifestarsi del mieloma multiplo".

In seguito, in un rapporto datato 6 agosto 1980, funzionari del DNA ripresentavano gli stessi temi: "La scienza medica ritiene che il mieloma multiplo abbia un rapporto marginale con l'esposizione alla radiazione ionizzante. O meglio, esistono indicazioni che l'esposizione possa aumentare il rischio di contrarre la malattia, ma per la scienza non ci sono ancora certezze".

Tra le ricerche recenti scrupolosamente ignorate dal Pentagono c'era uno studio del *Government Accounting Office*[16]. Coordinato dall'ematologo di Boston dottor Thomas Najarian e reso pubblico il 31 maggio 1979, indicava che i veterani che fossero stati esposti ai test atomici potevano come conseguenza diventare più soggetti al mieloma multiplo. Al momento della diffusione dello studio, il dottor Najarian rilevava che la malattia ha un'incubazione di 25-30 anni – che corrispondeva esattamente ai casi dei *Marines* di Nagasaki Coppola, Ralph, Lasky, Bonebrake, e Proctor.

Nel frattempo, la *Radiation Effects Research Foundation* di Hiroshima riportava che i sopravvissuti giapponesi delle atomiche affrontavano un rischio di mieloma multiplo 4,7 volte maggiore del normale. C'erano voluti almeno vent'anni, ai casi "anormali" di mieloma multiplo, per emergere.

---

[16] Il braccio investigativo del governo U.S.A., che si occupa di esaminare questioni collegate con l'acquisizione e la spesa di fondi pubblici, NdT.

E nel 1981, il *New England Journal of Medicine* pubblicò uno studio che legava le radiazioni all'aumento del rischio di mieloma multiplo. Il ricercatore dell'Università di Oxford Jack Cuzick mise in evidenza "un evidente aumento del mieloma tra persone esposte a radiazioni". Lo scienziato britannico aveva compilato informazioni rese disponibili da due decenni di ricerche in tutto il mondo.

Oltre al mieloma multiplo, altre rare malattie del midollo osseo affliggevano i veterani di Nagasaki. I dottori, quando scoprirono che il midollo dell'ex Marines Lyle Wohlfeil era distrutto dalla mielofibrosi, "chiedevano in continuazione se avesse avuto a che fare con le radiazioni", ricorda la vedova. Wohlfeil aveva preso parte alla pulizia dell'autunno 1945 a Nagasaki, e in seguito divenne agente immobiliare. Morì di mielofibrosi, una grave malattia del midollo osseo, nel 1968, a 54 anni. Avuta notizia che i funzionari della VA escludevano la possibilità che la radiazione residua di Nagasaki fosse stata dannosa, né Wohlfeil né la vedova fecero domanda alla VA per benefici connessi al servizio.

Alla sede nazionale della VA, i documenti mostrano come fosse stata presentata una domanda nel marzo 1968 in nome di un altro veterano morto di mielofibrosi – e che era giunto a Nagasaki il 23 settembre 1945, per restarci cinque settimane. Domande alla VA connesse a Nagasaki documentano altresì morti dovute a malattie legate alle radiazioni come il linfoma di Hodgkin, la leucemia granulocitica, e microcitoma al polmone.

Alla fine del 1979 Patricia Schroeder, membro del congresso, acquisì fotocopie delle domande presentate alla VA da 64 veterani o dalle loro vedove, dove si sosteneva che la radiazione residua avesse causato gravi malattie ai veterani della pulizia di Nagasaki e Hiroshima. Ottenemmo copie dei documenti, che contenevano informazioni sbalorditive. C'erano una dozzina di casi di leucemia, forme tumorali a vari organi e diversi casi di malattie del sangue come mielofibrosi, linfoma di Hodgkin, e cancro del midollo osseo. Molti dei soggetti menzionavano strani disturbi cronici alla pelle. Tutte le richieste erano state presentate prima che si conoscesse a livello nazionale la questione dei veterani di Hiroshima e Nagasaki. Silenziosamente, sistematicamente, la VA le aveva respinte tutte.

C'era ragione di ritenere che le 64 domande rappresentassero la punta dell'iceberg delle domande presentate dai veterani di Hiroshima e Nagasaki. Il paio di dozzine che Robert C. Macomber, capo dello staff incaricato dei criteri di valutazione della VA, aveva citato nel gennaio 1979, includevano domande che non erano venute fuori, nel cumulo di richieste che l'amministratore della VA Max Cleland fornì successivamente al parlamentare Schroeder. E alcune, sottoposte alla fine degli anni '70, non furono incluse nell'insieme di documenti inviati all'ufficio congressuale.

La giornalista del "*Chicago Sun-Times*" Claudia Ricci scriveva nel dicembre 1979 che "di 13 veterani di Nagasaki e Hiroshima i cui casi sono emersi qui, 10 sono morti, tra i quali nove di cancro". Una vedova di Chicago, Margaret Ryan, riportò una discussione con il medico che scoprì che suo marito James – veterano della Marina che era stato a Nagasaki dopo la bomba – soffriva di leucemia granulocitica: "Allora, il dottore gli chiese se era mai stato in Giappone. Noi eravamo sciocccati. «Sì, ci sono stato», disse". "Beh, lei ha lo stesso tipo di leucemia che hanno i giapponesi". La domanda di Ryan alla VA per la concessione dei benefici di servizio fu respinta nella primavera del 1977, un anno prima della sua morte.

William Shufflebarger aveva 22 anni ed era nei *Marines* quando fu mandato a Nagasaki verso la fine di settembre 1945 – "A pochi isolati dall'area più devastata della città", secondo la sua descrizione. Trentacinque anni dopo a Oak Lawn, Illinois, egli lottava con il linfoma di Hodgkin.

Gravi problemi respiratori sono stati citati di frequente dai veterani americani impegnati a ripulire un'area interessata da ordigni atomici. Sam Scione, di Warwick, Rhode Island, un *Marine* veterano della pulizia di Nagasaki, fu il protagonista di un articolo pubblicato nella rivista *"Disabled American Veterans"* nel marzo 1980. In seguito all'articolo, Scione fu contattato da 180 veterani impegnati nell'occupazione di Hiroshima o Nagasaki; la metà circa – 83 – riportava serie malattie respiratorie.

Per la gran parte, gli uffici federali reagivano alla controversia crescente come avevano sempre fatto: negando il pericolo dell'esposizione alle radiazioni. Una lettera della Casa Bianca ai veterani e alle vedove del dicembre 1979, insisteva che le dosi massime "assorbite da ciascun americano in servizio nelle due città, nel caso peggiore in assoluto, sono meno di un rem. La stima parte dall'assunzione che la persona sia arrivata con la prima unità nel settembre 1945, sia rimasta sino all'ultimo con l'unità che se n'è andata nel luglio 1946, e abbia lavorato otto ore al giorno, sette giorni su sette, per nove mesi e mezzo, nella zona a maggior intensità dell'area di fallout, peraltro molto piccola (qualche centinaio di metri di diametro). Dato che in realtà nessuno ha davvero vissuto questo «caso peggiore», la DNA ritiene che la massima dose che qualsiasi individuo ha ricevuto sia nettamente inferiore al rem". La lettera aggiungeva che tale dose era molto minore di quella permessa per chi lavora materiali radioattivi, e minore che nei normali raggi X.

Alla metà degli anni '80, il Dipartimento della Marina mandò una nuova serie di lettere concepite per imbonire i veterani di Hiroshima o di Nagasaki che avevano contattato svariate Agenzie federali per esporre le loro preoccupazioni. "Il Dipartimento della Difesa e il Governo americano sono stati e sono profondamente interessati al benessere dei veterani, e sono determinati ad assicurare che questioni di questo tipo siano studiate a fondo e con la massima trasparenza dei risultati", scrisse il Capitano di Marina J. R. Buckley. Inoltre, il Capitano Buckley informava i veterani destinatari della lettera che "deve rassicurare che la probabilità d'esposizione a radiazioni di qualsiasi tipo sia stata piuttosto bassa, che non ci sia stata possibilità che alcun membro delle forse d'occupazione abbia ricevuto una dose significativa, e che non c'è causa alcuna di preoccuparsi di un incremento del rischio d'effetti negativi per la salute".

La DNA preparò un lungo opuscolo intitolato *Le forze di occupazione a Hiroshima e a Nagasaki*, e lo rilasciò alla stampa l'undici agosto 1980. Il rapporto di 33 pagine preparato dal Pentagono non diceva niente di nuovo. "La dose massima di radiazione che potrebbe aver ricevuto un membro delle forze d'occupazione USA in Giappone – considerando la dose esterna, quella inalata e quella ingerita – è di meno di un rem… il rischio per la salute di una simile dose è trascurabile – statisticamente così piccola da non poter essere espressa in termini sensati".

Pur ammettendo che "indubbiamente, devono esserci state occasioni nel corso dell'occupazione di Nagasaki in cui pattuglie o altri gruppi entravano nell'area interessata dalla contaminazione residua per eseguire specifiche missioni", il rapporto del Pentagono affermava che le truppe più vicine a ground zero in generale erano restate fuori della zona dello scoppio. Numerosi veterani delle rimozioni di detriti a Nagasaki, o le loro vedove, andarono su tutte le furie.

Virginia Ralph replicò, sottolineando che "non si faceva menzione dell'edificio scolastico dove Lyman Quigley era acquartierato, né dell'hotel fatiscente dove stava Jack McDaniel, né del magazzino danneggiato al quale fu assegnato dove Joe [Ralph]".

La descrizione del Dipartimento della Difesa dei *Marines* estranei alle attività di pulizia nell'area di ground zero contrastava con le testimonianze degli stessi ex-*Marines*. Né coincideva con i risultati di una minuziosa ricerca negli archivi militari U.S.A. compiuta, tra il 1979 e il 1980, da Trell W. Yocum, un regista di documentari indipendente che lavorava a Hollywood.

Setacciando le descrizioni scena per scena che accompagnavano 32 bobine conservate alla *U.S. Marines Corps Histories Division*, Yocum creò riferimenti incrociati con interviste a ex *Marines* che avevano partecipato all'occupazione di Nagasaki. Yocum confermò che alcune compagnie di *Marines* americani, qualche centinaio di uomini, arrivate a Nagasaki il 23 settembre 1945, furono assegnate in prossimità dell'ipocentro dell'esplosione atomica – in diretta contraddizione con quanto affermato dalla Defense Nuclear Agency trentacinque anni dopo.

Il rapporto del Pentagono, stilato a posteriori e corredato di mappe ben curate, descriveva la 2ª Divisione dei *Marines*, la più vicina all'epicentro, come membri del 2° e del 6° Reggimento acquartierati alle caserme di Kamigo 70 metri a sud dell'epicentro, e alle caserme di Oura 4.500 metri a sudest dell'epicentro.

Ma confrontando mappe ufficiali, materiale cinematografico d'archivio del Corpo dei *Marines* e interviste indipendenti, Yocum confermò che come minimo tre Compagnie di *Marines* appartenenti a quei Reggimenti erano state, in effetti, acquartierate a meno di un miglio dall'ipocentro. La scuola danneggiata occupata da Lyman Quigley e dagli altri *Marines* della Compagnia C del II Battaglione Genio Pionieri era a circa 900 metri da ground zero, stando alle stime fatte da Yocum per il suo film *The Other Victims of Hiroshima and Nagasaki* (in un rapporto scientifico distribuito nel 1981, la DNA ammetteva implicitamente il costante impiego del II Battaglione Genio Pionieri nella pulizia della zona dell'epicentro, e notava che il battaglione era stato usato "per rimettere in funzione due campi sportivi nell'area «bombardata» della città").

Insomma, il ben pubblicizzato opuscolo del 1980 curato dal Pentagono si sforzava di affermare che la ricerca scientifica aveva trovato livelli insignificanti di radiazione residua a Nagasaki e Hiroshima. Pertanto, secondo la storia ufficiale, le truppe furono mandate in un'area dove non c'erano rischi per la salute.

Ma, quattro mesi prima che la DNA pubblicasse il suo rapporto, il *"Washington Post"* aveva scoperto uno studio declassificato dagli Archivi Nazionali sui livelli di radiazione residua ad Hiroshima e Nagasaki che era stato portato a termine nel 1946. In un articolo uscito il 13 aprile 1980, il *Post* affermava che "L'ex rapporto segreto è destinato ad alimentare la controversia che si è accesa sull'assunzione o meno, da parte delle truppe americane mandate a Nagasaki e Hiroshima nel 1945, di radiazioni sufficienti a provocare tumori manifestatisi 20 anni dopo". Il *Post* notava che due team di ricercatori governativi, controllando i sobborghi di Nagasaki due mesi dopo il bombardamento atomico, trovarono radiazioni "a livello doppio di quanto sia oggi considerato sicuro per i lavoratori del nucleare, e oltre 10 volte lo standard di sicurezza per la popolazione in generale".

Restavano escluse quantità mortali di minute particelle Alfa, capaci di insediarsi nel midollo osseo, nei polmoni e in altri organi. La *Defense Nuclear Agency* preferì dare attenzione alle dosi di radiazione gamma lasciate dagli attacchi atomici di Hiroshima e Nagasaki, affermando implicitamente che Plutonio o sorgenti di radiazione alfa erano virtualmente assenti. In sé non sarebbe un concetto sbagliato —se solo i soldati non respirassero.

"La stima della *Defense Nuclear Agency* delle dosi di radiazione assunti da quei Marines non è precisa", concludeva il dottor Ikuro Anzai, un professore dell'Università di Tokyo e segretario generale della *Japanese Scientists Association*, che contava 10.000 membri e che condusse uno studio in materia. Anzai era preoccupato dall'assunzione di particelle

Alfa: "Anche se, secondo i miei calcoli, l'esposizione esterna è stata relativamente bassa, la radiazione interna ricevuta dal midollo osseo di questi uomini potrebbe essere stata eccezionalmente alta. Questo a causa del Plutonio depositato nel suolo e nell'acqua di Nagasaki".
Dati drammatici in proposito emersero il 10 ottobre 1980, ad un simposio medico tenutosi a Tokyo. Non solo il Plutonio era stato rilasciato al momento dell'esplosione; ma era ancora lì.
"Trentacinque anni dopo il bombardamento atomico di Nagasaki, grandi quantità di mortale Plutonio sono sepolte sotto la città, stando a un professore di medicina", riportava la *United Press International*. "Il Professor Shunzo Okajima, specialista degli effetti dei bombardamenti atomici in Giappone, ha detto a una conferenza... che quantità insolitamente grandi di sostanza radioattive sono state rilevate tre chilometri a est del centro dell'esplosione, nel distretto di Nishiyama".
"I livelli di radioattività nel distretto di Nishiyama erano molto più alti del previsto", disse il Professor Okajima, che aveva appena completato uno studio della radioattività nel suolo di Nagasaki. "Non mi aspetto effetti immediati sugli esseri umani", aggiunse.
Ma, ricordava l'UPI, Okajima "sottolineava che il Plutonio – al quale si associa il cancro ai polmoni – va preso con estrema attenzione... Il professore aveva detto di essere preoccupato dal fatto che il 76% del Plutonio era concentrato nei primi dieci centimetri dalla superficie".
Due paragrafi in tutto, del rapporto di 9.000 parole della *Defense Nuclear Agency* reso pubblico il 6 agosto 1980, toccavano gli specifici problemi clinici dei veterani atomici americani in Giappone. Nella linea già seguita dal Governo, il rapporto della DNA – datato esattamente 6 agosto, giorno in cui il mondo entrava nell'era atomica – sposava la conclusione teorica governativa che non esistevano rischi apprezzabili per la salute.
Le poche frasi del rapporto che affrontavano il tema delle malattie provocate nei *Marines* che avevano sgombrato le macerie a Nagasaki mostrano la portata della disinformazione messa n campo dal Pentagono.
"Uno specifico tema legato alla salute merita menzione perché ha ricevuto di recente una certa notorietà. Si tratta di un tipo di cancro al midollo osseo noto come "mieloma multiplo". Ammettendo che "a quattro veterani dell'occupazione di Nagasaki è stato diagnosticato mieloma multiplo", il documento sosteneva che "ciò non sembra rappresentare un'incidenza anormale di tale malattia. Sono pertinenti in proposito le seguenti statistiche del *National Cancer Institute*. Partendo da 10.000 uomini di 25 anni nel 1945 (all'incirca i *Marines* di Nagasaki), oggi, nel 1980, circa 7.7 morti da mieloma multiplo dovrebbero essersi verificate secondo le normali statistiche". Il rapporto perciò concludeva che "i quattro casi noti di mieloma multiplo sono inferiori al numero che ci si sarebbe aspettato per un gruppo normale, non esposto a radiazioni, di questa consistenza e di questa età".
In queste poche frasi il Pentagono ha completamente distorto la situazione. La cifra di 10.000 *Marines* è estremamente fuorviante, ed espande grossolanamente la base dati statistica sulla quale i casi di mieloma multiplo andrebbero comparati. In base a dati del Dipartimento della Difesa stesso, la grande maggioranza di quei 10.000 *Marines* restarono a parecchie miglia da ground zero a Nagasaki. Ma i cinque – non quattro – casi di mieloma multiplo erano tutti tra i circa 1.000 *Marines* alloggiati nel settembre 1945 nell'area immediatamente centrale, entro il raggio di un miglio dall'epicentro. In realtà il rapporto DNA del Pentagono moltiplicava la base dati epidemiologica di dieci volte, includendo i

Marines stazionati alla caserma di Oura tre miglia a sudest dell'ipocentro, e alla caserma di Kamigo, più di quattro miglia a sud.

Con la base dati corretta di un migliaio, stando alle tabelle di incidenza citate da tutte le parti in causa, l'incidenza del mieloma multiplo tra i cinque *Marines* stava tra le 6.5 e le 10 volte il normale. E in base a quello che sappiamo, Harry Coppola, Harold Joseph Ralph, Alvin Lasky, Richard Bonebrak e George Proctor non furono i soli tra i *Marines* nell'area centrale dell'esplosione in quella prima settimana che successivamente svilupparono il mieloma multiplo. I cinque pertanto rappresentano il minimo e non il massimo della reale incidenza di tale rara malattia del midollo.

I rappresentanti federali hanno rifiutato di rendere disponibili dati dettagliati per rendere possibile una ricerca sistematica sui veterani degli sgomberi. Grazie all'intransigenza del Governo, la dimensione complessiva del prezzo pagato dalla salute dei veterani probabilmente non si conoscerà mai.

I soldati americani mandati a Nagasaki e Hiroshima in mezzo alla radiazione residua sono stati i primi americani a conoscere lo spettro della radiazione invisibile rilasciata dalle esplosioni atomiche. Ma non sono stati assolutamente gli ultimi. Dopo il 1945 le esplosioni nucleari divennero numerose, e così le loro vittime, con e senza uniforme.

2.
300.000 GI sotto il fungo atomico

Il dottor David Bradley era seduto con i cuoi colleghi a bordo di una nave della Marina U.S.A. ancorata al largo dell'isola principale dell'atollo di Bikini nel mezzo dell'Oceano Pacifico, circa 3.200 chilometri a sudest delle Hawaii. Bradley, un giovane medico dell'Esercito, faceva parte di un gruppo di dottori mandati come addestramento a monitorare le radiazioni della prima esplosione atomica in tempo di pace. Aveva seguito con attenzione il Colonnello Stafford Warren, capo della *Radiological Safety Section*[17], spiegare lo scenario che si preparava per il 1° luglio 1946, 17 giorni più tardi.

Una bomba atomica, della stessa potenza di quella esplosa sopra Nagasaki, doveva detonare a Bikini. I militari U.S.A. e le loro controparti civili stavano per sperimentare l'Operazione *Crossroads* il nome dato alla serie di test di Bikini del 1946. Era scontato che le due bombe al Plutonio pronte per esplodere quel luglio avrebbero funzionato; lo scopo dell'Operazione *Crossroads* era di valutare l'effetto degli ordigni esistenti, piuttosto che sperimentarne dei nuovi.

L'impatto psicologico delle esplosioni atomiche, per i presenti come per il grande pubblico, era stato attentamente valutato. Non era per caso che giornalisti di tutto il mondo, fotografi e cineoperatori fossero stati incoraggiati ad osservare l'Operazione *Crossroads* in tutta la sua sconvolgente e spaventosa gloria atomica. Ma i supervisori del test erano in grado di controllare minuziosamente le storie che tutti i giornalisti avrebbero trasmesso. Tutte le informazioni sull'esplosione – inclusa quantità e natura del fallout che avrebbe interessato piante, animali e umani – provenivano esclusivamente da fonti ufficiali.

Ciò che si voleva comunicare al mondo in quell'estate del 1946 era il senso della potenza favolosa dell'ordigno nucleare, controllata esclusivamente dagli Stati Uniti – una nazione capace di asservire l'esplosivo nucleare alla protezione dei suoi cittadini e dei suoi alleati, infliggendo al tempo stesso danni enormi ma selettivi al nemico. Il test principale aveva l'appropriato nome in codice *Able* [abile, valido].

La prima lezione che Bradley e gli altri scienziati avevano seguito a bordo della U.S.S. *Haven* aveva come tema, il tenere la bocca chiusa. Seduto nella confortevole sala nautica della snella e candida nave, equipaggiata con una sofisticata strumentazione da laboratorio, Bradley aveva ascoltato il briefing iniziale tre giorni dopo che la *Haven* aveva lasciato San Francisco. "L'equivalente navale di un esperto di diritto militare ci lesse leggi riguardanti la sicurezza, accompagnandole con estratti dal *Federal Espionage Act*[18]. Prima che avesse finito, ebbi l'impressione che Bikini sarebbe stata l'anticamera di Leavenworth"[19], scrisse in seguito Bradley nel suo diario personale.

I test erano preparati con minuziosa attenzione per i dettagli. Insieme ai 42.000 militari americani, e ad una flotta di 200 navi e 150 aerei destinati ad assistere all'esplosione ato-

---
[17] Sezione di sicurezza radiologica, NdT.
[18] È una legge federale degli Stati Uniti entrata in vigore poco dopo l'ingresso degli USA nella Prima Guerra Mondiale. Proibisce ogni tentativo di interferire con con le operazioni militari, di appoggiare i nemici degli U.S.A. in tempo di guerra, di incitare all'insubordinazione, di interferire con il reclutamento ecc. La Corte Suprema, nel 1919, stabilì all'unanimità che tale legge non viola la libertà di parola di coloro che incorrono in essa. Il fatto che venga utilizzata come forma di velata minaccia in tempo di pace, fa intuire la portata della legge (che è stata impugnata di recente anche nell'ambito dell'affare Wikileaks) come strumento repressivo di controllo dell'informazione, NdT.
[19] A Fort Leavenworth, nel Kansas, c'è stato sino al 2005 un carcere di massima sicurezza, NdT.

mica e a subirne gli effetti, c'erano centinaia di specialisti militari e civili. Il governo aveva destinato una nave intera, carica di animali e di dottori, per studiare gli effetti della radioattività sui pesci, sulle piante, sugli atolli corallini, e la sua diffusione nell'aria e nel mare. Oltre 4.000 animali da esperimento furono usati nel test atomico *Able* —tra i quali capre, maiali, ratti, e topi appositamente selezionati, oltre ai moscerini della frutta.

Concentrato sull'ultimo briefing del Colonnello Stafford Warren, una delle più alte autorità nucleari militari americane, Bradley si sentì al tempo stesso affascinato e allarmato. Per lui, la pratica della medicina si era sempre collocata "da qualche parte in quella zona intermedia dove si combinano scienza e umanesimo". Lo scienziato in Bradley era affascinato; l'umanista viveva delle preoccupazioni.

Il Colonnello Warren spiegò che un *B-29* avrebbe sorvolato Bikini e sganciato una bomba atomica. Una flotta "mobile", in mare ed in cielo, si sarebbe tenuta a venti miglia di distanza. La bomba sarebbe esplosa con una potenza di circa 20.000 tonnellate di TNT, diffondendo intorno lo stesso, accecante, calore del sole.

Una volta che il bagliore iniziale si fosse dissipato, due idrovolanti *Martin PBM-5* della Marina (ad uno dei quali era stato assegnato Bradley) avrebbe volato in direzione dello scoppio, finché non avesse rilevato un livello di radiazione ritenuto "pericoloso". Mentre aerei e cacciatorpediniere avrebbero seguito la nuvola a forma di fungo, la flotta "mobile" si sarebbe gradualmente avvicinata al centro dell'esplosione —dove navi ormeggiate nel raggio dell'esplosione nucleare sarebbero state esaminate per scoprire i danni che un ordigno di 20 chiloton può fare a portaerei, navi da battaglia e altri sistemi militari. Il comando americano aveva designato 73 navi a formare la flotta che avrebbe fatto da bersaglio all'esplosione atomica.

Terminato l'ultimo briefing e ricevuti i rispettivi incarichi, Bradley e la maggior parte degli altri scienziati scesero a terra sull'isola principale – sei chilometri e mezzo di lunghezza per 180 metri circa di larghezza – una scheggia di sabbia nell'immensità del Pacifico. "Il sole è ricco di intensità tropicale, il cielo è pieno di cumulonembi in aggregazione", scrisse Bradley sul suo taccuino. "La bellezza di Bikini sembra appartenere totalmente a un altro mondo, privo di relazione con la strana missione che ci ha condotto qui".

Per davvero, la bellezza di Bikini celava una maledizione radioattiva che sarebbe riuscita fatale tanto ai nativi quanto ai soldati americani.

Testato, e ignorato

Non è del tutto preciso descrivere i veterani dei test nucleari americani come "cavie". Sino ai tardi anni '70, il governo non aveva fatto studi epidemiologici sulla salute di questo personale, né accumulato dati sugli effetti a lungo termine della loro esposizione alle radiazioni. Per quanto "cavie", almeno 250.000 soldati USA[20] – direttamente esposti alle radiazioni atomiche in 17 anni di test di bombe nucleari – erano stati trascurati dai loro superiori.

Tra il 1946 e il 1962 normali procedure di routine inviarono soldati americani nelle immediate vicinanze di esplosioni atomiche[21]. Cambiavano i loro compiti, come cambiavano

---

[20] Il Dipartimento della Difesa U.S.A. ha stimato esserci stati circa 210.000 militari impiegati nei test atomici. Molte altre fonti riportano un numero più alto. La *National Association of Atomic Veterans* ha calcolato un numero tra 250.000 e 400.000. Le stime non includono le migliaia di civili che si trovavano a breve distanza dai test.
[21] I sovietici non furono da meno: il test più famigerato avvenne il 14 settembre 1954, quando l'Armata Rossa condusse delle manovre militari che includevano una esplosione nucleare sperimentale nella regione di Orenburg, nella Rus-

le zone di operazione. Ciò che restava costante era la presenza del fallout radioattivo, e le rassicurazioni ufficiali circa la sua innocuità.

Negli anni '70, quando l'attenzione dei media si concentrava sulle responsabilità dei coinvolgimenti nei test nucleari che avevano causato gravi malattie, il governo USA negò ogni responsabilità. Continuando a respingere tutte le domande per benefici sociali per malattie da radiazione legate al servizio presentate dai veterani e dalle loro vedove, la *Veterans Administration* affermava che il personale era stato esposto ad innocue radiazioni "di basso livello".

Nel 1977, più di 30 anni dopo l'esplosione di *Able*, pressioni pubbliche dovute alle battaglie legali tra la VA e i veterani "atomici" spinse un'agenzia federale – il *Center for Disease Control*[22] – a condurre il primo studio clinico tra i veterani nucleari d'America.

Lo studio venne limitato ai 3.224 uomini che si trovavano nel deserto del Nevada nel corso delle manovre militari relative a un test atomico del 1957, il cui nome in codice era *Smoky*[23]. Una stima iniziale resa pubblica nel 1979 mise in luce un'incidenza della leucemia più che doppia del normale tra questo personale. Nelle statistiche più dettagliate che seguirono, i ricercatori federali trovarono nove casi di leucemia tra gli stessi soldati – un'incidenza vicina al triplo della media. "Ciò rappresenta un incremento significativo rispetto all'incidenza che ci si doveva aspettare di tre casi e mezzo", riportò il gruppo di ricerca coordinato dal dottor Glyn C. Caldwell del *Center for Disease Control*, in un compendio di studi pubblicato dal *Journal of the American Medical Association* nell'autunno del 1980.

I soldati del test *Smoky* in ogni caso rappresentano solo l'1% circa del personale esposto ai test nucleari. Estrapolando dallo studio federale nel suo complesso si può concludere esserci forti sospetti che parecchie centinaia di veterani siano morti di leucemia contratta in seguito ai test. La stima non include i decessi dovuti a numerose altre forme di cancro, a malattie del sangue e ad altri disturbi.

I risultati dello studio del governo federale sembrarono non avere alcun effetto sulla VA. Coerentemente con la linea seguita coi veterani di Hiroshima e Nagasaki, l'agenzia proseguì nella pratica di respingere le domande. In un'occasione la VA concesse dei benefici ad un veterano "atomico" – stando bene attenta a non ammettere che la malattia terminale

---

sia meridionale. L'esercitazione conivolse 44.000 soldati sovietici nel poligono di Totsk. Le truppe furono schierate in trincee vicine sino a cinque chilometri dal centro designato dell'esplosione, con un gruppo di soldati in un avamposto a circa 2.5 chilometri dall'epicentro. Un bombardiere *Tupolev Tu-4 "Bull"* sganciò quindi una bomba nucleare *RDS-3* con nucleo composito Uranio-Plutonio. L'ordigno detonò alla quota di 350 metri, sprigionando una potenza di 40 chilotoni. Circa 40 minuti dopo, i reparti avanzarono sino a due chilometri dal ground zero, e alcuni arrivarono sino a 500 metri dall'epicentro. Secondo alcuni rapporti, dei soldati accusarono gli effetti delle radiazioni non appena ritornati alle loro basi; tutti dovettero giurare di mantenere il segreto sull'operazione. I rapporti sui possibili danni a lungo termine delle radiazioni sono scarsamente documentati; secondo alcune fonti, gli archivi dal 1954 al 1980 degli ospedali locali sarebbero stati distrutti. Infine, nel 1990 fu formato un comitato per garantire cure ai partecipanti sopravvissuti a questo esperimento. Cfr. David Holloway, *Stalin and the Bomb*, New Haven 1994, pp. 326-328, NdE.

[22] Centro per il Controllo delle Malattie, NdT.

[23] Il test *Smoky* era una delle 29 esplosioni nucleari effettuate durante l'Operazione *Plumbbob*, condotta tra il 28 maggio e il 7 ottobre 1957. Il test fu effettuato il 31 agosto 1957, sprigionando una potenza di 44 kt. Secondo una apposita commissione dell'Istituto di Medicina e del Centro Nazionale delle Ricerche USA, *Plumbbob* rilasciò 58.300 kilocurie di iodio radioattivo (I-131) nell'atmosfera, producendo una esposizione totale di civili alle radiazioni di 120 milioni di rad/persona di esposizione al tessuto della tiroide (circa il 32% dell'esposizione dovuta agli esperimenti nucleari continentali).
Statisticamente parlando, questi livello di esposizioni può arrivare a causare tra gli 11.000 e i 212.000 casi in eccesso di cancri alla tiroide, causando tra le 1.000 e le 20.000 morti. V. *Institute of Medicine (U.S.). Committee on Thyroid Screening Related to I-131 Exposure, National Research Council (U.S.). Committee on Exposure of the American People to I-131 from the Nevada Atomic Bomb Tests*, Washington 1999.

fosse connessa all'esposizione ad un test atomico. Ma per la schiacciante maggioranza dei veterani irradiati, nonostante lo studio su *Smoky*, rapportarsi con la VA continuò a voler dire scontrarsi con un muro di gomma burocratico. Sentendo aumentare la pressione delle accuse pubbliche di trattamento ingiusto verso i veterani dei test nucleari, il capo dell'ufficio legale della VA Guy H. McMichael III disse di fronte al Congresso nel 1979 che né diagnosi né autopsie erano in grado di stabilire connessioni tra una malattia ed una precedente esposizione a radiazioni. "Esistono serie difficoltà intrinseche nel rispondere a domande relative allo sviluppo di tumori, a seguito dell'esposizione ma dopo periodi piuttosto lunghi", sosteneva, "quando manchino prove patologiche ad indicare che il processo della malattia sia cominciato nel periodo di servizio". LA VA citava, come aspetto che andava a complicare le valutazioni per assegnare le compensazioni, "il fatto che i tumori indotti dalle radiazioni non hanno caratteristiche patologiche univoche rispetto al cancro dovuto a fattori «naturali». Ciò rende impossibile determinare con certezza se una malattia avrebbe avuto luogo indipendentemente dall'esposizione alle radiazioni".

Intanto, nei primi anni '80, la VA respingeva oltre il 98% delle richieste per i benefici dei quali ci stiamo occupando. Nell'estate del 1980 il Pentagono rilasciò un comunicato stampa che ebbe vasta diffusione, nel quale sosteneva che "gran parte delle esposizioni [a radiazioni] di personale del DoD [*Department of Defense*] durante i test sono state molto basse – circa mezzo rem... Ovviamente, molti non furono esposti del tutto, altri ricevettero dosi più alte. La nostra ricerca indica che solo una percentuale molto bassa superò cinque rem l'anno, la dose considerata innocua per i lavoratori dell'industria nucleare dalle linee guida federali".

Il comunicato del Dipartimento della Difesa, diffuso 34 anni dopo il primo test americano in tempo di pace, concludeva su un tono consolatorio: "In conclusione, basandosi sulle ricerche più attuali, l'esposizione media di quanti parteciparono ai test nucleari atmosferici fu circa un decimo del livello generalmente ritenuto accettabile di esposizione annua per un lavoratore". A dispetto di quanto scoperto dal *Center for Disease Control* un anno prima, il Pentagono concludeva che ne sarebbe risultato "circa un tumore mortale ogni 20.000 soggetti".

Ma molti dei veterani dei test nucleari americani non erano in uno stato d'animo tale da sentirsi tranquillizzati dal comunicato stampa del Pentagono. Le loro voci, sparse sul territorio nazionale, erano diventate sempre più forti e organizzate nel corso degli anni '70. Nel 1979 la *National Association of Atomic Veterans*[24] [da qui in poi NAAV] fu fondata dall'ex Sergente Orville Kelly e da sua moglie Wanda. Kelly due decenni prima aveva assistito a 22 test di ordigni nucleari mentre prestava servizio come comandante di Japtan, un isolotto nelle isole Marshall.

La storia di Kelly era abbastanza tipica. Come descritto nella rivista dei veterani "atomici" associati nella NAAV, "dal 1° aprile 1958 al 31 agosto 1958 aveva portato un distintivo con una pellicola sensibile, che misurava le radiazioni Gamma. La misura del badge relativa a quel periodo era stata di 3.445 rem. Misure di radiazioni Beta o di eventuali accumuli interni di radionuclidi non furono mai effettuate. Anche le apparecchiature usate sull'isola per il monitoraggio ambientale misuravano solo radiazioni Gamma".

La nascita della NAAV nell'agosto 1979 portò ad una forte presa di posizione da parte dei veterani atomici e delle vedove di tutto il Paese. Entro un anno erano 3.000 i membri dell'associazione, il cui quartier generale era a Burlington, Iowa, città natale di Orville e

---

[24] Associazione Nazionale dei Veterani Atomici, NdT.

Wanda Kelly. Assieme ai veterani e ai sostenitori nei vari stati, si apprestarono a sfidare la *Veterans Administration* e il suo atteggiamento verso l'ex personale militare esposto alle radiazioni durante il servizio.

Diagnosticatogli un linfoma linfocitico nel giugno 1973, Orville Kelly si vide ripetutamente respingere dalla VA la domanda per invalidità di servizio. Menomato dalla sofferenza e dagli effetti devastanti dei farmaci chemioterapici, Kelly si spostò per quanto gli era possibile, incontrando altri veterani dell'atomo e facendosi loro portavoce. Le richieste sempre respinte di Kelly divennero una cause celebre e un grosso grattacapo per la VA e il Dipartimento della Difesa.

Nel novembre 1979, dopo cinque anni di dinieghi, il *Board of Veterans Appeals* della VA accettò le richieste di Kelly. La decisione ammetteva la plausibilità di una connessione tra l'irradiazione in servizio e il cancro contratto in seguito, ma non arrivava a riconoscerne un legame oggettivo. La VA specificava che il caso Kelly non avrebbe potuto considerarsi un precedente per richieste similari, che sarebbero state esaminate caso per caso.

Kelly sapeva bene che solo pochissimi veterani dell'atomo erano riusciti ad ottenere delle compensazioni. Nell'aprile 1980, due mesi prima di morire, Orville Kelly dichiarò dal suo letto di malato: "Anche se le nostre ferite sono difficili da mostrare perché le radiazioni non si possono vedere, toccare, e non hanno odore, esse sono mortali più che le pallottole o le schegge".

Esprimendo il sentire delle migliaia di persone che erano entrate nella *National Association of Atomic Veterans*, Kelly aggiunse: "Credo che avrebbero dovuto avvertirmi sui pericoli potenziali dell'esposizione alle radiazioni e che sarei dovuto essere sottoposto a controlli medici regolari dopo l'esposizione stessa. La verità è che non sono mai stato avvertito e non sono mai stato esaminato. Nel corso degli anni successivi al congedo, non mi è mai stato detto di fare degli esami perché avevo preso parte nei test nucleari. Anche se ho vinto la causa, ho perso lo stesso perché i dottori hanno detto che mi resta poco da vivere".

Dopo la morte di Kelly più che mai divenne chiaro che la NAAV non sarebbe scomparsa. Anzi, l'organizzazione era in crescita continua, pubblicava un bollettino bimestrale e creava sedi decentrate per organizzarne l'attività in ogni angolo della nazione. Il dipartimento federale forse più ostile verso gli obiettivi della NAAV era la *Defense Nuclear Agency* al Pentagono. "Noi non ci occupiamo di effetti sulla salute – ci occupiamo di difesa", disse nel 1980 il portavoce della DNA Colonnello Bill McGee nel corso di un'intervista. Ad ogni buon conto, per reagire a tutta la pubblicità negativa, alla fine degli anni '70 la DNA aveva istituito un numero verde per ricevere informazioni dai veterani dei test nucleari – e all'inizio del 1981 aveva accumulato nomi e recapiti di più di 30.000 veterani dell'atomo o di loro parenti.

La DNA rifiutò la richiesta della *National Association of Atomic Veterans* di condividere quei dati. Bel frattempo, nel gennaio 1981, la VA aveva accettato con un anno di ritardo di fornire alla NAAV i suoi archivi con i nomi e gli indirizzi dei veterani nucleari. Ma la VA possedeva solo il 2% del numero totale di nomi accumulati dalla *Defense Nuclear Agency*.

Il rifiuto della DNA di condividere la sua vasta base di dati era coerente con l'attitudine pugnace dell'agenzia nei confronti dei veterani dell'atomo. La DNA restava fedele al suo ritornello: tutto il personale aveva ricevuto bassissimi livelli di radiazione.

Ma il supporto alla causa della NAAV arrivò sotto forma di diniego da parte del dottor Edward Martell, un ex studioso di fallout per l'Aeronautica e per la Commissione per l'Energia Atomica. Deponendo come testimone ad un'udienza a Washington il 12 aprile 1980, Martell disse: "Il modo migliore per ingannarvi sugli effetti delle radiazioni è di parlarvi dell'effetto di un tipo di radiazione quando voi ne state misurando un'altra". Martell, scienziato del *National Center for Atmospheric Research* con sede in Colorado, affermò che le radiazioni Alfa e Beta assorbite all'interno dell'organismo venivano ignorate intenzionalmente dalle autorità governative.

Martell accusò i rappresentanti del Pentagono di "prendere i dati dei distintivi a pellicola sensibile, che sono una misura della radiazione penetrante, e discutere la bassa incidenza che ci si deve aspettare in termini di tumori e leucemie. Ma la maggior parte dei di tumori e delle leucemie sono dovute invece ad emettitori interni" – sottoprodotti della fissione nucleare come Stronzio, Cesio e Plutonio, che non vengono misurati dai badge dosimetrici[25].

Persino giornalisti d'assalto che si vantano di essere investigatori tenaci, tendono a prendere per buono quanto proviene dalla supposta conoscenza superiore degli esperti del Defense Department. Ciò avvenne il 28 settembre 1980, quando il programma TV della CBS *60 Minutes* mandò in onda uno spezzone sui veterani dell'atomo.

60 Minutes mostrò Orville Kelly e Harry Coppola, ripresi poche settimane prima della morte. Ma il programma mostrava soprattutto il direttore della DNA, il Vice Ammiraglio Robert R. Monroe. Monroe spiegò al corrispondente della CBS Morley Safer e a decine di milioni di telespettatori che per i test nucleari "furono prese precauzioni meticolose, per essere certi che l'esposizione alle radiazioni fosse entro i limiti di sicurezza. Oggi, non ci sono in pratica notizie di un'incidenza di morti da cancro superiore alle statistiche". E, aggiunse l'Ammiraglio, "L'esposizione dovuta ai test di armi atomiche è una frazione molto, molto, molto, molto piccola di un livello di radiazione molto basso". Monroe spiegò che circa il 16% degli americani maschi muore di cancro, perciò è ovvio che tale malattia si sarebbe riscontrata tra i veterani.

Le affermazioni in diretta del rappresentante del Pentagono non furono dibattute, poiché la CBS non introdusse alcun contraddittorio scientifico. Il pezzo di *60 Minutes* non faceva menzione dello studio del *Center for Disease Control*, peraltro fatto per conto del governo stesso, pubblicato da oltre un anno, che mostrava un tasso di leucemia più che doppio di quanto da attendersi tra i veterani del test *Smoky*.

Numerosi veterani infuriati scrissero a *60 Minutes*; un paio di tali missive furono lette in diretta. Ma i redattori della CBS sembravano nutrire una fede incrollabile nell'onestà del Pentagono. Il programma citò la lettera di un telespettatore che così accusava: "Il modo in cui il Governo ha trattato questi uomini è una vergogna nazionale, e forse è il più grosso ritocco di facciata dal giorno che Tom Sawyer ha dipinto lo steccato della zia Polly". Ma *60 Minutes* provvide immediatamente a dissipare i dubbi gettati sulla sincerità del Dipartimento della Difesa; il conduttore Mike Wallace concluse infatti: "In ogni caso, il gover-

---

[25] La *Defense Nuclear Agency*, per sostenere la propria posizione che l'esposizione ricevuta dai soldati era troppo modesta per causare il cancro, utilizzava una media ricavata dalle misure dei dosimetri a film. Questo sistema porta inevitabilmente a una distorsione dei fatti. Intanto, non tutti portavano il dosimetro a pellicola fotografica. Spesso lo aveva solo una persona per ogni plotone. Poi, dato forse più importante, la più cospicua fonte di esposizione per le truppe fu probabilmente l'inalazione di polvere radioattiva o l'ingestione di acqua contaminata, che non vengono rilevate dai dosimetri. Le centinaia di isotopi che si producono subito dopo un'esplosione atomica sono portati in giro da forti correnti d'aria. Anche se solo una piccola parte di questo *fallout* appena prodotto è fatto di isotopi longevi come il Plutonio, ne resta comunque un ammontare significativo. Dato che la distribuzione della ricaduta non è uniforme, non c'è dubbio che restassero numerosi *hot spots* (zone "calde") nell'area dove erano appostaste le truppe.

no ha interesse a conoscere i fatti, e ci ha scritto pregandoci di dire ai veterani di telefonare al numero gratuito 800-336-3068".

Tra gli infuriati veterani dell'atomo c'era un cittadino di Hagerstown, Maryland: George E. Mace. In una lettera al produttore di *60 Minutes* Joseph Wershba, Mace faceva notare che "avete gentilmente fornito ai veterani il numero gratuito della *Defense Nuclear Agency*, di modo che possano chiedere informazioni e aiuto ad un governo che solo una settimana prima ha affermato che sono insignificanti, e che dal punto di vista economico non val la pena preoccuparsi per loro".

Tre settimane dopo che il pezzo sui veterani era andato in onda, con una sola frase di commento alla posta degli spettatori, *60 Minutes* fece finalmente cenno all'alto tasso di leucemie riscontrato dal *Center for Disease Control*.

Per George Mace, che aveva preso parte a 22 test atomici nel 1958, le cose erano ad un livello ben più profondo di quanto un brillante giornalista fosse in grado di comunicare. "Il cancro non è il solo problema di salute cui vanno incontro i veterani dell'atomo", scrisse. "Ci sono malattie del sangue e del midollo osseo, malattie respiratorie, deterioramenti generali della salute, sterilità, stress o esaurimento nervoso, danni genetici".

Alla fine del 1980 la *National Association of Atomic Veterans* pubblicò un breve articolo in cui avvertiva i membri di non donare sangue né destinare i propri organi alla donazione. Il bollettino enunciava con una profonda tristezza comune alle vittime delle radiazioni: "Tutti i veterani che siano stati esposti alle radiazioni durante test atomici e intendano donare sangue od organi sono pregati di far presente allo stato o alle organizzazioni nazionali il fatto che sono veterani atomici, e sollecitare una decisione sull'accettabilità delle loro future donazioni. È un dato scientifico che i radioisotopi si concentrino in specifici organi, uno dei quali è il midollo osseo che produce cellule del sangue. Cerchiamo di non trasmettere questa maledizione ad altri esseri umani!"

Far piacere la Bomba

In realtà, già dai tempi delle esplosioni di Bikini qualcuno aveva cercato di opporsi alla maledizione che avrebbe tormentato i veterani dell'atomo. Anche se le loro voci erano state sommerse nelle emozioni della nascente Guerra Fredda, molti dei più importanti scienziati americani avevano lottato strenuamente contro i test di bombe atomiche. Alcuni avevano sostenuto, con tragica lungimiranza, che le prove avrebbero comportato rischi biologici. Altri li ritenevano inutili, e avvertivano che avrebbero reso più difficile il controllo dell'energia atomica nel mondo. La Federazione degli Scienziati Atomici espresse il timore che, in mezzo alla vastità dell'oceano, l'esplosione nucleare sarebbe apparsa relativamente minuscola, dando un'immagine distorta della sua potenza destinata a devastare città piuttosto che remoti campi di battaglia o remoti atolli.

Oltre a mandare spettacolari funghi atomici nel cielo di Bikini, l'Operazione *Crossroads* servì come soggetto per mesi di bombardamento mediatico. I leader militari e civili americani studiarono accuratamente come definire il tono della copertura stampa delle dimostrazioni nucleari, formando così nella testa di molti cittadini le nozioni basilari dell'arma atomica. Le motivazioni dei test atomici americani venivano sempre più descritti come positive, circoscritte, e a fin di bene.

"*Newsweek*" già dai titoli mostrava la sua posizione di vantaggio sulla copertura di Operazione *Crossroads* "LA BOMBA ATOMICA: LO SHOW PIÙ GRANDE DEL MON-

DO".[26] Quando arrivò la settimana del primo test di *Crossroads*, "*Newsweek*" intitolò il suo speciale "L'IMPORTANZA [dei test]: TUTTI I VANTAGGI CHE VERRANNO DAI TEST DI BIKINI".[27]

Il capo dell'ufficio di Washington Ernest K. Lindley esortava i lettori di "*Newsweek*" a tenere ben in mente che le esplosioni atomiche erano a scopo di ricerca scientifica e militare, non per mostrare i muscoli di fronte al pianeta: "Nessuno di questi test è pensato come uno spettacolo; nessuno serve a mostrare al mondo che arma formidabile sia l'atomica. Nessuno ha sottintesi scopi diplomatici o militari".

Con i mass media che facevano propria, acriticamente, la linea ufficiale, l'immagine pubblica di Operazione *Crossroads* divenne quella della difesa nazionale e persino della filantropia. "I test di Bikini servono a misurare gli effetti delle esplosioni atomiche non soltanto sulle navi, ma su una varietà di armamenti e attrezzature di terra, e sulla vita stessa", dichiarò "*Newsweek*" una settimana prima dello scoppio di *Crossroads*. "I test sugli animali a varie distanze dall'esplosione, sono del massimo interesse perché possono contribuire alle conoscenze della medicina". "*United States News*" informò i lettori che "solo i prossimi test potranno dare la risposta finale alla grande domanda: come se la cavano in combattimento nell'era atomica, le moderne navi da battaglia?"

La tematica umanitaria veniva riproposta. "Una delle cose che vogliono ottenere questi test è di stabilire se occorreranno sistemi più precisi o più sensibili per stabilire con rapidità se trattamenti medici speciali sono necessari per le vittime della bomba atomica", riportava "*Science News Letter*", che aggiungeva: "Sarà anche indagato se le ferite da radiazione dovute alla bomba atomica causino sterilità nelle vittime, o difetti nella prole che potrebbero avere. Mentre ci vorranno anni perché tali effetti genetici emergano dall'osservazione dei sopravvissuti all'atomica in Giappone, animali da laboratorio e insetti, come la Drosofila, possono dare delle risposte molto più rapidamente".

E un numero successivo del periodico dichiarava, con inconsapevole ironia: "Le ricerche sul cancro potranno essere aiutate dalle esplosioni delle atomiche a Bikini".

Ciò che mancava nei rapporti addomesticati della stampa su Operazione *Crossroads* era il sospetto che la sperimentazione includesse esseri umani.[28] "*United States News*" definì le navi bersaglio "flotta-cavia", ma rivolse scarsa attenzione ai 42.000 esseri umani in uniforme che stavano nelle vicinanze.

Gli esperimenti di Bikini

Il dottor David Bradley sedeva ansioso nel bimotore che lo portava a 20 miglia dal punto di sgancio della bomba, guardando verso la laguna attraverso gli occhialoni scuri. "Poi, improvvisamente, vedemmo: un'enorme colonna di vapori, densa, bianca, prorompendo attraverso gli stratocumuli, simile agli altri cumulonembi ma salendo in alto come nessuna nuvola di tempesta potrebbe fare". La conflagrazione atomica correva verso l'alto dal punto di detonazione, alla velocità di due miglia al minuto. "La maligna testa fungiforme cominciò presto a fiorire. Salì rapidamente a una quota tra i 10.000 e i 12.000 metri, tin-

---

[26] "*Newsweek*", 4 febbraio 1946, p. 30.
[27] "*Newsweek*", 1 luglio 1946, p. 21.
[28] Alcune preoccupazioni per le esplosioni di Bikini ebbero qualche pubblicità. Timori per l'incrinarsi dei fondali oceanici, per l'eventuale vaporizzarsi del mare, o per il formarsi di onde anomale di proporzioni catastrofiche, tutte facili da confutare, ricevettero più attenzione da parte della stampa del problema delle radiazioni a lungo termine. Vedi, ad esempio, "*Newsweek*", 1 luglio 1946, p. 20.

gendosi di un beige bronzeo dato dagli ossidi di azoto, e sembrò protendere verso l'esterno l'ombrello che la sovrastava".

Nelle ore immediatamente successive all'esplosione, mentre i contatori Geiger ticchettavano frenetici, gli aerei per il monitoraggio radiologico incrociavano nello spazio aereo attorno al fungo atomico. Nessuno aveva idea se le maschere antigas indossate dagli equipaggi avrebbero filtrato le particelle radioattive.56

Mentre l'aereo su cui si trovava Bradley s'avvicinava alla nube, i passeggeri videro le navi bersaglio in fiamme; alcune stavano affondando. "Ci aspettavamo dalla Bomba effetti molto più spaventosi e spettacolari; l'equipaggio era deluso", ricorda. "Nelle cuffie si sentivano scherzi e battute riguardo alla Bomba".

I preparativi per il test *Able* e la successiva esplosione sembrarono riportare la bomba atomica in una prospettiva umana. "Per quanto formidabile, è stato al di sotto delle attese di molti spettatori", sottolineava la rivista Time. "Niente terremoto, niente onda anomala né altri disastri a giustificare le paure dei catastrofisti che la bomba avrebbe provocato la fine del mondo". E "*Newsweek*" espresse un sobrio ottimismo nel suo commento: "L'uomo, minuscolo di fronte alla distesa senza fine del tempo, ha messo in funzione questa settimana il suo quarto ordigno atomico. Tremando di emozione, ha atteso ancora una volta di vedere se non avesse innescato la propria distruzione… E invece, appena la macabra nube della sua quarta esplosione si è sollevata maestosamente da Bikini… ha potuto respirare, sollevato. Era ancora vivo; e dati i tempi, e il buon senso delle nazioni, ha potuto tuttavia imbrigliare per opere di pace la più grande tra le forze che creatura vivente abbia mai scatenato sulla Terra".[29] Il limitato impatto visivo era messo in risalto; e poca attenzione veniva dedicata all'invisibile fallout radioattivo.

Una settimana dopo l'esplosione *Able*, il Dottore Bradley prese posto su una motovedetta a Bikini e prese il largo verso Est, sbarcando su un piccolo atollo dopo un'ora. "Persino sotto la linea del bagnasciuga della costa meridionale, le cui pareti di roccia sono costantemente lambite dalle onde spumose, perfino lì trovammo materiale radioattivo, invisibile e quasi definitivamente assorbito nella struttura delle rocce. Non è in sé un fatto così grave ma dà l'idea della difficoltà di provare a ripulire qualsiasi superficie scabra dai prodotti di fissione. Nemmeno il grande Pacifico riesce a lavarne via un solo Röntgen".

La radiazione non si poteva lavare via. La situazione si aggravò assai col secondo scoppio nucleare postbellico, nome in codice *Baker*, tre settimane e mezzo dopo. *Baker* esplose sott'acqua, poco sotto la superficie della laguna, e spostò due milioni e mezzo di tonnellate d'acqua.

La strumentazione sull'aeroplano di monitoraggio di Bradley rilevò radiazioni dalle navi bersaglio e dalle acque dell'Oceano. I contatori Geiger andarono rapidamente in fondo scala. L'ordine via radio di abbandonare la zona fu un notevole sollievo per gli equipaggi. "Con la radiazione così intensa a quell'altitudine, a livello del mare sarebbe stata certamente letale. E non era una sorgente puntiforme, ma si estendeva per un'area di alcuni chilometri quadrati".

Per diverse settimane i rilevatori trovarono che la radiazione continuava a permeare l'ecosistema di atolli di Bikini. Per tutto il tempo, migliaia di marinai vivevano sulle navi ancorate nella laguna. Quattro giorni dopo la detonazione *Baker*, il Dottore Bradley e i suoi colleghi si resero conto "la flotta sta ancorata in acque pericolose… A mezzogiorno,

---

[29] "*Newsweek*", 8 luglio 1946, p. 19.

l'intensità era tale da mettere a rischio le prese mare e i depuratori". L'intera flotta salpò le ancore e prese il mare nel tentativo di sfuggire alla radioattività.

Ma del personale militare USA fu mandato a bordo della flotta bersaglio, un centinaio di navi, con l'ordine di rimuovere la persistente radiazione. Più di una settimana dopo Baker, Bradley osservava che "la maggior parte delle navi sono ancora sotto quarantena a causa della radioattività". Le strutture erano "ancora così calde da permettere solo brevi turni di 20 minuti, un'ora massimo. La pioggia che cadeva costantemente conteneva l'equivalente di tonnellate di radio". Per marinai abituati a lustrare i ponti, era un esercizio frustrante. Ripulire le navi, con l'aiuto delle pompe antincendio non dava "gran che sollievo dai «maledetti Geiger»". Due anni dopo, quelle navi erano ancora altamente radioattive.

Nonostante tutte le affermazioni ufficiali dell'importanza dell'Operazione *Crossroads*, dal punto di vista dell'indagine scientifica aveva una quantità di premesse sbagliate.

Ad esempio, la Marina aveva ucciso gli insetti dell'atollo di Bikini ancor prima delle esplosioni atomiche, impedendo di stabilire con precisione l'impatto della radiazione sulla catena alimentare delle isole. A differenza della stampa di larga diffusione, il piccolo periodico "*Science News Letter*" notò il fatto, e così commentò dopo il primo scoppio: "Alcuni dati sull'effetto della bomba atomica sull'ecologia di Bikini sono «sporchi» perché sulle isole dell'atollo è stato sparso il DDT prima che i *Seabee* vi andassero a lavorare qualche settimana fa. Ciò fu fatto per combattere la piaga delle zanzare, estremamente fastidiose e pericolose per la salute. I biologi che hanno fatto l'ispezione pre-bomba hanno obbiettato, ma le autorità della Marina avevano deciso in favore dei *Seabee*".

Se i supervisori del test fossero semplicemente preoccupati del comfort del personale, o se cogliessero l'occasione di precludere la possibilità che trapelasse la notizia che l'esplosione aveva cancellato gli insetti rimane incerto. Ma, come il corrispondente di "*Science News Letter*", il dottor Frank Thone sottolineò, il DDT uccide indiscriminatamente tutti gli insetti di superficie, inclusi gli impollinatori indispensabili alla vita della piante. Così l'uso del DDT come era prevedibile schermò le ragioni della morte degli insetti e delle forme di vita vegetale a Bikini.

Il DDT sparpagliato dal governo impedì in generale ogni sistematica valutazione degli effetti della radiazione sulle forme di vita dell'atollo. "Alcuni uccelli e quasi tutti i rettili si cibano di insetti", ricordava Thone ai lettori. "Recenti esperimenti indicano che gli insetti avvelenati dal DDT non uccidono uccelli e pesci[30], ma se tutti gli insetti spariscono, gli uccelli dove troveranno il cibo?… Questo elemento di disturbo gettato nell'ecologia dell'atollo, riempie di interrogativi tutti i dati biologici raccolti".

Gli animali scampati al DDT non sfuggirono alla radiazione. Dopo il test *Baker* le colonie di corallo, di norma vivacemente colorate, erano bianche, e morte; l'ambiente corallino, normalmente fertile, rimaneva altamente radioattivo. Bradley ricorda che "la prima palata di sabbia gettata sulla piattaforma della nostra imbarcazione si dimostrò così radioattiva che fui preso dal panico e la feci gettare fuoribordo".

---

[30] In realtà studi successivi hanno portato a conclusioni ben diverse. Il DDT è un killer che si accumula negli organismi e si trasmette lungo la catena alimentare: "…il tossico non uccide direttamente gli uccelli, ma i suoi residui si accumulano insidiosamente negli ecosistemi, colpendo dapprima i gradini più bassi della catena alimentare per poi arrivare gradatamente alle specie che si trovano al vertice. Le concentrazioni di DDT aumentano infatti a ogni gradino della catena alimentare. Un insetto minuscolo può contenere nei suoi tessuti, poniamo, un centesimo di una parte per milione di DDT. Un uccello insettivoro che mangia milioni di insetti contaminati può accumularne una parte per milione. Un predatore, come il pellegrino, che vive più a lungo e mangia uccelli insettivori contaminati, puo' accumularne una quantità fino a venti volte superiore".
V. http://www.archivionews.it/?azione=notizia&id=12371, NdT.

Le implicazioni erano inquietanti. L'intensa radiazione del fondale della laguna minacciava di contaminare le catene alimentari oceaniche. Dopo altre due settimane, Bradley trovò che tutto il pesce di passaggio catturato attorno all'atollo radioattivo.
Le autorità governative e i mass media ignorarono tali problematiche biologiche. Fu peraltro più evidente il fallimento della decontaminazione delle navi bersaglio; i militari non ebbero altra scelta che ammettere che restava un piccolo problema. Nelle parole scritte sul diario di Bradley, permaneva "un autentico pericolo da elementi che non potevano essere rilevati sul campo con metodi standard . . . studi recenti con contatori Alfa hanno stabilito la presenza di sorgenti Alfa, in particolare Plutonio".
Un mese dopo l'esplosione di *Baker* fu chiaro che le navi avrebbero ceduto la radioattività solo con la sabbiatura o con l'applicazione di grosse quantità di potenti acidi. Sette settimane dopo lo scoppio, studi di laboratorio erano concordi nel rilevare "piccole ma precise quantità di Plutonio, sparse in un velo di dimensioni atomiche su tutte le aree contaminate".
La versione ufficiale fu che l'operazione Crossroads non aveva lasciato danni definitivi. Le conclusioni di Bradley invece erano differenti: "Non sappiamo a quale distanza da Bikini possano essere trasportate le malattie da radiazione. Non sappiamo in che misura l'equilibrio della natura possa essere disturbato dalla bomba atomica".

I veterani di Crossroads

Come pure quelli che li seguiranno, il personale presente ai test del 1946 erano più o meno non-persone, poco più che comparse in uno show grandioso. I primi problemi di salute che emersero tra le truppe mandate sulle navi radioattive non vennero pubblicizzati. I veterani di *Crossroads* ricordarono in seguito, con una certa amarezza, che non era stato loro fornito abbigliamento speciale quando li mandarono a strofinare i ponti contaminati. Molti sottolinearono che non erano stati forniti di badge rivelatori di radiazioni né altri dispositivi di monitoraggio.
Trent'anni dopo, il dottor Donald Kerr, Segretario Esecutivo del Dipartimento dell'Energia degli Stati Uniti, sottoposto a temporanea pressione dal Congresso, ammise che il governo era in grado di produrre soltanto i badge a pellicola sensibile alle radiazioni per circa un quarto del personale dell'Operazione *Crossroads*. Per le serie di test successivi, la proporzione sarebbe scesa a circa un decimo.
Per chi partecipò all'Operazione *Crossroads*, quel paio di detonazioni nucleari da 23 chiloton erano solo l'assaggio della loro odissea. Spediti sulle navi bersaglio contaminate nel giro di pochi giorni – in certi casi di poche ore – dopo l'esplosione atomica, rimasero in contatto con le superfici irradiate per settimane, a volte dormendo pure a bordo delle navi. Di regola bevevano acqua distillata, spesso per mezzo di evaporatori contaminati, prelevata dalla laguna che il dott. Bradley e i suoi colleghi avevano trovato essere così intensamente radioattiva. Gli ex marinai raccontano di intere squadre cadere gravemente malate poco dopo essere saliti a bordo di navi ancora calde per la radioattività. Malattie croniche e dolorose seguirono inesorabilmente.
Il Vice Ammiraglio W. H. P. Blandy, comandante della forza congiunta Esercito-Marina dell'Operazione *Crossroads*, si era affrettato a proclamare gli esperimenti atomici "un grande successo". "*Newsweek*" riportò in quei giorni: "Non ci sono state vittime umane, per quanto l'Ammiraglio Blandy ha avvertito in via precauzionale che qualcuno potrebbe essere stato sovresposto alle radiazioni [ammissione pubblica rara, cui i media non diede-

ro sostanzialmente seguito]. Questo, disse, perché il personale era ansioso di salire a bordo delle navi a causa delle preziose informazioni scientifiche che avrebbero cambiato il futuro dell'umanità".[31]

A giudicare dalle dozzine di interviste fatte a veterani di *Crossroads* contattati per questo libro, l'Ammiraglio Blandy potrebbe aver leggermente sopravvalutato quanto entusiasta "il personale" fosse di saltare a bordo dei vascelli radioattivi.

Jack Leavitt ad esempio, arruolatosi in Marina nel 1941, prima di compiere 18 anni. Di stanza in California, aveva 22 anni quando seppe di essere destinato all'Operazione *Crossroads* all'inizio del 1946. "Qualcuno aveva detto che bisognava darsi volontari, ma nessuno mi chiese se volevo partecipare, solo di presentarmi per la missione. Mi ero dato volontario per entrare in Marina, e immagino che ciò fosse sufficiente".

Dopo lo scoppio di *Able* a Leavitt fu ordinato di andare sull'incrociatore pesante U.S.S. *Pensacola*, una delle navi più colpite nella zona bersaglio di Bikini. Fu assegnato a un team che doveva "raschiare le strutture per lavar via il fallout radioattivo". Leavitt si era accorto che "Né io, né chiunque altro fosse a lavorare con me – ossia, personale di Marina – non ha mai avuto in dotazione un Geiger né alcun altro dispositivo atto a misurare il pericolo di radiazione".

Leavitt e gli altri nella sua squadra mangiarono le loro razioni K e panini, e bevettero l'acqua filtrata dalla laguna.

La permanenza di Leavitt sul *Pensacola* fu troncata dalla notizia della morte della madre, e partì per gli USA dopo nove giorni sulla nave radioattiva. Da quando era salito a bordo la sua salute era peggiorata. "Per qualche tempo dopo il test avevo sofferto di diarrea, ma mi dissero che era di origini emotive e se ne sarebbe andata. Avevo un dolore costante al basso addome, nella parte destra. Lo ho sempre avuto da allora. Ho avuto problemi di stomaco dal 1946". I disturbi sofferti in seguito includono colite, emorragia vescicale e malattie ostruttive ai polmoni, tutte disfunzioni di organi vulnerabili alla radiazione assorbita internamente. La *Veterans Administration* rifiutò di provvedere alle cure mediche.

Nel 1981, a 57 anni, Jack Leavitt ci ha parlato nella sua casa a Mesa, Arizona. "Mi hanno chiesto di partecipare ad esperimenti di cui non sapevo nulla, senza darmi alcuna garanzia riguardo a cosa ne potesse conseguire. Alla fine dei test mi sono sentito dimenticato e mi hanno rifiutato ulteriori testi per scoprire cosa ho". Per Leavitt, che ha fatto servizio nella seconda guerra mondiale e nella guerra di Corea, l'ingiustizia persistente dell'operazione *Crossroads* rimane difficile da accettare. Il governo, sottolinea, "ancora non vuole ammettere alcuna colpevolezza per aver causato la rovina delle vite di quei «volontari» che hanno dato allora, ma che quando adesso chiedono aiuto vengono respinti e si sentono dire di dimenticare semplicemente che non sia mai accaduto".

Come tanti altri veterani dell'atomo, Jack Leavitt si rifiuta di dimenticare. "Sono amareggiato perché sono diventato inabile al lavoro e a badare a me stesso. Prendo 534 dollari di assegno sociale. Sono disabile totale". Con tristezza e rabbia nella voce, afferma che il governo ha negato il pagamento per i farmaci prescritti. La sua situazione, insiste Leavitt, è solo la piccola parte di un problema ben più grosso. "Ce ne devono essere ancora a migliaia che soffrono, e veterani le cui cause sono ancora aperte ma che sono morti lasciando prematuramente i loro cari, alcuni dei quali sarebbero ancora vivi oggi se avessero ricevuto le cure appropriate e se i responsabili avessero anzitutto accettate le proprie responsabilità".

---

[31] "*Newsweek*", 8 luglio 1946, p. 20.

Kenneth H. Tripke di Brooklyn, Wisconsin, era a bordo della nave appoggio U.S.S. *Quartz* durante *Crossroads*. "Personalmente stavo proprio male", ricorda, "con diarrea e vomito per giorni e giorni. Scesi da 58 a 31 kg. Avevo cambiato colore, perso tutti i peli del corpo". Portato su una nave ospedale, Tripke venne nutrito per endovena. Da allora, è tormentato da gravi perdite di peso, depositi di calcio agli occhi che ne pregiudicano la vista, e acuti dolori ali fianchi. "La mia schiena, spalle, nervi ecc., sono in cattivo stato".
Il giorno dopo la detonazione subacquea *Baker*, Frank F. Karasti e altri tre marinai furono mandati a bordo del cacciatorpediniere *Hughes* per impedire che affondasse. Karasti, che in seguito andò a vivere a Winton, Minnesota, aveva allora 26 anni. "Delle quattro ore che passammo lì, due le passammo a vomitare o in preda a conati". Come molti veterani di *Crossroads*, Karasti non può dimenticare che l'acqua potabile veniva dalla distillazione della laguna di Bikini. Lesioni ai suoi polmoni si manifestarono circa un mese dopo la seconda esplosione di *Crossroads*; seguirono seri problemi respiratori. Dopo il 1948 soffrì di "ipertensione incontrollabile". Come molti veterani di *Crossroads* Karasti sviluppò gravi disturbi della pelle. "La pelle mi si sta deteriorando su tutto il corpo e va via quando mi lavo... Invecchio più rapidamente e se devo fare uno sforzo fisico, sto male per tre giorni". I problemi di Frank Karasti – seri danni alla respirazione, al sistema nervoso e alla pelle, uniti ad una sensazione generale di invecchiamento precoce – sono frequenti tra le persone esposte a radiazioni atomiche.
Il giorno dopo la prima esplosione di *Crossroads*, Karasti fu assegnato allo spegnimento di incendi a bordo di alcune delle navi bersaglio, inclusa quella collocata al centro del poligono, la U.S.S. *Nevada*, che era stata dipinta di arancione. Circa due settimane più tardi una squadra di circa 60 uomini andò a bordo della *Nevada*. Essi lavoravano, mangiavano e dormivano a bordo. Tra di loro c'era il marinaio Michael W. Stanco, che era stato in precedenza ferito a Pearl Harbor e nelle Filippine. A bordo della U.S.S. *Nevada*, "Ci sentivamo terribilmente male dopo mangiato. Mi ricordo che stavo così male, e pure tutti gli altri".
Riflettendo su questi eventi nella sua casa di New Port Richey, Florida, Stanco ricorda di aver letto in seguito che la *Nevada* fu affondata a causa del persistere della radiazione residua. "Se 'sta nave l'hanno affondata per ragioni di contaminazione, che effetto pensate abbia avuto sui 60 uomini che hanno mangiato e dormito a bordo?" Chiede. "E che dire dei sommozzatori che si sono immersi fino alle ascelle nella melma, e degli altri 42.000 uomini che hanno partecipato?"
George McNish di Tampa, Florida, era sulla U.S.S. *Coucal* con di un gruppo che doveva misurare la radioattività a Bikini. "Facevamo immersioni, mangiavamo noci di cocco dell'isola e facevamo il bagno, ignari del pericolo. C'erano scienziati vestiti come astronauti, con strumenti che non avevo mai visto. Ma quando dovevamo immergerci a prendere campioni, noi avevamo solo la nostra pelle". Sette anni dopo cominciò le cure per la tubercolosi; in seguito soffrì per un grave deterioramento della spina dorsale.
Pochi giorni dopo il test *Baker*, racconta il marinaio Richard Stempel, "stavamo all'ancora in mezzo alle navi bersaglio, e ogni giorno nuotavamo e usavamo l'acqua senza limiti. Nessuno ci ha mai detto di non farlo. Un bel giorno, eravamo fuori col mare grosso, io e altri tre dell'equipaggio legammo la nostra lancia a una boa di ormeggio nell'area dell'esplosione e salimmo a bordo. Dopo un paio d'ore si avvicinò un alto ufficiale e controllò il livello di radioattività nelle alghe della boa. Il contatore Geiger impazzì, e quello ci ordinò di uscire. Ma non disse niente riguardo ad eventuali procedure di decontaminazione".

Nel giro di una settimana, Stempel "finì in cura dal medico della nave per problemi alla pelle che il medico stesso non riusciva a diagnosticare". L'anno seguente Stempel fece domanda per assistenza relativa al servizio presso la VA a causa del disturbo che i medici avevano chiamato "eczema atopico"; La VA respinse la domanda.
Nel respingere la domanda la VA sostenne quanto segue: "Le prove dimostrano che ha sofferto di questa malattia sin dalla prima infanzia, mentre niente prova che essa sia stata aggravata dal servizio militare". Nel ripresentare la domanda nel 1980, Stempel sottopose "Tre lettere autenticate da notai, nelle quali mio padre e i miei due fratelli dichiaravano che non avevo problemi di pelle prima di arruolarmi nella *U.S. Navy*. Ottenni un altro rifiuto". Nel frattempo, la pelle di Stempel "si era deteriorata al punto che tutta la superficie del corpo era coperta da spellature rosse, desquamazioni bianche o da ferite aperte e sanguinanti origine di un prurito continuo".
Nei primi anni '80 numerosi altri veterani di *Crossroads* avevano cominciato a parlare apertamente. Come ricordava il veterano di Marina Jack Sommerfeld: "Rimanemmo ancorati in laguna e dovevamo usare acqua di mare per ottenere l'acqua dolce per lavarci, fare il bucato, pulirci i denti e per tutti gli altri scopi… Non avevamo badge sensibili alle radiazioni". Una foto di Sommerfeld presa durante in servizio mostra un giovanotto angelico e sorridente vestito da marinaio. Ma nel 1980 era sordo, inchiodato a una sedia a rotelle, sofferente per il continuo deterioramento della pelle, e gli erano stati diagnosticati tumori alla bocca e alla gola. I suoi costanti sforzi di ottenere un risarcimento dalla VA non ebbero successo.
A Warren E. Zink, diciottenne pompiere di prima classe, nel corso dell'Operazione *Crossroads* fu ordinato di andare a bordo dell'incrociatore pesante U.S.S. *Salt Lake City* due giorni dopo l'esplosione di *Able*. Era "accompagnato da uno scienziato dotato di un Geiger". "Non avevamo miglior modo di accorgerci della serietà del livello di radiazione che notare l'indicatore del contatore andare quanto poteva a fondo scala". Dopo il test *Baker* Zink, e il resto dell'equipaggio tornarono sul *Salt Lake City* per lavori di pulizia e riparazioni. La nave alla fine venne affondata per mezzo di siluri, a causa dell'estrema contaminazione.
"Nei due anni successivi al congedo nel 1948 cominciai ad accusare forti mal di testa, nausea e vomito", ricorda Zink. Dopo mesi di esami ospedalieri la diagnosi fu "emicrania". Nel 1973 i dottori scoprirono che i polmoni di Zink erano gravemente deteriorati. "Allora i miei polmoni erano, per citare il medico, di quindici anni più anziani del resto del corpo. Oggi sono classificato come malato di enfisema, ma sono preoccupato anche dai tramiti ai muscoli che non si calmano mai". Comuni tra gli ex protagonisti militari dell'Operazione *Crossroads*, come tra altri soggetti esposti a radiazione, è una profonda preoccupazione per il danno genetico che si può trasmettere ai figli e alle generazioni future.
Per William A. Drechin di Old Forge, Pennsylvania, tutto cominciò sulla coperta dell'U.S.S. *Ottawa*, affacciato verso Bikini. Aveva 19 anni. Stanchezza e tremende emicranie in breve diventarono parte della sua vita, e tre anni dopo gli fu asportato un lipoma grande come una palla da tennis. Ma la sofferenza peggiore doveva ancora arrivare. Nel 1954 ebbe un figlio invalido alla nascita. Un anno dopo, il secondo figlio gli nacque nelle stesse condizioni e in seguito gli vennero diagnosticati danni cerebrali. Il primo figlio morì a 21 anni; il secondo a nove. "Non esistono precedenti di difetti alla nascita, in entrambi i rami della famiglia", sostiene Drechin, che dà la colpa all'aver preso parte a *Crossroads*

per le condizioni dei due figli. "I semi delle loro sofferenze fisiche vennero gettati quando le forze distruttive della bomba atomica furono scatenate su Bikini".

Anche Charlie Andrews di Riverview, Florida, fu lasciato a tormentarsi sulle conseguenze genetiche dell'Operazione *Crossroads*. Per tutta la seconda metà del 1946 lavorò sulle navi radioattive che erano state a Bikini. "Si viveva a bordo, si beveva acqua filtrata dagli evaporatori contaminati, e anche una parte del cibo era a bordo della nave al momento dello scoppio". Nel 1980 il lascito di *Crossroads* era ancora con Andrews: "Ho trovato molto difficile spiegare a mio figlio di 15 anni, nato con le gambe deformi e senza talloni, che per tutti gli anni di rieducazione non deve ringraziare lo Zio Sam, e anche la possibilità che pure i suoi figli... nascano deformi".

Howard C. Taylor di Lake, California, ripensò all'orgoglio che aveva inizialmente di essere in Marina. A Bikini nel 1946 era un ufficiale imbarcato sulla nave bersaglio U.S.S. *Dawson*, mandato a bordo dopo entrambe le esplosioni sperimentali. Nei tardi anni '50 uscirono dei problemi di salute: lesioni ai polmoni, depositi di calcio nelle spalle e denti fragili e anneriti. Erano solo l'inizio. Perse improvvisamente la vista. Fu costretto ad andare in pensione nel 1963. "Ho cinque figli, e presto ci trovammo in miseria. I bambini avevano problemi agli occhi. Ho un figlio in un istituto di salute mentale e un altro, anormale, in una casa di accoglienza. Mia moglie ha sofferto una serie di aborti".

Come è capitato a molti reduci dell'atomo, il patriottismo e l'orgoglio di militare si guastarono in Taylor. "Sono disincantato ora, e disgustato verso la Marina e il governo. Come molti altri veterani sono stato privato della possibilità di godere la mia famiglia e di sostenerla, e adesso veniamo trattati come un mucchio di "accattoni assistenzialisti".

Anche dei civili erano impegnati nelle attività sperimentali di *Crossroads*; essi e le loro famiglie non vennero presi in migliore considerazione dei militari. Thomas W. Scott ricevette un accreditamento top-secret come civile per fare riprese aeree e a terra del test *Able* per conto del governo. Dopo l'esplosione il suo aereo seguì per diverse ore la nube radioattiva che si andava dissolvendo. La moglie di Scott, Helena, di Camarillo, California, vide "per i 26 anni seguiti al «giorno di Able» le sue sofferenze aumentare inesorabilmente: la tosse che lo soffocava, la nausea, il vomito, il sangue dal naso, i forti dolori alla schiena, la depressione e tutto il resto, divennero la routine di tutti i giorni". Scott morì di tumore osseo nel 1972.

Né l'esposizione degli americani alle radiazioni dell'Operazione *Crossroads* ebbero fine quando le navi interessate lasciarono l'area di Bikini. Molte imbarcazioni restavano altamente radioattive, e alcune vennero portate alle Hawaii per lo smaltimento.

Gregory Bond Troyer, allora un diciottenne arruolato in Marina, lavorava ai cantieri navali di Pearl Harbor. Il suo compito era assicurare le navi, arrivate ancora calde da Bikini, a un rimorchiatore, trainarle a 10-15 miglia al largo di Pearl Harbor, e affondarle. Lavorava senza equipaggiamento protettivo e spesso a petto nudo e senza scarpe. Come il resto dell'equipaggio, non avevano badge sensibili o apparecchi per il monitoraggio delle radiazioni.

Pochi anni dopo essere stato congedato con onore, Troyer si sposò. I tentativi di aumentare la famiglia non ebbero successo, e gli esami determinarono che Troyer era sterile. A metà anni '70 i medici scoprirono che Troyer soffriva di ipertiroidismo. Gli uscì una lesione allo scroto che fu diagnosticata come eczema. Apparvero artriti al collo e alle spalle, cisti attorno agli occhi e sulla fronte, problemi di prostata e calo dell'udito. Nel 1980, a 53 anni, Troyer – che viveva a St. Paul, Minnesota – per problemi cronici alla tiroide si dovette sottoporre a cure mediche continue.

Convivere con gli ordigni nucleari

Visto lo spietato controllo dell'informazione da parte del governo prima e dopo *Crossroads*, non può sorprendere il fatto che le esplosioni sperimentali portassero in effetti ad allentare, in patria, i timori della guerra atomica. "Di ritorno da Bikini", scrisse William L. Laurence, redattore scientifico del "*New York Times*", "Ci si stupisce del cambio profondo nel sentire comune, nei confronti del problema dell'atomica. Prima di Bikini, il mondo restava atterrito davanti a questa nuova forza cosmica. Dopo Bikini, questa sensazione di terrore è in gran parte dissolta, soppiantata da un senso di sollievo scollegato dalla cupa realtà della situazione. Dopo aver convissuto per un anno [dopo Hiroshima and Nagasaki] con l'incubo, il cittadino medio non chiede che di attaccarsi con gratitudine al minimo segno che gli permetta di riconquistare la serenità".

Col passare degli anni si fece più evidente il ruolo propagandistico giocato dai test di Bikini del 1946. "Il loro effetto spirituale fu grande", ha scritto lo storico Robert Jungk. "Alleviarono nell'opinione pubblica americana la paura come le bombe sganciate sul Giappone l'avevano fatta insorgere".[32]

C'era stato chi s'era opposto alle esplosioni atomiche a Bikini. Dopo che la Federazione degli Scienziati Atomici aveva tentato senza successo di impedirle, si era tenuta una manifestazione di protesta in Times Square, a New York. Ma l'apparato nucleare americano, nato dalla strettissima collaborazione in tempo di guerra tra il governo e l'industria privata durante il progetto Manhattan, strada facendo aveva preso consistenza e consolidato le proprie alleanze[33]. L'America era entrata nella Guerra Fredda e le atomiche erano accessori indispensabili.

La retorica di facciata che deprecava l'arma atomica andava a braccetto con l'accumulo di ordigni e con la preparazione di nuovi test atomici. Truman tenne a battesimo "una nuova tradizione politica americana", che Michael Uhl e Tod Ensign così descrivono: "Denunciare la proliferazione degli ordigni nucleari, invocare il disarmo e l'uso pacifico dell'energia atomica e continuare al tempo stesso a produrre e sperimentare armi nucleari con la scusa della sicurezza nazionale".

La questione di come il governo debba controllare l'uso dell'energia atomica venne alla ribalta nel 1946 La polemica verteva sul tema se la normativa debba essere responsabilità dell'amministrazione civile o militare. Una campagna popolare, patrocinata dalla Federazione degli Scienziati Atomici, sommerse il Congresso di messaggi che chiedevano il controllo dell'energia atomica da parte di civili. Quando divenne attiva l'*Atomic Energy Commission* (AEC) nell'agosto del 1946, le sue premesse sembrarono riflettere una vittoria delle forze che sostenevano l'autorità dei civili riguardo allo sviluppo del nucleare.

I rami esecutivi e legislativi del governo americano, soggetti all'approvazione del presidente e sottoposti al controllo e alla supervisione del Congresso, avrebbero vigilato

---

[32] Robert Jungk, *Brighter Than a Thousand Suns*, p. 240. Ed. it. *Gli apprendisti stregoni – Storia degli scienziati atomici*, Torino, Einaudi, 1964.

[33] Tra i membri di un'importante società di consulenze, incaricati dal Dipartimento di Stato di elaborare l'abbozzo di un piano per il controllo internazionale delle risorse atomiche, c'erano molti dirigenti di grandi multinazionali americane come la General Electric, la Monsanto Chemical Company e la Bell Telephone Company del New Jersey. Si stabilì in questo modo un modello decisionale dominato dai rappresentanti delle multinazionali, pronte ad accumulare profitti enormi dalla successiva espansione del settore nucleare.

sull'AEC. Eppure, anche sotto l'ombrello ufficiale delle autorità civili i vertici militari avevano ruoli chiave nel processo decisionale del governo in campo atomico[34].

La legge del 1946 che istituiva la AEC creava anche il *Military Liaison Committee*[35], con sede al Pentagono, incaricato della supervisione del programma nucleare dell'America dal punto di vista della "difesa nazionale". Benché normalmente avesse un civile al vertice, questi rappresentava il Dipartimento della Difesa; gli altri membri del Comitato erano militari.

I sostenitori del controllo dei civili sul nucleare si accorsero presto di aver conseguito una vittoria di Pirro. L'AEC era in effetti strettamente interconnessa con l'autorità militare; che in effetti era il maggiore utente dell'atomo.

Quanti invece sognavano la proliferazione nucleare *American-style* capirono che dal loro punto di vista avevano ottenuto il massimo: il controllo in mani civili come facciata, ma con i militari che gestivano il gioco. Di fronte all'esperienza e al peso politico del Pentagono, i legislatori presto accettarono un ruolo trascurabile in campo nucleare. All'inizio degli anni '50, membri del *Joint Committee on Atomic Energy*[36] del Congresso non erano al corrente del numero di bombe presenti nell'arsenale atomico USA.

Così l'apparato militare americano divenne rapidamente la principale fonte di finanziamento per scienziati di innumerevoli discipline. E chi paga i suonatori decide che musica si suona. Nel corso dell'autunno del 1946 la tendenza era terribilmente chiara per molti scienziati atomici. Tra di loro Philip Morrison che, parlando ad un forum sulla politica interna organizzato dal "*New York Herald Tribune*", così commentò l'evolversi di questa relazione: "A Berkeley, all'ultimo meeting dell'American Physical Society metà degli studi pubblicati... «erano supportati del tutto o in parte» da una delle Forze Armate... alcuni istituti prendono il 90% dei loro fondi di ricerca dalla Marina... i contratti con la Marina funzionano così... partono molto amichevoli, poi le condizioni si fanno più restrittive e quando finiscono nero su bianco parlano di risultati – e specificamente di armamenti. E la scienza stessa risulta comprata alla guerra, già a livello di pianificazione finanziaria". "Lo scienziato capisce che il sistema è sbagliato, e pericoloso. E' costretto ad andare avanti perché non può fare a meno dei soldi".

Le principali università americane si trovarono sempre più aggrovigliate nella rete dei finanziamenti "nucleari". Nella primavera del 1947 le più grandi Università colluse in modo rilevante furono l'Università della California – che gestiva Los Alamos nel New Mexico e il *Radiation Laboratory* a Berkeley – e l'Università di Chicago, principale gestore dell'*Argonne National Laboratory*, con dozzine di altri college come partner. Entro la fine del decennio, molte altre grandi università chiusero ingenti contratti a sfondo nucleare con il governo.

---

[34] Divenne presto chiaro che i più accaniti sostenitori della giurisdizione dei civili in tema nucleare la vedevano come il mezzo più efficace per arrivare rapidamente alla maturità dell'era atomica. In un discorso volto ad ottenere supporto per l'idea del controllo civile, il senatore del Connecticut Brien McMahon non lasciò il minimo dubbio sul fatto di voler trovare la via più efficace per sviluppare un ventaglio di tecnologie atomiche: "Certamente i militari andrebbero consultati sugli aspetti militari dell'energia atomica ma una commissione civile non dovrebbe andare oltre a ciò. Sono note le posizioni reazionarie dei militari verso la ricerca scientifica e lo sviluppo. Storicamente, le armi più efficaci sono state concepite e sviluppate da civili e la bomba atomica non fa eccezione. E' perché sono preoccupato tanto per la sicurezza nazionale quanto per lo sviluppo dell'energia atomica per usi pacifici, che voglio che i civili abbiano il controllo di questa energia senza interferenza da parte dei militari". (Fleming, *The Cold War*, p. 382.)
[35] Comitato di Collegamento Militare, NdT.
[36] Comitato Congiunto sull'Energia Atomica, NdT.

Dopo meno di sette mesi dall'istituzione dell'AEC, il presidente Truman firmò il "*loyalty order*"[37] che autorizzava indagini di polizia riguardo all'integrità morale e la fedeltà politica dei dipendenti federali. I ricercatori atomici che godevano di fondi federali erano del pari soggetti a tale investigazione, i cui risultati Robert Jungk stigmatizzò come "un malsano clima di sospetto e delazione, e tempo perso a difendersi da false accuse".

"Dal 1947 in avanti", aggiunse Jungk, "l'atmosfera nella quale vivevano gli scienziati occidentali diventava di anno in anno più oppressiva". Negli U.S.A., in Inghilterra e in Francia, gli scienziati affrontavano "comitati di valutazione della fedeltà", licenziamenti, interferenze nei loro viaggi all'estero e in vari aspetti della loro vita, al punto che "nei laboratori del mondo occidentale le persone cominciarono a parlare sottovoce per timore delle orecchie drizzate dello Stato, esattamente come succedeva negli stati totalitari".

La paura dilagava dal più umile assistente di laboratorio allo scienziato impegnato nelle ricerche più avanzate. All'Università della California, lo studente di fisica Theodore Taylor e altri allievi stilarono una proposta per uno sciopero generale dei fisici americani. Si rivolsero a J. Robert Oppenheimer, allora al culmine della sua notevole influenza nella politica nucleare americana. Taylor non poté più dimenticare le parole di Oppenheimer. Dopo aver letto il testo della proposta, Oppenheimer disse: "Prendete questo foglio e bruciatelo. Non parlatene più. Chiunque ne venisse a conoscenza, vi etichetterebbe come comunista, e non avreste più pace per il resto della vostra vita".

Eniwetok

Quando gli studenti americani aprirono il primo numero del 1948 della rivista "*Scholastic*", appresero che la loro nazione aveva in programma nuovi esperimenti con le bombe atomiche. Sotto il titolo "ADVANCING SCIENCE[38]" la rivista riportava la notizia della prossima Operazione *Sandstone*:

Eniwetok è un posto solitario. È una sorta di collana di corallo, le cui "perle" sono 40 isolette sperdute nel vasto Pacifico. Sta circa a metà strada tra le Hawaii e le Filippine. La terra più vicina è ad oltre 100 miglia. I 147 nativi dell'atollo sono stati spostati su un'altra isola.
Ma non pensate di potervi passare una vacanza tranquilla laggiù. Non potreste nemmeno arrivarvi. Neppure le Nazioni Unite possono accedere.
Perché Eniwetok diventerà la "fortezza proibita dell'atomo". La Commissione Americana per l'Energia Atomica ha in programma di provare le bombe atomiche proprio laggiù.

Giusto due anni dopo l'operazione *Crossroads*, gli U.S.A. facevano nuovamente esplodere delle bombe nucleari nelle Isole Marshall. Circa 20.000 militari americani erano sul posto mentre tre atomiche venivano fatte detonare da torri su Eniwetok, nell'aprile e maggio del 1948. Uomini come David Lloyd, John E. Knights e Claude E. Cooper vi presero parte, da buoni soldati che erano, nelle condizioni ideate dal Pentagono.

Dieci anni dopo l'Operazione *Sandstone*, il veterano dell'*Air Force* Lloyd si sposò; suo figlio Scotty nacque nel 1960. A dieci anni, a Scotty fu diagnosticato un tumore alle ossa; dopo un anno Scotty morì. Al padre venne un tumore alla pelle del naso, che i dottori classificarono come basalioma ricorrente. Vent'anni dopo la morte di suo figlio Lloyd,

---

[37] La legge, firmata da Truman il 21 marzo del 1947, fornì le premesse giuridiche alla cosiddetta "caccia alle streghe" del senatore Joseph R. McCarthy, NdT.
[38] "Facendo progredire la Scienza", NdT.

residente a Topeka, Kansas, non aveva dimenticato. "A questo punto", disse, "sento soltanto amarezza verso il governo che mi ha usato come cavia umana".

Il Tenente Colonnello John Knights di Tampa, Florida, aveva una lunga carriera di servizio nell'Esercito, nella Marina e nell'Aviazione. Nel 1948 era un Maggiore dell'Esercito che fu esposto ad elevati livelli di radiazione pochi giorni dopo la prima esplosione nucleare a Eniwetok, quando partecipò all'estrazione di un carro armato dal cratere di una bomba. Knights raccontò la sua esperienza di fronte ad una commissione di cittadini a Washington, D.C., 32 anni dopo: "Tornato a bordo della nave dove si effettuavano i controlli radiologici, l'ago dello strumento finì oltre il fondo scala; mi mandarono alle docce dove mi strigliarono con spazzole molto dure. Avevo la temperatura alta ed ero in stato di shock dopo la doccia, così mi mandarono nella mia cuccetta perché mi riprendessi. Dopo un'ora mi venne una nausea terribile e vomitai". Vent'anni dopo aveva un cancro alla vescica, prurito cronico e dolori acuti all'inguine che persistettero per decenni.

Il Tenente della Marina Claude Cooper morì nel 1979, malato di cancro alla prostata con metastasi in organi vitali e nelle ossa. "Sentivo nel cuore che la morte di mio marito era da attribuire alle radiazioni che ricevette durante l'Operazione Sandstone a Eniwetok", disse la vedova che viveva a Long Beach, California.

La risposta del governo a Lloyd, a Knights e alla signora Cooper fu quella standard: si declina ogni responsabilità.

Gli armamenti nucleari fecero un decisivo passo in avanti nel 1948, grazie a Eniwetok. Sotto gli auspici del Dipartimento della Difesa e dell'AEC, i test dell'Operazione *Sandstone* "Diedero risultati evidenti, in termini di miglioramento sostanziale del rendimento dei materiali fissili", secondo il fisico Herbert York, ricercatore chiave nel progetto delle armi atomiche americane. Un'esplosione da 49 chiloton, nome in codice *Yoke*, raddoppiò la forza mai sviluppata dalla detonazione di un'atomica negli anni precedenti.

L'Operazione *Sandstone* mise le ali a politici, industriali, generali e scienziati che spingevano per maggiori stanziamenti nel campo delle armi atomiche. "Il successo" di *Sandstone*, osservò York, "mandò alle stelle il morale a Los Alamos e contribuì ad assicurare ulteriore supporto a Washington per il laboratorio". "Di conseguenza fu autorizzata la costruzione di un nuovo laboratorio situato a South Mesa in sostituzione delle strutture del tempo di guerra, che erano ancora in uso". Il clima era pertanto favorevole perché i test nucleari diventassero un elemento perpetuo del paesaggio politico, economico, scientifico e mediatico americano; i loro benefici tangibili erano evidenti alle persone chiave dei rispettivi settori.

Edward Teller, uno degli scienziati più importanti del laboratorio di Los Alamos, riconobbe che i test delle bombe nucleari erano il cardine del continuo miglioramento delle linee di assemblaggio degli ordigni nucleari: dalla ricerca allo sviluppo, alla produzione in massa di testate. Quando gli fu offerta la direzione della divisione teorica di Los Alamos, Teller affermò che avrebbe accettato solo se gli Stati Uniti avessero condotto una dozzina di test nucleari all'anno, un ritmo che alla fine degli anni '40 non parve realistico al capo di Los Alamos, Norris Bradbury.

Non riuscendo a ottenere assicurazioni al riguardo, Teller respinse l'offerta. Ma presto la sua visione prevalse. Nei primi cinque anni dalla fine della Seconda Guerra Mondiale gli USA testarono cinque atomiche; dal 1951 al 1955 gli ordigni testati furono 69.

La Bomba H

L'Unione Sovietica fece brillare la sua prima atomica in Siberia il 29 agosto 1949. Aerei americani ne registrarono il fallout. Il 21 settembre 1949 il presidente Truman annunciò: "Abbiamo prove che nelle ultime settimane un'esplosione atomica ha avuto luogo in U.R.S.S.". "Da quando l'uomo ha messo mano all'energia atomica, era da aspettarsi che altre nazioni sviluppassero l'uso di questa nuova forza. Tale possibilità è sempre stata tenuta da noi in considerazione".
Edward Teller chiamò il collega Robert Oppenheimer e gli chiese un'opinione sulla notizia. Stando a Teller, Oppenheimer rispose: "Manteniamo la calma". Ma per Teller, e per altri che chiedevano maggiori fondi federali per lo sviluppo di armamenti, la rivelazione che i sovietici avevano l'atomica era un forte argomento a loro favore. La corsa agli armamenti nucleari era partita!
Pochi giorni dopo un commento sul "*Time*" parlava di "Un cambio di umore e di tempo"[39]. I pianificatori militari si trovarono all'improvviso davanti una nuova tabella di marcia per i loro piani strategici"... Un articolo di "*Time*" dal titolo "Allarme Rosso" dichiarava che "con bombe e bombardieri atomici nelle mani di un nemico, Esercito e Marina, così come l'Aeronautica, assumevano immediatamente una nuova importanza. Se gli U.S.A. vogliono sicurezza, devono accettare il pacchetto completo, con il suo costo".
Mentre virtualmente chiunque riconosceva come una guerra nucleare avrebbe causato delle perdite e sofferenze senza precedenti, pochi si resero conto che erano già in corso degli ancor più insidiosi effetti in tempo di pace.
Operazioni di routine nelle linee di montaggio delle armi atomiche – che in condizioni normali esponevano un sempre maggior numero di americani alle radiazioni – stavano esigendo il loro tributo.
Come in molti altri casi di decisioni chiave in campo atomico, precedenti e successive, il "via" alla bomba all'Idrogeno ebbe la precedenza, e la discussione pubblica ebbe spazio solo dopo. In questo campo, l'opinione pubblica era costretta a reagire ad un fatto compiuto dopo l'altro. La moltiplicazione delle vittime da radiazioni veniva di conseguenza.
All'inizio del nuovo decennio la Casa Bianca, il Dipartimento della Difesa e la Commissione per l'Energia Atomica andavano organizzando meeting segreti sulla bomba H, basata sul principio della fusione dell'Idrogeno in Elio. La temperatura necessaria, centinaia di milioni di gradi, si poteva ottenere solo dalla detonazione di una bomba atomica: perciò la competenza sulla bomba A era il prerequisito per l'esplosione "termonucleare" della bomba H. Gli scienziati calcolavano che se una bomba H fosse stata realizzabile, avrebbe generato la potenza esplosiva di mille bombe A.
Albert Einstein era tra coloro che nel 1950 seguivano questi eventi con trepidazione. Egli mise in guardia l'America riguardo a "la concentrazione di un incredibile potere finanziario nelle mani dei militari, la militarizzazione della gioventù, lo stretto controllo della lealtà dei cittadini, e in particolare dei dipendenti pubblici, da parte di uno stato di polizia che diventava più cospicuo di giorno in giorno. L'intimidazione del pensiero politico indipendente. Indottrinamento del pubblico per mezzo di radio, stampa, scuola. La restrizione delle informazioni pubblicamente comunicabili sotto la pressione del segreto militare".

---

[39] La metafora è jazzistica: *tempo* è la velocità di esecuzione di un brano musicale, NdT.

Fu in questo clima che le discussioni sul fatto di procedere o meno con la ricerca per la bomba H, giunsero al culmine. Il processo di messa sotto segreto è importante da afferrare secondo Herbert York, primo direttore del *Lawrence Livermore Laboratory* dove si fecero in seguito le bombe H tipo R e D, perché "si tratta di uno dei relativamente pochi casi in cui coloro che intendevano apertamente moderare la corsa al riarmo atomico andarono molto vicino a riuscirci". Dietro le quinte si svolse, secondo York, "un breve dibattito, intenso e altamente segreto".

Sotto le leggi federali, raccomandazioni chiave per l'*Atomic Energy Commission* dovevano venire dal *General Advisory Committee*[40]. Convocato dall'AEC ad affrontare la questione delle prospettive di sviluppo della bomba H, l'*Advisory Committee*, (presieduto da J. Robert Oppenheimer e in cui sedevano luminari della fisica nucleare quali Enrico Fermi e I. I. Rabi) si riunì alla fine dell'ottobre 1949. Per quanto spingesse per proseguire gli sforzi volti ad aumentar la potenza dell'arsenale atomico, l'*Advisory Committee* chiese che gli Stati Uniti non si lanciassero a testa bassa nello sviluppo della nuova bomba H, nota anche come "super bomba".

Il comitato portava argomenti di strategia militare, tecnici, e relativi all'ottimizzazione dell'uso dell'arsenale nucleare già disponibile, e concludeva che la bomba H non era necessaria per la sicurezza nazionale americana. Il rapporto affrontava la scelta sulla bomba H anche come profondo problema morale: "E' chiaro che l'uso di questo ordigno porterebbe alla distruzione di innumerevoli vite umane; non è un'arma utilizzabile esclusivamente per la distruzione di installazioni ad uso militare o semimilitare. Il suo uso pertanto implica, molto più che nel caso della bomba atomica stessa, l'obiettivo di sterminare popolazioni civili".

Un'appendice al rapporto, scritta da James B. Conant (in seguito presidente dell'Harvard University) e firmata da altri cinque membri della Commissione incluso Oppenheimer, sottolineava la portata morale della decisione: "Che sia chiaramente compreso che questo è un super ordigno; che sta in una categoria totalmente diversa da quella della bomba atomica... Il suo uso implicherebbe la decisione di massacrare un vasto numero di civili. Siamo preoccupati dal possibile effetto globale della radioattività generata dalle esplosioni di alcune super bombe, della magnitudine che si può supporre. Se le super bombe dovessero funzionare, non c'è un limite intrinseco al potere distruttivo che con esse può essere conseguito. Pertanto, una super bomba potrebbe diventare l'arma per un genocidio".

Come ad altri scienziati contrari alla bomba H, anche a loro fu impedito di esprimere il loro punto di vista in momenti critici perché trattenuti da disposizioni di sicurezza. Così, nei mesi cruciali prima che Truman proclamasse la decisione di sviluppare la bomba H, al pubblico non arrivarono che pochissime informazioni su di una decisione potenzialmente capace di costar milioni di morti e di cambiare il corso della storia umana.

A livello dei ristretti circoli informati, il dibattito top-secret era feroce. Il Senatore Brien McMahon, presidente del *Joint Committee on Atomic Energy*, confidò ad Edward Teller che il rapporto anti bomba H dell'*Advisory Committee* "fa stare male". Da parte loro, McMahon e una costellazione di scienziati atomici tra i quali Teller ed Ernest Lawrence, direttore del Radiation Laboratory dell'Università della California, erano determinati a portare avanti lo sviluppo della bomba H nel minor tempo possibile, ritenendolo la miglior risposta possibile al possesso dell'atomica da parte dei sovietici.

---

[40] Comitato Consultivo di competenza generale, NdT.

Teller si spinse al punto di rivolgersi così ai lettori del "Bollettino degli Scienziati Atomici": "Lo scienziato non è responsabile delle leggi della natura. Il suo lavoro è di capire come tali leggi funzionino. È compito dello scienziato trovare il modo in cui tali leggi possano servire alla volontà umana. In ogni caso, non è compito dello scienziato di stabilire se una bomba all'idrogeno vada costruita, se vada usata, o come vada usata. Questa responsabilità resta del popolo americano dei rappresentanti che hanno scelto". Ma nella vita reale, come Teller sapeva bene, le regole della segretezza impedivano al popolo americano di partecipare al processo decisionale prima che le scelte fondamentali fossero già state fatte a livello governativo, da uomini in gran parte simili a lui.

Il Pentagono fornì un sostegno importante alla bomba all'idrogeno. Il Segretario alla Difesa Louis Johnson, il presidente del *Military Liaison Committee* Robert LeBaron e, più blandamente, il *Joint Chiefs of Staff*[41] spinse per andare avanti con la bomba H.

Molti tra i cinque membri della Commissione per l'Energia Atomica si opposero allo sviluppo della bomba H, almeno per il momento. Ma il membro della commissione Lewis Strauss ribatté con gran veemenza che il Comitato consultivo dell'AEC aveva sollevato impropriamente argomenti di tipo morale.

In una lettera al presidente Truman del tardo novembre 1949 Strauss sollecitò l'approvazione di un programma di emergenza per ottenere la bomba H. Strauss, che fu più tardi capo dell'AEC, avvertì che ci si poteva aspettare che l'Unione Sovietica sviluppasse la bomba H. "Un governo di atei", aggiunse Strauss, "non si può facilmente dissuadere dal produrre un ordigno su basi «morali»". E nemmeno un governo di Cristiani e di Ebrei.

Il 31 gennaio 1950, il presidente Truman annunciò di aver ordinato di procedere a tutta forza con lo sviluppo della bomba H.

Escalation atomica

Guardandosi bene dall'accennare al fatto che i test delle bombe H potessero aumentare notevolmente il rischio del fallout radioattivo, i mass media americani plaudirono all'ultima azione del presidente in campo nucleare. Il "*New York Times*" riportò: "Da quando Truman è entrato alla casa bianca nessuna dichiarazione presidenziale è riuscita ad ottenere, agli occhi di molti osservatori, un supporto al Congresso generale, immediato e non di parte". E "*Newsweek*" aggiunse: "Date le circostanze, era l'unica risposta possibile".

Scarseggiava l'informazione sulle riserve morali dell'*Advisory Committee* dell'AEC riguardo alla bomba H. E riguardo al problema generale dei rimorsi degli scienziati, che collaboravano allo sviluppo di un'arma di tale potenziale di distruzione di massa, "*Newsweek*" scrisse in effetti che "molti dei nostri scienziati atomici, se non la maggior parte, avevano sviluppato un «complesso di Hiroshima»; sono rimasti inorriditi dalla morte e dalla distruzione che la bomba A ha portato; e detestavano l'idea di sviluppare un ordigno ancora più omicida". Ma, concludeva la rivista, "come patrioti americani, erano pronti a reprimere qualsiasi riserva morale nel momento in cui l'AEC avesse dato il segnale di procedere". Le voci di dissenso, pubblicate su qualche periodico minore, erano praticamente ignorate. "Una difficoltà creata dalla guerra fredda è che qualsiasi cosa faccia l'America è giusta, e qualsiasi cosa faccia la Russia è sbagliata e indifendibile", osservava

---

[41] Gabinetto del Ministero della Difesa, NdT.

una lunga analisi su "*The Nation*". Nel nome del patriottismo veniva preteso molto, incluso di mettere da parte le proprie riserve morali.

"*The Nation*" trovava che una logica perversa si era impadronita del processo decisionale in campo atomico: "La decisione di procedere con la costruzione della bomba all'Idrogeno porta la follia della mentalità odierna nel campo della difesa, prossima al suicidio. Se la paura deve essere la difesa dell'uomo, allora la paura dev'essere ingigantita alla massima scala possibile. Se diciamo che tanta più paura, tanta più sicurezza, possiamo anche dire: tanto più rischio, tanta più sicurezza".

Come corollario dei sillogismi atomici dominanti, gli orrori del passato giustificavano un arsenale atomico dl futuro ancora più letale. I bombardamenti incendiari di Dresda e di Tokyo venivano chiamati a giustificare i bombardamenti atomici di Hiroshima e Nagasaki; questi, e l'esistenza stessa di un arsenale atomico, provvedevano a loro volta la base razionale per preparare la bomba H. Per l'escalation nucleare, ciò che oggi appare uno spettacolo spaventoso e ripugnante diventa la banalità di domani.

Le 180 detonazioni nucleari nell'atmosfera fatte dagli USA tra il 1950 e il 1960 assicurarono ad alcuni un grande potere politico. I senatori Millard Tydings e Glen Taylor sono esempi tipici.

Tydings, un parlamentare del Maryland dai modi aristocratici, era presidente del *Senate Armed Services Committee*[42]. Taylor era stato eletto al Senato per l'Idaho, dopo una carriera artistica itinerante come attore di vaudeville a tema Western che gli valse come soprannome "Il bel cowboy canterino". Entrambi gli uomini erano diventati dei nemici verbali della proliferazione sfrenata delle armi nucleari e accuse indiscriminate di tradimento contro i dissidenti dalla guerra fredda. Nel 1950, sia Tydings sia Taylor cercavano di essere rieletti.

In quel periodo il senatore Joseph McCarthy stava rilanciando con rinnovato vigore la sua crociata volta a far passare intere categorie di cittadini e di gruppi per antiamericani e filocomunisti; ciò che avrebbe portato nel lessico politico il termine "Maccartismo" ad indicare l'uso strumentale di accuse infamanti, inconsistenti e volgari. Giusto dieci giorni dopo la direttiva di Truman a favore della bomba H, McCarthy pronunciò un famoso discorso a Wheeling, West Virginia, proclamando che numerosi comunisti sedevano nel Dipartimento di Stato americano. La stella della caccia alle streghe di McCarthy stava sorgendo, sostenuta graziosamente dall'entusiasmo per il riarmo nucleare dall'isteria anticomunista.

Ma nel 1950 il senatore Millard Tydings propugnava imperterrito conferenze sul disarmo per fermare ed invertire la corsa agli armamenti nucleari. Divenne così uno dei bersagli favoriti di McCarthy. In autunno, la corsa per la rielezione di Tydings finì in una sconfitta, dopo una campagna in cui venne ripetutamente accusato di amabili relazioni con i comunisti e di non voler combattere i "rossi" con vigore.

Glen Taylor, eletto al senato nel 1944, finì col commettere una serie di infrazioni all'etichetta politica del tempo. Nel 1948 Taylor concorse come candidato vicepresidente per la lista del *Progressive Party*[43], guidato da Henry Wallace. La decisione di Taylor di presentarsi per la carica di vicepresidente venne dopo un incontro con Truman, che si era espresso a favore di un confronto armato con l'Unione Sovietica: un punto di vista che Taylor trovava spaventoso in piena era atomica. L'impegno di Taylor con il *Progressive Party* non segnò solo la sua carriera al senato, ma persino la sua possibilità di mantenere i

---

[42] Comitato del Senato per le Forze Armate, NdT.
[43] Partito politico di sinistra, fondato nel 1948 e sciolto nel 1955, NdT.

figli e mandarli a scuola. "All'inferno tesoro, se verrà la guerra atomica, se i bambini hanno studiato o no non cambierà molto" disse Taylor a sua moglie.

Durante la sua sfortunata campagna per la rielezione al Senato del 1950 Taylor fu chiamato a rendere conto della sua ferma opposizione all'espansione atomica; fu accusato di poca lealtà, e anche di peggio. Il tipo di comportamento che ne aveva fatto un bersaglio è esemplificato in un dibattito al senato che si era tenuto due giorni dopo l'annuncio di Truman sulla bomba H.

"Sento che abbiamo dei problemi di fondo da affrontare", disse Taylor al senato. "Il fatto che l'influenza maligna di Dillon, Read & Co.[44] influenzi notevolmente la nostra politica estera, e ci porti a perdere la fiducia di vaste aree del mondo, ci ha posto in una condizione di svantaggio". Taylor aveva commesso una grave indiscrezione. Aveva sollevato il tema del controllo delle multinazionali sulla politica nucleare americana.

La compagnia finanziaria Dillon, Read & Co., tra le più importanti di Wall Street, era in effetti ben rappresentata tra le alte sfere dell'amministrazione federale che permisero all'industria nucleare di superare nel 1950 la soglia del miliardo di dollari all'anno. Il Segretario alla Difesa di Truman, James V. Forrestal, era stato presidente di Dillon, Read & Co.; William H. Draper, esecutivo di alto livello della stessa società, divenne sottosegretario alla Difesa.

Il direttore scientifico dell'AEC, nominato da Truman, era il dottor James B. Fisk, già dirigente dei *Bell Telephone Laboratories*. Membri della commissione dell'AEC includevano Sumner Pike, già membri repubblicano della *Securities and Exchange Commission*[45], e Lewis Strauss, Contrammiraglio e banchiere a New York.

Per i finanzieri astuti i tardi anni '40 significarono ghiotte possibilità di profitto nel settore degli investimenti nucleari. Fairchild, General Electric e Monsanto Chemical erano le multinazionali leader nel coinvolgimento nucleare postbellico. All'inizio del 1949 la lista degli investitori nel settore si era allargata ad includere grosse compagnie come Du Pont, Westinghouse, Standard Oil Development Co., Union Carbide, Kellex Corp., Blaw-Knox, e Dow Chemical. Si preannunciava una cornucopia di contratti governativi.

"L'ATOMO DIVENTA UN GRANDE BUSINESS DA MILIARDI DI DOLLARI ALL'ANNO", strillava nel 1950 un titolo di *US. News & World Report*. "In tutta la nazione, impianti di ricerca e progetti industriali dovranno essere realizzati o espansi per tenere dietro alla rapida crescita dell'atomo come grande business. Lo sviluppo della bomba all'Idrogeno entrerà in questo disegno".

Si parlava anche di ricavare elettricità dall'energia nucleare, la prospettiva che si sarebbe poi evoluta nel programma "*Atoms for Peace*" pochi anni dopo; però, all'inizio degli anni '50, gli investitori puntavano al lucro che si poteva fare sugli ordigni nucleari.

"Fino a che punto possiamo fidarci di noi stessi?"

Alla metà del XX secolo gli Stati Uniti si attrezzarono per un salto epocale, per quanto riguarda dimensioni la frequenza dei test atomici. Avvolti nella bandiera nazionale, gli ordigni sperimentali diventavano più grandi, più costosi e più letali.

---

[44] Famosa Banca di credito finanziario americana, NdT.
[45] Commissione per i Titoli e gli Scambi. È l'ente governativo statunitense preposto alla vigilanza della borsa valori, NdT.

Ancor prima dell'esplosione del primo test nucleare americano negli anni '50, alcuni studiosi del settore avevano messo in guardia dalle ricadute biologiche di esplosioni su larga scala. Uno dei primi fu Hans Bethe, un premio Nobel cui è attribuita la comprensione dei meccanismi presenti dentro il sole, scoperta tra l'altro fondamentale per la messa a punto della bomba H. Bethe fu direttore dell'Istituto di Fisica Teorica a Los Alamos durante la Seconda Guerra Mondiale. Professore alla Cornell University, con undici altri eminenti fisici espresse pubblicamente profonda preoccupazione per la bomba H, in occasione di un meeting dell'*American Physical Society* alla Columbia University, pochi giorni dopo la direttiva di Truman di approvazione della nuova arma.

Alla fine del febbraio 1950 Bethe partecipò a una tavola rotonda su Radio NBC che provocò controversie a livello nazionale. Quando il conduttore portò la discussione sul problema delle radiazioni derivanti dagli ordigni termonucleari, Bethe disse: "Avete perfettamente ragione a porre l'accento sulla radioattività. Con la bomba H viene prodotto un gran numero di neutroni. Tali neutroni se ne andranno nell'aria; e nell'aria produrranno Carbonio-14 radioattivo, che è ben noto alla scienza. Questo isotopo del Carbonio ha una vita di 5.000 anni. Pertanto, se un certo numero di bombe H verrà fatto esplodere, l'aria sarà avvelenata da questo Carbonio-14 per 5.000 anni. Potrebbe essere che il numero di bombe H sia così alto da rendere impossibile la vita".

Un altro ospite del programma su Radio NBC era Leo Szilard, professore di biofisica alla University of Chicago, che aveva molto influenzato la decisione degli Stati Uniti di intraprendere lo sviluppo dell'energia atomica per usi militari all'inizio della Seconda Guerra Mondiale. Pioniere della fisica, il cui lavoro sulle emissioni di neutroni da parte dell'Uranio rese possibili le reazioni a catena, Szilard propose agli ascoltatori di meditare su un complesso scenario. Szilard disse:

Nel 1939, quando tentavamo di persuadere il governo di intraprendere lo sviluppo dell'energia atomica, l'opinione pubblica americana era unanime nel ritenere discutibile e moralmente sbagliato bombardare città ed uccidere donne e bambini. Durante la guerra, impercettibilmente o quasi, cominciammo ad usare gigantesche bombe incendiarie contro il Giappone, uccidendo donne e bambini a milioni; e infine usammo l'atomica. Io credo esista un disagio generale tra gli scienziati. Essi sono disposti ad ammettere che non ci si può fidare della Russia, ma si domandano pure: sino a che punto possiamo fidarci di noi stessi?

Discorsi simili, da parte di soggetti le cui credenziali erano impeccabili, se si fossero largamente diffusi sarebbero stati un ostacolo per il programma di test nucleari. David E. Lilienthal, che aveva appena lasciato il posto di presidente della AEC, denunciò prontamente gli scienziati che avevano preso parte alla trasmissione della NBC come "oracoli dell'annichilimento". Lilienthal, parlando ad un dibattito alla Town Hall a New York, avvisò che il "nuovo culto dell'apocalisse" rischiava di portare a "disperazione e sconforto... e disperazione e sconforto sono proprio l'opposto di ciò di cui abbiamo bisogno. Tali emozioni fanno esattamente il gioco delle forze distruttive del comunismo".

Se fisici della statura di Bethe e Szilard potevano essere attaccati per il fatto di avvisare il pubblico del pericolo delle radiazioni, voci critiche meno autorevoli facevano meglio a prestare attenzione. Coloro che lavoravano nell'apparato nucleare erano ansiosi di mettere in chiaro che sarebbero ricorsi a derisione e insinuazioni contro chiunque si fosse opposto alla proliferazione atomica. Tali pressioni si sarebbero fatte sentire nei decenni a seguire, ogni qualvolta degli scienziati si fossero messi ad investigare le reali conseguenze delle radiazioni sulla salute umana.

La sgradevole domanda del Dottore Szilard, comunque, si sarebbe mostrata profetica per le molte migliaia di americani le cui vite sarebbero state cambiate per sempre dalle nuvole a forma di fungo che seguirono alle sue parole trasmesse per radio: sino a che punto possiamo fidarci di noi stessi?

3.

Le bombe arrivano a casa

Nel 1951 ben pochi obbiettarono apertamente quando il governo americano annunciò che avrebbe iniziato a far esplodere bombe atomiche sul Nevada continuando allo stesso tempo i test in atmosfera nel Pacifico. Le ragioni vennero confezionate nel lessico della sicurezza nazionale. La Guerra di Corea era in corso. Test nucleari in Nevada volevano dire meno problemi di trasporto per gli ordigni e il materiale logistico. Poi, test sul continente permettevano di diversificare lo scenario bellico per l'addestramento delle truppe USA. Tali vantaggi logistici ed economici giocavano tutti a favore della decisione del governo di allargare il programma dei test nucleari portandoli più vicini a casa.

Un sito di test nel territorio nazionale, dichiarò il direttore delle applicazioni militari dell'AEC, sarebbe stata "una posizione la cui sicurezza e accessibilità non potessero essere messe a rischio da azioni nemiche". Esclusi i siti alternativi in New Mexico, Utah e North Carolina, i membri dell'AEC si accordarono sull'area deserta a nordovest di Las Vegas[46]. Il Nevada meridionale sembrava perfetto per lo scopo. Il Nevada Test Site sarebbe stato protetto dal fatto di trovarsi all'interno del poligono di tiro di Tonopah, che già copriva 1.300.000 ettari. A Camp Mercury, al limite sud del sito, l'Aeronautica aveva già costruito strutture temporanee che potevano venire utili per gestire i test nucleari.

I pianificatori nucleari del governativi tennero una serie di meeting per stimare "rischi radiologici" legati alle atomiche che stavano per esplodere in Nevada. Il primo agosto 1950 una conferenza segreta a Los Alamos, cui parteciparono varie personalità tra cui Enrico Fermi e Edward Teller, discusse, in prospettiva, aspetti della sicurezza fuori sito. Ci si preoccupava di tenere le aree più densamente popolate fuori dalle zone di fallout più cospicue. Le minute ufficiali della conferenza riconoscevano "la probabilità che la gente riceverà qualcosa di più della dose di radiazione che le autorità sanitarie ritengono sia assolutamente innocua".

L'America si buttò a capofitto in un programma intensivo di test atomici. Durante gli anni '50 e i primi anni '60, più di duecento ordigni nucleari esplosero sul Pacifico e sul Nevada sprigionando nell'atmosfera enormi nubi radioattive a forma di fungo. La potenza esplosiva totale di queste bombe, stando ai dati ufficiali, superava i 90.000 chilotoni – ossia 90 megatoni – equivalenti a più di 7.000 atomiche del tipo di quella quella sganciata su Hiroshima. Ma alcuni, che vivevano nel posto sbagliato e al momento sbagliato, si trovarono nel mezzo.

Cittadini sottovento

Le grandi nubi atomiche degli ordigni fatti brillare al Nevada Test Site divennero routine per comunità rurali come Enterprise, un paese dello Utah sudoccidentale lontano più di

---

[46] Il 12 dicembre 1950, l'AEC diede parere favorevole sul piano per i siti di test del Nevada; in alcuni memorandum peraltro si ammetteva che i presupposti della sicurezza dei residenti erano teorici. "Risposte soddisfacenti a tali interrogativi si avranno man mano che la conoscenza progredirà grazie ai test... ma per il momento le risposte non ci sono" riportava un memo. V. Uhl and Ensign, *GI Guinea Pigs*, p. 55. Per dettagli sulla scelta dei siti, v. H. L. Rosenberg, *Atomic Soldiers*, Boston, Beacon Press, 1980, pp. 26-31.

100 miglia, circondato da aziende agricole e da aridi pascoli punteggiati da artemisia e arbusti di ginepro.

Nell'anno del primo test nucleare un bambino che si chiamava Preston Truman nacque presso Enterprise. I genitori, contadini e allevatori, insegnarono a Preston a camminare e a montare in sella a un cavallo quasi contemporaneamente. "Mi ricordo", raccontava, "che spesso con tutta la famiglia ci alzavamo prima dell'alba per andare in macchina alla fattoria di mio padre, e guardavamo il cielo a occidente illuminarsi dei lampi delle esplosioni in Nevada lontane circa 112 miglia. Ricordo che a volte sentivamo l'onda sonora che arrivava; e che un paio di volte guardando le nuvole delle esplosioni nel corso della mattina, le vedemmo avvicinarsi. Per un bambino non significava molto. I test atomici erano parte delle nostre vite".

Quando fu alla scuola superiore, a Preston Truman fu diagnosticata una forma di cancro chiamata linfoma. La chemioterapia e le altre cure mediche nei 13 anni successivi costarono circa 100.000 $; come fece con tutti gli altri che abitavano sottovento, il governo non scucì un centesimo. Ma Truman fu relativamente fortunato. Nel 1980 il linfoma, solitamente mortale, era in remissione. Di nove bambini, coetanei della zona di Enterprise, suoi amici quando era piccolo, Truman fu l'unico ad arrivare a 28 anni; gli altri morirono di cancro o laucemia.

Il potenziale letale dei test nucleari non fu immediatamente chiaro a Truman né ad altri. Nel primo anno dei test, in particolare, c'era fiducia nell'affidabilità del governo. "I primi tempi, c'era una specie di atmosfera carnevalesca con la radio che ci diceva dove si dirigevano le nubi, dopo i test, e ci rassicurava che non c'era pericolo", ricorda Truman. "Ma non è così che è andata avanti". Il periodo di incubazione, dall'esposizione iniziale alla radiazione fino al manifestarsi delle malattie conseguenti, stava per scadere.

Resterà sempre vivo nella memoria di Preston Truman quando, a cinque anni, sentì che i bambini di Enterprise non se la passavano tanto bene. "Ricordo una mattina che andammo con un amico in un negozio, e sentimmo della gente parlare di un bambino della nostra età che stava morendo di leucemia. Ascoltammo tutti i dettagli del sangue dal naso e tutte le sofferenze che stava passando, e questo fu uno shock. Ricordo che parlavamo coi miei amichetti cercando di capire; non sapevamo che i bambini potessero morire, non l'avevamo mai visto succedere".

Quaranta miglia a est di Enterprise, a Cedar City, Blaine e Loa Johnson nel 1965 seppellirono la loro bimba di dodici anni, morta di leucemia. Nel raggio di 200 metri da casa loro si verificarono sette casi di leucemia in 12 anni.

Anche nella cittadina più prossima, 20 miglia a nordest lungo l'Interstate 15, gli abitanti della pia comunità di Mormoni della zona di Parowan furono duramente colpiti. Nel 1978 Frankie Lou Bentley, cui la madre e il patrigno morirono di cancro ad un anno una dall'altro, fece un elenco di 150 vittime di tumori nella zona tra Parowan, Paragonah e Summit, dove stavano circa 1.400 persone durante i test nucleari nel vicino Nevada. Il cancro era particolarmente sorprendente in una comunità con così pochi fumatori. "Tanti casi di tumore sono straordinari in un'area così piccola", disse ad un giornale locale, "al punto da non esserci una persona in città che non ha perso almeno un parente o numerosi conoscenti a causa del cancro".

Wilma Lamoreaux, collega di Frankie Lou Bentley alla Bank of Iron County a Parowan, vide il figlio quindicenne Kenneth morire di leucemia nel 1960. In due anni la leucemia colpì quattro giovani a Parowan e Paragonah, un'incidenza estremamente alta per della

cittadine che insieme facevnao un migliaio di abitanti. In base alle statistiche mediche, non avrebbe dovuto verificarsi nemmeno un caso di leucemia.
Diciotto anni anni dopo aver perso il figlio, Wilma Lamoreaux dichiarò: "Sono stati fatti degli errori. Non è di alcun conforto sapere che tuo figlio è morto per una negligenza". E aggiunse: "Non voglio sembrare demagogico o altro, ma non voglio che capiti ad un'altra generazione. La morte di cancro è così lunga, dolorosa, devastante".
Nella vicina Escalante Valley al cancro si attribuirono 48 su 63 morti "naturali" registrati dall'inizio dei test atomici, un tasso straordinariamente alto.
E c'erano altre preoccupazioni. Un quinto dei diplomati alla scuola superiore tra gli anni '50 e l'inizio dei '60 a Cedar City scoprì di essere sterile, condizione particolarmente penosa in una comunità di Mormoni che pone in grande rilevanza il dettame divino di crescere famiglie numerose. E per quanti diventavano genitori, c'era il terrore dei danni genetici.
Elizabeth Catalan, che crebbe nello Utah sudoccidentale negli anni '50, perse il padre di 43 anni a causa della leucemia, e una sorella per complicazioni alla tiroide. E aveva fisso in mente il ricordo della figlia di un'altra sorella: "Alla mia bella nipotina, la figlia di Kay, era toccato un difetto congenito. Un nodulo che le aveva ingrossato del doppio la lingua che si attorcigliava giù per il collo fino alla spalla".
Quando Beth Catalan rimase a sua volta incinta, il feto si dissolse nell'utero. "Avrei sempre voluto diventare madre", disse a una commissione a Washington nel 1980, aggiungendo: "Se passate un contatore Geiger su di me, si metterà a ticchettare". Beth decise di non correre più il rischio di mettere al mondo un figlio.
Incorniciata in una valle pittoresca St. George, la cittadina natale di Beth Catalan, godeva da sempre di una terra generosa. Dai tempi in cui Brigham Young, anziano della Chiesa di Cristo dei Santi degli Ultimi Giorni, svernò a St. George, il paese sembrava riassumere in sé le ragioni per cui i Mormoni chiamano quelle regioni dello Utah "Sion". A metà del XX secolo St. George, che godeva di inverni tiepidi e ospitava orgogliosamente un college, era un posto tranquillo dove vivere, sotto molti punti di vista persino idilliaco.
In una luminosa giornata, circa trent'anni dal giorno in cui sopravvento incominciarono i test nucleari, una donna di 73 anni di nome Irma Thomas aprì la porta di ingresso di una linda casa di East Tabernacle Street, a St. George. Si era abituata ad accogliere ricercatori forestieri con carta e penna, registratori, macchine fotografiche.
Irma Thomas offrì ai visitatori di accomodarsi nel tinello, presso gli scaffali pieni di oggetti in ceramica che faceva con le sue mani. Fino al giorno in cui le incessanti tragedie tra il vicinato la avevano costretta a mettere da parte il torno da vasaio. Poche domande bastarono per spingerla a parlare di una dolorosa realtà: un paese, una regione intera, devastati. "Noi non siamo numeri, non siamo statistiche, siamo esseri umani" disse, muovendo le mani verso le foto di famiglia che coprivano le pareti del tinello, e mentre parlava era come se un'acuta combinazione di dolore, fragilità e rabbia trattenesse le sue parole. Non parlò del suo tumore nella pelle della schiena. A volte rideva, e un'energia vitale insopprimibile traluceva dietro l'angoscia e l'indignazione. Parlava delle sofferenze del marito devastato dal cancro; della figlia, il cui sistema nervoso stava per crollare, delle malattie del sangue dei figli di lei, i nati morti, le isterectomie, le gravidanze interrotte; del fratello, che sarebbe morto di cancro alle ossa meno di un anno dopo la nostra intervista. E poi fece un gesto che attraversava le pareti della stanza e puntava alle case dei vicini nel centro abitato. Aveva compilato una lista di 31 vittime del cancro che vivevano nel raggio di un isolato; rarissimi i fumatori nella comunità a maggioranza di Mormoni.

"Non ti possono risarcire la perdita di un figlio, spero che se ne rendano conto", disse, con le mani chiuse in grembo. "E quelli della mia generazione stanno semplicemente morendo uno dopo l'altro".

Il racconto di Irma Thomas era ritmato dalla sua peculiare risata e dai suoi silenzi; gli occhi spesso traboccavano di lacrime; condivideva la sua esperienza di vita in un paese che era stato bombardato con l'atomica dal suo stesso governo:

Lo avevamo accettato. Era il nostro governo e noi lo avevamo accettato... Non facemmo il collegamento con la gente che si ammalava di cancro, all'inizio. Ci vuole un po'... Ci sto lavorando da due anni. Ero preoccupata già da molti anni. La gente di St. George, dopo l'esplosione del 1953, alcuni erano diventati un po' nervosi... La gente aveva dovuto lavare le automobili... Arrivarono i tizi dell'AEC a dare un contentino. E comunque molta gente ne morì. Devi essere cieco, sordo e muto, per non vedere. E comunque... è orrendo.

Lavoro per tirare su i miei bambini. E poi scopro quello che è successo, mi sono infuriata tanto da non poterne più. Divento così agitata, infuriata da non farcela quasi più... Le vittime sono indignate... La terra la stanno riempiendo di rifiuti radioattivi. E non va più via...

Io dico sempre, "Oh, basta parlare, andiamo a tirargli una pietra nella testa". Voglio continuare a farmi sentire, qua, là, ovunque, finché qualcuno non mi sente... Tutto quel che posso fare è qui, in questa casa. Quel che posso, come ne sono capace...

Guardate per quanto abbiamo sofferto, per trent'anni. Nessuno che venga a vedere. Quando ci sono state le udienze del Congresso, l'anno scorso, gli ho detto che sembrava un grande spettacolo per i politici... Alle udienze è venuto fuori, che il governo cercava di confonderci con "fissione" e "fusione" [una direttiva segreta del Presidente Dwight Eisenhower]. Quel gran presidente soldato che avevamo. Vorrei tirarlo fuori dalla tomba e colpirlo nella testa".

Nel 1980, la pubblicità su scala nazionale aveva dato l'impressione che St. George e i paesi nei dintorni fossero stati i più colpiti dalle nuvole radioattive dei test in Nevada. Ma il fallout non era limitato alla parte meridionale dello Utah. Più di 200 miglia a nordovest di St. George, tra le città di Provo e Salt Lake City, c'è Pleasant Grove una cittadina popolata da diverse migliaia di persone. Testimonianze giurate, registrate nelle Corti federali nel 1980, citavano 10 casi di leucemia tra i residenti di Pleasant Grove negli anni '60; in sette casi le vittime erano bambini.

Ancor più lontano dai poligoni nucleari del Nevada, nelle Uinta Mountains dello Utah nordoccidentale, centinaia di miglia da dove le atomiche erano esplose al di sopra della superficie terrestre, anche lì si riportarono severe conseguenze. La catena delle Uinta Mountains tendeva ad avere l'effetto di portare fallout giù, verso i pascoli dove si allevavano i bovini sotto le cime delle Uinta. Nell'estate del 1980 una Corte Distrettuale degli Stati Uniti sostenne che lo Stato dovesse essere considerato responsabile per la contaminazione radioattiva del latte della zona, e per i tumori che ne risultarono.

Uno dei querelanti, David L. Timothy, fu cresciuto in una fattoria di quella regione montuosa dello Utah. A 19 anni gli fu scoperto il cancro alla tiroide, dove si accumula come è noto lo Iodio 131 radioattivo del fallout. Nel 1981, dopo otto operazioni alla tiroide, Timothy chiese con rabbia di sapere "perché il punto più pericoloso dello Stato fosse ignorato non solo dalle autorità ma pure dai media".

Anche Rose Mackelprang si pone domande sull'indifferenza per la sorte di Fredonia, nell'Arizona settentrionale, a circa 200 miglia dal sito dei test nucleari. Inviati della stampa nazionale, che passavano il confine dello Utah per visitare St. George, non si erano mai dati la pena di raccontare cosa aveva portato agli abitanti di Fredonia il fallout atomico che passava regolarmente sopra la loro cittadina.

Rose Mackelprang è riservata, parla a bassa voce, è devota alla Chiesa dei Mormoni, e ci vuole parlare di cose che le sarà impossibile dimenticare. "Mio marito ed io ci siamo trasferiti a Fredonia nel 1948. È un paesino, e c'è un'atmosfera felice quaggiù. O almeno c'era. La gente si fa l'orto, alcuni hanno le mucche, molti le hanno in verità. La gente ha l'orto e fa le conserve di prodotti fatti in casa, le mette via, insomma è la vita di una piccola comunità". Il marito di Rose, Gayneld, divenne insegnante alla scuola pubblica di Fredonia, dove l'industria del legname stava diventando economicamente rilevante accanto all'agricoltura e all'allevamento.

"A quel tempo, quando hanno cominciato gli esperimenti in Nevada, le facevano eplodere all'alba; e noi vedevamo questa grande luce e poi la terra cominciava a tremare a ondate, poi si vedeva quella nuvola a forma di fungo che andava su, ed era davvero piuttosto emozionante, era diverso; noi, allora, ci capivamo ben poco. Per quel che potevamo sapere, poteva davvero essere qualcosa di utile, qualcosa che il nostro governo faceva per il nostro bene. Ci fidavamo del governo, immaginavamo fossero cose necessarie perché, dopo tutto, il governo si prende cura di noi, loro sono sopra la gente, staranno bene attenti a tener conto di tutto, anche che non faccia male alla salute, altrimenti... Così non ci preoccupammo"

Nel 1960 gli abitanti di Fredonia erano 643. Nel 1965 quattro erano morti di leucemia: un camionista di 48 anni; una ragazza di 14 anni; un gruista, 36; e Gayneld Mackelprang, che allora aveva 43 anni ed era ispettore delle Public Schools di Fredonia. Un memorandum segreto del direttore del reparto leucemia dell'*U.S. Public Health Service*, dottor Clark W. Heath, Jr., notava: "Tale numero di casi è circa 20 volte maggiore del previsto". In tutto il decennio precedente, dal 1950 al 1960, non c'erano stati casi di leucemia tra gli abitanti di Fredonia. Il memorandum, datato 4 agosto 1966, e inviato al capo dell'agenzia federale Communicable Disease Center, portava l'etichetta "PER USO ESCLUSIVAMENTE AMMINISTRATIVO, NON PER DIFFUSIONE".

Poco dopo aver appreso che si tratta di leucemia, Gayneld Mackelprang morì. La vedova ricorda: "Il dottore disse che era ad uno stadio molto più avanzato di quanto avessero immaginato. È stato uno shock, ve lo posso assicurare. Non sapevamo cosa fare, niente piani, niente di niente. Avevo sei bambini a casa, e in sei settimane doveva arrivare il settimo".

Il cancro divenne comune a Fredonia. Rose Mackelprang spuntò i nomi delle prime due cittadine a nord lungo la Highway 89: Kanab, Orderville, Glendale, dove erano arrivati cancro e leucemia. "Alcuni sono morti di leucemia, abbiamo molti casi di cancro e non è ancora finita. Va ancor avanti". Le agenzie federali continuarono a negare ogni responsabilità. "Una cosa che mi sconvolge davvero", aggiunse, "è che invece di dirci che era pericoloso, hanno continuato a negare: dicono che non è colpa loro".

L'AEC nega

Negli anni '50 pochi americani sapevano dei problemi di salute legati al fallout delle bombe. Il programma di test era stato presentato sotto una luce patriottica dai comunicati ufficiali che la stampa riportava. Per chi temeva effetti dannosi delle radiazioni, il governo si profuse in rassicurazioni. Anno dopo anno, i media ripetevano a chi abitava sottovento il ritornello della Commissione per l'Energia Atomica: "Non c'è alcun pericolo".

Ma le pecore, a migliaia, all'improvviso si ammalavano e morivano. Chi stava lontano dall'abitato notava che gli animali selvatici, dai cervi agli uccelli, diminuivano nelle aree dove regolarmente si depositava il fallout dei test fatti sopravvento, in Nevada Test. E in una piccola comunità dopo l'altra, la gente cominciò a morire di malattie sino ad allora viste ben di rado: leucemia, linfoma, danni acuti alla tiroide, diverse forme di cancro.

"Mio padre ed io eravamo entrambi impresari di pompe funebri, e quando cominciarono ad arrivare questi tumori dovetti consultare i miei libri per studiare come fare l'imbalsamazione; erano così rari i casi di cancro", ricordava Elmer Pickett, residente a St. George, Utah. "Nel '56 e nel '57, d'improvviso, cominciarono ad arrivare tutti assieme. Nel 1960 ce n'era un flusso regolare".

Alla scadenza del periodo di incubazione, nei paesi come St. George cominciò la triste mietitura di ciò che i venti radioattivi avevano seminato. Erano posti popolati da Mormoni, che osservavano con devozione le prescrizioni della Chiesa di non fumare e non bere alcolici. Prima di allora, il cancro non era un problema avvertito, ma sul finire degli anni '50 e nei decenni successivi, gli effetti devastanti arrivarono come una pestilenza per gradi successivi: subito le leucemie, solitamente più veloci a seguire all'esposizione alle radiazioni; più tardi, diversi tipi di cancro relativi a organi del corpo o alle ossa.

Nonostante le affermazioni che né le esplosioni né il fallout erano dannosi, la *Atomic Energy Commission* aspettava regolarmente che il vento girasse nelle direzioni "giuste". Cioè lontano dalle grandi metropoli come Las Vegas e Los Angeles. Di tanto in tanto, all'ultimo minuto il vento girava e scaricava il fallout su vaste zone metropolitane; Las Vegas fu spolverata di radioattività nel 1955 ad esempio, e tre anni dopo le nubi del fallout finirono su Los Angeles.

Ma la maggior parte dei test sul territorio nazionale andarono secondo i piani. La parte più letale del fallout si concentrò nelle aree rurali del Nevada, dello Utah, e dell'Arizona settentrionale.

Avendo perso enormi quantità di bestiame, i pastori dello Utah meridionale denunciarono senza successo il governo federale nel 1955. La risposta del governo in tribunale fu che "una combinazione di fattori tra i quali malnutrizione, cattiva gestione e avversità climatiche" aveva portato alla perdita degli animali (vent'anni dopo, lamentele per fatti simili da zone vicine agli impianti di Three Mile Island in Pennsylvania, agli stabilimenti militari di Rocky Flats in Colorado, e ad altre installazioni atomiche, avrebbero ricevuto risposte simili). Documenti interni dei ricercatori dell'AEC che esprimevano pareri diversi furono soppressi. Dichiarazioni giurate da parte dei pastori, che testimoniavano come non si fossero mai verificate simili epidemie tra il bestiame prima dell'apparizione delle nuvole a forma di fungo, vennero ignorate.

Comunque, le pecore furono una specie di campanello di allarme per ciò che sarebbe seguito. A cominciare dalla metà degli anni '50, "leucemia" entrò fra le parole di uso quotidiano in cittadine dello Utah come St. George, Enterprise o Parowan; lo stesso per comunità come Tonopah in Nevada o Fredonia in Arizona. Più vulnerabili erano i bambini.

Già nel 1959 uno studio scoprì alti livelli di Stronzio 90 nei bambini che vivevano sottovento rispetto ai test atomici. Nel 1965 un altro studio soppresso (stavolta da parte di un ricercatore del *Public Health Service*, il dottor Edward Weiss) collegò il fallout radioattivo con l'incidenza anomala di casi di leucemia tra gli abitanti "sottovento" dello Utah. Il rapporto di Weiss concludeva: "Un esame dei casi di leucemia registrati nello Utah sudoccidentale" durante gli anni di più intenso fallout "mostra un numero di morti che appare eccessivo".

Un incontro congiunto AEC-Casa Bianca sul rapporto Weiss si tenne all'inizio del settembre 1965; i rappresentanti dell'AEC furono critici verso lo studio. Una settimana più tardi, l'assistente direttore generale dell'AEC disse alla commissione dell'AEC che fare ricerca su questioni come l'incidenza dei casi di leucemia avrebbe significato "potenziali problemi per la commissione, come cattive relazioni col pubblico e processi che avrebbero messo a rischio i programmi del sito di test del Nevada". Anche se all'epoca i test in atmosfera erano stati sospesi, test sotterranei rilasciavano ancora radioattività nell'aria. E l'AEC si stava preparando ai programmi per il nucleare civile, basati sull'asserzione che bassi livelli di radiazione, entro i livelli stabiliti ufficialmente, fossero innocui.

La Casa Bianca archiviò il rapporto Weiss nel 1965 e bloccò ogni successiva ricerca. In effetti molti documenti relativi ai test nucleari nonché trascrizioni delle riunioni dell'AEC che rimasero segrete fino al 1979, quando vennero rese pubbliche da giornalisti o dal Senatore Edward Kennedy. Per lo studio di Weiss ciò ha significato rimanere chiuso nei forzieri federali per tredici anni buoni.

In ogni caso, nel 1979 uno studio indipendente dell'epidemiologo Dottore Joseph L. Lyon, dell'Università dello Utah, confermò la validità del rapporto Weiss. In un articolo pubblicato sul *New England Journal of Medicine*, il Dottore Lyon i suoi colleghi provarono che bambini cresciuti nello Utah del sud durante i test di armi atomiche di superficie, soffrirono di un'incidenza della leucemia più alta di due volte e mezzo rispetto a quella rilevata prima e dopo i test[47].

All'inizio del 1981 vennero resi pubblici i risultati di un'inchiesta dell'interagenzia del ramo esecutivo federale *Radiation Research Committee* – che dicevano che la valanga di casi di leucemia infantile nello Utah del sud "restano inspiegabili sulla base di possibili esposizioni al fallout radioattivo".

I rischi fisici di vivere sottovento ai test nucleari furono condivisi dagli Indiani, in particolare dagli Shoshoni Duckwater a nord del sito di test, e dai Paiuti del Sud ad est. Gli scarsi dati clinici registrati hanno ostacolato gli sforzi di stimare gli effetti del fallout. Ma nel 1981 il vicerappresentante della Tribù dei Paiuti dello Utah, Elvis F. Wall, incolpò le radiazioni per essersi aggiunte ai problemi di salute dei membri della Tribù.

Mentre accadeva tutto ciò, per trent'anni, a partire dalla prima nuvola a fungo in Nevada del 1951, i portavoce del governo continuarono a vantarsi del fatto che le autorità federali non avevano mai perso un processo relativo al fallout radioattivo. Con un migliaio di querele per richieste danni nelle corti federali alla fine degli anni '70, i procuratori del Dipartimento della Giustizia erano ansiosi di mantenere il loro "impeccabile record" di aver eluso ogni procedimento giudiziario sulle responsabilità per i fallout.

Nel 1979 i querelanti accusarono il governo federale di non aver informato gli abitanti della che il fallout dei test potessero causare il cancro. Dichiarazioni federali, che si trovano negli atti della Corte Distrettuale di Salt Lake City, respinsero le accuse dichiarando che nel corso degli anni '50 i cittadini erano stati informati che "l'esposizione al fallout radioattivo poteva comportare qualche rischio".

Queste dichiarazioni fecero infuriare i cittadini, che mostrarono numerosi fogli informativi distribuiti dal governo federale nel corso degli anni '50 che sostenevano non esserci alcun pericolo dal fallout radioattivo. Uno di questi, largamente diffuso per posta, è datato gennaio 1951 e porta la firma del direttore di progetto dell'AEC, Ralph P. Johnson. In esso si legge: "Le autorità per la salute e la sicurezza hanno stabilito che non è da attendersi alcun pericolo diretto o conseguente dalle attività dell'AEC... Saranno prese tutte le ne-

---

[47] Joseph L. Lyon, et al., *"Childhood Leukemias Associated with Fallout from Nuclear Testing"*, New England Journal of Medicine, 22 febbraio 1979, pp. 397-402.

cessarie precauzioni, incluso il monitoraggio radiologico e il pattugliamento del territorio, per garantire il permanere delle condizioni di sicurezza".
Nel marzo 1957 l'AEC distribuì ai residenti delle zone sottovento un libretto dal titolo "I Test atomici in Nevada". Il pamphlet federale diceva: "Tutti voi che vivete nei pressi del Nevada Test Site siete davvero attivamente coinvolti nel programma di test atomici della Nazione". "Voi siete spettatori in prima fila di esperimenti che danno un grande contributo alla costruzione delle difese del nostro Pese e del mondo libero... Ogni esplosione di test in Nevada è attentamente valutata dal punto di vista della vostra sicurezza prima di essere messa in calendario. In modo simile, ogni fase dell'operazione è studiata dal punto di vista della sicurezza". Al lettore veniva assicurato, che dopo ben sei anni di test nucleari in atmosfera sopravvento, "tutti i dati hanno confermato che il fallout delle prove in Nevada non ha causato malattie né danneggiato la salute di chiunque vivesse nelle vicinanze della zona delle prove". E, nello sforzo di indurre la cittadinanza locale a non osservare troppo da vicino, l'AEC incluse nel suo libretto il disegno di un cowboy mal rasato e dalle gambe storte, che guardava accigliato uno strumento ticchettante che teneva in mano. "Molti, in Nevada, Utah, Arizona, e nella vicina California, di questi tempi possiedono contatori Geiger", avvertiva il pamphlet. "Ci aspettiamo che molti verranno fuori con frasi tipo:«Oggi da noi i contatori Geiger sono impazziti». Discorsi di questo tipo allarmano inutilmente la gente. Non lasciatevi influenzare".
Pochi residenti in Utah, Nevada, o Arizona settentrionale restarono sorpresi dalle conclusioni di uno studio del 1980 dal *U.S. House of Representatives Subcommittee on Oversight and Investigations*: "Il programma del governo per il monitoraggio degli effetti degli esperimenti nucleari sulla salute è stato inadeguato, ed è ancora più inquietante che tutte le prove che suggerivano che la radiazione avesse effetti dannosi, sul bestiame o sulla gente, non veniva semplicemente ignorato ma in effetti soppresso".

I veterani del Nevada

All'inizio del gennaio 1951 il presidente Truman approvò la prima serie di test atomici in Nevada che vennero a calendario per il mese seguente. Quando gli esperimenti ebbero inizio, ben poca informazione venne fatta nelle zone circostanti il sito; e non parliamo di possibili verifiche su cosa ne pensassero i residenti.
La prima serie di test nucleari sul continente nordamericano fu denominata Operazione *Ranger*. In dieci giorni, a partire dal 27 gennaio 1951, cinque atomiche vennero sganciate sul Nevada Test Site; si partiva con una bomba da 22 kilotoni. A 65 miglia di distanza, Las Vegas prese i test con indifferenza; l'unico effetto negativo evidente furono due finestre rotte, effetto di uno scoppio da otto kilotoni dal nome in codice *Baker-2*.
Come nel caso dei test nel Pacifico, non venne studiato alcun piano per valutare l'impatto delle radiazioni sugli esseri umani. L'Esercito scelse invece di valutare la reazione psicologica del personale che partecipava alle prove delle bombe atomiche. Il progetto partì nell'estate del 1951, finanziato dal Dipartimento della Difesa e amministrato dalla George Washington University, tramite l'*Human Resources Research Office*. Anche il Pentagono prese accordi simili con l'*Operations Research Office* della Johns Hopkins University.
Quando i soldati arrivarono a Camp Desert Rock per partecipare all'Operazione *Buster-Jangle* nell'autunno del 1951, sapevano ben poco di cosa li aspettasse[48].

---

[48] I militari facevano parte del *188th Infantry Regiment (Airborne)*, del *127th Engineer Battalion*, e del *546th Field*

Come parziale introduzione alla vita nelle squallide strutture del Nevada Test Site fu distribuito ai GI che ivi giungevano il libretto *Information and Guide*. "Gli ufficiali e la truppa di questa Operazione vi fanno partecipi della loro speranza che la vostra visita a Camp Desert Rock si riveli un'esperienza arricchente, sorprendente e indimenticabile", riportava una nota di benvenuto firmata dal Maggiore Generale dell'Esercito Americano S.W.B. Kean. Su ogni pagina portava la scritta "RESTRICTED" [segreto] e l'opuscolo era strapieno di raccomandazioni di non parlare troppo. "Per contribuire alla sicurezza di *Desert Rock* è preferibile che osserviate la disciplina qui indicata, sulla segretezza riguardo alle informazioni classificate. Chiunque vorrà sapere ciò che avete visto: ufficiali, amici; e il nemico".

Il libretto passato ai primi soldati atomici al Nevada Test Site non trattava dei rischi dell'esposizione alla radiazione. Trattava invece dei rischi connessi ai rettili e agli insetti velenosi presenti nella zona.

Lo scenario ipotetico dell'esercitazione ipotizzava un'invasione che dalla costa occidentale dilagasse all'interno, e che fosse stata presa la decisione "di impiegare l'arma atomica per massimizzare la distruzione del nemico". Le manovre, che mettevano alla prova diversi aspetti della risposta della fanteria al trovarsi in mezzo ad esplosioni di atomiche militari, venivano descritte come prove generali realistiche per futuri scenari di combattimento.

"L'indottrinamento sulle misure protettive fisiche essenziali in condizioni di combattimento simulato, e l'osservazione degli effetti psicologici di un'esplosione atomica sono le ragioni di questa partecipazione", diceva un memorandum preparatorio del Military Liaison Committee del Pentagono al direttore dell'AEC. Il comitato del Dipartimento della Difesa aggiunse: "Le conseguenza psicologiche degli ordigni atomici, utilizzati in prossimità delle nostre linee come supporto alle operazioni terrestri, sono sconosciute". L'AEC ordinò l'esclusione assoluta dei media durante i previsti test autunnali in Nevada.

Come i suoi compagni della Compagnia Genieri A e gli altri militari che arrivarono al Nevada Test Site in quell'ottobre 1951, il soldato semplice William Bires, 22 anni, non sapeva che le autorità militari dessero una grande importanza alla misura dell'impatto mentale ed emotivo sui fanti come lui di esplosioni atomiche a distanza ravvicinata.

Fa freddo, in ottobre e novembre, per dormire per terra nel deserto. ("Non avevamo nemmeno sacchi a pelo decenti. Ci siamo gelati il sedere!"). Esperienza diretta più indimenticabile fu però quella di assistere a una mezza dozzina di detonazioni di bombe nucleari, sino a quella da 31 kilotoni chiamata in codice *Easy*.

Nel corso di qualche settimana Bires partecipò alla serie di test atomici; le bombe più grandi vennero sganciate da aerei. Diverse migliaia di uomini assistettero a circa sette miglia di distanza , mentre la violenta vampata atomica attraversava il deserto; alcuni vennero fatti marciare fino a mezzo miglio da ground zero. Passato il lampo indescrivibilmente vivido, Bires cominciò a notare i "bizzarri effetti delle bombe": strane sagome, come ombre carbonizzate impresse indelebilmente negli edifici, nei veicoli e nelle armi piazzati nel poligono. Gli animali situati a distanze precise dall'esplosione atomica erano strinati, facevano pena. "Ho ancora davanti agli occhi quella povera pecora con la groppa bruciata", commentava Bires trent'anni dopo.

Artillery Battalion, NdE.

Il Pentagono valutò attentamente il comportamento dei GI mentre essi reagivano agli ordini immediatamente dopo le detonazioni nucleari, che in totale facevano 72 kilotoni. Gli effetti più privati, e più duraturi, sembravano non preoccupare molto le alte sfere militari. "Allora vivevo, come vivo ancora", disse William Bires nel 1981, "con l'esperienza diretta del fatto che davvero possediamo la capacità di distruggere noi stessi. Molte persone hanno sentito questa frase, ma non hanno avuto la possibilità di vedere in prima persona gli effetti di queste armi terribili".

Nel compilare la prima di una serie di domande alla *Veterans Administration* nel 1978, Bires citava il trauma psicologico riportato durante i test nucleari in Nevada. Attacchi ricorrenti di depressione, l'immagine incancellabile di ordigni atomici che esplodevano vicino a lui, e acuti dolori alla spina dorsale cominciarono a piagarlo.

Meno di cinque mesi dopo le prime manovre che portarono le truppe sotto l'ombra del fungo atomico in Nevada, i militari U.S.A. spingevano perché i GI facessero incursioni più audaci. La distanza di sette miglia [circa 11 chilometri] dall'esplosione nucleare sembrava troppo remota e poco audace ad ufficiali dietro a scrivanie al Pentagono, sulla riva del fiume Potomac. In futuro, dichiarò il Brigadiere Generale dell'Aeronautica A. R. Luedecke, sarebbe stato più appropriato un approccio meno timido. In una lettera segreta all'AEC dell'inizio del 1952, Luedecke prevedeva "effetti psicologici indesiderabili" tra i soldati "dovuti alla distanza di sette miglia dall'esplosione, poco realistica dal punto di vista tattico, alla quale le truppe vengono fatte ritirare in vista dello scoppio".

Ora, il Pentagono suggeriva che nelle prossime esercitazioni i soldati venissero appostati a poco meno di quattro miglia [circa sei chilometri] dall'esplosione dell'ordigno nucleare. Al direttore del dipartimento di sanità e biologia dell'AEC, Dottore Shields Warren, la cosa non suonava bene. "L'esplosione è di tipo sperimentale e i suoi effetti non possono essere previsti con precisione", avvertiva. "Allontanarsi dalle procedure di sicurezza stabilite potrebbe risultare... in un aumento nel numero e nella gravità dei feriti, in ragione di quanto le truppe staranno vicine al punto della detonazione".

Nonostante tali avvertimenti da parte dei propri esperti, l'AEC cedette ai piani del Pentagono. Il presidente della Commissione Gordon Dean promise al Dipartimento della Difesa che l'AEC "non avrebbe fatto obiezioni al fatto di posizionare le truppe a non meno di sei chilometri e mezzo da ground zero". Tutte le discussioni che portarono a queste decisioni, che tanto effetto avrebbero avuto per la vita di migliaia di soldati, vennero condotte un segreto. Il Pentagono aveva esercitato in suo dominio non ufficiale sull'AEC.

In Nevada circa 8.000 membri dell'Esercito, della Marina, dei *Marines* e dell'Aeronautica erano impegnati nelle prime fasi dell'Operazione *Tumbler-Snapper*, che prevedeva otto ordigni nucleari sganciati da aerei o posti su torri, dalla forza esplosiva totale di oltre 100 kilotoni. Quando venne fatto esplodere l'ordigno più potente (da 31 kilotoni, sganciato da un bombardiere il 22 aprile 1952), per la prima volta fu permesso ad un gruppo selezionato di reporter e di operatori televisivi di assistere a una bomba A in azione. Quella volta, come nuovamente il mese successivo, i soldati erano a meno di quattro miglia dall'esplosione, spesso spostandosi nell'area centrale dello scoppio nel giro di due ore.

A Washington, secondo trascrizioni classificate dell'AEC, il presidente della Commissione Gordon Dean "osservò sarebbero stati utili degli articoli per il grande pubblico sul fallout, per scongiurare l'ingenerarsi di ansietà derivante dalla mancanza informazione".

Il tipo di pubblicità auspicato dall'AEC non venne certo da veterani dell'esercito come James W. Yeatts, la cui descrizione dell'Operazione *Tumbler-Snapper* non era adatta a calmare i timori del pubblico; né allora né 28 anni dopo, quando Yeatts rilasciò la seguente dichiarazione nella sua casa a Keeling, Virginia:

Non avevamo indumenti protettivi o altri apparecchi, nemmeno una maschera antigas. Quando la bomba fu azionata voltavamo la schiena all'esplosione e stavamo in ginocchio con gli occhi chiusi e le mani sugli occhi. Il flash fu così intenso che vedevamo le ossa delle nostre mani. Poi ci girammo per guardare il globo di fuoco. L'onda d'urto ci colpì e io fui scaraventato indietro. La polvere era così densa che non vedevamo nulla. Dopo che si fu posata marciammo verso Ground Zero finché il calore non fu troppo forte. Allora tornammo indietro e ci controllarono con un contatore Geiger.
Quando arrivammo a Camp Desert Rock molti di noi avevano forti al di testa e nausea. Ci venne detto di stenderci, che sarebbe passato tutto.
Due giorni dopo, tornati a Fort Bragg nel North Carolina, mi dissero di riportare al magazzino l'uniforme che avevo indossato il giorno del test. Fu riposta in una borsa di gomma. Non ci venne detto nulla su quanta radiazione avevamo ricevuto.

Due mesi dopo per Yeatts cominciarono seri problemi di salute: "ascessi rettali, emicranie, nausea terribili dolori alla schiena", che continuarono per tutti gli anni"60. Dieci anni dopo aver partecipato ai test atomici, Yeatts perse tutti i denti. "Erano così deboli che potevo tirarli via senza sentire male. Un anno dopo, cominciarono i problemi respiratori". Alla fine degli anni '70 Yeatts non fu più in grado di lavorare. Nel 1980 il suo peso era sceso a 47 kg. "Ormai riesco solo a fare pochi passi per volta. E sto perdendo il controllo degli intestini e della vescica".
Se guardiamo alla famiglia di James Yeatts, le conseguenze di *Tumbler-Snapper* non si esauriscono con lui.
"Mio figlio è nato nel 1969 con vari handicap. Malformazioni alle giunzioni del cranio, un grave problema al cuore, l'ano imperforato; inoltre ha un solo rene e un'ostruzione nel tratto urinario. Hanno dovuto fargli una colostomia quando aveva un giorno. A tre mesi un'operazione detta «Procedura Pots» al cuore. Un'uretrostomia a sei mesi, che resterà permanente. Chirurgia rettale quando aveva due anni. A cinque un'operazione a cuore aperto. Non può andare a scuola e ancora soffre di tutti questi problemi"...
Poi Yeatts chiese ai medici dell'M.C.V. Hospital di Richmond "Se la mia esposizione alla radiazione potesse aver causato gli handicap di mio figlio. I medici mi chiesero perché non li avessi informati dell'esposizione al momento in cui era nato. E poi dissero che mio figlio avrebbe dovuto essere controllato ulteriormente, per altri eventuali problemi che potevano venire fuori".
La *Veterans Administration* ha negato a Yeatts qualunque indennità di servizio. "Al governo non basta avermi usato come cavia". disse, "Però provocare certe cose a bambini che devono ancora nascere è più di quanto riesca ad accettare".

Operazione Upshot-Knothole

All'epoca della preparazione dell'Operazione *Upshot-Knothole*, in programma per la primavera-estate del 1953, il controllo dei civili sui test nucleari era diventato sempre più esiguo. In un meeting tra l'AEC e il Dipartimento della Difesa fu stabilito che "nei prossimi test, verranno probabilmente superati i limiti usuali di esposizione fisica all'effetto degli ordigni". I membri della commissione dell'AEC in seguito cederanno alla proposta che "la responsabilità per la salute fisica delle truppe che prendono parte alle esercitazioni sia delegata al DoD [Dipartimento della Difesa] e che il DoD sia informato che della possibilità che il superamento dei limiti normali di esposizione alle radiazioni può mettere in pericolo il personale".

Il personale dei test atomici venne affidato alle amorevoli cure del Dipartimento della Difesa. Note ufficiali descrivono così il punto di vista del presidente dell'AEC Gordon Dean: "Dal momento che il DoD considerava necessario condurre le esercitazioni in questo modo, l'AEC non era nella posizione di raccomandare che i limiti normali [di esposizione radioattiva e di pressione dello scoppio] venissero osservati". Per buona misura i membri dell'AEC emisero un comunicato congiunto sul fatto che il Dipartimento della Difesa si sarebbe assunta la responsabilità della sicurezza delle truppe nel corso dei successivi test atomici in Nevada.

Mentre il neoeletto Presidente Dwight Eisenhower si preparava ad annunciare il suo programma di utilizzo dell'energia nucleare per produrre elettricità, denominato "Atomi per la Pace", l'AEC e il Pentagono davano gli ultimi ritocchi all'Operazione *Upshot-Knothole*. Nella primavera e inizio estate del 1953 un totale di undici detonazioni sperimentali mandarono nubi fungiformi sul deserto del Nevada, per concludersi con quella da 61 kilotoni chiamata in codice *Climax*. In meno di tre mesi i test del Nevada avevano sprigionato una forza complessiva di oltre 250 kilotoni, circa 20 volte la potenza dell'atomica che distrusse Hiroshima.

Circa 1.700 militari parteciparono a *Upshot-Knothole*. Come routine, alcune migliaia stavano in trincea entro due miglia dal punto zero di scoppio al momento dell'esplosione; quando veniva loro ordinato, si spostavano verso il centro dello scoppio un'ora dopo lo stesso, simulando un attacco. Le esercitazioni comprendevano persino, per la prima volta, delle cariche immediatamente dopo lo scoppio. Il Pentagono aveva praticamente raddoppiato il limite teorico in precedenza stabilito dell'AEC per l'esposizione del personale alla radiazione, portandolo a sei röntgen.

Nel frattempo, sperimentatori avevano fatto prove anche con soggetti non umani — pecore, conigli e maiali tenuti a diverse distanze dallo scoppio. Numerosi porci vennero vestiti con speciali "uniformi" fatte di materiale standard dell'Esercito, per provare sulla loro pelle la protezione che questo offriva. Una delle conseguenze più bizzarre fu che un gruppo di maiali dovette essere fornito con un nuovo set di uniformi, quando le prime risultarono strette a causa dell'ingrassare dei maiali durante l'attesa che le condizioni meteorologiche migliorassero.

L'ex Sergente dell'Esercito Cecil G. Dunn, di Pensacola, Florida, veterano di *Upshot-Knothole*, ricorda: "Dopo lo scoppio, ci facevano marciare sino a ground zero. No scorderò mai l'odore che c'era. Non ho idea di quanta radiazione ci fosse. Non ho mai sentito parlare di badge sensibili alle radiazioni. Non ricordo di aver mai visto nessuno averli addosso. Io so che non le avevo". Raccontando le emicranie croniche che seguirono per anni, seguite da sangue dal naso, un esaurimento nervoso, macchie sulle gambe e difficoltà di parola, Dunn disse: "Mi sento come se fossi sempre ubriaco, ma non bevo... Mi stanco di niente, ora... Tutto ciò che avrei sempre voluto è di vivere come tutti gli altri. Ma non riesco a non biasimare il governo per avermi sottoposto a test nucleari senza avvertirmi delle possibili conseguenze, e mi chiederò per sempre perché sia successo".

Al di fuori del Nevada Test Site il fallout crebbe di intensità col procedere dell'Operazione *Upshot-Knothole*. Il 25 aprile 1953, 4 ore e mezzo dopo la detonazione da 43 kilotoni chiamata Simon, in un punto situato fuori dai limiti del Nevada Test Site registrò 460 milliröntgen all'ora lungo la Route 93, 90 miglia a nord della città di Glendale in Nevada. La dose potenziale era ben oltre gli standard fissati dalle agenzie governative. Preso in contropiede, il governo federale si affretto a fissare dei paletti. Un rapporto dell'*U.S. Public Health Service* stimò che circa 1.400 persone vivevano nell'area di immediato fallout. Nove ore dopo l'esplosione di *Simon*, per 150 minuti, il traffico fu sospeso nelle vie principali; di 250 veicoli fermati per il controllo delle radiazioni, 40 furono giudicati necessitare di decontaminazione. All'interno di una corriera della *Greyhound* diretta a Las Vegas con 30 passeggeri furono misurati 160 milliröntgen, all'esterno 250. Tre ore dopo lo scoppio nel paesino di Riverdale si registravano 16 milliröntgen all'ora.

Il rapporto del Progetto per le Armi Speciali delle Forze Armate, che rimase segreto per 22 anni, commentava: "Ci si aspettava che l'ammontare della ricaduta radioattiva fosse molto maggiore del solito. Comunque, dato che ci non si trovavano insediamenti abitativi lungo il percorso previsto, fu presa la decisione di procedere come stabilito". Ma il fallout di Simon passò sopra Utah, Colorado, Kansas, Missouri, Illinois, Indiana, Ohio e Pennsylvania prima di incontrare vortici temporaleschi nello Stato di New York, nel sud del Vermont e in alcune zone del Massachusetts occidentale. Fu uno dei temporali più potenti che si ricordino, con l'acqua che scendeva a torrenti.

Due giorni dopo *Simon*, un gruppo di studenti del Rensselaer Polytechnic Institute a Troy, New York – 2.300 miglia [3.680 chilometri] dalla zona dello scoppio – notarono che i contatori Geiger del laboratorio di chimica radiologica dell'Istituto segnavano valori molto alti. Andarono all'esterno e scoprirono che la pioggia della notte prima aveva portato giù vaste quantità di fallout. Il professore di chimica radiologica Herbert Clark chiamò l'AEC, dove a tutta prima pensarono che Clark scherzasse.

Ma gli studenti misurarono metodicamente la radiazione nell'area. Campioni di pozzanghere mostrarono un valore di radioattività 270.000 volte più alto di quello normale per l'acqua potabile. Test nei bacini idrici cittadini diedero un valore 2.630 volte più alto. Il professor Clark e gli studenti del Rensselaer scoprirono un altro fatto. Il fallout resta attaccato al tetto e ai muri anche se lavato per ore; la radioattività superficiale a Troy/Albany aveva valori comparabili a quelli misurati a 500 miglia dal punto di esplosione di *Simon* in Nevada. A metà anni '60 tale contaminazione avrebbe portato ad un'accesa controversia sui danni alla salute dopo i test delle bombe.

"Dirty Harry"

Alcuni residenti sottovento a *Simon* divennero ansiosi quando videro le preoccupazioni ufficiali per il livello di fallout sulle autostrade al di fuori del sito sperimentale. Ma il peggio doveva ancora venire quando il Governo USA fece detonare un'atomica da 32 chiloton sulla cima di una torre al Nevada Test Site. Il nome in codice era *Harry*; chi si trovava sottovento ora la ricorda con amarezza come *"Dirty Harry"* ["Sporco Harry"].
Così William Sleight, residente a St. George, 62 anni, riportò il fatto nel suo diario:

19 Maggio 1953: Una bella mattina. Lasciato St. George alle 4 a.m. per andare a Las Vegas, Nevada. Guardato l'esplosione della Bomba A nel deserto a nord di Las Vegas. Alle 5 a.m. mentre albeggiava abbiamo visto un bagliore che ha rischiarato il cielo, un bel rosso visibile a centinaia di miglia. Un bello spettacolo, standogli lontano almeno 100 miglia. Avevo l'autoradio accesa e alle 5.01 a.m. l'annunciatore della KFI, Los Angeles, California, ha detto che alle 5 a.m. la bomba era esplosa e che la vedevano dagli studi della radio, e anche dall'Idaho. Dopo 10 minuti ho fermato la macchina, siamo usciti e poco dopo abbiamo sentito il notiziario sul test. Rombava come un tuono, peggio degli altri scoppi che avevamo sentito. Questo era il nono in una serie di 10, settimana prossima ce n'è un altro. Mi vengono i brividi a pensare a cosa ci aspetta se cominciano a buttare queste bombe terrificanti sulle nostre città. Ci sono fanatici che ora insistono per usarle in Corea.

Tornati sulla Highway 91, ci fermano e un giovanotto controlla la nostra auto con uno strumento per vedere se avesse raccolto della polvere radioattiva viaggiando sulla Highway. Non trova niente e così non ci tocca un autolavaggio gratuito (che ci sarebbe voluto)... Tornati a St. George con quel vento intenso che sembra segua sempre queste esplosioni.

Il vento che porta il fallout radioattivo copre facilmente i 210 chilometri fino alla casa di William Sleight a St. George. I monitor dell'*Atomic Energy Commission* registrarono letture di 6.000 milliröntgen in città, dove i bollettini radio diffusero il consiglio dell'agenzia di non uscir di casa dalle 9.00 antimeridiane a mezzogiorno. Il personale fermò un centinaio di automobili che da St. George andavano verso nord; molti veicoli vennero lavati nel tentativo di decontaminarli. Il fallout veniva giù così forte, dissero in seguito ad una conferenza governativa gli scienziati dell'AEC, che i dipendenti della Commissione smisero di lavare le auto a St. George finché le particelle radioattive non smisero di cadere. L'AEC, nel frattempo, disse ai media locali che "la radiazione non ha raggiunto livelli pericolosi".
Si può dire che a St. George la coltre di fallout lasciò alla gente la bocca amara – in molti sensi. Nativi della cittadina provarono, per la prima volta, che l'aria aveva uno strano sapore metallico (questa circostanza si sarebbe verificata anche a Three Mile Island, 26 anni dopo).
Quaranta miglia ad est, secondo un altro rapporto segreto dell'AEC, almeno cinque residenti manifestarono sintomi corrispondenti al malessere da forti dosi di radiazione. Il rapporto classificato dice anche che nella cittadina di La Verkin, 20 miglia a nord di St. George, le capre divennero bluastre dopo che le nubi radioattive si posarono sul loro terreno di pascolo.
Il giorno dopo *Dirty Harry*, l'AEC fu sommersa di proteste da parte di chi abitava sottovento. "Il riverbero del test atomico in Nevada di martedì si è visto a Washington mercoledì, quando i residenti dello Utah del sud si sono lamentati col parlamentare Douglas R. Stringfellow della contaminazione radioattiva della zona", riportava il "*Salt Lake Tribune*". Stringfellow diede seguito alla cosa, chiedendo all'AEC di sospendere gli esperimenti in Nevada a causa del fallout. L'AEC si rifiutò (l'anno dopo Stringfellow perse la corsa per la rielezione).
Due giorni dopo l'esplosione di *Harry*, mentre i membri dell'AEC discutevano sull'ingente ricaduta radioattiva su St. George e dintorni, un dipendente dell'AEC tentò di ottenere i nominativi dei produttori di latte della zona e non ci riuscì. "Meglio così", riportò in una nota per l'Agenzia, "temevo di creare delle preoccupazioni". Rulan Boots Cox, titolare del Caseificio *Cox Dairy* di St. George per 30 anni a partire dal 1949, mise in funzione apparecchi per il monitoraggio della radiazione nel suo caseificio, per tutto il periodo dei test nucleari in atmosfera sopravvento. Mandò regolarmente campioni agli enti federali, ma non fu mai informato sui risultati.
I campioni di latte appena raccolti mostravano alti livelli di radioattività. Ma una volta arrivati ai laboratori di Las Vegas e di Los Alamos, i ricercatori dell'AEC ne rilevavano poca; ciò perché lo Iodio 131 veniva distrutto dal riscaldamento che faceva parte del processo d'analisi.
Dopo il test *Harry* l'AEC si trovò davanti un nuovo problema. Il membro di commissione Henry D. Smyth, stando alle minute dell'agenzia, "era preoccupato dagli aspetti di «pubbliche relazioni» del test, specialmente in seguito agli incidenti di George, in Utah, e il gran numero di esplosioni già effettuate". Anche l'altro membro dell'AEC che si occupava della cosa, Eugene M. Zuckert, sentiva che si andava incontro a difficoltà crescenti. "È

insorto un serio problema psicologico, e l'AEC deve essere preparata a studiare un'alternativa a nuovi esperimenti al Nevada Test Site. Con il presente stato d'animo del pubblico, basterebbe un singolo incidente imprevisto e imprevedibile per precludere la possibilità di nuovi esperimenti negli Stati Uniti".
Il Pentagono, peraltro, faceva pressione sull'AEC perché mostrasse fermezza. Stando a delle trascrizioni classificate, nel corso di un incontro congiunto nel maggio del 1953 rappresentanti del Dipartimento della Difesa riportarono l'opinione che "l'AEC sta facendo un grave errore sopravvalutando gli effetti del fallout derivato dai recenti test". Un generale criticò misure come far lavare le auto e fare restare a casa gli abitanti per le ore successive al test *Harry*; e si lamentò del fatto che "le misure precauzionali prese dall'AEC sono esagerate e hanno provocato nel pubblico un inutile allarme".
Intanto, la mattina del 27 maggio, il presidente dell'AEC Gordon Dean si era incontrato con il Comandante in Capo. Come ricorda Dean nel suo diario, il presidente Eisenhower "espresse qualche preoccupazione, non troppo seria, ma suggerì che evitassimo il termine «termonucleare» nei discorsi pubblici e nei comunicati stampa. Anche «fusione» e «Idrogeno»". Date le esplosioni delle bombe H nelle isole Marshall degli anni precedenti, e in vista di test di ordigni ancora più sofisticati, Eisenhower diede istruzione alla carica più alta dell'AEC di tenere il pubblico confuso sulle differenze tra "fissione" e "fusione".

Il fallout sul bestiame

Per chi abitava sottovento rispetto al Nevada Test Site, l'epidemia di leucemia e cancro sarebbe arrivata più avanti. Gli animali, comunque, furono immediatamente colpiti. L'AEC risarcì in sordina poche centinaia di dollari ai proprietari di alcuni cavalli che soffrirono ustioni da radiazioni Beta nel 1953. Ma l'attenzione per le ustioni alle bestie venne presto oscurata nel momento in cui le pecore cominciarono a cadere morte in quantità e con rapidità mai viste.
A 150 miglia [240 chilometri] dal sito dei test, sulle Wheeler Mountain in Nevada, nel terreno di proprietà di George Swallow, circa 1.700 pecore brucavano l'erba tenera. Era la primavera del 1953 e dovevano nascere gli agnellini. La mattina del terzo martedì di maggio George Swallow, il fratello Dick e un aiutante di nome Lee Whitlock guardarono una nube di pulviscolo rosa (proveniente dall'esplosione di *Harry*) andare alla deriva nel cielo verso il confine con lo Utah, seguita dagli aviogetti dell'*Air Force*. Nel giro di una settimana 500 delle pecore del gregge erano morte. Il 65% degli agnelli nacque morto.
La famiglia Swallow possedeva undici greggi delle stesse dimensioni; quello che soffrì il maggior numero di decessi e di agnelli nati morti fu quello sulle Wheeler Mountain quando passò la nube del fallout di Harry. George Swallow espresse i suoi sospetti all'AEC. "Abbiamo detto a Mr. Swallow, che i nostri esperti assicurano che cose di questo tipo non possono succedere", riportò al quartier generale nazionale dell'AEC il responsabile locale Joe Sanders.
Ma i faldoni dell'AEC si stavano riempiendo di descrizioni secretate di incidenti simili in tutto il Nevada, nello Utah e in Arizona. Un pastore dello Utah lamentò 2.500 nati morti. Cavalli e bovini svilupparono gravi lesioni e piaghe in gran numero.
In quel periodo il Dottore Stephen Brower era agronomo nella Iron County, nello Utah sudoccidentale. L'AEC insistette con Brower che il governo federale non aveva intenzione di accettare responsabilità per le perdite di bestiame. Il primo a parlar fu il capo della divisione biologica dell'AEC, il Dottore Paul B. Pearson.

Brower ricorda che Pearson gli disse che "l'AEC «in nessuna circostanza» si poteva permettere di subire una richiesta di risarcimento che segnasse un precedente. E sottolineò ancora che per tale ragione «in nessuna circostanza» i pastori si potevano aspettare di essere rimborsati".

A Cedar City, Utah, un veterinario del *Public Health Service*, il Dottore Arthur Wolff, nel giugno del 1953 fece uno studio sugli ovini della zona.

"Mi interessava soprattutto se c'entrasse la radioattività", ricorda. "Facemmo l'autopsia a un paio di animali, presi dei campioni e facemmo delle misure [di radioattività]. Fui in grado di determinare che sì, c'era un livello relativamente alto di radioattività nello Iodio-131 contenuto nella tiroide e della radioattività anche nella lana di quelle pecore".

Kern Bulloch, pastore a Cedar City, così descrisse ciò che avvenne al suo gregge nel 1953:

Eravamo lassù sul Coyote Pass, proprio vicino al posto dove provavano le bombe, e stavamo radunando le nostre pecore. Una mattino eravamo belli seduti sulle nostre selle, quando arrivano degli aeroplani, e uno di loro butta una bomba. Gesù se era accecante! Ho tirato su le mani così e ti potevi vedere le stramaledette ossa. E poi ti arriva quella nuvola proprio sopra di noi, e diventa tutta a forma di fungo bella sopra a noi e alle nostre bestie. E noi ce ne stavamo seduti lì sotto, certo che non sapevamo un bel niente di bombe o di radiazioni. In un attimo arrivano delle jeep con dei soldati e ci dicono, "Diobono ragazzi, siete belli al caldo!". E noi non capimmo nemmeno di cosa stessero parlando. Allora ci riportiamo indietro le pecore a Cedar [City], e cominciamo subito a perderne. Le mettiamo nel recinto per tirare fuori gli agnelli e oddio, ogni volta che entravi ce n'erano 20 o 30 morte. Gli agnelli nascevano con le gambe troppo piccole, sembravano delle palle. Certe non avevano nemmeno la lana, ma come una pelle invece della lana. Valutiamo di aver perso tra i 1.200 e i 1.500 capi, quasi metà del gregge.

E poi sono venuti gli scienziati, gli abbiamo dato un mucchio di ossa e mi ricordo che uno scienziato ci ha messo su un contatore Geiger. Qualcuno ha chiesto, "Son «calde»?" e uno scienziato gli ha risposto: "Calde? Direi! L'ago è andato quasi a fondo scala!".

Quasi trent'anni dopo, Kern Bulloch ricorda: "abbiamo cominciato a perdere così tanti agnelli che mio padre – allora era ancora vivo – stava diventando matto. Non aveva mai visto niente del genere. E nemmeno io; o nessun altro".

Passarono ventidue anni prima che di tutta questa storia qualcosa filtrasse oltre i ricordi di alcuni allevatori e di ufficiali aventi diritto di accesso a segreti governativi. Il Subcomitato per le Ricerche e le Investigazioni della Camera dei Rappresentanti fornì proprio la descrizione generale dei fatti mancata alla nazione per decenni.

Il Subcomitato riportò che, al momento delle due ricadute radioattive più intense in Nevada durante la primavera del 1953, c'erano 11.710 pecore che pascolavano in una zona compresa tra 40 miglia [64 chilometri] nord e 160 miglia [256 chilometri] est dal sito di prova. "Di tali pecore, 1.420 in gestazione (il 12.1 %) e 2.970 agnelli neonati (25.4 %) morirono tra la della primavera e l'estate del 1953".

La mortalità tra la popolazione ovina venne considerata superiore al normale. Ma il governo negò che ci fosse qualcosa fuori posto, e che c'entrassero le radiazioni. "È come se ci fosse una decisione politica già presa a monte, e che il compito dei rappresentanti federali fosse di metterla in pratica", ci disse il dottor Brower. "Il governo voleva solo insabbiare".

Nonostante l'AEC persistesse nel dichiarare pubblicamente per tutti gli anni '50 e oltre, che il fallout non aveva niente a che fare con le malattie delle pecore, un'opinione diversa venne dal Dottore Harold Knapp. Questi era uno scienziato impiegato nel *Fallout Studies Branch* dell'AEC nei primi anni '60. "Come principale causa di morte delle pecore in gestazione, la spiegazione più semplice è l'irradiazione del tratto gastrointestinale della pecora da parte di particelle Beta originate come prodotto di fissione e assunte dagli animali assieme al foraggio nei pascoli all'aperto". Questa era la conclusione del Dottore Knapp. "Si calcola che la dose di radiazione al tratto intestinale delle pecore sia dell'ordine delle migliaia di rad, nonostante la dose esterna sia rimasta entro il limite di 3.9 rad per ogni serie di esperimenti stabilito dall'AEC come accettabile per persone che vivano nelle zone adiacenti al sito di test".

Un rapporto del 1980 dell'*House Oversight and Investigations Subcommittee* rivelò che i suoi ricercatori avevano scoperto "documentazione decisiva negli archivi dei veterinari e scienzaiti governativi cui era stato affidato il compito di investigare le morie di pecore del 1953, che mostravano lo sforzo concertato del governo di ignorare e screditare ogni prova di una relazione causale tra l'esposizione delle pecore al fallout radioattivo, e la loro morte".

Trascrizioni di un meeting dell'AEC del 10 giugno 1953, declassificate di recente, provano che i membri della commissione erano al corrente di quanto segue: "Si è determinato che pecore che brucavano l'erba a una distanza di circa 50 miglia dall'esplosione, hanno riportato bruciature da raggi Beta alle narici e sulla schiena, e che da 500 a 1.000 su un totale di circa 10.000 sono morte transitando nelle zone di pascolo in Utah".

Ma i membri dell'AEC si mostrarono più preoccupati della pubblicità che dei problemi di salute delle pecore o degli umani.[49] Al meeting del 7 luglio, il membro della Commissione Henry Smyth osservò che si potevano calmare le preoccupazioni del pubblico paragonando il fallout delle bombe "alla radiazione normalmente subita nel corso di un normale esame ai raggi X". Dal punto di vista delle pubbliche relazioni era l'approccio che sarebbe poi stato preferito dall'AEC, dalla *Nuclear Regulatory Commission*, e dalle società private che avrebbero gestito le centrali nucleari di tutto il paese nel decenni successivi.

Ma l'analogia che porta a paragonare i raggi X alla radioattività da fissione nucleare è altamente fuorviante. Una bomba atomica o un reattore nucleare producono particelle radioattive Alfa e Beta che possono essere letali se inalate o inghiottite anche in minime quantità; gli "emettitori interni" di Alfa e Beta non sono presenti nei raggi X usati in ambito medico. Il paragone con i raggi X presuppone anche la assunzione falsa che la ricaduta della bomba e le emissioni dagli impianti nucleari siano distribuiti sulle popolazioni in modo uniforme. Vari fattori, dalle condizioni meteorologiche alla contaminazione della catena alimentare, possono sottoporre certe persone o animali a dosi più alte di radioattività.

Ventidue anni dopo, il rapporto degli investigatori del Congresso cita quanto segue dal comunicato stampa conclusivo dell'AEC riguardo alle pecore, diffuso il 6 gennaio 1954:

L'*Atomic Energy Commission* ha dichiarato oggi che, sulla base delle informazioni attualmente disponibili è evidente che la radioattività proveniente dai test atomici non è responsabile di malattie e morte di pecore lamentate nella scorsa primavera nelle zone adiacenti al Nevada Proving Grounds.

---

[49] Il 26 ottobre 1953, l'*AEC* si riunì in un incontro segreto a Los Alamos per affrontare la questione della moria di pecore. La scientificità del metodo non rivestiva soverchia importanza allorché il meeting fu presieduto dal capo della Sezione Effetti da Radiazione degli Armamenti. Il Dottore George Dunning sottolineò agli scienziati colà riuniti la necessità di emettere un verdetto di autodiscolpa per il commissario dell'*AEC* Eugene Zuckert. Come riportato dal veterinario federale Dottore Arthur Wolff, l'influente Dottore Dunning informò i presenti che un'energica dichiarazione, che riportasse non esserci collegamento tra i test nucleari e le sofferenze delle pecore, sarebbe stato necessario affinché "il commissario Zuckert apra i cordoni della borsa per futuri test nucleari sul continente". Gli scienziati presenti accettarono tacitamente di procedere con tale dichiarazione, nonostante l'opinione di alcuni che essa fosse prematura, a condizione che fosse classificata "per uso interno" ossia solo all'interno dell'*AEC*.

Le conclusioni dell'AEC, risultato di ricerche e studi su vasta scala, sono condivise dal Servizio di Sanità Pubblica e dell'Ufficio per l'Industria Zootecnica del Dipartimento dell'Agricoltura degli Stati Uniti. Prima della sua diffusione da parte dell'AEC, il rapporto è stato visionato dal Dipartimento di Sanità dello stato dell'Utah. Studi specifici sono stati condotti da ricercatori medici e veterinari al Laboratorio Scientifico di Los Alamos e all'Hanford Works dell'Università del Tennessee per determinare se la radioattività abbia contribuito ai decessi.

Ma anche tra gli stessi esperti dell'AEC qualcuno dissentiva. Il veterinario Dottore Richard Thompsett ad esempio, scrisse che le lesioni delle pecore sottovento erano tipiche degli effetti della radiazione Beta, e che i test erano stati tra i fattori della moria. Il rapporto del Dottore Thompsett non fu mai pubblicato. Il Dottore Stephen Brower ricordò che il rapporto di Thompsett "fu requisito, persino la sua copia personale, e gli fu detto di riscriverlo eliminando ogni speculazione su danni da radiazione e relativi effetti".
Ricerche successive di scienziati del laboratorio di Los Alamos (C. Lushbaugh, J. F. Spaulding e D. B. Hale) concludevano che tra le pecore in questione "le lesioni alla pelle erano notevolmente similari dal punto di vista istologico alle ustioni gravi da raggi Beta riscontrate sperimentalmente". I ricercatori aggiungevano: "Sembrerebbe trovare conferma da queste osservazioni approssimative, che queste lesioni e altre simili osservate sul campo... una diagnosi presuntiva di lesioni dovute a radiazione". Ufficialmente l'AEC si attenne alla propria versione, versione che fu ripetuta infinite volte ad allevatori e pastori ubicati sottovento rispetto ad installazioni nucleari.
Nel suo ruolo di agronomo ufficiale nello Utah sudoccidentale, il Dottore Brower accompagnò il mandriano Doug Clark a parlare con rappresentanti dell'amministrazione federale. "Doug fece diverse domande al team di scienziati, uno dei quali era un Colonnello", ricordava anni dopo il Dottore Brower. Il colonnello sembrava essere "il sostenitore ufficiale della teoria che non poteva trattarsi di radiazioni. Doug formulò domande piuttosto tecniche sugli effetti delle radiazioni sugli organi interni, informazioni che aveva avuto da altri veterinari".
Il Colonnello reagì chiamando Doug Clark "un pecoraio imbecille", e "gli disse che era stupido; che non era in grado di capire le risposte che gli si davano; e per 10 o 15 minuti, invece di rispondere, lo sommerse di un diluvio di parole".[50]
Una settimana dopo l'inequivocabile diniego pubblico di responsabilità da parte dell'AEC nella moria di pecore, rappresentanti dell'AEC affrontarono gli infuriati proprietari di bestiame nella sala conferenze della caserma dei vigili del fuoco di Cedar City. L'incontro, il 13 gennaio 1954, vide affrontarsi una dozzina di rappresentanti federali e un numero simile di proprietari.
"Sappiamo che praticamente tutte le pecore che pascolano nell'area hanno subito questi effetti", disse un mandriano locale. "Abbiamo dato il granturco alle nostre pecore per tentare di tenerle su. Non sono riuscito a tenerle abbastanza su da fargli crescere un agnello. Non avevo mai visto niente di simile.
"Ci piacerebbe avere una risposta da darvi", fu la replica del capo biologo medico dell'AEC Dottore Paul Pearson. "Ma non abbiamo spiegazioni per tutto ciò. Ci sono stati casi di malattie che danno effetti differenti, non sappiamo cosa sia successo".
"Il granturco è scarso in proteine, potrebbero essergli mancate le proteine", osservò Leo K. Bustad, inviato della General Electric dall'Hanford Nuclear Reservation, principale

---

[50] "Fu un'esperienza terribile per Doug", ricorda il Dottore Brower. "Ricordo che quando uscì di lì andò al *ranch* per incontrare i suoi creditori e parlare del fatto delle pecore. Un paio d'ore dopo, era morto per una attacco di cuore. Penso che... una parte dello stress accumulato derivasse dagli insulti ricevuti da quegli ufficiali".

centro di produzione di Plutonio per usi militari, controllato dall'AEC. "In che stato era la loro carne?"

Rifiutandosi di essere trascinato in una discussione sulla carne delle sue pecore con un rappresentante della General Electric, il fattore disse che le sue pecore prendevano tutte le proteine di cui avevano bisogno brucando l'erba. "È un pascolo di salvia nera e salvia bianca... la salvia è molto ricca di proteine".

Andò avanti così per un po'. "La dose di radiazione che queste pecore hanno preso è di circa cinque röntgen", spiegò Bustad della General Electric a metà circa dell'incontro. "Puoi prendere una dose di röntgen più alta di quella assunta da queste pecore, da un fluoroscopio, o da una macchina per i raggi X". Bustad mancò di rilevare che gli animali avevano assunto particelle radioattive all'interno del loro corpo, cosa che non capita durante i raggi X. Non disse nemmeno che una dose di cinque röntgen è pericolosa in entrambi i casi.

Un anno dopo la famiglia Bulloch fece causa al governo federale per la perdita di 1.500 pecore a causa del fallout. Quando ci fu il processo nel 1956, il governo portò dei testimoni a favore del fatto che le pecore erano morte per cause naturali. Durante la fase di investigazione iniziale, i Bulloch avevano sentito ricercatori attribuire le morti di pecore alle radiazioni. "Molti di questi scienziati controllavano le pecore e dicevano così ma poi, una volta in tribunale, raccontavano una storia differente", commentò McRae Bulloch.

I Bulloch persero la causa. Nessun allevatore sottovento ai test nucleari fu in grado, nei ventidue anni seguenti, di scucire un centesimo al governo federale per la perdita di una sola pecora.

Una polemica sgradita

Ansiosa di contrastare il crescente calo di credibilità, l'AEC nel 1954 strinse un accordo per il monitoraggio della radioattività al di fuori del sito dei test con il Servizio di Sanità Pubblica americano.

Fu non prima del 1979 che i termini dell'accordo vennero resi pubblici. Dopo che il famoso giornalista Gordon Eliot White, corrispondente da Washington del quotidiano di Salt Lake City *The Desert News*, ebbe scartabellato più di 15.000 documenti sui test atomici, riportò che "Il Servizio di Sanità Pubblica fornì personale addestrato che lavorò con fondi dell'AEC e sotto il suo stretto controllo". La loro missione non era di proteggere la salute dei cittadini ma piuttosto "proteggere i siti scelti per gli esperimenti dalle polemiche".

Il patto del 1954 proibiva al Servizio di Sanità Pubblica di rilasciare pubblicamente i suoi dati sulle radiazioni o "di diffusione informazioni connesse alle attività di cui il presente accordo, se non nei termini prescritti dall'AEC"... Alla fine dell'anno l'AEC impose la clausola che qualsiasi rilascio non autorizzato di informazioni al pubblico avrebbe implicato "l'incriminazione penale del Servizio di Sanità Pubblica, dei suoi agenti, impiegati o subappaltanti" sotto l'*Atomic Energy Act*.

L'accordo di monitoraggio tra le due agenzie rimase in vigore non solo per gli ultimi nove anni di test atomici in atmosfera (dal 1954 al 1962) al Nevada Test Site, ma anche durante gli otto anni (dal 1963 al 1970) di numerosi esperimenti con esplosioni nucleari sotterranee in Nevada. Tali detonazioni sotterranee sparsero grandi quantità di radioattività sottovento, per centinaia di miglia.

Nonostante l'intenso e pervasivo fallout del Nevada Test Site nel 1953, Washington non perse l'entusiasmo verso nuove detonazioni di ordigni nucleari sul continente. Il sentimento prevalente a livello federale è ben espresso in una lettera al presidente operativo dell'AEC, Thomas E. Murray, del capo del *Biology and Medicine Advisory Committee* dell'AEC, Dottore Elvin C. Stakman, scritta il 25 marzo 1954:

Parafrasando il famoso detto del Generale Forrest, "La vittoria arride alla nazione che ha armi migliori e ne ha di più", questo vale più che mai nell'era atomica. Pertanto, è essenziale continuare i test atomici del Nevada allo scopo di massimizzare la velocità di sviluppo degli ordigni. La velocità è essenziale per la sopravvivenza della nazione.
In un'emergenza come questa certi rischi, immediati e a lungo termine, devono essere accettati. Essi dovrebbero essere resi pubblici e ammessi con franchezza. La politica della riduzione al minimo di tali rischi deve essere comunque portata avanti nell'interesse locale e nazionale.

Può darsi che tra le vittime impreviste del programma di prove in Nevada ci sia stato il cast hollywoodiano e gli operatori del film prodotto da Howard Hughes *The Conqueror*[51]. Nel 1954 John Wayne, Susan Hayward e Agnes Moorehead girarono con il produttore e regista Dick Powell sulle dune sabbiose fuori St. George, Utah. Restarono lì tre mesi.
Un quarto di secolo più tardi John Wayne, Susan Hayward, Agnes Moorehead e Dick Powell erano tutti morti di cancro. Wayne, forte fumatore, nel 1979 morì di tumori ai polmoni, alla gola e allo stomaco; la Hayward di tumori al seno e all'utero nel 1975; la Moorehead nel 1974, di cancro all'utero. Un'altra star, Pedro Armendariz, nel 1960 soffrì di cancro ai reni e in seguito fu stroncato da un cancro terminale del sistema linfatico. Dick Powell morì quando il linfoma si estese ai polmoni nel 1963.
La relazione tra questi casi fu inquadrata nel contesto generale quando la rivista "*People*" indagò sullo stato di salute dell'intera troupe hollywoodiana dopo che aveva lavorato a St. George. Si trovò che di 220 persone del cast e degli addetti, 91 avevano contratto tumori cancro entro la fine del 1980, e che di loro la metà era deceduta (questo studio non comprendeva i circa 200 indiani americani che avevano lavorato come comparse).
"Con queste cifre, in caso si potrebbe definire un'epidemia", sottolineò il dottor Robert C. Pendleton, direttore di Medicina Radiologica all'Università dello Utah. Pendleton continuò per vent'anni ad ammonire che i "punti caldi" radioattivi restavano in numerose località dello Utah, anche una volta terminati i test in atmosfera. Il dottor Ronald S. Oseas dell'Harbor UCLA Medical Center aggiunse: "È noto che le radiazioni contribuiscono al rischio di tumori. Con queste cifre, è altamente probabile che il gruppo di *The Conqueror* sia stato vittima di effetti combinati".
Ellen Powell, Michael Wayne e il figlio di Susan Hayward, Tim Barker, avevano accompagnato i genitori sul set nel 1954. Tim Barker così ricordava la lunga agonia della madre: "Stava in posizione fetale, aveva la polmonite; non riusciva più a deglutire e aveva perso tutti i capelli". Nel 1968 egli stesso dovette farsi asportare un tumore benigno dalla bocca. Michael Wayne soffrì in seguito di cancro alla pelle. Nelle parole di Barker si sentiva l'eco dei sentimenti dei residenti sottovento ai test, quando disse: "Se il governo sapeva che c'era un rischio, perché non ci hanno semplicemente avvisati"?
Le autorità federali sapevano da tempo del risentimento profondo che albergava in numerose comunità, entro un raggio di diverse centinaia di chilometri dal Nevada Test Site. Ma

---

[51] *Il conquistatore*, regia di Dick Powell, è un film drammatico-storico ispirato alla vita di Gengis Khan. Hughes si sentì in colpa per le morti del cast, e non fece distribuire il film nelle sale; soltanto nel 1974 fu infine mandato in onda alla televisione americana, NdE.

lo spettro di venir riconosciuti colpevoli per la morte di cancro di personaggi pubblici così popolari preoccupava anche burocrati del governo generalmente monolitici. Al Pentagono un ufficiale dell'Agenzia per la Difesa Nucleare reagì alla notizia mormorando, "Per l'amor di Dio, non dite che abbiamo ucciso John Wayne!"

4.
Fallout dei test e ricadute politiche

I test delle bombe all'Idrogeno condotti in mezzo al Pacifico sembravano lontanissimi alle comunità americane. Ma quelle lontane esplosioni nucleari stavano producendo quantità di fallout senza precedenti, che finivano su abitanti di ogni parte del mondo.
Nel 1951 la rivista *"Life"* pubblicò una foto su due pagine che inneggiava all'"Operazione *Greenhouse*" a Eniwetok che doveva suonare gloriosa per molti lettori: "Infine, una mattina di aprile, mentre il sole si levava, un lampo accecante e un rombo che scuoteva al terra vennero dal piccolo atollo. L'AEC era laboriosamente impegnata a provare i suoi ultimi prodotti nella sua zona di sperimentazione in mezzo all'oceano"...
A maggio la prima esplosione, nome in codice *George*, fatta esplodere su una torre a Eniwetok, si dimostrò un passo cruciale verso la bomba H. "Senza questo test, nessuno di noi avrebbe potuto procedere con fiducia verso ulteriori studi, invenzioni, e le scelte difficili tra le possibilità più promettenti", scrisse Edward Teller. Durante l'operazione, migliaia di americani in servizio furono esposti ai prodotti di fissione del vicino scoppio.
Dopo il test *George*, Il marinaio Artie Duvall era a bordo di una nave che doveva portare degli scienziati al punto dello scoppio. Gli scienziati portavano indumenti protettivi; i marinai indossavano jeans, e molti si erano tolti le magliette sotto il sole tropicale. Duvall e gli altri marinai si sentirono male e cominciarono a vomitare. "È stato come avere una terribile influenza", ricorda. Furono mandati in infermeria. L'indomani, ricorda Duvall, nel corso di un briefing, un ufficiale disse agli uomini che avevano ricevuto "una dose letale di radiazioni". Un medico consigliò esami del sangue ogni settimana, che non vennero mai fatti.
Duvall sviluppò un cancro alla pelle, e nel 1962 – non riuscendo ad ottenere i dati dosimetrici – cominciò la sua lunga battaglia contro il governo. Dieci anni dopo soffrì un attacco di cuore, e dovette subire un intervento cardiochirurgico. Fu costretto a vendersi la casa. La VA respinse la sua domanda per la pensione di servizio sostenendo che "Nulla indica, secondo il suo medico, che la sua condizione cardiaca sia clinicamente attribuibile alla storia dell'esposizione a radiazioni".
Ricorda Duvall: "Non sapevamo nulla delle bombe atomiche. Non avevo assolutamente paura delle radiazioni. Non sapevo nemmeno cosa fossero".
Ad Eniwetok, quando i militari si posero il problema degli effetti della radiazione sulla salute, lo fecero nel modo consueto. Il Colonnello dell'*Air Force* Louis Benne – pilota di caccia, decorato con la *Silver Star*, la *Distinguished Flying Cross Air Medal* con dodici *Oak-leaf clusters* e la *Purple Heart*[52] – così ricordò l'11 maggio 1978, mentre giaceva in ospedale morente per un'emorragia interna a 56 anni, come ad Eniwetok fu introdotto alla radioattività: "Quando arrivammo ad Eniwetok... o forse ancora prima di partire dalle Hawaii... ci fecero un briefing in cui ci dissero che un sacco di gente era preoccupata per i Röntgen ai quali saremmo stati esposti durante queste esplosioni atomiche... L'Esercito ci disse che non c'era niente di cui preoccuparsi, in quanto non avevano in testa il minimo

---

[52] La *Silver Star* e la *Distinguished Flying Cross Air Medal* sono decorazioni al valor militare (le *Oak-leaf clusters* sono le riconferme a quest'ultima decorazione), la *Purple Heart* viene conferita per ferite in azione, NdE.

dubbio che cinque Röntgen al mese non siano nulla... ma anche 20 non sono nulla... Bene, il buffo è che il vento girò, e tutti si beccarono da 10 a 15 Röntgen, così il conto dei Röntgen andò a 20 con la prima atomica, e ovviamente ce ne spettavano delle altre. Così alla fine, Dorothy, è stato tutto un grosso scherzo".

Certo a Dorothy Benne, che aveva registrato le parole del marito, doveva sembrare uno scherzo atroce. Un altro veterano dell'Operazione *Greenhouse*, Vernon Lee Hawthorne, era un ragazzino quando si imbarcò su un trasporto truppe diretto ad Eniwetok. Quando alla fine morì trentenne di cancro al pancreas in un ospedale della VA ad Amarillo, Texas, gli anni di sofferenza erano costate un prezzo altissimo alla famiglia, sia in termini emotivi che materiali. "Nel suo ultimo anno di vita, le nostre entrate sono state 400 $", ricorda la vedova Bettye Hawthorne Fronterhouse. Di fronte ai ripetuti dinieghi della VA di fornire assistenza e risarcimenti, "I bambini ed io abbiamo rischiato la fame". Un figlio manifestò problemi alla prostata; a un altro vennero rimossi quattro tumori, uno dei quali dalla vena giugulare; il più piccolo subì un intervento per una massa tumorale da quasi un chilo all'inguine. A quattro nipoti su cinque si dovette curare l'anemia. Un nipote sviluppò un tumore allo scroto come il padre, una nipote un tumore alla schiena. Le malattie non avevano precedenti nella storia familiare.

Bettye Fronterhouse disse di fronte a una commissione civile a Washington: "Mio marito avrebbe avuto il diritto di sapere, quando andò laggiù, che c'era il rischio di morire di cancro trentenne nel giro di dieci anni, senza la possibilità di veder crescere i suoi figli e i suoi nipoti. Perché noi avevamo dei progetti per il futuro, ma è stato tutto spazzato via; ci è stato portato via tutto ".

Perfezionando la Bomba H

Nella parte nord dell'atollo di Eniwetok, sull'isola di Elugelab, gli U.S.A. costruirono un grande laboratorio nel 1952. Nel laboratorio c'era un massiccio apparecchio soprannominato *Mike* comprendente materiale fissile militare e Deuterio congelato in forma liquida. L'apparecchiatura cilindrica era lunga 7 metri, con un diametro di 1.6 e pesava 21 tonnellate. Il primo novembre 1952 il contenuto del laboratorio esplose con una forza di oltre 10 megatoni, circa 1000 volte la potenza della bomba atomica di Hiroshima. L'esplosione provava che la bomba all'idrogeno era a portata di mano. Il governo U.S.A. registrò Mike come il primo "dispositivo termonucleare sperimentale mai esploso". L'isola sulla quale si trovava scomparì.

Si disse che l'esperienza dell'esplosione *Mike* innervosì così tanto Norris Bradbury, direttore di Los Alamos, "che per un po' egli si chiese se quelli di Eniwetok non dovessero in qualche modo tentare di nascondere ai loro colleghi in New Mexico [a Los Alamos] la portata di ciò che era successo".

Con la gigantesca esplosione nell'Oceano Pacifico, il giovane laboratorio Lawrence Livermore Laboratory in California acquistava una grande importanza assieme al suo instancabile promotore, Edward Teller. Il suo collega J. Robert Oppenheimer, tra gli oppositori allo sviluppo della bomba H e rivale di Teller, cominciò ad essere pesantemente attaccato. L'America era all'apice della guerra fredda. La corsa agli armamenti tra gli USA e l'Unione Sovietica, e il terrore della sovversione interna fomentata dal Maccartismo, rese l'AEC ancor meno tollerante verso il dissenso tra le sue stesse file. Il clima di repressione si intensificò nell'aprile del 1953, quando il presidente Eisenhower firmò un ordine esecutivo che lanciava una campagna di investigazione senza precedenti sulla "lealtà" degli impiegati federali. Due mesi dopo, con grande fanfara mediatica, il governo giustiziava Ethel e Julius Rosenberg, accusati di spionaggio e cospirazione col fine di svelare i segreti atomici americani ai sovietici.

Nel 1954 l'AEC fece riunioni sul tema dell'affidabilità di Robert Oppenheimer dal punto di vista della sicurezza. Il rapporto di consulenza di Oppenheimer con l'AEC stava per terminare, ma questo non impedì al suo direttore, Lewis Strauss, di portare avanti quella che molti scienziati consideravano una "caccia alle streghe" contro di lui. Sulla base di informazioni fornite dall'FBI, Oppenheimer fu accusato di associazione sovversiva a causa dei suoi ben noti contatti giovanili con membri del Partito Comunista negli anni '30.

Una nota di Teller all'FBI vecchia di due anni, dove la lealtà e la figura di Oppenheimer venivano messe in dubbio, ebbero molta influenza su tali riunioni. Teller, pur non attaccando apertamente Oppenheimer sul piano della lealtà, citava la sua opposizione allo sviluppo della bomba H, lasciando intendere che Oppenheimer avesse un "difetto" di personalità. L'AEC redasse allora un rapporto in cui si toglieva ad Oppenheimer la sua *security clearance*, il permesso di accedere a segreti militari. Il presidente Strauss scrisse la relazione di maggioranza in cui si riprendevano l'accusa di Teller secondo la quale Oppenheimer aveva "difetti fondamentali" di carattere.

Lo stesso anno in cui Oppenheimer subì la "purga" dell'AEC, gli sperimentatori degli ordigni nucleari americani tornarono alle isole Marshall con sistemi esplosivi all'Idrogeno abbastanza portatili da potersi classificare come vere e proprie bombe. Da febbraio a maggio sei tipologie di bombe all'Idrogeno furono fatte detonare durante l'Operazione *Castle*. La prima, e la più grande, era da 15 Megatoni. Nome in codice *Bravo*.

I soldati americani che parteciparono all'operazione *Castle* furono i primi a vedere da vicino la bomba H in azione.

Marv Hyman era a bordo della U.S.S. *Curtis* il 1° marzo 1954, quando lo scoppio di *Bravo* tenne a battesimo la bomba all'Idrogeno. L'equipaggio venne fatto restare sotto coperta mentre fioccava il fallout, ricordò Hyman nel 1980. "Eravamo stati ben addestrati. Ci venne detto di non raccontare nulla". Ma i dinieghi della Marina non cambiano l'accaduto. "Non so quanto eravamo distanti – non ce lo hanno mai detto. Non ci fu modo di sfuggire al fallout quando il vento venne dritto su di noi. Prepararono un sistema per spruzzare acqua sul ponte". Fu usata acqua di mare. "Per tre, quattro giorni non ci fu permesso di uscire. Chiusero tutte le porte e i boccaporti. Poi ci dissero che era «abbastanza basso» per venire fuori. Ci lasciarono andare nelle isole negli atolli di Eniwetok e di Bikini e andammo a nuotare. Vedevo pesci e altre forme di vita, morti, galleggiare a milioni". In seguito, in navigazione verso San Francisco, la U.S.S. *Curtis* era ancora radioattiva, disse Hyman. "Non ci lasciarono scendere dalla nave per tre giorni".

Il marinaio Robert Smith aveva 23 anni quando arrivò sull'isola di Bikini per l'operazione Castle. "Non sapevamo che nell'area fossero già stati condotti esperimenti nucleari. Andammo perfino a nuotare", ricordò Smith nel 1979 nella sua casa a Del, Oklahoma. "A quei tempi, molti di noi non sapevano nemmeno cosa fosse una bomba H".

Gli isolani

Quando il governo U.S.A. preparava l'operazione Castle, informò il capo dell'Atollo di Rongelap dei test nucleari previsti in una zona più a nord delle Isole Marshall; non furono indicate precauzioni da prendere. Quando la bomba H Bravo esplose, a Rongelap vivevano 86 persone. I venti soffiavano nella loro direzione.

Come altri abitanti di Rongelap, il giudice John Anjain notò dei fiocchi bianchi che sembravano neve cadere tutto attorno; presto il terreno fu coperto da uno strato di polvere spesso un paio di centimetri. "Vedemmo un lampo di luce a occidente, ed il sorgere di un secondo sole", disse Anjain descrivendo nel 1980 ricordi ancora vividi. "Sentimmo un forte scoppio e pochi minuti dopo la terra cominciò a tremare. Poche ore dopo il fallout radioattivo cominciò a cadere sulla gente, nell'acqua potabile, sul cibo. I bambini giocavano in quella che sembrava cenere colorata. Non sapevano cos'era, e a molti uscirono sfoghi sulle braccia e sul viso".

Nel vicino atollo di Rongerik i sistemi di monitoraggio americani, in grado di misurare 100 millirad/ora andarono fuori scala. Gli americani misero indumenti protettivi e si infilarono in un rifugio sigillato; entro 24 ore tutti i 28 americani di Rongerik furono evacuati.

A Rongelap, più vicina allo scoppio di *Bravo*, la gente non fu spostata che oltre due giorni dopo la caduta del fallout. "La nostra gente cominciò a stare molto male", ricorda John Anjain. "Vomitavano, apparivano bruciature sulla pelle, e perdevano i capelli".

Successivi rapporti della stessa AEC ammettevano esserci stati gravi danni alla salute e la morte di 18 dei 99 bambini delle isole Marshall che avevano ricevuto una dose di 1.000 rad alla tiroide a causa della bomba all'idrogeno testata dagli USA (dosi simili di radiazione furono assorbite nel 1953 dai bambini di St. George, Utah, stando alle stime segrete di alti funzionari dell'AEC che calcolarono che ci si dovessero aspettare come conseguenza 30 casi di cancro tra i residenti di St. George). Dei 22 bambini di Rongelap esposti al fallout del test *Bravo*, a 19 vennero rimossi chirurgicamente noduli alla tiroide.[53] Il danno non era limitato alla tiroide, come Anjain imparò dolorosamente sulla propria pelle. Il figlio Lekoj, un anno all'epoca della ricaduta radioattiva su Rongelap nel 1954, ne aveva 19 quando morì di leucemia.

Nel 1957, con gran clamore, agli abitanti di Rongelap fu permesso di tornare sul loro atollo. Ma per le donne di Rongelap continuarono gli aborti spontanei, in percentuale doppia rispetto alle altre donne delle Marshall non esposte al fallout. E le radiazioni nei loro corpi aumentavano. Uno studio del 1961 dei laboratori Brookhaven trovò che il livello di radiazione corporea era salito a 60 volte il valore normale per il Cesio; il livello di Stronzio 90 era sestuplicato.

Altri abitanti delle Marshall subirono conseguenze. Il giorno dopo *Bravo*, una nebbia di fallout raggiunse l'atollo di Utirik, circa 275 miglia ad est del sito di test di Bikini. Altri due giorni dopo, la Marina USA evacuò i 157 residenti di Utirik.

In un comunicato stampa successivo a *Bravo*, l'AEC dichiarò: "Nel corso di un esperimento atomico di routine nelle Isole Marshall, 28 membri del personale U.S.A. e 236 residenti sono stati trasportati dai vicini atolli all'isola di Kwajalein secondo un piano di precauzioni per la sicurezza. Questi individui avevano subito un'imprevista esposizione alla radioattività. Non ci sono state lesioni. Stanno tutti bene. Al termine dei test atomici, i nativi saranno riportati alle loro abitazioni".

Le Isole Marshall erano classificate come "Territorio fiduciario delle Isole del Pacifico" degli Stati Uniti, secondo un accordo voluto dagli U.S.A., il cui governo aveva firmato un accordo che lo impegnava a "promuovere lo sviluppo sociale degli abitanti, e a tal fine a

---

[53] Giff Johnson, *Paradise Lost, Bulletin of the Atomic Scientists,* December 1980, p. 28. L'articolo cita uno studio del 1977 del *Brookhaven National Laboratory* finanziato a livello federale, che dice: "Il 50% circa dei residenti di Rongelap contaminati mostrava ipotiroidismo senza segni clinici di malattie tiroidee. Il dato preannuncia probabilmente successivi problemi".

proteggere i diritti e le libertà fondamentali di tutti gli elementi della popolazione senza discriminazioni; a proteggere la salute degli abitanti"...[54] Alcuni abitanti di Rongelap, come anche di altre Isole Marshall, si risentirono. "Gli americani hanno usato la gente delle Marshall come se fossero animali", accusò Mitsuwa Anjain, che all'epoca aveva 29 anni ed era madre di cinque figli quando la ricaduta di *Bravo* arrivò a Rongelap. "Finché sarò viva, non potrò mai dimenticare l'orribile sorte che gli americani hanno inflitto alla gente delle Marshall".

Almira Matayoshi aveva 18 anni quando il fallout piovve sulla sua abitazione a Rongelap. La abbiamo intervistata, con l'aiuto di un interprete, nel 1980. Matayoshi, una donna affabile sulla quarantina, dopo l'esplosione della bomba ha perso quattro figli appena dopo la nascita, uno dei quali era venuto al mondo senza gambe né braccia. "Alla gente che fa i test non interessa chi sta a Rongelap e perciò non se ne cura", disse. "Io non scorderò cosa è successo alla gente di Rongelap". E Nelson Anjain, 52 anni, un capo tribale di Rongelap, ci ha detto: "Gli U.S.A. devono pensare a quello che hanno fatto al popolo di Rongelap. Il Dipartimento dell'Energia è venuto sull'isola, sapevano che era tutto contaminato, ma non ce lo hanno detto... Vennero a controllare la gente ma non ci dissero i risultati, niente, niente".

Per 166 nativi delle isole di Bikini, dove gli Stati Uniti in 12 anni fecero esplodere 23 ordigni tra bombe A e H, cominciò con la prima atomica del 1946 un incubo senza fine. Allora, in linea con le promesse del governo, United States News scrisse: "Gli esperti sono sicuri che il rischio radioattivo sia temporaneo, e che alla fine agli abitanti sarà permesso di tornare". Deportati sul desolato atollo di Rongerik nel 1946, i nativi di Bikini sopravvissero nonostante le carenze alimentari, tentando in quattro chilometri quadrati di terraferma di adattarsi al nuovo ambiente. Seguirono anni di malnutrizione. Nel 1948 furono traghettati sull'atollo di Kili.

Nel corso degli anni '70, dopo il molto sbandierato ritorno dei nativi alle Bikini, nell'atollo furono ancora trovate alte concentrazioni di radioattività nella terra e negli alimenti. Nel 1978 il governo americano spostò i 140 residenti di Bikini, dopo che fu verificato che quantità pericolose di Stronzio 90 e Cesio 137 venivano assorbite nei loro corpi. Nel 1981 il "*New York Times News Service*" scriveva: "Nessuno abita sulle isole dell'atollo di Bikini". Il legislatore eletto di Bikini Henchi Balos rilasciò una dichiarazione scritta nel marzo del 1981 dove denunciava: "La nostra terra è radioattiva". Balos scriveva: "Noi non avremmo mai voluto andarcene. Se non possiamo tornare a Bikini, gli Stati Uniti devono pagare per aver preso e distrutto la nostra terra, per la sofferenza e gli stenti che abbiamo passato e per non essersi presi cura di noi".

Il Lucky Dragon

I militari e i nativi delle Marshall non furono le sole vittime dell'operazione *Castle*. Ventitré pescatori, imbarcati sul peschereccio giapponese *Lucky Dragon*, passarono 80 miglia [128 chilometri] a est dell'esplosione *Bravo*. Nel giro di pochi giorni cominciarono ad essere torturati dai sintomi di esposizione acuta alla radiazione: pruriti, nausea, vomito. Quando arrivarono in Giappone due settimane dopo, l'intero equipaggio stava ancora male; un contatore Geiger rivelò che i loro corpi, 17 giorni dopo l'esplosione, contenevano

---

[54] "Accordo fiduciario delle Nazioni Unite per il Territorio fiduciario delle Isole del Pacifico", Articolo VI; riportato in Greg Dever, M.D., *Ebeye, Marshall Islands A Public Health Hazard* (Honolulu: Micronesia Support Committee), p. 25.

radiazioni dovute alla bomba all'idrogeno. Gli alloggiamenti dell'equipaggio a poppa diedero letture di 1/10 di Röntgen all'ora. Il tonno a bordo del *Lucky Dragon* era fortemente contaminato. Questo, si scoprì, non era particolarmente insolito. Programmi di monitoraggio giapponesi nel 1954 mostrarono che "in un totale di 683 imbarcazioni per la pesca del tonno venne trovato pesce contaminato nelle stive", scrisse il fisico nucleare Ralph E. Lapp nel suo libro *Il viaggio del Lucky Dragon*. "Circa 457 tonnellate di tonno risultarono al di sopra del «limite di attenzione» e furono eliminate, gettandole in mare o seppellendole in discariche. Un peschereccio su otto tra quelli ispezionati aveva a bordo pesce contaminato".

In tutto il Giappone, paese per cui il pesce è fondamentale per il consumo interno e il commercio, la rabbia per la contaminazione del pesce si diffuse presto. Il bagno di radiazioni del *Lucky Dragon* provocò reazioni a livello politico e di pubblico. L'*Atomic Energy Commission* americana rispose con uno show propagandistico. Il dottor John Morton, direttore della Commissione per le Vittime della Bomba Atomica, visitò in ospedale i pescatori colpiti e proclamò di averli trovati "In condizioni migliori di quanto mi sarei aspettato". I giapponesi considerarono un insulto l'affermazione di Morton.

Dopo la seconda prova di una bomba all'Idrogeno, il presidente dell'AEC Lewis Strauss, di ritorno dal sito di test nel Pacifico e rilasciò una dichiarazione con lo scopo di "correggere alcune false assunzioni" quanto agli effetti del test *Bravo*. Gli abitanti degli atolli e i pescatori giapponesi si stavano riprendendo rapidamente, dichiarò Strauss. Sette mesi dopo *Bravo*, uno dei 23 membri dell'equipaggio del *Lucky Dragon* era morto; gli altri erano ancora in ospedale. Le cure intensive prevedevano frequenti trasfusioni di sangue; la bassa densità di spermatozoi indicava sterilità. Nel 1955 il governo USA pagò due milioni di dollari come risarcimento per i danni al *Lucky Dragon*, all'equipaggio e al carico. La vedova del pescatore Aikichi Kuboyama disse in seguito a Ralph Lapp: "Per un estraneo potrebbe sembrare quasi una buona cosa, di morire se la tua morte porta una somma così grande di denaro. Ma io non posso ricomprare la vita di mio marito con i soldi".

Tre anni dopo l'incontro dei marinai del *Lucky Dragon* con il fallout radioattivo, Lapp osservava: "La vera potenza offensiva dell'atomo si è rivelata a bordo del *Lucky Dragon*. Quando uomini a centinaia di miglia di distanza da un'esplosione possono rimanere uccisi per un contatto silenzioso con la bomba, il mondo improvvisamente diventa una sfera troppo piccola per farci stare l'energia dell'atomo".

Nella primavera del 1954 il presidente Strauss, nel pieno della controversia sugli effetti del test della della bomba H, assicurò all'opinione pubblica americana che non ci sarebbero stati effetti significativi negli Stati Uniti continentali. Il "modesto incremento" della radiazione, disse, era "molto sotto il livello che potrebbe risultare in qualche modo pericoloso per gli esseri umani, gi animali o i raccolti".

La dichiarazione provocò incredulità tra gli scienziati indipendenti. In particolare si risentì il Dottore A. H. Sturtevant, presidente del dipartimento di genetica del California Institute of Technology. In una comunicazione alla sezione del Pacifico dell'Associazione Americana per il Progresso della Scienza, Sturtevant dichiarava: "Non c'è scampo possibile dal concludere che le bombe già esplose alla fine causeranno menomazioni in numerosi individui". Espose inoltre la stima che "1.800 mutazioni deleterie" fossero già dipese dal fallout. L'AEC fu sconvolta dal fatto che il programma di test degli ordigni nucleari fosse messo in discussione apertamente da uno scienziato in vista come Sturtevant.

All'inizio del 1955 l'AEC diffuse un testo di risposta alle accuse di Sturtevant. Sottolineando la possibilità di "un campo piuttosto vasto di opinioni ammissibili su questo tema", l'AEC smentì le valutazioni del genetista. L'AEC, peraltro, mancò di elaborare calcoli propri sulle mutazioni genetiche, ignorando così le basi scientifiche delle conclusioni di Sturtevant, derivanti da lavori della Divisione di Biologia e Medicina della stesa AEC. Comparando il rischio da fallout con altre sorgenti di radiazione come gli apparati a Raggi X e la "radiazione di fondo", l'AEC concludeva che la ricaduta "Non può influenzare seriamente la costituzione genetica degli esseri umani". Rispetto al pericolo da isotopi come lo Stronzio e lo Iodio radioattivi, il rapporto del governo affermava che i livelli di tali prodotti nucleari era troppo "insignificante" per porre alcun problema.

I test in Nevada vanno avanti

In Utah, la rabbia scoppiata due anni prima per la ricaduta spinse l'AEC verso una maggior cautela quando il programma di test continentali (che per il primo decennio non comprendeva bombe H) ripartì nel febbraio 1955 dopo un'interruzione di venti mesi. Ma la contropressione sull'AEC fu immediata. In una lettera scritta tre giorni dopo il primo scoppio di una serie di 14 test nucleari in programma per l'Operazione *Teapot* al Nevada Test Site, il senatore Clinton Anderson del New Mexico protestò per aver dovuto attendere una settimana di continui rinvii dovuti alle condizioni del tempo, per assistere al primo scoppio della serie di test. Il senatore Anderson era nel pieno di un contrasto personale col direttore dell'AEC Lewis L. Strauss. Come capo del Comitato Congiunto per l'Energia Atomica del Congresso, Anderson poteva causare delle noie. "Io non sostengo che ci siano rischi reali per la salute e la sicurezza pubbliche", disse il senatore. Ma il messaggio era chiaro: se l'AEC lasciava che le condizioni meteo interrompessero i test in calendario per il sito del Nevada, allora i test si potevano confinare nel lontano Pacifico.
Willard F. Libby, membro di commissione dell'AEC, replicò infuriato che confinare i test nel Pacifico avrebbe "fatto arretrare non poco il programma di sviluppo degli ordigni". Ma trascurare le condizioni meteorologiche in Nevada avrebbe potuto causare una maggiore ricaduta nella zona di St. George "che a quanto pare viene sempre imbrattata", nelle parole del Direttore Strauss. "Mi sono scordato il numero di persone a St. George", disse Strauss . Informato che in città vivevano 4.500 persone, Strauss rimuginò la risposta: "E così non li potete evacuare".
"St. George è un punto ipersensibile. Con St. George non è una questione di salute o di sicurezza, ma di pubbliche relazioni", commentò l'esperto di fallout dell'AEC Dottore John C. Bugher. "Vi ricordate che putiferio a St. George, le ultime serie di test?". Dopo tale esperienza, ricordava il Dottore Bugher, "Guardavamo allo Utah meridionale come ad una zona proibita per eventuali future ricadute di quella serie".
Ma l'AEC decise che gli abitanti dello Utah erano meno importanti della tabella di marcia dei test atomici. L'ex Contrammiraglio Strauss, al secondo anno di presidenza, concordò col suggerimento del membro della commissione Thomas Murray di "andare avanti coi test".
"Non credo che possiamo cambiare programma in questa fase del gioco", disse Strauss, riferendosi ai criteri per i test in Nevada.
Una detonazione da 43 kilotoni, nome in codice *Turk*, venne eseguita in Nevada come da programma. Così altre dieci della serie *Teapot*, per un totale di altri 114 kiloton.
Durante una riunione dell'AEC, a metà circa dell'operazione *Teapot*, gli spiriti sembravano essersi rasserenati. "La gente deve imparare ad accettare i casi della vita, e il fallout fa parte dei casi della vita", disse il membro della Commissione Libby.

"Va tutto bene dicono, se non ci vivi accanto", rispose il Presidente Strauss.
"O non ci vivi sotto", intervenne K. D. Nichols.
E il membro Murray, solennemente: "Non dobbiamo permettere che nulla interferisca con questa serie di test – nulla".[55]
Circa 8.000 militari – tra Esercito, Marina, e *Marines* – presero parte all'Operazione *Teapot*, e osservarono l'esplosione atomica da trincee ufficialmente poste da due chilometri e mezzo a otto chilometri dallo scoppio. Ma il Maggiore Donald H. Anderson di Northridge, California, ventenne veterano dell'Aeronautica, ricordava come fossero più vicini – un chilometro da ground zero – quando l'esplosione *Bee* venne innescata il 22 marzo 1955. Formato in origine per essere istruttore dello *Special Weapons Project* delle Forze Armate alla base Sandia, ad Albuquerque, Anderson si trovava "tra i 200 o 300" più vicini allo scoppio, stimato otto kilotoni. "Quando ci fu lo scoppio, eravamo nelle trincee a circa 900 metri da ground zero".

Dopo la detonazione dovemmo scavarci una via d'uscita dalla trincea che ci era franata addosso. Per 10 o 15 minuti rimasi accecato dallo scoppio... Poi ci venne detto che dovevamo avanzare dalle trincee sino ad un punto dove c'era per terra della carta igienica. Non tutti, dei 200 o 300 che stavano nelle trincee, avanzarono sino al segno fatto con la carta igienica, che era a 150 o 250 metri da ground zero. Io e una dozzina di altri facemmo tutto il percorso fino al segno. Poi, una jeep di soccorso venne da noi e un ufficiale ci disse di andarcene da lì, che non era il nostro posto. Prese nota dei nomi e ci disse di presentarci ad un ufficiale al campo. Dovemmo tornare a Camp Desert Rock alle 9 circa del mattino, per la decontaminazione. Ci presentammo ad un ufficiale che ci minacciò della corte marziale per aver fatto quello che ci era stato detto! Non ci fecero nulla. I dosimetri a pellicola non ci vennero restituiti e non ci venne comunicato il livello di radiazione che avevamo subito.
Credo sia stato il Comandante o il suo aiutante a Desert Rock che ci ha parlato e minacciato con la corte marziale. Nessuno ci parlò mai della possibilità di ammalarsi per aver obbedito all'ordine di avanzare fino alla carta igienica. Eravamo abbastanza vicini da vedere avanzi della torre, che era stata ridotta a metallo fuso... Ci dissero che qualcosa era andato storto con la detonazione, che era più grossa del previsto.

Il Maggiore Anderson in seguito si ammalò di cancro, che egli collegò "all'esposizione alle radiazioni che ho ricevuto mentre ero militare".
In un rapporto ufficiale sulle esercitazioni atomiche del 1955 dell'Alto Comando dei *Marines*, si dichiarava: "Il realismo derivante dal trovarsi faccia a faccia con una vera esplosione nucleare aumenta notevolmente i benefici che ne derivano, e aumenta il patrimonio complessivo di addestramento ed esperienza del Corpo dei *Marines*". Per aggiungere una nota di "realismo" al modello previsto del campo di battaglia, dei militari montati su carri vennero fatti avanzare verso il punto dov'era avvenuta l'esplosione, con il livello di radiazione misurato dentro i mezzi corazzati che raggiungeva i 12 röntgen.
Come al solito, i giornali di Las Vegas presentarono i test nucleari in termini ottimistici: "LE TESTATE ATOMICHE: LE ARMI DI DIFESA PIÙ AVANZATE"; "UNA «MINI» ATOMICA CI DIRÀ COME DIFENDERCI DAGLI ATTACCHI ATOMICI". Spesso i futuri vantaggi militari venivano glorificati negli articoli, i cui temi venivano ripresi sui media in tutto il paese. In California l'"*Oakland Tribune*" annunciava: "UNO SCHERMO DI FUMO RIDURRÀ LE RADIAZIONI DEI TEST ATOMICI" Quando il governo annunciò una torre di detonazione più alta – 150 metri contro i 60 delle precedenti – il "*Las Vegas Review-Journal*" riportò: "Gli scienziati ritengono che l'uso di una torre più alta, in

---

[55] Il dialogo è tratto dalle minute della riunione dell'*AEC* del 14 marzo 1955.

cima alla quale far esplodere le bombe atomiche al Nevada Test Site, introduca un margine di sicurezza maggiore per i residenti nelle zone esterne al sito di test continentale dell'*Atomic Energy Commission*".

I portavoce militari continuarono a rassicurare il pubblico. "Quando un'esplosione nucleare è appena avvenuta c'è un lasso di tempo in cui è necessaria particolare attenzione, che è però del tutto sicuro per personale preparato ed equipaggiato con adatti indumenti protettivi", disse il Maggiore Earl R. Shappell, un ufficiale della sicurezza radiologica, ai giornalisti. "Spesso i nostri team di pulizia dell'Esercito si muovono con disinvoltura nella zona di fuoco poche ore dopo lo scoppio". Pochi giorni dopo le spiegazioni del Maggior Shappell la *National Broadcasting Company* (NBC) trasmise il primo servizio in TV su un test atomico.

Intanto, milioni di scolari americani venivano istruiti su come nascondersi sotto i banchi durante esercitazioni antiaeree, come se simili misure fornissero una protezione apprezzabile in caso di attacco nucleare. L'immaginario dell'olocausto atomico divenne parte della vita degli americani. Secondo lo studio sugli anni '50 degli autori Douglas Miller e Marion Nowak, "Per i ragazzini, ai quali la cultura della bomba veniva fatta respirare come l'aria, l'idea di sicurezza nazionale era inevitabilmente impastata col terrore".[56]

Con poche eccezioni, gli americani restarono in raggelato silenzio mentre l'era atomica avanzava. Fu solo alla fine degli anni '50, con la caccia ai "rossi" che declinava e gli scienziati che cominciavano a parlare apertamente di fallout e di rischi biologici, che le conseguenze della bomba cominciarono a venir messe in questione.

Nel frattempo, in Nevada continuavano i test, e gli scoppi delle atomiche diventavano una vista abituale per quanti vivevano nel West. Uno in particolare fu visibile da undici Stati dell'Ovest. Le correnti muovevano le spesse coltri di ricaduta radioattiva lungo le aree rurali sottovento in Nevada, Arizona settentrionale e Utah. Ma a volte, quando i venti in quota cambiavano direzione, capitava che la contaminazione raggiungesse le grandi città; come nel marzo 1955, quando un'esplosione atomica mandò la radioattività direttamente a Las Vegas.

Entro sei ore dallo scoppio "la nuvola ha deposto particelle invisibili, che hanno portato una radioattività totale di 174 milliröntgen a nord di Las Vegas", riportò l'*Associated Press*, che normalmente si atteneva alle dichiarazioni ufficiali del governo sugli eventi legati al nucleare. "La radiazione di fondo normale è di 2 milliröntgen, ma l'*Atomic Energy Commission* ha detto che il fallout non è stato pericoloso. L'AEC ha stabilito un minimo di 3.9 röntgen, ossia 3.900 milliröntgen all'anno per i civili. Al personale coinvolto nei test è permesso assorbire tale ammontare in un periodo di tredici settimane".

Il "*Las Vegas Review Journal*" si limitò a scrivere: "La ricaduta su Las Vegas e dintorni derivata dall'esplosione di stamattina è stata molto modesta e priva di effetti sulla salute". Sulla pagina a fronte, un articolo riportava gli elogi dell'AEC per la reazione "basata su fatti concreti" degli abitanti di Las Vegas alla spolverata di fallout radioattivo.

---

[56] Miller and Nowak, *The Fifties*, p. 54. Miller e Nowak aggiungono : "Gli adulti, dotati di difese psicologiche più forti, se la cavarono meglio. Riuscirono ad evitare sia la grande paura sia le questioni morali meglio dei loro figli".

La polemica sul fallout

Una nuova infuocata polemica esplose nella primavera del 1955, mentre la serie di test nucleari era in corso. Allarmati dall'aumento di radiazione nei loro Stati, due scienziati del Medical Center dell'Università del Colorado si espressero pubblicamente. "Per la prima volta nella storia dei test in Nevada, l'incremento di radiazione misurato nel lasso di poche ore è diventato rilevante", disse il dottor Ray R. Lanier, direttore del dipartimento radiologico dell'università. Il capo del dipartimento di biofisica Dottore Theodore Puck si unì a Lanier nella dichiarazione resa pubblica il 12 marzo.
Il governatore del Colorado Edwin C. Johnson affermò immediatamente che i due scienziati "dovrebbero essere arrestati", e aggiunse: "Questo è un rapporto fasullo. Servirà solo ad allarmare la gente. Qualcuno ha una rotella fuori posto e io intendo andare a fondo, al riguardo". Definì la dichiarazione dei due "parte di una campagna terroristica organizzata".
Nel frattempo gli addetti ai media dell'AEC mandarono alle agenzie di notizie di Denver una comunicazione in cui dicevano che "le letture in Colorado non hanno assolutamente rilevanza per la salute pubblica".
Sottolineando che non era loro intenzione "allarmare inutilmente il pubblico", il dottor Lanier disse: "crediamo sia nostro dovere lanciare un avvertimento". Lanier e Puck fecero particolarmente infuriare l'establishment dei test atomici quando posero pubblicamente l'accento sul fatto che le misure dei raggi Gamma (e il paragone coi raggi X) non forniva il quadro completo dei rischi per la salute umana. Disse il Dottore Puck: "Il problema con la polvere volatile radioattiva è che la respiriamo e finisce nei nostri polmoni, dove entra in contatto diretto con i tessuti vitali". Così, spiegò, l'esposizione interna alle particelle Alfa o Beta "è ben differente dall'averle sulla pelle o sui vestiti, da dove uno può lavarle o spazzolarle via".
I due scienziati del Colorado avevano osato stuzzicare la credenza popolare che il contatore Geiger dica tutto quanto c'è da sapere su un'eventualità di rischio da radiazione[57]; tale mito si basava sulla tacita supposizione che le persone non respirassero. Il dottor Lanier puntò il dito anche sull'inesistenza di "un livello minimo sicuro, al di sotto del quale il pericolo per gli individui o per la loro futura progenie scompare. Per lo meno, non sappiamo quanto sia".
Nello stesso periodo non pochi altri scienziati, soprattutto tra quelli non pagati dal governo, davano voce a una preoccupazione crescente per gli effetti cumulativi della ricaduta. Il dottor M. Stanley Livingston, presidente della Federazione degli Scienziati Americani e professore di fisica al Massachusetts Institute of Technology (MIT), nel corso di un'intervista alla televisione appoggiò i due scienziati del Colorado. Livingston disse che gli scienziati avevano sempre maggiore apprensione per il fatto che "potremmo presto raggiungere un livello di radiazione in atmosfera tale da essere geneticamente pericoloso per il futuro della razza".
Ma la guerra fredda rendeva molto difficile discutere il programma di test per gli scienziati interni all'AEC. La proscrizione di Oppenheimer forniva un esempio impressionante. "Si sviluppò quello che io considero un ben strano abito mentale", rifletteva nel 1980 il Dottore Karl Z. Morgan, all'epoca direttore dell'Oak Ridge Health Physics Lab. "Era diventato antipatriottico e addirittura antiscientifico suggerire che i test degli ordigni nucle-

---

[57] V. Appendice A, NdT.

ari potessero causare morti in giro per il mondo a causa del fallout". Morgan trovava che molti dei suoi colleghi dell'AEC si aggrappassero ad "argomenti estremamente deboli e superficiali... a paragoni con l'esposizione a radiazioni naturali o mediche, come se fossero inoffensive".

La stampa si limitava a dare uno spazio marginale agli scienziati che mettessero in dubbio la bontà dei test atomici. Quelli che si lamentavano della radioattività venivano automaticamente accusati di ignoranza, isteria o collaborazionismo con le manipolazioni dei comunisti.

Il *"Los Angeles Examiner"* pubblicò nel marzo 1955 un articolo di Jack Lotto, redattore dell'*International News Service*, intitolandolo "IN GUARDIA: I ROSSI LANCIANO LA «CAMPAGNA DELLA PAURA» CONTRO I TEST ATOMICI AMERICANI". "Una campagna comunista basata sulla paura, volta a spingere Washington a sospendere tutti i test di bombe all'idrogeno, è esplosa la scorsa settimana", scriveva Lotto. E ripeteva l'inossidabile argomento che nei 10 anni precedenti la dose di radiazione derivata dai test era stata "più o meno quella di un comune esame radiologico al torace".

In un articolo sull'*"U.S. News & World Report"* intitolato "La verità sul fallout di una bomba A", il membro dell'AEC Willard Libby citava "prove evidenti" da ricerche dell'AEC, che stabilivano la ricaduta nucleare essere "verosimilmente per nulla pericolosa". Per quanto l'articolo non asserisse esplicitamente di rappresentare la posizione dell'AEC, molti scienziati ritenevano fosse stato da essa approvato preventivamente.

L'articolo provocò un diluvio di proteste degli scienziati più in vista. Linus Pauling, premio nobel per la chimica nel 1954, attaccò energicamente Libby. Un altro premio Nobel, il genetista Hermann Muller, scrisse all'AEC affermando di essere rimasto "sconvolto" dall'articolo. Bruce Wallace, del Cold Spring Harbor Biological Laboratory, era "costernato" dal fatto che l'AEC avesse male interpretato il suo lavoro nel suddetto articolo. Il dottor Curt Stern, dell'Università della California a Berkeley, avvertì l'AEC che il pezzo sarebbe servito solo a peggiorare la sfiducia verso la credibilità dell'AEC.

Nel corso del dibattito i principali giornali riproposero gli argomenti dell'AEC. Una posizione non equivoca venne assunta dall'editorialista David Lawrence, che scrisse nella primavera del 1955: "Si accumulano le prove di una campagna mondiale di propaganda. Molti ci cascano in buona fede, mentre alcuni scienziati pieni di buone intenzioni insieme ad altre persone fanno il gioco dei comunisti, esagerando l'importanza delle sostanze radioattive conosciute come «fallout»". "La verità è che non esiste la minima prova che il «fallout» che risulta dai test in Nevada abbia avuto effetti su esseri umani al di fuori dello stesso poligono di prova".

"I test del Nevada sono stati condotti con la finalità umanitaria di determinare il modo migliore per aiutare la difesa dei civili, e non per sviluppare ordigni bellici più potenti", sosteneva Lawrence con autorevolezza in un altro articolo. "Le bombe più grosse non vengono testate nel paese ma nell'oceano, lontano dal continente. La campagna comunista comunque punta a fermare tutti i test, e molti sono stati indotti da essa a pensare che tutti i test fatti in Nevada facciano male e che essi danneggeranno le future generazioni. Non c'è una sola cosa vera in tale propaganda".

Ma il tema degli effetti a lungo termine della ricaduta nucleare non poteva venir liquidato così facilmente.

Cancro, genetica e fallout

Nell'autunno del 1955 fu scoperto che il Presidente dell'AEC Strauss intendeva occultare uno lavoro scientifico di Hermann Muller sugli effetti genetici delle radiazioni. Nel 1927 Muller era stato il primo a scoprire che l'esposizione di piante e animali ai raggi X causa un aumento delle mutazioni genetiche. Vent'anni dopo, aveva ricevuto il Nobel per il suo lavoro sulla genetica.

Lo scritto di Muller del 1955 affrontava i possibili effetti a livello mondiale dell'esposizione delle gonadi delle persone al fallout. Lo sottopose alle Nazioni Unite per presentarlo al primo meeting sull'"Uso pacifico dell'atomo" previsto a Ginevra quello stesso anno. In maggio l'AEC accettò l'estratto dello studio di Muller. Ma quando a luglio tentò di presentare l'intero lavoro, il famoso genetista si sentì dire che era stato cancellato dal programma dall'O.N.U. a causa di "limiti di spazio".

Due mesi dopo il *Washington Post* rivelò che non l'O.N.U., ma l'AEC aveva eliminato il lavoro di Muller. L'AEC in seguito ammise di aver bloccato il lavoro perché Muller aveva menzionato il bombardamento di Hiroshima, un soggetto "categoricamente inammissibile" per una conferenza sull'uso "pacifico" dell'energia atomica. Come presidente dell'AEC Strauss si scusò per lo "spiacevole inconveniente" e promise di pubblicare il lavoro di Muller sugli atti del convegno. Pochi giorni dopo, Strauss affermò nel corso del programma TV *Face the Nation* che "alcune esternazioni irresponsabili fatte sull'argomento sono state liquidate nel corso della conferenza". Il caso Muller fece infuriare il presidente dell'*American Association for the Advancement of Science* George Beadle, al punto che egli scrisse un lungo editoriale per la rivista "*Science*" dal titolo: "Come liquidare le opinioni scomode". Prima di pubblicarlo, Beadle ne mandò una bozza a Gerard Piel, editore di "*Scientific American*". Dopo aver letto sia la bozza che la versione finale, molto addolcita nei toni, Piel rispose sottolineando "con quali disonestà, inganni e sotterfugi l'Ammiraglio Strauss ha gestito la questione".

L'editoriale di Beadle asseriva: "Il presidente Strauss ha sostenuto la posizione che la ricaduta dei test di armi nucleari è così bassa che essi non sono pericolosi per gli esseri umani. Muller ha in più occasioni presentato ragioni per ritenere che tale compiaciuto ottimismo sia ingiustificato... potrebbe essere, che il persistente disaccordo tra Muller e il presidente della Commissione abbia giocato un ruolo nell'insabbiamento di questo rapporto?".[58]

Verso la fine dell'estate 1956 il tema del fallout venne affrontato alla televisione, su scala nazionale, in occasione della Convention dei Democratici. Il partito Democratico aveva in corso una campagna per sospendere i test della bomba H. Il candidato presidenziale Adlai Stevenson, basandosi sulle informazioni fornite dai critici dell'AEC, parlò di genetica e di rischi dello Stronzio 90 derivante dai test. Edward Teller ed Ernest O. Lawrence, sostenitori dei test risposero con una dichiarazione congiunta in cui si descriveva il fallout come "insignificante".

Nel corso della campagna elettorale, le divergenze all'interno delle istituzioni quanto ai pericoli della ricaduta divennero molto chiare. Da una parte stava l'AEC coi suoi scienziati, come Willard Libby, Shields Warren, John Bugher, Teller e Lawrence. Sull'altra sponda stavano diversi famosi scienziati del California Institute of Technology: Linus Pauling, E. B. Lewis, A. H. Sturtevant e George Beadle. Anche se Stevenson non vinse le

---

[58] George W. Beadle, *Liquidating Unpopular Opinion*, "*Science*", 28 ottobre 1955, p. 813.

elezioni, la sua campagna fornì al dibattito sul fallout una visibilità nazionale. Nel 1956 un altro evento ebbe un impatto clamoroso. Il medico inglese Alice Stewart dimostrò per la prima prova che anche un "basso livello" di radiazioni può causare il cancro negli esseri umani. "Sino ad allora", ci ha detto la dottoressa Stewart, "i radiologi consideravano «basso livello» una radiazione nel campo dei 50-100 rem.[59] Noi riuscimmo a dimostrare che anche solo il lampo di un esame ai raggi X su un feto può dare origine a un cancro. E si trattava di una frazione minima del livello considerato sicuro".

Le scoperte di Stewart furono accolte con incredulità dai radiologi e dall'industria nucleare di tutto il mondo. Se aveva ragione, i medici – e anche l'industria nucleare – stavano causando tumori nei bambini.

Nel 1958 Stewart e i suoi colleghi all'Università di Oxford pubblicarono il loro ormai classico studio sugli effetti dei raggi X al feto, che divenne uno dei lavori scientifici più citati del mondo.[60] Stewart scoprì che i raggi X durante i primi tre mesi di gravidanza aumentano di dieci volte il rischio di tumori. Ad ogni radiografia, il rischio di cancro di aumenta.

Nel giugno 1957 Linus Pauling, in un articolo sul *Foreign Policy Bulletin* stimò che 10.000 persone erano morte o stavano morendo di leucemia a causa dei test nucleari. Un mese dopo, il collega di Pauling E. B. Lewis pubblicò su "*Science*" un'analisi più dettagliata. Usando quattro insiemi di dati, Lewis mostrò che non esiste un livello di esposizione innocuo; l'incidenza della leucemia sembrava essere direttamente proporzionale all'ammontare della dose di radiazioni. Questi articoli documentavano l'assenza di una qualsiasi dose "sicura" di radiazione. E i due scienziati del C.I.T. andarono oltre, stimando il numero delle morti causate dalla ricaduta di Stronzio 90.

L'AEC contrattaccò Lewis in un articolo su "*Science*" di Austin Brues, direttore della sezione Biologia e Medicina della Commissione. Brues sosteneva che non c'erano prove sufficienti a sostenere le tesi di Pauling o di Lewis, e definiva il loro approccio "superficialmente semplicistico". Al contrario, insisteva Brues, i fatti dimostravano l'esistenza di una dose "soglia" di radiazione, al di sotto della quale non si verificano danni biologici.

Le indagini del Comitato Congiunto sull'Energia Atomica del 1957 misero in luce una netta divisione tra le posizioni relative al dibattito sul fallout. Il Dottore Ralph Lapp tornò precipitosamente dal Giappone per apparire di fronte al Comitato. La sua relazione introduttiva puntò il dito sulle affermazioni "inconsistenti e prive di scrupoli" fatte dall'AEC. Ricordò le dichiarazioni del capo del Laboratorio di New York per la Salute e la Sicurezza dell'AEC, Merrill Eisenbud, il quale aveva proclamato che "per produrre effetti deleteri rilevabili, il fallout totale nelle aree vicine alle esplosioni andrebbe moltiplicato di un milione di volte". Eisenbud si difese, cercando di precisare la propria affermazione. Eisenbud assicurò di essersi riferito "alla radiazione Gamma, dovuta alla ricaduta che si verifica negli USA orientali nei giorni immediatamente successivi alla detonazione in Nevada". Accusò anche Lapp di riferire le sue dichiarazioni "fuori contesto".

Lapp fu pronto a rispondere dalla platea, moltiplicando il livello di esposizione alle radiazioni che Eisenbud aveva calcolate essere presenti nella zona di Troy/Albany dopo il test *Simon* del 1953, per un milione di volte. Veniva un'esposizione media di 10.000 röntgen[61]. Colpito da questo valore, il senatore Clinton Anderson domandò se una tale dose "avrebbe ucciso chiunque passasse di lì". Eisenbud, arrossendo, rispose mestamente "Sì".

---

[59] Per le unità di misura, e le difficoltà di una misurazione attendibile sul campo, v. Appendice A. [NdT]
[60] Alice M. Stewart, et al., *A Survey of Childhood Malignancies*" British Medical Journal, 1958, pp. 1495-1508.
[61] Per le unità di misura, v. Appendice A, NdT.

Nel 1958 gli USA sperimentarono 64 ordigni in superficie, l'Unione Sovietica 24, l'Inghilterra 5. Era la massima attività dall'inizio dei test. Dopo due ani e mezzo, uno studio dell'O.N.U. condotto da 87 scienziati confermò i sospetti di chi criticava i test atomici.[62]
Nel frattempo i livelli di Stronzio 90 nel latte salivano vistosamente, in base ai dati della stessa AEC. La parte nord delle Great Plains, e in particolare la Red River Valley, che divide il North Dakota dal Minnesota, stavano diventando le aree più contaminate dallo Stronzio 90 del Nord America. Lo Stronzio 90 presente nel latte consumato nella regione superava il limite di sicurezza dell'AEC per il consumo umano.
In reazione all'intensificarsi dei test nucleari, il *National Council on Radiation Protection* (NCRP)[63] consigliò di raddoppiare "il massimo dosaggio accettabile per il corpo umano" di Stronzio 90. Altri difensori dei test come Edward Teller cominciarono a sostenere pubblicamente che la ricaduta radioattiva "non ha nessun effetto, o al limite può anche fare leggermente bene".[64]
In questo stesso periodo, il dottor Karl Z. Morgan seguì una riunione dell'NCRP nel corso della quale Teller tenne un discorso sul fallout. "Con grande stupore mio e di altri, Ed [Teller] sostiene che, visto che la radioattività naturale ha un ruolo nel processo evolutivo, l'incremento della ricaduta avrebbe semplicemente accelerato l'evoluzione". Forse Teller teorizzava che il fallout avrebbe liberato la società dai più deboli, favorendo lo sviluppo di una super-razza?
Linus Pauling fu il primo a lanciare l'allarme sul pericolo del Carbonio 14. Questa forma radioattiva del Carbonio esiste in natura e viene assorbita con facilità da animali e piante. Ma secondo Pauling l'aumento progressivo di Carbonio 14 causato dai test delle bombe[65] "[…] alla fine causerà circa un milione di bambini con gravi handicap e circa due milioni di morti in fase embrionale e neonatale; e milioni di altre persone soffriranno di difetti ereditari di minore entità".
Pauling, e altri, compresero che lo scambio di dati scientifici con l'AEC non era una misura sufficiente per mettere fine all'ininterrotto fallout radioattivo dei test. La cerchia di scienziati necessari per mettere in guardia il pubblico americano, e mondiale, si era parecchio allargata.
Il 23 aprile 1957 il premio Nobel per la pace Albert Schweitzer tenne un discorso radiofonico che ispirò a Pauling il primo, importante passo per reclutare scienziati di tutto il mondo. Il discorso di Schweitzer si concludeva con la frase: "La fine delle sperimentazioni di armi atomiche sarebbero come i raggi di un sole di speranza, cui anela l'umanità sofferente"...
Il membro dell'AEC Willard Libby rispose secondo l'usuale prassi: "Le esposizioni alla ricaduta sono molto inferiori al minimo necessario a produrre effetti rilevabili nella popolazione". Tre settimane dopo il discorso di Schweitzer, Pauling parlò in pubblico alla Washington University di St. Louis, quartier generale del *Committee for Nuclear Informa-*

---

[62] Nazioni Unite, *United Nations Scientific Committee on the Effects of Atomic Radiation, 1958 Report*, New York.
[63] Consiglio Nazionale sulla Protezione dalle Radiazioni, NdT.
[64] Edward Teller, *The Compelling Need for Tests. Life*, 10 Febbraio 1958, pp. 64-66.
[65] Notevoli quantità di Carbonio 14 vengono prodotti dalle bombe H e dai grandi reattori nucleari. Il Carbonio 14 è una sorgente di radiazioni Beta con un tempo di dimezzamento di circa 5.000 anni, e può essere incorporato nel DNA delle cellule causando un significativo danno biologico. Un altro isotopo derivato dal *fallout* che desta preoccupazioni è lo Stronzio 90, chimicamente simile al Calcio e che come questo finisce nella terra, nelle piante, e negli animali. Il "veicolo" principale dello Stronzio radioattivo è l'ingestione di alimenti contaminati, in particolare latte, verdure a foglia, frutta e radici. Una volta entrato nell'organismo, lo Stronzio finisce per accumularsi nelle ossa, specialmente nel tessuto osseo in crescita dei bambini dove metà di esso rimane per 28 anni. Una volta nel tessuto osseo, esso emette particelle Beta, che possono portare leucemia o cancro del midollo.

tion, attiva organizzazione antitest fondata di recente assieme al dottor Barry Commoner. Al pomeriggio, Pauling si incontrò con Commoner e con Edward Condon, membri del Comitato, ed espose loro la sua idea di una petizione di gli scienziati americani contro i test nucleari. Con il loro aiuto, Pauling redasse "Un appello degli scienziati americani al governo e alle genti del mondo", dove si chiedeva con urgenza "un trattato internazionale per fermare immediatamente le sperimentazioni di bombe atomiche".

"Ciascun test nucleare sparge un nuovo carico di elementi radioattivi in ogni parte del mondo", diceva la petizione. "Ciascun aumento di radiazioni causa danni alla salute degli esseri umani su tutta la terra, e può danneggiare il patrimonio genetico umano al punto di aumentare il numero di bambini che nelle future generazioni nasceranno con seri difetti"... Nel giro di un paio di settimane, vennero raccolte le firme di 2.000 scienziati americani che furono rese pubbliche durante i lavori del 1957 del *Joint Committee on Atomic Energy*.

Il presidente Eisenhower, in una conferenza stampa di poco successiva alla pubblicazione dell'appello di Pauling, alluse al fatto che la petizione era il frutto di un'"organizzazione" che non lavorava necessariamente per l'interesse della nazione. Quando gli venne chiesto di chiarire la sua affermazione, Eisenhower fece un passo indietro: "Ho detto che sembra esserci dietro un'organizzazione. Non ho detto che si tratta di un'organizzazione in senso negativo".

Due giorni dopo, Pauling disse ad un giornalista "Mi piacerebbe vedere le firme di migliaia di scienziati russi, di scienziati di tutte le nazioni del mondo". La risposta fu un'immediata pioggia di firme di scienziati da tutto il pianeta. Al gennaio 1958, Pauling aveva raccolto 11.021 aderenti da 50 nazioni – inclusi 216 dall'Unione Sovietica, 701 dall'Inghilterra, e 1.161 dal Giappone. Pauling consegnò personalmente la petizione al Segretario Generale delle Nazioni Unite, Dag Hammarskjold, il 15 gennaio 1958. Entro la fine dell'anno, gli U.S.A. e i sovietici raggiunsero un accordo per una moratoria volontaria sui test, un passo verso un negoziato per la messa al bando completa.

Si intensificarono anche gli attacchi contro Pauling e la sua cosiddetta "organizzazione". Il famoso editorialista Fulton Lewis, Jr., calcolò che una petizione del genere avesse un costo di 100.000 dollari, e chiedeva di sapere chi la avesse finanziata.

Il premio Nobel fu così chiamato a comparire davanti alla Commissione per le Attività Anti-Americane. Secondo Pauling, "Le spese per raccogliere le 7.500 firme di scienziati fuori degli U.S.A. sono state di circa 250 $... per cancelleria, affrancature e lavoro di segreteria... Con mia moglie abbiamo speso circa 600 $ tra appello e petizione". L'"organizzazione" di Pauling consisteva in sua moglie e un gruppo di amici.

Il Congresso non riuscì a dimostrare che la petizione di Pauling fosse una cospirazione comunista. Ma i detrattori di Pauling nel governo assicurarono che non avrebbe più ricevuto un centesimo di fondi federali per le sue ricerche. Nei vent'anni successivi, Pauling non ricevette più fondi del governo per ricerca. Ma nel 1962 Pauling ricevette un secondo premio Nobel, stavolta per la pace, per i suoi sforzi per mettere fine ai test atomici.

Proteste antibomba nei tardi anni '50 comprendevano piccoli sit-in presso basi missilistiche, e il rifiuto di partecipare alle esercitazioni antiaeree a New York. Il caso più eclatante di disobbedienza civile contro le esplosioni nucleari fu quello degli attivisti che cercarono di dirigere la loro imbarcazione verso la zona dei test, alle Marianne. Nel 1958 quattro pacifisti, su una barca a vela chiamata *Golden Rule* [*La Regola d'Oro*], tentarono di salpare dalle Hawaii per Eniwetok; finirono arrestati dalla Guardian Costiera americana. Lo stesso anno, l'equipaggio del Phoenix tentò una simile spedizione, navigando verso la zona dei test a Bikini; gli USA bloccarono anche questo tentativo.

Si diffusero anche altre tattiche contro i test nucleari, allargando così la base di partecipazione alla campagna anche al di fuori della cerchia di scienziati e pacifisti. Meno di un anno dopo la fondazione nel novembre 1957, il *National Committee for a Sane Nuclear Policy* (SANE)[66] aveva all'attivo 130 sedi locali con 25.000 membri contrari ai test.

Mentre si accresceva la sfiducia verso l'AEC, verso la fine del mandato presidenziale Dwight Eisenhower creò il *Federal Radiation Council* (FRAC)[67] per "informare il presidente in tema di radiazioni". Sebbene in apparenza rappresentasse il comune interesse della salute pubblica, il FRC era dominato da sostenitori dei test nucleari. Dei sei membri, due venivano dall'AEC e dal Dipartimento della Difesa. Il direttore, Paul Tompkins, veniva dritto dal programma per gli ordigni nucleari. Una delle prime azioni del Consiglio fu di aumentare di sei volte l'ammontare massimo dell'esposizione allo Stronzio 90 rilasciato dai test[68].

Il 1 settembre 1961, al picco della tensione riguardo Berlino, la moratoria volontaria sui test fu rotta dall'Unione Sovietica. Gli U.S.A. seguirono a ruota riprendendo i test nel corso dello stesso mese. Nel corso dell'anno successivo le due superpotenze condussero la più intensa serie di esperimenti nucleari in superficie della storia. Nel 1962 più di 100 ordigni nucleari esplosero e mandarono radiazioni nell'atmosfera. Entro l'estate del 1962, il livello di Iodio 131 nel latte raggiungeva i livelli di guardia in tutti gli Stati Uniti.

Quando i livelli del fallout si avvicinarono ai limiti di "sicurezza" del governo, l'AEC chiese aiuto al *Federal Radiation Council*. Entro il settembre del 1962 il Consiglio annunciò che le linee guida del governo in tema di radiazioni non erano applicabili al fallout: in pratica, si dava un assegno in bianco all'AEC perché potesse contaminare il mondo quanto riteneva necessario. "Le dosi di Iodio 131 dai test di armi condotti nel corso del 1962 non hanno causato rischi imprevisti per la salute", sosteneva il Consiglio. Due anni dopo il segretario del gruppo di esperti moltiplicava i limiti delle linee guida per lo Iodio radioattivo per un fattore di venti, per farvi rientrare i test sotterranei.

Il direttore del FRC, Paul Tompkins, giustificò l'incremento sostenendo: "dobbiamo fare una scelta, tra tutto questo Iodio o la prevedibile malnutrizione che deriverebbe dal mandare il latte fuori mercato. E abbiamo fatto la nostra scelta"...

A St. Louis, dove le misure della ricaduta restarono alte durante tutti i test del 1962, il *Committee for Nuclear Information* denunciò con clamore il persistere delle detonazioni atomiche. Sforzandosi di smorzare le critiche, l'AEC portò alcuni bambini da St. Louis a New York e li sottopose a misurazioni dello Iodio radioattivo. Merrill Eisenbud dell'AEC dichiarò: "i test fatti al Centro Medico dell'Università di New York University indicano che il livello di Iodio radioattivo nella tiroide dei bambini non si è avvicinato al livello di guardia". Eisenbud trascurò di dire che lo Iodio 131 ha tempo di dimezzamento di otto giorni. Prima che i bambini avessero raggiunto New York e fossero analizzati la radioattività era decaduta, ma i danni si erano già verificati.

Nel 1960, quindici anni dopo il primo test nucleare, l'AEC aveva infine messo in piedi una sezione per lo studio della ricaduta (*Fallout Studies Branch*). Harold Knapp in quel periodo lavorava nell'ufficio del manager generale dell'AEC. Quando gli proposero di entrare a far parte del Fallout Studies Branch nel 1962, la sua prima attività fu di control-

---

[66] Comitato Nazionale per una Sana Politica Nucleare, NdT.
[67] Consiglio Federale sulle Radiazioni, NdT.
[68] Paul Tompkins è stato vicedirettore dell'*Office of Radiation Standards* dell'AEC.

lare come l'AEC aveva risposto ad una serie di critiche mosse da Ralph Lapp. Knapp rilevò che la replica, scritta dal prestigioso Comitato Consultivo Generale dell'AEC, "non rispondeva su nessuna questione" ed era "totalmente inadeguata" In particolare, Knapp trovò che il problema delle "zone calde" sollevato da Lapp meritasse di essere meglio sviluppato. L'AEC continuava a presumere una distribuzione uniforme del fallout, un'assunzione terribilmente imprecisa, che ignorava la distribuzione disomogenea della ricaduta, dovuta a fattori meteorologici e di altra natura. "Per tre mesi lavorai a mettere insieme una risposta più adeguata", ricordò Knapp in un'intervista nel 1981. Trovò prove che confermavano le affermazioni di Lapp sulle zone calde. Lo studio, mandato al *Joint Committee on Atomic Energy*, fu lodato per la sua onestà.

Knapp decise di fare un'analisi sistematica e dettagliata del problema del fallout cominciando a cercare lo Iodio radioattivo. Scoprì con stupore che "nessun approccio sistematico a uno studio del fallout era mai stato tentato". I dati del monitoraggio erano "a macchia di leopardo", e non c'era chiaramente stato nessun autentico e coerente approccio al problema della raccolta dei campioni di radiazione.

"Le tecniche di misura erano state inadeguate. Ci vogliono quattro giorni perché lo Iodio nel latte raggiunga il livello massimo. E in due settimane sparisce. I campioni erano stati tutti esaminati troppo presto o troppo tardi". Esaminando i dati sul latte per i test del 1953, Knapp scoprì che a St. George, nello Utah, "guarda caso, nessuno aveva misurato le cose giuste al momento giusto". Knapp stimò che nel corso degli anni '50 la dose di Iodio 131 alla tiroide proveniente dal latte delle mucche era di dieci volte il livello standard del *Federal Radiation Council*.

Il rapporto Knapp fu mandato ai piani alti, al direttore della Divisione di Biologia e Medicina dell'AEC. Venne immediatamente secretato. Dunham lo mandò a Gordon Dunning, vicedirettore dell'AEC per la sicurezza operativa, che suggerì venisse formato un comitato speciale dell'AEC composto di "scienziati qualificati con esperienza specifica" per commentare il rapporto.

Quattro dei cinque revisori espressero parere positivo sul lavoro di Knapp e chiesero di rilasciarlo. Il solo parere sfavorevole fu quello di Oliver R. Placak, ufficiale per la sicurezza radiologica fuori area del Nevada Test Site. Nonostante le obiezioni di Dunning, Spoford English, assistente del direttore generale per le ricerche dell'AEC, diede il suo riluttante OK al rilascio del rapporto Knapp.

Il punto centrale della ricerca di Knapp era che dopo più di dieci anni di test di armi atomiche al Nevada Test Site, l'AEC non si era mai preoccupata di valutare regolarmente l'impatto del fallout sulle popolazioni vicine. Il rapporto Knapp, uscito all'inizio del 1963, informava che "Al Nevada Test Site, oltre 1.000 kilotoni equivalenti di Iodio 131 sono stati liberati prima che potessimo ottenere dati affidabili sullo Iodio 131 nel latte relativi alle comunità fuori area, in seguito a fallout da specifiche detonazioni". Il totale era più di 5.000 volte quanto era stato disperso nel 1957 in seguito all'incidente al reattore inglese di Windscale, che aveva causato un'emergenza a livello nazionale proprio in seguito alla contaminazione del latte.

L'enorme scala del disastro dei fallout cominciò ad apparire proprio mentre proseguivano i test in atmosfera. Vent'anni dopo Robert Minogue, direttore delle ricerche presso la *Nuclear Regulatory Commission*, ci disse: "Alti funzionari dell'AEC sapevano bene degli effetti biologici delle radiazioni a basso livello negli anni '50. Non possono portare l'ignoranza come scusante". Ma mentre le prove si accumulavano sinistramente, chi decideva le politiche nucleari cercava sempre di celare la verità al pubblico.

5.

I test continuano, la storia si ripete

A metà degli anni '50, mentre la polemica sul fallout radioattivo infuriava, il programma americano di test militari era in piena escalation. Il personale militare e civile statunitense era, più che mai, sulla linea di fuoco. Il governo mantenne una bassa priorità sul tema della salute e della sicurezza dei propri cittadini.
Un caso tipico fu la pratica di far esplodere ordigni atomici sotto la superficie dell'acqua.
La prima volta che gli Stati Uniti avevano piazzato una bomba sotto la superficie dell'oceano nel corso del test *Baker* del 1946, nella laguna poco profonda di Bikini, le navi militari erano rimaste coperte da un'inattesa, longeva e tenace patina radioattiva. Il governo USA mandò a monte i piani per una successiva esplosione in acque profonde che avrebbe segnato il culmine della prima serie di test atomici a Bikini.
Non ci furono ammissioni ufficiali che i pericoli delle esplosioni subacquee avevano fatto posporre indefinitamente il programma.[69] In ogni caso, un'analisi pubblicata su "*Science Digest*" nell'estate 1947 diceva che tali detonazioni comportavano "certi fenomeni del tutto imprevedibili". Infatti, sottolineava l'autore John W. Campbell, "nessuno ha la minima idea di cosa possa accadere se un'atomica fosse piazzata a una profondità di 800 metri sotto la superficie del mare".
L'*Atomic Energy Commission*, in un rapporto al *National Security Resources Board*, ammise più tardi che "se una bomba viene fatta esplodere in acqua, come nel caso del Test *Baker* a Bikini [1946], ci saranno quantità considerevoli di radioattività residua a seconda del vento, delle correnti, delle maree e della quantità di acqua".
Nel corso di un incontro con l'*Armed Forces Special Weapons Project* nei tardi anni '40, i funzionari militari americani erano stati avvertiti che i test nucleari subacquei comportavano rischi specifici. Il manuale usato nell'incontro, coperto da segreto, avvertiva che ci si poteva aspettare che la nebbia radioattiva emessa da una tale detonazione spargesse "una grave contaminazione su una vasta superficie". Su certe pagine segnate "RISERVATO", gli esperti del governo affrontavano quel tema. Il Dottore Herbert Scoville, Jr., che in seguito divenne vicedirettore della CIA, scriveva: "Nel caso di un'esplosione subacquea, gli effetti in termini di radiazioni nucleari sono decisamente differenti da quelle dovute a uno scoppio in aria, e sono di magnitudine considerevolmente maggiore". Scoville ricordava che il solo caso di test sottomarino fatto sino ad allora, nella laguna di Bikini, aveva lasciato enormi livelli di radiazione "stimabili come equivalenti a migliaia di tonnellate di Radio poco dopo la detonazione. Ciò vuol dire un miliardo di volte la radioattività di un grammo di Radio. È la radioattività, realmente fantastica, associata alla detonazione di una bomba atomica".
Scoville sottolineava che, nella laguna di Bikini "per circa una settimana erano state misurate intensità sopra il livello di tolleranza". Persino "imbarcazioni non-bersaglio" erano state seriamente contaminate.

---

[69] Al contrario, la versione ufficiale come riportata dalla *United States News* fu che l'esplosione in acque profonde prevista a Bikini fu cancellata "principalmente a causa dei rischi alla segretezza e alla sicurezza militare connessi alla quantità di personale ed apparecchiature che sarebbero stati necessari", *United States News*, 20 settembre 1946, p. 19.

Ma nove anni dopo gli Stati Uniti facevano esplodere un'atomica da 30 kilotoni sessanta metri sotto la superficie dell'Oceano Pacifico, ad appena 800 chilometri a sud-est di San Diego.[70]

Wigwam

Per chi aveva sentito parlare anticipatamente delle esplosioni subacquee del 1955, non sembrava che ci fosse gran che da preoccuparsi. Gli addetti alle pubbliche relazioni del governo avevano provveduto. Nei cinque mesi trascorsi dall'approvazione da parte del presidente Eisenhower e il momento dell'esplosione, al Pentagono avevano lavorato sodo a imbellettare la nuova esplosione nucleare, indicata Operazione *Wigwam*.
Circa 6.500 persone, quasi tutti militari, erano previsti per l'evento, perciò la sicurezza era fuori discussione. Ma l'AEC proibì ai giornalisti di osservare l'Operazione *Wigwam*. E, benché la bomba fosse da 30 kilotoni, più del doppio di quella di Hiroshima, il governo riuscì a farla passare come piuttosto ridotta. Il *"San Diego Evening Tribune"* informò i suoi lettori che la bomba di *Wigwam* era "stimata avere un'energia equivalente da 1 a 5 kilotoni, certamente meno di 20". Documenti riservati del governo sull'Operazione *Wigwam* rimasero classificati per più di venti anni. Nel 1980 il *Center for Investigative Reporting*, con sede in California, riuscì a ottenere dati ufficiali e filmati del test subacqueo. Il team di giornalisti concluse che le maggiori preoccupazioni di chi aveva studiato l'operazione era per i risultati scientifici e militari; i possibili rischi per le migliaia di uomini dislocati presso lo scoppio erano considerati un tema secondario.
Quando l'atomica esplose il 14 maggio 1955 lanciò terrificanti onde d'urto e gigantesche onde d'acqua di mare verso le trenta navi e gli oltre 6.000 militari che stavano a bordo, molti dei quali non avevano idea di essere coinvolti in un test atomico. Un documento "confidenziale" dichiarava che gli uomini furono soggetti a "condizioni respiratorie estremamente rischiose". Il *Center for Investigative Reporting* scoprì che quasi il 40% dei veterani dell'Operazione *Wigwam* interpellati ricordavano di non aver avuto rilevatori di radiazione a film nel corso del test nucleare. Di trentacinque veterani di *Wigwam* rintracciati, diciassette soffrivano di disturbi che attribuivano all'esposizione a radiazioni dovute allo scoppio.
Ventiquattro anni dopo Wigwam, Elroy L. Runnels apparve davanti alle telecamere a Honolulu e raccontò: "Non ci era stato detto nulla sulla [...] gravità della situazione". Due giorni dopo l'intervista TV Runnels era morto, vittima della leucemia. Aveva 17 anni quando prese parte all'Operazione *Wigwam* a bordo dell'U.S.S. *Moctobi*. Uno dei suoi ultimi sforzi dal letto di morte, nella tarda estate del 1979, fu di lanciare una class action contro il governo americano, chiamandolo in causa per aver intenzionalmente messo in pericolo lui e tutto il personale coinvolto nell'Operazione *Wigwam*. E poiché il governo aveva continuato a tenere la bocca chiusa sui possibili rischi, sosteneva Runnels, la sua leucemia aveva potuto "avanzare indisturbata sino ad arrivare a una fase acuta e altamente debilitante".
Le accuse di Elroy Runnels portarono alla luce incongruenze fondamentali nel modo in cui il governo aveva descritto il test nucleare. A dispetto del fatto che la Marina assicurava che nessun militare si era trovato a meno di 5 miglia dallo scoppio, il libro di bordo

---

[70] U.S. DoD, Prototype Report, DoD Personnel Participation, *Operation Wigwam*, Washington, Defense Nuclear Agency 1980, p. 12. Le coordinate di *Wigwam* furono 28' 44" N - 126' 16" W.

della nave di Runnels riportava che essa si era avvicinata a meno di un miglio dall'esplosione. Ed egli non fu informato di aver partecipato ad un test nucleare che parecchie settimane dopo la fine di Wigwam.

L'Operazione *Wigwam* non fu peraltro l'ultima detonazione nucleare americana subacquea. Nell'estate del 1958 due atomiche esplosero sotto il mare, a Eniwetok. E l'11 maggio 1962, un test detto in codice *Swordfish* liberò l'energia di 20 kilotoni sotto l'Oceano Pacifico, in un punto 570 chilometri sudovest di San Diego. Al test *Swordfish* presero parte circa 5.000 uomini della Marina, che furono così esposti a quello che la *Defense Nuclear Agency* definì "un livello estremamente basso" di radiazione.

Ma per lo più, gli sperimentatori nucleari americani si accontentarono di far detonare nuove testate belliche sopra il livello del Pacifico. Nel 1958, dodici anni dopo il primo test atomico nelle Marshall, gli USA fecero esplodere enormi ordigni termonucleari (bombe all'Idrogeno) sullo sfondo di quelle isole tropicali. Un test fatto il 28 giugno 1958 ad Eniwetok, chiamato *Oak*, liberò 8.9 megatoni. Due mesi dopo si tenne l'ultimo test nucleare nelle Isole Marshall.

Il Pentagono si spostò in altre zone del Pacifico, come le isole Christmas e Johnson dove nel 1962 migliaia di altre persone in servizio si trovarono esposte alla radiazione nucleare.[71] Nell'arco di oltre sedici anni, a partire dall'Operazione *Crossroads* del 1946, gli USA fecero esplodere 106 ordigni nucleari in varie parti del Pacifico.

"La bomba pulita"

Al Nevada Test Site i test nucleari in atmosfera continuarono fino alla metà del 1962.[72] Mentre le nuvole a forma di fungo non smettevano di oscurare l'orizzonte, le morti per tumore e leucemia aumentavano inesorabilmente.

Per chi abitava sottovento, il fallout radioattivo era diventata semplicemente una cosa della vita, come Willard Libby dell'AEC aveva predetto durante incontri segreti. Davvero, era diventata una cosa della vita. Martin Bardoli viveva nelle terre agricole della Railroad Valley in Nevada, a nord del poligono di prova, e quando nel 1956 gli venne diagnosticata la leucemia aveva appena iniziato la scuola elementare. Morì prima della fine dell'anno. Ritenendo che le nubi di fallout ne fossero la causa, i genitori di Martin fecero circolare una petizione e la mandarono ai loro senatori e all'AEC.

---

[71] Tra le esplosioni nella scala dei megatoni sull'isola Johnson ci fu *Starfish Prime* da 1.4 megatoni. Fu lanciata tramite un missile balistico l'8 luglio 1962, e innescata a 400 km di altezza. La rivista "*Science*" scriveva diciannnove anni più tardi: "Per qualche tempo i fisici si arrovellarono su una serie di strani avvenimenti. A circa 1.300 km di distanza, alle Hawaii, le luci stradali si erano spente, gli allarmi antifurto avevano preso a suonare e le protezioni delle linee elettriche erano saltate. Oggi, il fenomeno misterioso è noto come Impulso Elettromagnetico (EMP). I fisici ritengono che una sola detonazione nucleare nello spazio vicino alla Terra potrebbe coprire vaste aree del pianeta con un EMP di 50.000 volt per metro". Poche detonazioni del genere potrebbero disattivare le reti di distribuzione elettrica e i sistemi di comunicazione per migliaia di chilometri, William J. Broad, *Nuclear Pulse (I): Awakening to the Chaos Factor*, in "*Science*", 29 maggio 1981, pp. 1009-1012.

[72] Anche quando non c'erano esplosioni, il carico di radiazione veniva incrementato dalle altre attività del sito. Dal 1955 al 1958, e poi ancora nel 1962, il governo condusse dozzine di "esperimenti di sicurezza" (chiamati a volte "Spargimento di Plutonio" nelle note ufficiali) in cui mortali particelle di Plutonio venivano nebulizzate nei venti del deserto del sud Nevada. Allora, il grande pubblico non sapeva nulla di tali test. La *Environmental Protection Agency* nel 1974 scoprì che nel suolo dei due Stati si trovava la concentrazione di Plutonio più alta di tutta la nazione. Le coltri di Plutonio di maggiore spessore nello Utah furono trovate nella parte nord dello Stato, Salt Lake City inclusa, *Energy Research and Development Administration, Final Environmental Impact Statement, Nevada Test Site*, Nye County, Nevada, Washington, *ERDA*, settembre 1977, da pp. 2-88 a 2-91; *Health Effects of Low-Level Radiation*, 19 aprile 1979, Vol. 1, pp. 65-66.

Nella lettera di risposta del senatore George Malone, si metteva in guardia contro gli allarmismi riguardo alla ricaduta. Inoltre, aggiungeva il senatore, "non è impossibile supporre che alcune delle storie «spaventose» siano ispirate dai comunisti".

Il presidente dell'AEC Lewis Strauss rispose citando l'ex presidente Truman: "Cerchiamo di mantenere il senso delle proporzioni quando parliamo del fallout radioattivo. Ovviamente, nei nostri test vogliamo tenerlo al minimo possibile, e stiamo appunto imparando come farlo. Ma i pericoli che potrebbero derivare dalla ricaduta richiedono un sacrificio, un piccolo sacrificio paragonato al male infinitamente più grande dell'uso delle atomiche in guerra". Il ragionamento non convinse gran che i parenti affranti.

Le problematiche della salute mantennero una bassa priorità per chi sperimentava gli ordigni. Quando il Comitato Consultivo per la Biologia e la Medicina dell'AEC si riunì nel gennaio 1957, i convenuti discussero su come combattere le dichiarazioni pubbliche fatte da scienziati indipendenti che non seguivano la linea del governo sui rischi del fallout.

Due mesi dopo l'AEC distribuiva il suo rassicurante opuscolo *I Test Atomici in Nevada* a migliaia di abitanti delle zone sottovento. Con le decine di esplosioni atomiche dell'Operazione *Plumbbob* in arrivo, che si prevedeva avrebbero presto sparso fuliggine radioattiva sul Nevada, vennero messi in atto nuovi sistemi per ravvivare la fiducia tra i residenti.

L'amministrazione federale scoprì che "buoni rapporti con le zone appena fuori dal sito sono più difficoltosi da mantenere" rispetto alle serie di test di due anni prima, lamentava un rapporto governativo interno. Ma le valutazioni degli incaricati del governo riportavano anche notizie incoraggianti. Le innovazioni volte a guadagnare la fiducia dei residenti sembravano pagare. "Il solo fatto che gli incaricati del monitoraggio fuori del poligono (molti con famiglia) vivano nei paesi ha fatto molto per stabilire buone relazioni col pubblico".

E accompagnate dalla solita pesante propaganda le truppe americane cominciarono le loro manovre sotto i funghi atomici dei test del 1957.

Di stanza nel sud Nevada, il *Maggiore* dei Marines Charles Broudy fece un'interurbana alla moglie il 4 luglio 1957. Eccitazione e impazienza trapelavano dalla voce del marito che Pat Broudy ascoltava dalla loro casa di Santa Ana, California, a quasi 500 chilometri di distanza. "Domani mattina devi svegliare i bambini e dovete guardare a est, alle 4 circa, ora del Nevada". Pat non dimenticherà mai queste parole. "Vedrete un miracolo".

Dopo il "miracolo" – una gigantesca esplosione atomica chiamata *Hood* che i rapporti ufficiali stimano di 74 kilotoni – Charles Broudy tornò a casa. Pilota pluridecorato, insignito tra l'altro della *Distinguished Flying Cross*, Broudy era un *Marine* di carriera con l'accesso ai documenti top-secret. Sui test nucleari raccontò poco. Diciannove anni dopo gli fu diagnosticato un linfoma. "Ha sofferto terribilmente", racconta la vedova, "ma era convinto che il suo governo si sarebbe preso cura di lui durante la fase terminale, e della famiglia dopo la sua morte".

Invece, quando morì dopo una lunga agonia, la *Veterans Administration* negò i benefici di servizio alla moglie e ai figli. Pat Broudy intraprese ricerche minuziose. Aiutata dal medico della Princeton University Frank von Hippel, scoprì che lo scoppio di *Hood* aveva esposto suo marito a circa 70.000 millirad di radiazione: oltre 5.000 volte la dose di 13 millirad che il governo sosteneva il suo rilevatore a film avesse registrato durante il test.

Ma la VA continuò a respingere gli appelli della famiglia di Broudy. "Ho seppellito mio marito e giurato di vendicare la sua morte anche se ci dovesse volere tutta la vita, e ci potrebbe volere davvero", disse Pat Broudy nel 1981.

In risposta ad una crescente presa di coscienza del pubblico dei pericoli del fallout nucleare, il presidente Eisenhower introdusse il concetto di bomba "pulita". Nel corso di una conferenza stampa il 5 giugno 1957, dichiarò: "abbiamo ridotto di a un decimo il fallout delle bombe". Le detonazioni nel Nevada continuarono, allo scopo di vedere "quanto possiamo farle pulite".

Poche settimane dopo, tre tra i più importanti scienziati atomici americani, tra i quali il dottor Edward Teller, si incontrarono con il presidente Eisenhower per appoggiare il principio della "bomba pulita"' per i test nucleari a venire. Teller disse ai giornalisti che scopo dell'incontro era di informare Eisenhower "su ciò che stiamo realizzando in queste settimane, e su ciò che speriamo e progettiamo di realizzare nei prossimi anni, se possiamo continuare a lavorare". Teller disse tutto ciò poche ore dopo che una bomba atomica da 37 kilotoni chiamata *Priscilla* era esplosa in Nevada.

L'appellativo "bomba pulita" mirava a imbellettare alla meglio il programma dei test. "Ciò è stato fatto per contrastare le crescenti proteste pubbliche dei tardi anni '50 contro la contaminazione radioattiva derivante dalle esplosioni sperimentali in atmosfera", sottolineava un successivo articolo del *Bulletin of the Atomic Scientists*. "Inoltre, il possibile sviluppo di una bomba «assolutamente pulita» fu usato come argomento contro la messa al bando dei test, all'epoca in corso di negoziato con l'Unione Sovietica".

Dopo il suo incontro del 1957 con Teller e gli altri fisici, Eisenhower condivise il proprio entusiasmo con la nazione. "Ciò cui stanno lavorando è... la produzione di una bomba pulita", proclamò Eisenhower. "Mi hanno detto che stanno già producendo bombe che hanno il 96% di fallout in meno delle precedenti, quelle che ora chiamiamo bombe sporche, ma sono andati ancora oltre. Hanno detto:"Dateci quattro o cinque anni di esperimenti per provare ogni singolo passo dello sviluppo, e produrremo una bomba totalmente pulita". Il titolo del *"New York Times"* per l'articolo che riportava le dichiarazioni del presidente, rivelava una delle ragioni significative dietro a tale annuncio: "EISENHOWER DIFFIDENTE VERSO LA MESSA AL BANDO DELLE ATOMICHE".

Ma le promesse di pulizia delle bombe nucleari non decontaminava la radiazione che ancora si levava dai poligoni del Pacifico e del Nevada nel 1958, nel corso del quale gli USA fecero detonare 77 ordigni nucleari. Nemmeno le maggiori aree metropolitane d'America furono immuni da intense nuvole di polvere radioattiva. I test in atmosfera in Nevada fittamente intervallati, uniti alle esplosioni atomiche dei russi, mandarono alle stelle le misure rilevate a Los Angeles alla fine di ottobre del 1958. Funzionari del governo annunciarono che la ricaduta su Los Angeles era "innocua". Ma in forma privata, il *National Advisory Committee on Radiation* definì la radioattività su L.A. "un'emergenza". Membri del Comitato si incontrarono in segreto il 10 novembre 1958 per discutere il problema. "Se lasciate che queste cifre diventino pubbliche, siete finiti", disse Lauriston S. Taylor, capo della Divisione di Fisica delle Radiazioni Atomiche del *National Bureau of Standards*.

La dose media a Los Angeles schizzò al massimo livello considerato "ammissibile" secondo le linee guida federali, e alcuni cittadini ricevettero dosi anche maggiori. Taylor ammise che riferirsi ai livelli ammissibili "implicherebbe che noi si sappia di cosa parliamo quando fissiamo tali livelli. Ma in effetti essi rappresentano solo le migliori stime che possiamo fare ora, in totale assenza di qualsiasi conoscenza reale che ci permetta di stabilire se sono giuste".

Gli scienziati del governo più allineati osservarono che dosi di radiazione alte almeno quanto quelle che stavano mettendo in agitazione Los Angeles erano state rilevate l'anno prima a Salt Lake City. ma avrebbero dovuto passare vent'anni prima che i residenti delle due città venissero a sapere cosa veniva detto in quegli incontri governativi a porte chiuse. Prima che la moratoria temporanea sui test nucleari entrasse in vigore nel novembre 1958, gli USA avevano detonato 196 bombe atomiche, mentre l'Unione Sovietica ne aveva fatto scoppiare 55.

Per circa tre anni il mondo fu libero dai test in atmosfera, se si eccettua qualcuno fatto dalla Francia nel 1960 e nel 1961. Col crescere della tensione internazionale – in particolare le crisi di Berlino e di Cuba – i sovietici ripresero i test con un'enorme esplosione nucleare nel settembre 1961[73], e gli U.S.A. seguirono presto l'esempio. Ma il movimento per un trattato formale sui test andava avanti.

Fallout sullo Stato di New York

Per il 1963 la messa al bando dei test nucleari in atmosfera era nelle fasi finali di negoziato tra gli USA, l'Unione Sovietica e la Gran Bretagna. Portando avanti promesse fatte durante la campagna del 1960, il presidente John Kennedy aveva reso rispettabile per la gente mettere in questione il fallout dei test.

In un discorso televisivo alla nazione del luglio 1963 Kennedy chiedeva con urgenza che il Senato ratificasse il bando sui test: "Il numero di figli e nipoti col cancro nelle ossa, con la leucemia nel sangue o coi polmoni avvelenati potrà sembrare statisticamente piccolo a qualcuno, paragonato ai rischi naturali; ma questo non è un rischio naturale, e non è un problema statistico. La perdita di una sola vita umana o un bambino malformato, che magari nascerà quando non ci saremo più, dovrebbe preoccuparci tutti. I nostri figli e i nostri nipoti non sono una banale statistica verso la quale possiamo essere indifferenti".

Il 20 agosto 1963, Edward Teller testimoniò di fronte al Comitato per le Relazioni Estere del Senato, in opposizione alla messa al bando dei test. "Al livello attuale di fallout su scala mondiale non ci sono pericoli", disse. "Il vero pericolo è che si metta alle madri paura di dare il latte ai loro bambini. In quel modo si sono fatti più danni che da qualsiasi altro punto di vista, in questa faccenda".

Dall'altra parte del Campidoglio, ad un'audizione del *Joint Committee on Atomic Energy*, gli scienziati dell'Università dello Utah Robert Pendleton e Charles Mays portarono le prove che a causa dei test del 1962, circa 250.000 bambini in Utah potrebbero essere stati esposti ad una dose media alla tiroide di 4.4 rad. Le loro analisi avevano obbligato lo stato dello Utah a distruggere diverse migliaia di litri di latte, contenenti livelli di Iodio radioattivo otto volte la dose ufficiale delle linee guida del *Federal Radiation Council*. Il dottor Mays stimava che in conseguenza del test *Harry* del 1953, 700 bambini di St. George ricevettero dosi di radiazione alla tiroide da 136 a 500 volte più alte dei livelli permissibili. Simili dosi possono causare morte, mutazioni genetiche, danni cerebrali, ipotiroidismo e altre malattie.

Sottolineando questo Eric Reiss, cofondatore del Comitato per l'Informazione Nucleare di St. Louis, aggiunse: "nel periodo 1951-1962, parecchie popolazioni locali, specie in Nevada, Idaho e Utah ... sono state esposte a una ricaduta così intensa da far diventare il consumo di latte fresco locale un rischio per la salute inaccettabile".

---

[73] Riferimento all'esplosione sperimentale sovietica della bomba *RDS-220/AN602* "Bomba-Zar": pesante 27 tonnellate, fu sganciata da un bombardiere *Tu-95V* specialmente modificato il 30 ottobre 1961 nel poligono della baia di Mytiushikha, esplodendo con una potenza di 50 megatoni e generando una palla di fuoco dal diametro di otto chilometri; il raggio di distruzione totale di questo esperimento fu di 35 chilometri, NdE.

Il giorno dopo un professore di radiologia della Scuola Medica dell'Università di Pittsburgh, il dottor Ernest Sternglass, presentò la sua testimonianza. Il suo lavoro sollevò la più grande preoccupazione. In un lavoro sulla rivista *"Science"* del 1963, Sternglass aveva calcolato che negli ultimi due anni il fallout dei test nucleari aveva esposto tutti gli abitanti dell'emisfero Nord a una dose di radiazioni da 200 a 400 millirad, all'incirca equivalente a una radiografia alla zona pelvica. Citando le scoperte della dottoressa Alice Stewart relative a un incremento del 50% del rischio di tumori infantili in seguito a raggi X al feto, Sternglass stimò che ci sarebbero stati 800 casi in più di morti di bambini in seguito a tumori negli U.S.A., a causa dei soli test del 1961-1962.

Sternglass aveva applicato queste stime all'area Troy/Albany nello Stato di New York, dove le dosi medie di radiazione arrivarono sino a qualche migliaio di millirad in seguito al test *Simon* del 1953 in Nevada. Sternglass stimò il raddoppio del rischio di tumori infantili tra i residenti di Troy/Albany. Sottopose le sue scoperte sugli effetti del fallout alla rivista *"Science"* per la pubblicazione. In passato, Science aveva coraggiosamente affrontato l'establishment atomico. Nel 1955 la rivista aveva vigorosamente attaccato Lewis Strauss per la soppressione di dati scientifici, e aveva pubblicato il lavoro di E. B. Lewis contrario al concetto di "soglia" nella sicurezza nucleare.

Ma ora la direzione di Science era passata a Philip Abelson, un fisico molto coinvolto nel programma nucleare del governo dai tempi del Progetto *Manhattan*. Abelson faceva anche parte del *General Advisory Committee* dell'AEC e del relativo comitato per il progetto *Plowshare* [Vomere], che promuoveva l'uso "pacifico" degli esplosivi nucleari. Non sorprende perciò che Abelson abbia respinto l'articolo di Sternglass sul fallout con la motivazione: "Non c'è alcuna prova effettiva di una relazione funzionale tra i raggi X subiti e la mortalità da cancro".

Presto Sternglass risottomise il suo studio con i commenti del dottor Russell Morgan, uno dei migliori esperti in America dei raggi X e degli effetti di radiazioni a bassa intensità. Morgan lodava il lavoro di Sternglass e invocava sostegno per la scoperta di Alice Stewart della diretta connessione tra raggi X e il cancro, che nel frattempo era stata confermata dal Dottore Brian MacMahon di Harvard. Nel giro di un mese dalla riproposta, *"Science"* fu costretta ad accettare il lavoro di Sternglass.

Ma nel marzo del 1964 la rivista pubblicò una lettera di James H. Lade del Dipartimento di Sanità dello Stato di New York, dove si attaccavano le scoperte di Sternglass. Lade scriveva che "I dati sul cancro di questo Dipartimento non rivelano aumenti dell'incidenza di tumori o leucemia, negli scorsi dieci anni, tra i bambini delle aree di Albany, Troy e Schenectady che avevano fino a 15 anni nel 1963, a confronto di bambini della stessa età in altre zone dello Stato di New York".

Un passo chiave nella trattazione di Lade è dove afferma che il tasso di leucemia nella zona di Albany appariva normale "se confrontato con bambini della stessa età in altre zone dello Stato di New York". L'intera regione dello Stato di New York aveva ricevuto un intenso fallout il 26 aprile 1953, ma le misure erano state rese segrete dall'AEC. "Con queste premesse", ragionava Sternglass, "Ci sarebbe stata poca o nessuna differenza nell'incidenza di tumori fra Troy, Albany, Schenectady e le altre aree". Le nuove informazioni rivelate da Lade in realtà "mostravano che, a partire dall'inizio del quarto o quinto anno dopo il fallout del 1953, il numero annuo di casi di leucemia riscontrati era quadruplicato", secondo Sternglass.

Non riuscendo ad attenere altri dati dal poco collaborativo Dipartimento di Sanità dello Stato di New York, Ernest Sternglass presentò un aggiornamento al suo lavoro su

Troy/Albany al meeting annuale dell'Health Physics Society, che si teneva a Denver nel giugno 1968. Resoconti dell'intervento di Sternglass trovarono larga eco sia negli USA che fuori. Un mese dopo il meeting annuale R. E. Alexander, presidente del comitato per le pubbliche relazioni della Health Physics Society, mandò una lettera ai membri dell'associazione lamentando il fatto che "la pubblicità sullo scritto di E. J. Sternglass... stava danneggiando l'industria nucleare". Proseguendo le sue ricerche, Sternglass cominciò ad ottenere dati statistici fondamentali relativi alle tre contee più settentrionali dello Stato di New York. Trascrivendo i numeri, si accorse che le nascite erano aumentate solo del 50%, mentre i casi di leucemia di più del 300%. Ciò che colpiva di più era, si era interrotto il declino delle morti prenatali durante le fasi di più intensa ricaduta; sette anni dopo la serie di test, tali morti avevano ripreso a scendere.

Egli cominciò allora un'accurata comparazione dei valori di fallout realmente rilevati e resi pubblici dall'AEC, con le percentuali di morti prenatali e infantili nello Stato di New York. "Ogni volta che i livelli degli isotopi a decadimento veloce, come Iodio 131 e Stronzio 90, mostravano un picco, per un anno c'era una rapida crescita della mortalità fetale".

Sternglass scoprì che la prima impennata di morti prenatali "era seguita da un secondo incremento che raggiungeva il massimo tra tre e cinque anni più tardi". Il secondo picco era particolarmente alto "probabilmente in seguito al fatto che le enormi bombe a fusione... producevano centinaia di volte più Stronzio 90... per riuscire ad ottenere «Un botto più grosso con quattro soldi», come aveva detto il Segretario alla Difesa Charles Wilson. Edward Teller e i suoi inventori di bombe avevano ricoperto le bombe all'Idrogeno con, Uranio 238, economico e disponibile in quantità. Così, la forza esplosiva totale poteva essere raddoppiata... ma i livelli di Stronzio 90 nelle ossa degli esseri viventi era notevolmente aumentato".

Per l'autunno del 1968 Sternglass aveva stimato che tra il 1951 e il 1966, i test in atmosfera avevano causato nei soli Stati Uniti la morte di 375.000 bambini entro l'anno di età. Sternglass discusse la sua ricerca con colleghi della Federazione degli Scienziati Americani. Questi accettarono di tenere una conferenza pubblica a Pittsburgh il 23 ottobre 1968. Intanto, Sternglass sottopose copie del lavoro a "*Science*" e al "*Bulletin of the Atomic Scientists*".

Il giornalista televisivo di Pittsburgh Stuart Brown contattò il direttore di "*Science*" Philip Abelson chiedendo commenti sul lavoro di Sternglass. Violando la procedura standard di mantenere riservata la corrispondenza editoriale, Abelson lesse dei passaggi di recensioni scientifiche sullo scritto in cui Sternglass rispondeva a Lade sul caso di Troy e Albany. Abelson poi consigliò a Brown di non parlare in trasmissione delle scoperte di Sternglass. Poche settimane dopo, Science restituì con una nota di rifiuto i lavori su Troy e Albany e quello sulla mortalità infantile.

Il "*Bulletin of the Atomic Scientists*", dopo la valutazione dello studio di Sternglass sulla mortalità infantile, accettò di pubblicarlo nel numero dell'aprile 1969. Sternglass in seguito apprese dal direttore editoriale del periodico, Richard S. Lewis, che il *Bulletin* subì pressioni "Sia prima che dopo la pubblicazione, sotto forma di lunghe interurbane da Washington fatte da soggetti che si dichiaravano amici di vecchia data del bollettino". Tali interlocutori informavano Lewis che la pubblicazione dell'articolo di Sternglass era "un grave errore".

Sperimentazioni nucleari

Guardando all'origine della bomba atomica e dell'industria nucleare si percepisce una tragica ironia. Fermare la barbarie nazista fornì la ragione ideologica per dare avvio al Progetto *Manhattan*, che portò allo sviluppo della bomba atomica. Al processo di Norimberga scienziati nazisti e altri funzionari vennero accusati di grotteschi esperimenti su esseri umani; e i giudici di Norimberga respinsero ogni possibile giustificazione.
Ma dopo, negli Stati Uniti "si è alla fine accettato il principio di sperimentare su soggetti umani involontari", come concludeva il Dottore John W. Gofman, pioniere delle ricerche sulla radioattività, coscopritore della fissionabilità dell'Uranio 233 e tra coloro che isolarono il primo milligrammo di Plutonio.
"A metà degli anni '50 quando la tossicità di bassi livelli di radiazione non era ancora certa, noi provavamo le bombe in atmosfera e lanciavamo il programma *Atoms for Peace*", ricordava Gofman in una dichiarazione del 1979. "Avrei dovuto capire chiaramente, anche allora, che sia i test in atmosfera che le centrali nucleari costituivano una sperimentazione su soggetti umani, o meglio, su tutte le forme di vita".
Gofman, medico e fisico proseguiva la sua autocritica straordinariamente spietata: "È documentato che io stesso nel 1957 non ero preoccupato della ricaduta e ancora molto ottimista sui benefici dell'energia nucleare. Non posso in alcun modo giustificarmi per non aver suonato prima un campanello d'allarme su queste attività. Sento che parecchie centinaia di scienziati a conoscenza degli aspetti biomedici dell'energia atomica – io stesso, decisamente, compreso – sarebbero candidati per processi come quello di Norimberga, per crimini contro l'umanità attraverso irresponsabilità ed omissioni". "E ora che conosciamo i rischi delle radiazioni a basso dosaggio, l'accusa non sarebbe sperimentazione: sarebbe omicidio".
Chi trovasse una simile posizione eccessiva nei contenuti o nei toni farebbe meglio a visitare piccoli paesi come St. George, Utah, o Fredonia, Arizona, o Tonopah, Nevada. Nei primi anni '80 il calvario era appena cominciato.
Alle prime luci dell'alba del 27 gennaio 1981, esattamente trenta anni dopo che la prima nuvola a forma di fungo si era liberata dal poligono del Nevada, cittadini dello Utah si riunirono sui gradini del Campidoglio con candele accese in memoria degli amici e dei parenti morti. In tutta l'America, le candele della memoria baluginavano nell'oscurità.
Al centro operativo del Nevada Test Site la luce del giorno significò semplicemente l'inizio di un altro giorno di lavoro. Un giornalista dell'*Associated Press* telefonò, chiedendo un commento sulle fiaccolate in memoria di chi si era trovato sottovento. Trascrisse la risposta, che inserì in un articolo che poche ore dopo fece il giro del Paese: "Il Dipartimento dell'Energia ritiene che non ci siano «prove concrete» di un collegamento tra il fallout e i casi di cancro, disse Dee Jenkins, portavoce del poligono di test".
Allora chiamammo Dee Jenkins per chiedere spiegazioni. Le sue parole erano state riportate correttamente? Sì, rispose. "Non c'è collegamento dimostrabile tra bassi livelli di radiazione e i casi di cancro".
Domandammo se i residenti sottovento fossero stati esposti a "bassi livelli di radiazione" durante gli anni dei test atmosferici.

"Non sono qualificata per rispondere a questa domanda", rispose dopo una breve esitazione. La nostra richiesta di una dichiarazione ufficiale di chiarimento non ricevette mai risposta.

Trent'anni dopo il primo fallout dal Nevada, poco è cambiato sotto molti aspetti nelle risposte che le agenzie federali danno sui test nucleari.

E, a parte qualche eccezione, i mass media americani continuato ad essere sollecitati con decise pressioni a usare deferenza verso gli sperimentatori atomici.

Nel 1957 la rivista "*The Reporter*" pubblicò un articolo di eccezionale spessore: "Nuvole dal Nevada", del giornalista investigativo Paul Jacobs[74]. A partire da questioni di base, come la sicurezza dei test nucleari, l'articolo era un classico esempio di giornalismo profetico che, se fosse stato ascoltato al momento della pubblicazione, avrebbe scongiurato almeno una parte della minaccia legata ai fallout ancora a venire. Vent'anni dopo, Jacobs si mise al lavoro su un documentario che avrebbe dovuto aggiornare le storie che aveva raccontato.

Jacobs morì di cancro nel 1978, prima di aver ultimato il progetto. Il film fu finito dai colleghi della *New Time Films*, con sede a New York, e fu intitolato *Paul Jacobs e la Gang del nucleare*. Era la cronaca devastante sulla vita e la morte nei luoghi sottovento rispetto al poligono atomico.

E qui stava il punto, per l'industria nucleare. Il film era chiaramente pericoloso. Così, quando la *Public Broadcasting Service* (PBS) mise in programma per la diffusione nazionale *Paul Jacobs e la Gang del nucleare*, l'*Atomic Industrial Forum* – un'organizzazione dei gruppi industriali legati all'energia atomica – entrò in azione. Montò una massiccia campagna contro il film, accusandolo di parzialità e definendolo poco adatto per la televisione. Inoltre, sedi locali della televisione ricevettero lettere da compagnie elettriche regionali favorevoli ai reattori atomici, che premevano perché il film non fosse trasmesso.

"Dopo la lettera di protesta dell'*Atomic Industrial Forum* alla PBS, la censura si spostò a livello locale", ci disse il produttore associato del film, Penny Bernstein. Quando venne diffuso il palinsesto dei programmi serali, molte stazioni locali della TV pubblica in nove delle ventiquattro zone di diffusione televisiva si rifiutarono di mandare in onda *Paul Jacobs e la Gang del nucleare*.

Alcune, come le cinque stazioni pubbliche del New Jersey, dissero che non avrebbero mai potuto trovare spazi di tempo nella programmazione dove inserirlo. Altre stazioni lo relegarono a orari di basso ascolto.

A St. Louis, dove la stazione televisiva pubblica KETC mise in programma il documentario e lo annullò all'ultimo momento, in un editoriale del "*Post-Dispatch*" ci si chiedeva se il programma avrebbe subito lo stesso trattamento, se avesse minimizzato il rischio delle radiazioni. Probabilmente, concludeva il giornalista, le stazioni TV avevano cercato di e-

---

[74] Paul Jacobs, "*Clouds from Nevada*", *The Reporter*, 16 maggio 1957, ristampata in *Health Effects of Low-Level Radiation*, Vol. 1, pp. 45-64. Jacobs fu tra i pochi a scrivere dell'impatto distruttivo dei test in Nevada sui residenti sottovento rivolgentosi ad un pubblico a livello nazionale, già nel 1957. Un altro fu Ralph Friedman, giornalista *free-lance* che aveva scritto per il settimanale dell'Esercito U.S.A. *Yank* nel corso della II Guerra Mondiale. Il *reportage* di Friedman apparve su *The Nation* nell'autunno 1957 con il titolo "LA «GROUND ZERO» DELLA PORTA ACCANTO". Il governo federale, concludeva Friedman nel suo articolo, "ha fatto un gran lavoro di pubbliche relazioni nel minimizzare l'importanza di tutti i temi collegati alle radiazioni". Ma notava come "gli addetti alle P.R. dell'*AEC* hanno lo scomodo compito di praticare la doppiezza. Dicono ai pastori isolati e ai minatori che non hanno nulla da temere [...] Poi dicono agli abitanti dei nuclei urbani che i test sono «sicuri» perché la ricaduta va a finire «in territori desertici virtualmente disabitati»", Ralph Friedman, "*Next Door to Ground Zero*" *Nation*, 19 ottobre 1957, pp. 256-259.) Quando abbiamo chiesto a Friedman quale fu la risposta al suo articolo su *Nation*, rispose: "Per quanto ne so, nulla".

vitare le controversie "solo perché il film metteva in dubbio la sicurezza delle radiazioni e perché il governo e l'industria... hanno speso milioni per propagandare l'energia nucleare (e le relative radiazioni) come sicure".
Paul Jacobs e la Gang del nucleare vinse il solo Emmy Award che la *Public Broadcasting Service* ricevette nel 1979. Ma alla fine del 1981 il PBS, fortemente dipendente da sovvenzioni del governo e dei privati, non aveva ancora erogato i fondi per la seconda puntata del documentario che i produttori avevano proposto di realizzare.

I test nucleari sotterranei

Una delle più diffuse leggende sul programma di esperimenti atomici americani, e delle più erronee, è che la relativa ricaduta radioattiva sia cessata con l'entrata in vigore nel 1963 del *Limited Test Ban* [Accordo di messa al bando limitata]. Quando i test atomici si spostarono sottoterra, la gente ritenne che la radiazione dovuta alle prove degli ordigni fosse sparita. Questa rassicurante ipotesi accanitamente sostenuta dal governo, è falsa.
Nel 1979, il governo U.S.A. ammise che più di 35 delle circa 330 detonazioni nucleari "sotterranee" avevano mandato radioattività al di fuori del poligono di prova del Nevada, durante gli anni '60 e all'inizio dei '70. E il direttore del poligono di prova, Generale Mahlon Gates, disse che il governo non era ancora sicuro di aver resi pubblici tutti i test eseguiti in Nevada. Prima di tale annuncio, i portavoce del governo avevano ammesso che solo metà dei test sotterranei avevano rilasciato radioattività al di fuori del sito. "Nel corso di 18 test che hanno rilasciato accidentalmente radioattività nel periodo 1962-1971, i rilasci sono stati di entità assolutamente minima", dichiarò l'addetto stampa del *Department of Energy* David Miller nel dicembre 1978.
Pur ammettendo il numero di test sotterranei che avevano rilasciato radioattività fuori dai confini del sito, i funzionari erano più che mai determinati a minimizzare l'entità di queste fughe. "Non crediamo che ci fossero rischi per la salute allora, e non crediamo ce ne siano oggi", insisteva Miller. Ma tali rassicurazioni suonavano sinistramente familiari. A St. George Irma Thomas, che era una donna di mezza età ai tempi dei test in atmosfera, ci disse che i test sotterranei la mandavano su tutte le furie: "Non credo a tutto ciò che ci dicono riguardo a quanto sono sicuri, sono tutte parole già sentite".
Oltre il confine dell'Arizona, nella cittadina di Fredonia dove l'infuriare della leucemia aveva ucciso quattro persone tra le quali suo marito, Rose Mackelprang reagì con rabbia contenuta ai test sotterranei: "Non credo proprio che si debbano avere ancora delle radiazioni, penso che abbiamo avute abbastanza senza continuare a mettercene delle altre. Abbiamo avuto tutte quelle che ci servivano".
Nel 1980 abbiamo visitato il poligono di test del Nevada e abbiamo girato la piana desertica spazzata dal vento accompagnati da rappresentanti federali. I cartelli presso le porte di accesso fortemente presidiate adesso dicono: "*U.S. Department of Energy*". Ed è una zona militare, come è sempre stata.
Sulla superficie butterata del poligono, che visto dall'alto grazie ai crateri prende l'aspetto di un paesaggio lunare, l'austero ma ecologicamente complesso ambiente desertico sembra trasformato, e profondamente violato.
Per la cronaca, chi gestiva il poligono del Nevada era stato fermo e risoluto: aveva parlato di difesa nazionale, dell'essere preparati, di difesa nazionale, di forte "atteggiamento marziale". Ma un vecchio addetto degli impianti ci aveva detto, dopo aver chiesto di spegnere il registratore: "Nessun capo di stato del mondo ha mai assistito ad un'esplosione nuclea-

re. Per me è una cosa terrificante". E aggiunse: "Non credo ci sia qualcuno che dopo aver assistito a un'esplosione nucleare non si sia chiesto: Mio Dio, cosa abbiamo fatto?"
All'inizio degli anni '80, detonazioni nucleari fino a 150 kilotoni ciascuna si succedevano nel sito di test sotto il deserto del Nevada al ritmo di una ogni tre settimane. E quando l'amministrazione Reagan andò al potere nel 1981, promise di aumentare il ritmo.
Un cratere a forma di cono, profondo un centinaio di metri e con un diametro di mezzo chilometro, è stato lasciato da un "sistema" all'Idrogeno chiamato *Sedan*. Diciotto anni dopo che un'esplosione termonucleare da 104 kilotoni lo ha prodotto, il cratere, ingentilito da una piattaforma di osservazione e da un cartello esplicativo, è diventato un monumento alla forza distruttiva dell'arsenale nucleare. Ma quando venne fatto esplodere allo scopo di sperimentare un possibile uso dell'energia nucleare a scopi di trivellazione, *Sedan* mandò un'intensa radiazione verso la costa est degli Stati Uniti. Probabilmente poco si sarebbe saputo di questo ben studiato disastro se non fosse stato per alcuni dottorandi dell'Università dello Utah e di un loro coraggioso professore che stavano visitando un canyon, una trentina di chilometri a sudest di Salt Lake City.
Il 7 luglio 1962 il radiologo Dottore Robert C. Pendleton stava facendo una esercitazione sul campo con i suoi studenti nel Big Cottonwood Canyon.
"Misuravamo i livelli di radioattività in differenti contesti ambientali", ricorda il Dottore Pendleton. "Quando arrivò una nube di materiale radioattivo e gli strumenti impazzirono. Compresi che eravamo sotto il fallout e allora portai gli studenti via da quella collina, verso il fondovalle". Il fallout aveva centuplicato le normali letture dei contatori.
Non c'era stato un allarme ufficiale, solo "il solito annuncio che erano in corso test atomici", ricorda il redattore del "*Deseret News*" Joseph Bauman. Il governo federale sarebbe stato felice di lasciar cadere la questione, ma il Dottore Pendleton non era d'accordo: "Trovammo Iodio radioattivo in tutti i bambini, nel latte e nelle piante su cui facemmo misure in tutta la zona settentrionale dello stato".
La determinazione di Pendleton di valutare l'impatto della ricaduta di *Sedan* obbligò il Dipartimento della Salute dello Utah a distruggere diverse centinaia di ettolitri di latte corretto con Iodio 131 radioattivo, devastante per la tiroide umana, che sarebbero stati altrimenti consumati dagli ignari abitanti dello Utah. L'azione ridusse in parte i danni della ricaduta di *Sedan* alla loro salute. Ma fece infuriare la Casa Bianca, che reagì "ordinando al Servizio per la Salute Pubblica di far transitare i suoi rapporti attraverso l'Ufficio stampa della Casa Bianca", come riportò diciassette anni dopo il "*Deseret News*" sulla base di documenti recentemente declassificati.
Quando questi documenti tenuti a lungo segreti vennero alla luce, il giornale di Salt Lake City pubblicò un'intervista con il dottor Pendleton sulle conseguenze dei test non atmosferici del luglio 1962. Iodio radioattivo, Cesio e Stronzio aumentarono "molto sensibilmente" dopo lo scoppio di *Sedan*, ricordò Pendleton. "Riferimmo del rischio al governatore George D. Clyde, ma il Servizio per la Salute Pubblica federale raccontò una storia differente alla divisione per la Salute Pubblica dello Utah". La politica federale di smentire gli allarmi sulle radiazioni impedì la messa in atto di precauzioni che avrebbero contribuito a evitare di contaminare la popolazione. Come osservò Pendleton, "Le dichiarazioni pubbliche che non c'erano da temere rischi dal le nubi di fallout sono state riprovevoli".
Nel corso degli anni '60 Pendleton continuò a suonare l'allarme sui danni delle radiazioni dai test sotterranei, e l'ostilità nei suoi confronti crebbe. Il conflitto si esacerbò nel 1963, con la pubblicazione di un articolo su "*Science*" sui livelli di Iodio 131 nello Utah durante l'estate del 1962. Pendleton e due colleghi sottolinearono che le tiroidi di migliaia di abi-

tanti dello Utah erano messe in serio pericolo dalle detonazioni fatte in Nevada l'estate precedente, con rischio massimo per i bambini entro i due anni.

In un successivo articolo su "*Science*" del 1964, si chiariva che la nazione intera era a rischio a causa dei test sotterranei. Il dottor Edward A. Martell, ex incaricato del governo USA del monitoraggio del fallout, presentò prove documentarie del fatto che le esplosioni sotterranee erano responsabili di alti livelli di Iodio 131 nel latte, dal Pacifico nordoccidentale al Midwest, al sudest degli Stati Uniti.

"Anche per i test sotterranei, che essendo contenuti nel sottosuolo rilasciano quantità limitate di gas radioattivi, non va sottovalutato il rilascio di Iodio 131", scrisse Martell. E aggiunse: "Il controllo della ricaduta di Iodio 131 sarà più efficiente se effettuato alla fonte, piuttosto che controllare la distribuzione e il consumo di latticini freschi [...] L'elevata frequenza di dispersione di elementi radioattivi nei casi dei precedenti test, suggerisce che non siano state prese misure per contenerli, o che il contenimento stesso è incerto e difficoltoso".

A un osservatore ignaro, il dibattito scientifico sullo Iodio 131 dei test sotterranei sarà sembrato un po' accademico. Ma in una comunità come Pleasant Grove, vicino a Provo, nello Utah, situata sul percorso della ricaduta di *Sedan* e di molti altri test, la questione appariva meno astratta. Alla fine dei '60, sette bambini in un paese di 5.000 abitanti morirono di leucemia, un'incidenza dieci volte maggiore della media nazionale.

Pendleton si trovò i fondi federali per la ricerca tagliati perché pubblicava dei dati di misure nello Utah considerati "troppo alti". Alcuni tra i più inquietanti test nucleari venivano classificati come esplosioni di tipo *Plowshare* e servivano a sviluppare la tecnologia per funzioni come l'escavazione. "Di certo, ogni persona su cui viene fatto piovere pulviscolo radioattivo per dei test di tipo tecnico dovrebbe essere pienamente informata dei possibili rischi, e dovrebbe poter decidere se il rischio è giustificato", disse Pendleton in un'intervista a "*Science Digest*" del 1967. E continuò. "Mentre si fanno sforzi a livello nazionale contro l'inquinamento per avere aria pulita, abbiamo un'agenzia che propone di rilasciare quantità massicce di inquinamento radioattivo sulla popolazione senza chiedere se possono farlo".

Nel 1981 abbiamo chiesto a Robert Pendleton di dirci qualcosa sulla sua ventennale contesa con le autorità responsabili dei test nucleari. Il Dottore Pendleton, all'epoca ancora ricercatore a capo del Dipartimento di Radiologia presso l'Università dello Utah, sembrava stanco di combattere. Declinò l'invito a parlare dei vecchi insabbiamenti, e delle pressioni subite.

Ancora nubi radioattive

Alla fine degli anni '60 e anche oltre, il fallout aggiuntivo che chi criticava i test sotterranei aveva cercato di prevenire si verificò davvero quando diverse esplosioni sottoterra spedirono radioattività in giro per gli USA e perfino in Canada.

Dal 1966 al 1975 l'incaricato federale ufficiale del monitoraggio della ricaduta fuori del sito dovuta alle esplosioni sotterranee è stato il Colonnello Raymond E. Brim, capo delle operazioni dell'*Air Force Technical Applications Center*. L'8 dicembre 1968, una esplosione della serie *Plowshare* da 30 kilotoni detto in codice *Schooner* mandò alta sopra il poligono del Nevada una tempesta di radioattività.

Come al solito l'ente di Brim cominciò a monitorare il fallout.

"La nube che sgorgava [da sottoterra] fu seguita in continuo dagli aerei dell'*Air Force* finché raggiunse il confine del Canada, dove gli ordini in vigore vietavano di seguirla", Brim rivelò più di un decennio dopo. "Ricordo che pochi giorni dopo sul "*New York Times*" apparve un articolo che riportava di un aumento di radiazioni rilevato in Canada. Quando leggemmo l'articolo, capimmo che si trattava della nuvola che avevamo seguito fino al confine". Ma per il momento Brim e i suoi colleghi rimasero zitti. E dal momento che né il governo americano né quello canadese intendevano dire con chiarezza che il test statunitense era la causa dell'incremento dei livelli di radiazione in Canada, la questione rimase irrisolta e venne dimenticata dal pubblico.

Dalla nuvola del test *Schooner* "piovvero" radiazioni su tutto il continente. "Ma non fu registrata in nessuna località ad est del Mississippi, perché l'AEC non aveva stazioni di monitoraggio a est del fiume", secondo Brim, che definì la strategia del governo "un intelligente adattamento del trucco detto «tenete-spenti-i-monitor»".

Mentre lavorava per l'*Air Force*, Brim seguì il programma del Pentagono e marciò al suo passo. Ma nei primi sette anni dopo la pensione, il Colonnello Brim ripensò alle conseguenze delle fughe radioattive dei test sotterranei. Il 1° agosto 1979, testimoniò in un'udienza del *House Subcommittee on Oversight and Investigations*.

"Ci sono prove inconfutabili e documentate che mostrano come la popolazione, non solo di Utah e Nevada, ma di un'area molto più vasta degli Stati Uniti, sia stata soggetta a sua insaputa ai fallout di detriti radioattivi sfuggiti a test sotterranei e di escavazione, condotti al poligono di test del Nevada", disse Brim alla commissione congressuale. "A causa delle variabili meteorologiche e dei venti, questi materiali volatili sono stati spesso trasportati molto più lontano di quanto sia stato rivelato al pubblico". Per quanto la testimonianza di Brim avvenne durante un'udienza pubblica a Capitol Hill, né il "*New York Times*", né il "*Washington Post*", né altri influenti testate nazionali spesero una parola riguardo ad essa. Oltre un anno dopo, a gennaio del 1981, Brim dichiarò chiaro e tondo che "gli americani sono stati esposti a livelli pericolosi di radiazione da test sotterranei definiti «sicuri» lungo tutti gli anni '60 e '70, e sono in pericolo ancora oggi". In un articolo pubblicato dal "*Washington Monthly*", il Colonnello Brim accusò: "Proprio come il rischio della ricaduta continua, continuano gli sforzi deliberati del governo di coprire la situazione. Funzionari del Dipartimento dell'Energia sono perfettamente a conoscenza del fatto che gli esperimenti sotterranei non possono contenere del tutto le radiazioni, eppure manipolano le informazioni o le nascondono addirittura al pubblico. Proprio come facevano negli anni '50 i rappresentanti istituzionali rifiutano di rivelare informazioni che sarebbero necessarie a quelli che vivono presso il rischio nucleare per proteggersi".

Era una presa di posizione dura per qualcuno che, per quasi dieci anni ha coperto la funzione di ufficiale più alto del Pentagono incaricato di monitorare ciò che sfuggiva ai test nucleari sotterranei. "Oggi sembra incredibile, che portavoce del governo potessero proclamare a viso aperto che trovarsi sottovento rispetto ad un'esplosione nucleare in atmosfera fosse perfettamente sicuro", continuò Brim. "Sembra altrettanto incredibile che la gente creda a tali affermazioni. Eppure tale mentalità continua a funzionare, con Washington che fa asserzioni sulla sicurezza dei test sotterranei che negli anni a venire saranno considerate grottesche , e tanti che si trovano d'accordo e annuiscono".

Il direttore del Nevada Test Site durante i primi anni '80, Mahlon Gates, fece un'apparizione pubblica in occasione di un'udienza del Congresso nel 1979, con la chiara intenzione di sminuire le avvenute fughe di radiazione in seguito ai test. Il Colonnello Brim osservò, comunque, che le stime di Gates "riguardo all'ammontare totale di radiazione sottovento al sito di test nel periodo dal 1951 al 1969 corrispondono a meno di ¼ della radiazione che il Servizio di Sanità pubblico misurava dopo una singola esplosione nello stesso sito". Brim portava come esempio dei rischi attuali – e degli inganni governativi – cui alludeva il test nucleare sotterraneo *Baneberry*. Quando sfogò in atmosfera il 18 dicembre 1970, *Baneberry* emanò una nube fungiforme radioattiva alta 2.500 metri. Dieci anni dopo, i documenti ufficiali del governo USA sostenevano ancora che soltanto "livelli minimi di radioattività" erano stati rilevati fuori area a causa di *Baneberry*. Ma il colonnello Brim, responsabile del monitoraggio fuori area per il test *Baneberry*, portò come prova "che una concentrazione pericolosamente alta di Iodio 131, sottoprodotto radioattivo, è stata rilevata nel latte delle mucche dello Utah e del Nevada che hanno ingerito erba esposta alla ricaduta di Baneberry. Cervi e mucche sino a 650 chilometri dal poligono di prova avevano concentrazioni superiori alla norma di Iodio nelle ghiandole tiroidee, e la tiroide di un feto di pecora conteneva cinque volte più Iodio di quella della madre".

Condizioni meteo favorevoli mitigarono l'impatto del fallout di *Baneberry*. Il dottor Robert Pendleton calcolò che se l'incidente fosse avvenuto durante l'estate il risultato per gli abitanti dello Utah avrebbe potuto essere "una dose di radiazione alla tiroide molto rilevante".

La radioattività di *Baneberry* fu portata dalle correnti nel nordovest, nel Midwest e nel New England, arrivando sino al Canada. La primavera successiva il dottor Sternglass e i suoi colleghi accumularono dati sui punti di discesa del fallout. Confrontarono poi i dati con il Resoconto Statistico Mensile di Sanità americano sulla mortalità infantile tra coloro nati dopo il test. "In tutti gli Stati dove la radioattività è salita di più (Idaho, Montana, Oregon, Nevada, Washington, Nebraska, sino al Minnesota e al Maine) la mortalità infantile salì altrettanto rapidamente nei primi tre mesi dopo il test", scoprì Sternglass. "In tutto il resto degli U.S.A., la tendenza generale al declino era invece continuata".

Le morti prenatali nella Contea di Bannock, nell'Idaho sudorientale, in piena traiettoria della ricaduta di *Baneberry* del dicembre 1970,[75] salirono nel 1971 al livello massimo mai raggiunto a confronto dei cinque anni precedenti.[76] Quell'anno si ebbero 21 casi ufficialmente registrati di morte fetale nella Contea di Bannock, il 62% in più della media degli anni dal 1966 al 1976.[77]

Il caso dello sfogo in atmosfera del test sotterraneo *Baneberry* era stato un caso sfortunato, difficilmente ripetibile? Il governo degli Stati Uniti diceva di sì. Ma una nota confidenziale delle Forze Armate del 1974 scritta dal Capitano William Gay, ufficiale del programma di sperimentazione nucleare, diceva altrimenti. Resa pubblica grazie agli sforzi del senatore nel 1979 il memorandum del Capitano Gay dice che "Sulla base delle passate esperienze all'NTS [Nevada Test Site], prevale un'incidenza piuttosto alta per un rilascio di radioattività come *Baneberry*". Gay nel memo aggiunge che "il rischio non è di uno su un milione, o così basso da non essere preoccupante. Gli sfoghi si sono verificati e probabilmente si verificheranno ancora".

---

[75] La ricaduta di *Baneberry* dopo la fuga si divise su tre direttrici principali. Il segmento occidentale finì nella zona dell Idaho Falls nell'Idaho sudorientale, passando direttamente sopra Bannock County, "*Deseret News*", 27 gennaio 1978. V. anche, EPA, *Final Report of Off-Site Surveillance for the Baneberry Event*, 18 dicembre 1970, Western Environmental Research Laboratory, SWRHL-107r, febbraio 1972, spec. pp. 31, 51.

[76] Le statistiche sulle morti prenatali nella Contea di Bannock e dell'Idaho in generale sono riportate nella tesi di dottorato in antropologia di Edward B. Beldin alla Idaho State University: "*A Bioanthropological Approach to the Effects of Air Quality on Human Health, with Emphasis on the Incidence of Stillbirths in Two Southeast Idaho Cities*", 1978.

[77] Ibid. Quando messe in rapporto con i nati vivi, le morti di feti nella Contea di Bannock nel 1971 mostrano anomalie ancora maggiori in rapporto con altre annate.

Il Capitano Gay, direttore dei test della Divisione per le Applicazioni Militari della Commissione per l'Energia Atomica, scrive ancora nel memo: "Considerate le esperienze precedenti, ci si possono aspettare fughe massicce in circa 1: [rapporto cancellato dal censore] casi". Anche dopo la decisione di desecretare il documento nel 1979, a quanto pare non ci si fidava di far conoscere al popolo americano le stime espresse onestamente da un ufficiale sulle possibilità di future disastrose fughe radioattive dei test nucleari sotterranei.

L'irradiazione dei lavoratori dei test

Bennie F. Levy aveva 32 anni quando cominciò a lavorare al Nevada Test Site nel 1951, il primo anno di test nucleari nell'area.
Nato e cresciuto in un ranch in Arizona, aveva lasciato gli studi per entrare in Aeronautica poco dopo Pearl Harbor e aveva lavorato come meccanico sui quadrimotori *B-24* e sugli altri bombardieri alleati nelle basi del Pacifico. Dopo la guerra divenne carpentiere in metallo e lavorò alla costruzione delle dighe sul Colorado, poi nelle linee elettriche nel sudovest. Membro del Sindacato dei carpentieri metallici, stava lavorando al cantiere di una diga nel nordovest quando sentì parlare di nuove, ottime possibilità di impiego.
"Ero a Walla Walla, Washington nel settembre 1950, quando ricevetti la lettera di un amico che mi diceva di andare a Las Vegas, in Nevada, che stava uscendo un sacco di lavoro", ricordò Levy in un'intervista.
Così nell'autunno del 1951 iniziò la carriera di Levy come carpentiere metallico al poligono di test del Nevada. "Lavoravamo sempre vicino alle radiazioni", ci disse. "Noi chiedevamo, «Si può entrare qui, è sicuro?» E rispondevano, «Sì, sì, è sicuro, tutto a posto qui, è sicuro»".
Levy e gli altri operai costruirono le torri alle quali si sarebbero appese le bombe atomiche prima dello scoppio. All'inizio del 1952 per la prima volta partecipò alla preparazione di un test. "Preparammo tutto, e poi ce ne tornammo a casa". Dalla cittadina di Henderson, a un centinaio di chilometri di distanza, vide il bagliore arancione dell'esplosione atomica. "Era bella. Un bello scoppio. Erano tutti belli".
Il suo lavoro divenne routine. Dopo la detonazione nucleare degli operai dovevano occuparsi direttamente di recuperare delle apparecchiature da ground zero. A turno, Levy e gli altri carpentieri recuperavamo i dati per gli scienziati: "Andavamo da tutte le parti, mezz'ora o un'ora dopo il fatto, dopo lo scoppio. E il fallout, noi ci passavamo dritti in mezzo". Levy qui fece una pausa. "Ovviamente eravamo «radioprotetti» con tute di cotone e cappellini". E quanto a protezioni per la bocca e il naso? "Mai portato un respiratore", rispose.
Dall'inizio alla metà degli anni '80, Levy andò personalmente a svolgere le missioni di recupero "almeno trenta, quaranta volte, forse di più". E, come regola, insieme ai colleghi pranzavamo nelle "aree avanzate" piene di particelle radioattive contenenti anche Plutonio. "Certe volte", ricordava, "addetti al monitoraggio venivano da noi con i contatori Geiger e prendevano le letture sul mio cestino del pranzo o sugli attrezzi. Questo fatto mi lascia pochi dubbi sul fatto che stavo continuamente respirando e ingoiando polvere radioattiva. Non c'era dove lavarsi la faccia o le mani, e non potevamo lasciare l'area contaminata per mangiare, perché ci sarebbero voluta una mezz'ora in più".
Bennie Levy lavorava al sito di test da circa un anno quando – senza che lui, i suoi colleghi, o il pubblico in generale, ne sapesse nulla – le persone che contavano dell'*Atomic Energy Commission* si riunirono per discutere le loro condizioni di lavoro.

Nelle parole delle minute dell'AEC allora segrete, "i membri della commissione hanno espresso la preoccupazione che i lavoratori possano essere esposti a pericoli connessi alle radiazioni per un tempo troppo lungo". Gli appunti dell'AEC mostrano che durante un successivo meeting, due settimane dopo, la commissione stabilì che "i sistemi usati per determinare l'intensità e la durata dell'esposizione lasciano talvolta a desiderare come affidabilità, e in generale non si può dire che i problemi di esposizione nel sito siano stati completamente risolti".

Ma gli operai come Bennie Levy non ebbero sentore di queste discussioni fatte a livello ufficiale. Andarono avanti col loro lavoro ben pagato, convinti che le loro attività contribuisse alla sicurezza nazionale. Comunque Levy fece caso ad alcune cose strane. "Per quanto ci venisse assicurato che non c'era pericolo, trovavo un po' curioso che gli ispettori e il personale dell'AEC non restasse nell'area. Gli feci domande in varie occasioni, e mi venne detto che loro non dovevano rimanere".

Quando il programma di esperimenti nucleari si spostò sottoterra all'inizio degli anni '60, Bennie Levy partecipò alle operazioni di trivellazione. In questa occasione, "Presi parte ad operazioni che mi causarono esposizioni, in svariate occasioni". Spesso i test sotterranei sfogavano all'esterno e spargevano radiazioni, "ma noi continuavamo a lavorare nello stesso punto, come se non ci fosse alcun pericolo".

E le cavità lasciate dalle esplosioni nucleari trattengono radiazioni per giorni e persino per anni.[78]

I casi di cancro e le morti per leucemia tra gli operai del poligono di test divennero evidenti per coloro che avevano lavorato assieme. Ma il governo non condusse alcun studio sulla salute dei lavoratori del sito. "Anzi", secondo Levy "la semplice ipotesi che le radiazioni avessero causato il cancro fu fermamente respinta. Per la mia categoria, i carpentieri metallici, non ho bisogno di conferme perché ho visto letteralmente i colleghi morire davanti ai miei occhi".

Alla fine degli anni '70, dopo più di venticinque anni di lavoro al poligono, Levy lasciò il lavoro e cominciò a studiare lo stato di salute della gente con cui aveva lavorato. Levy documentò che, di 350 carpentieri come lui impiegati nel sito, due erano morti di leucemia. Su 350 uomini, persino un singolo caso di leucemia sarebbe stato insolito in circostanze normali.[79]

Nel 1981, aveva messo insieme un elenco di 132 persone che erano morte di cancro o di malattie del sangue su 3.100 operai che lavoravano in zone altamente contaminate nei punti avanzati del Nevada Test Site. Tre uomini della lista, Clarence Crockett, Robert Sendlein e Warren Snyder morirono di mieloma multiplo tra il 1977 e il 1978.[80] E in solo tre mesi, nella primavera del 1981, tre ex lavoratori della squadra di trivellazione del poligono morirono di cancro al cervello.

Tra gli uomini della lista di Bennie Levy, diciotto morirono di leucemia, un'incidenza cinque volte il valore normale. Altri due, finiti in una densa nube radioattiva dopo il test sotterraneo *Baneberry*, morirono di leucemia mieloide acuta.

---

[78] *Final Environmental Impact Statement, Nevada Test Site*, pp. 2-99, 2-106. Oltre alle fughe dovute ad operazioni di "trivellazione" l'*EPA* ha ammesso che dai crateri lasciati da *Sedan* e da altri scoppi sotterranei hanno continuato a filtrare radiazioni, EPA, "*Off-Site Environmental Monitoring Report for the Nevada Test Site and Other Areas Used for Underground Test Detonations*", Las Vegas, 1977, 1978.
[79] L'incidenza normale di leucemia su un numero paragonabile di maschi americani, come determinata per lo studio sui partecipanti al test di *Smoky* citato nel Capitolo 2, sarebbe di meno di 4 casi, contro i 18 casi di leucemia rilevati da Levy tra gli operai del sito.
[80] "*Deceased Nevada Test Site Workers*", lista fornita da Levy, 1981.

Ancora nel 1981 il governo U.S.A. negava che la radiazione di Baneberry fosse stata all'origine della leucemia che uccise i due lavoratori, il sorvegliante Harley Roberts e il saldatore William Nunamaker. Essi si trovavano tra i 68 lavoratori portati all'infermeria del sito dopo essere rimasti investiti dalle nubi radioattive che si erano sprigionate dal condotto. I due casi di leucemia su 68 soggetti superano di molto l'incidenza normale.
"Vorremmo solo che venisse riconosciuto che siamo a conoscenza del fatto che i nostri mariti sono morti di leucemia dovuta alle radiazioni", disse la vedova Louise Nunamaker, seduta vicino a Dorothy Roberts ad un sottocomitato congressuale nel 1979. "Ho visto un uomo forte e robusto morire, una persona meravigliosa che amava il suo Paese, che lo ha anche servito in guerra. Credo che nessuno possa avere idea dell'inferno che abbiamo attraversato, tra deposizioni giurate e le affermazioni del governo che la documentazione d'archivio su mio marito è andata distrutta, e così via. Ci sono state dette solo falsità. È stata molto, molto dura per noi due".
La vedova ricorda che Bill Nunamaker "Non ha mai detto niente finché non è stato sul suo letto di morte. Allora disse, «Mamma, tu sai cosa mi ha ucciso. Valli a cercare»".
Louise Nunamaker e Dorothy Roberts ci provarono. Quando il DoE fece orecchio di mercante alle loro accorate richieste, si rivolsero a una corte federale e intentarono una causa. Ma le due vedove avevano scarse risorse finanziarie da usare contro una controparte con mezzi a disposizione virtualmente illimitati. Quando un giornalista del "*Los Angeles Herald Examiner*" domandò al capo procuratore del Dipartimento della Giustizia americano incaricato del caso, William Z. Elliott, quanto il governo fosse disposto a spendere per la causa Nunamaker/Roberts questi rispose: "Tutto quello c'è da spendere per vincere".[81]

Non se ne vede la fine

Nell'autunno del 1980 ancora un altro test sotterraneo in Nevada mandò radiazioni fuori area. I residenti provarono una brutta sensazione di dejà vu.
Il governatore dello Utah Scott M. Matheson era disgustato. "Questa mancanza di comunicazione assomiglia troppo a quanto succedeva tra lo Stato dello Utah e l'*Atomic Energy Commission*... trenta anni fa", scrisse il governatore in una lettera al Dipartimento per l'Energia. "Mi oppongo a questo disprezzo verso per il diritto degli abitanti dello Utah di sapere quando c'è anche la minima possibilità di un aumento di radioattività nel nostro Stato in seguito ai test nucleari in Nevada".
In effetti, i fatti erano andati secondo il solito copione. Il *Department of Energy* aveva aspettato dodici ore dal momento in cui la fuga radioattiva del 25 settembre era stata scoperta, prima di allertare l'*Environmental Protection Agency* (EPA), il dipartimento federale responsabile per il monitoraggio fuori area. Nonostante le pubbliche rassicurazioni da parte del DoE che la radiazione "non si prevede lasci il poligono di test del Nevada", l'EPA in seguito segnalò di aver rilevato gas Xeno radioattivo presso il confine con la California.
Come nel caso dello Utah, le autorità della California appresero dell'incidente nucleare dai media, circa quattro ore dopo che l'EPA era stata informata del problema, e sedici ore

---

[81] "*Los Angeles Herald Examiner*", 11 marzo 1979. Nel 1980 e all'inizio del 1981, un totale di 263 cause furono avviate alla Corte Distrettuale per conto di ex lavoratori al Nevada Test Site, che chiedevano risarcimenti per tumori e altre malattie connesse alle radiazioni, "*San Diego Evening Tribune*", Associated Press, 14 novembre 1980; "*Las Vegas Sun*", 26 febbraio 1981. Nel 1980 fu fondata l'Associazione delle vittime di radiazioni al Nevada Test Site, con Bennie Levy come presidente.

buone dopo che il personale del DoE del poligono avevano scoperto la fuga. Intanto, in meno di diciotto ore dopo l'incidente il gas radioattivo aveva percorso 60 chilometri in direzione sudovest fino a raggiungere Lathrop Wells, un paesino del Nevada a circa 15 chilometri dal confine con California.

Il portavoce dell'EPA Chuck Costa riconobbe, quando lo intervistammo, che la sua agenzia non aveva sistemi di monitoraggio disponibili in California in grado di rilevare gas radioattivi come lo Xeno. Le sole centraline dell'EPA capaci di ciò erano fisse in Nevada, disse. Quanto al ritardo nell'annunciare la fuga, Costa (vicedirettore dell'EPA responsabile per la valutazione della radiazione nucleare) disse: "Ci sono stati evidentemente problemi di comunicazione giù al DoE. Avrebbero dovuto chiamarci molto prima".

Quando ci rivolgemmo al DoE per avere un commento, la risposta fu piena di riserbo. "Riteniamo di averli avvisati in tempi appropriati", disse il portavoce del sito di prova David Jackson. "È andata così, e non ho ulteriori commenti".[82]

Il governo U.S.A. continua a tenere moltissimo al suo potere di fare test nucleari in Nevada. Funzionari federali avrebbero vita dura a trovare un altro Stato disposto ad ospitare simili attività. Dopo i test del 1969 e del 1973 gli elettori del Colorado fecero passare un referendum in seguito al quale è necessario una votazione per approvare qualsiasi ulteriore esplosione atomica entro tale Stato.

Nel Mississippi meridionale ci furono due esplosioni atomiche sotterranee a metà degli anni '60, vicino alla città di Hattiesburg. A Carlsbad, New Mexico, nel 1961 un test sotterraneo chiamato *Gnome* mandò radiazioni in atmosfera. Due anni dopo, testimoniando per il Congresso, il dottor Eric Reiss disse che *Gnome* "causò una ricaduta preso Carlsbad, New Mexico, sufficiente a causare nella tiroide dei bambini dosi da 7 a 55 rad".

Ci sono forti indizi che la radioattività abbia causato difetti generici alla seconda generazione. La dottoressa Catherine Armstrong, pediatra a Carlsbad dal 1950, ci disse che in trentun anni di attività fece caso ad un sorprendente aumento di difetti congeniti gravi visibili alla nascita. Tale tendenza non apparve che un po' di tempo dopo che la fuga dell'esplosione atomica aveva portato la radioattività nel 1961.[83]

"I bambini che arrivavano mostravano un notevole incremento di difetti congeniti, molto più di quanto si aveva normalmente in quest'area", disse in un'intervista la dottoressa Armstrong nel 1981. "Malattie cardiache congenite" sono prevalenti, insieme con difetti alle ossa, fegato gravemente immaturo e itterizia, tra i neonati di Carlsbad. La dottoressa Armstrong notò che tali problemi divennero cospicui alla metà degli anni '70, quando molti residenti che erano bambini al momento del test Gnome avevano cominciato a riprodursi. "Deve essere qualcosa di più che una coincidenza", disse.

Come di consueto dai tempi di Franklin D. Roosevelt, l'amministrazione Reagan abbracciò entusiasticamente la sperimentazione nucleare come parte della difesa nazionale. Il deserto del sud Nevada è così diventato il luogo dove l'America porta a compimento lo sviluppo dei suoi ordigni nucleari. Anche senza il loro utilizzo in guerra, queste testate atomiche hanno messo a repentaglio la vita di moltissimi americani e di generazioni a venire di tutto il mondo.

---

[82] Jackson, intervista del settembre 1980. Ma il pioniere della fisica applicata alla medicina Karl Z. Morgan non era indulgente quanto al ritardo. "È molto importante che si faccia un monitoraggio adeguato. Se si aspetta che la nuvola sia passata, si perde totalmente l'informazione sul suo contenuto" ci disse il Dottore Morgan in un'intervista nel settembre 1980.

[83] Cfr. http://nepis.epa.gov.

"Il nostro programma nucleare è stato realizzato nel nome della sicurezza nazionale, per proteggere le vite degli americani", ha commentato Patricia Schroeder, membro del Congresso degli Stati Uniti, nel 1980. "Non si può evitare di domandarsi: chi è stato protetto, e a spese di chi?"

Hiroshima prima dell'agosto 1945, guardando a monte del fiume Motoyasu. Al centro della foto sotto, la Camera di promozione industriale della città, oggi ospitante il Memoriale della pace.

Dettaglio di una fotografia USAF della città, con i cerchi a intervalli di 300 metri da ground zero.

Tinian Island, 1945. Il comandante A.F. Birch numera la bomba atomica "Little Boy" prima che sia caricata sul B-29 "Enola Gay".

Hiroshima, 5 agosto 1945, poco dopo le 08.15.

La palla di fuoco risultante dall'esplosione, dal diametro di 370 metri, raggiunse i 3.980° di temperatura, arrecando danni in un diametro di 3.2 chilometri e generando un "fungo" altro 7.000 metri.

La distruzione a Hiroshima vicino al centro dell'esplosione.

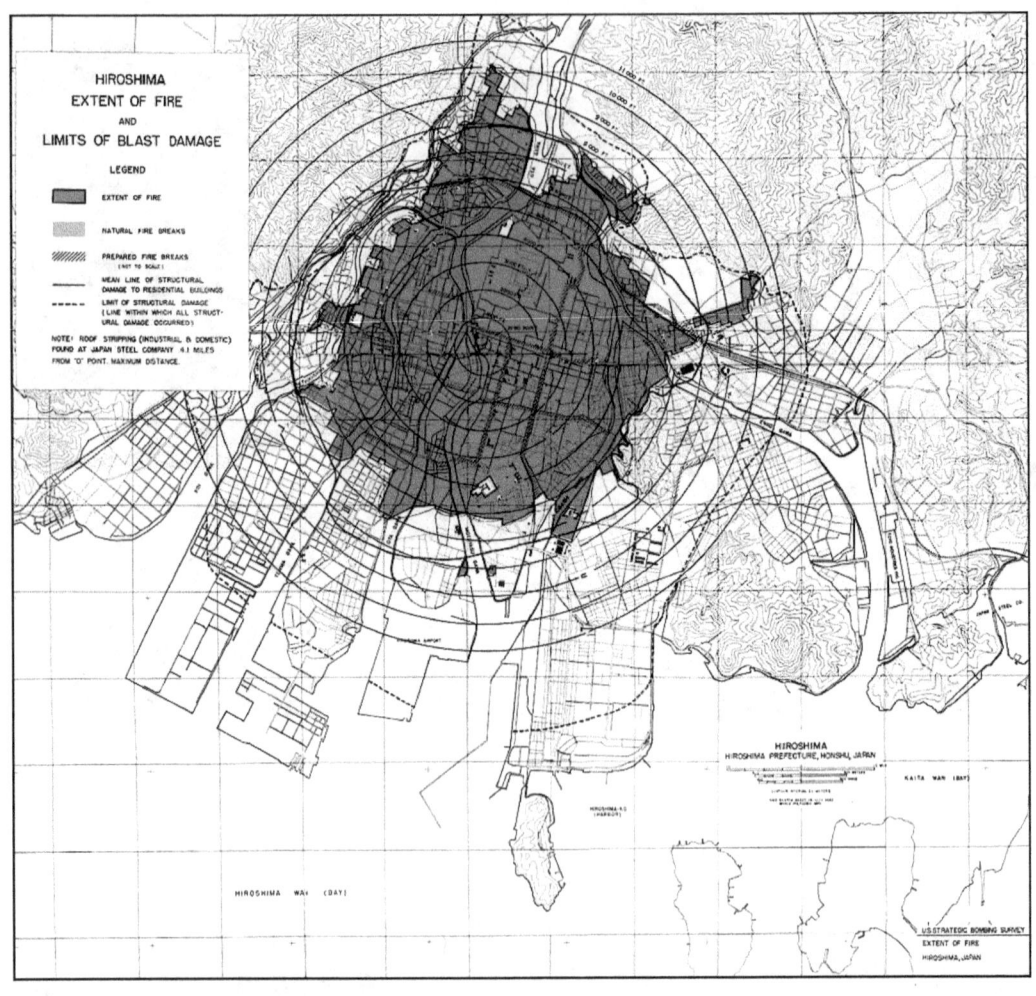

Mappa dei danni a Hiroshima; in rosso l'estensione degli incendi, la linea continua indica il limite medio e la linea tratteggiata il limite massimo dei danni strutturali agli edifici.

I danni allo stabilimento metallurgico di Okita.

Vista aerea del ground zero *di Hiroshima; la bomba esplose direttamente sopra l'incrocio visibile al centro-sinistra della foto, presso l'imbocco del ponte.*

La distruzione a Hiroshima.

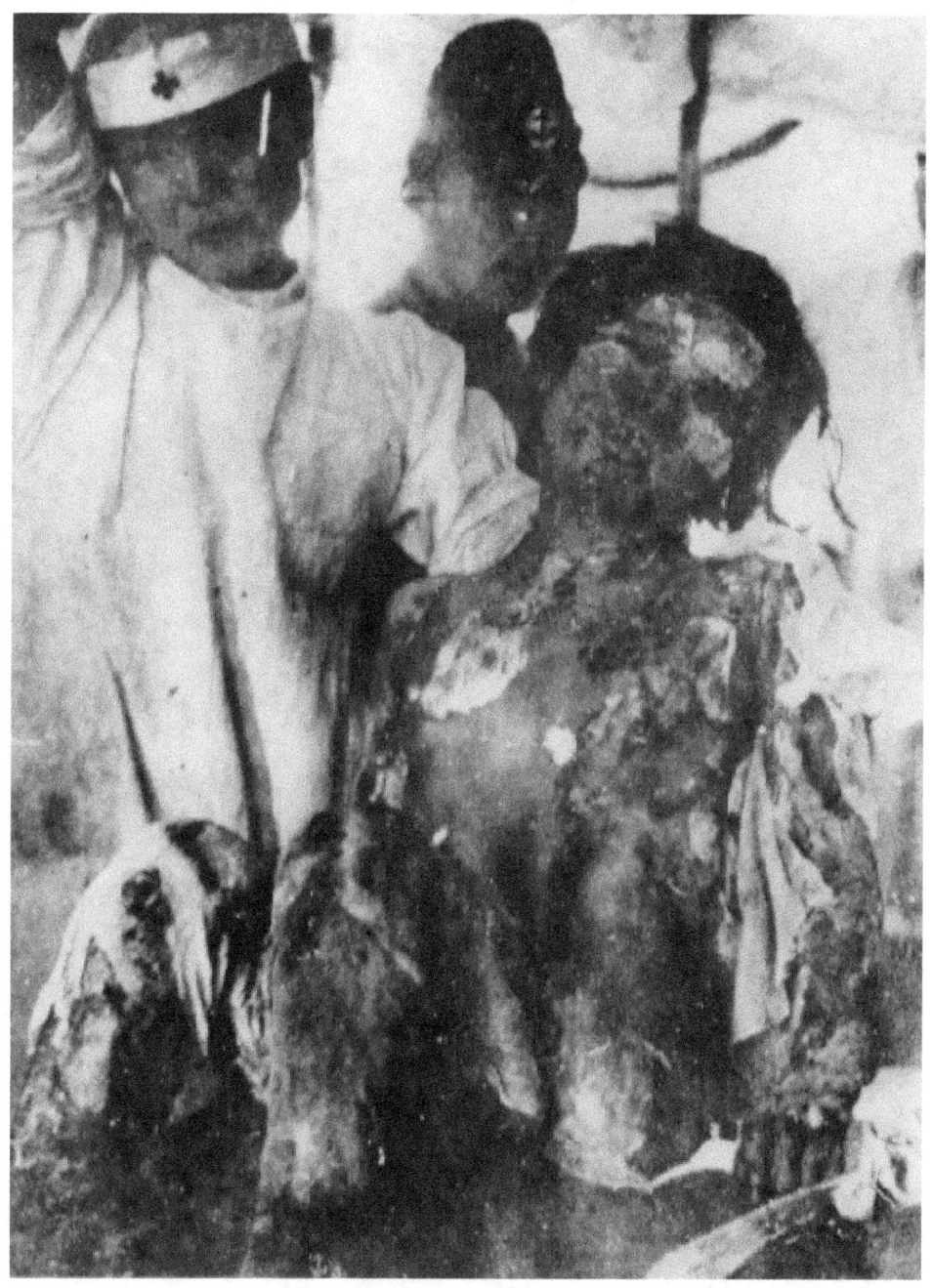

10-11 agosto 1945. Una donna gravemente ustionata all'ospedale della Marina Imperiale di Ohmura.

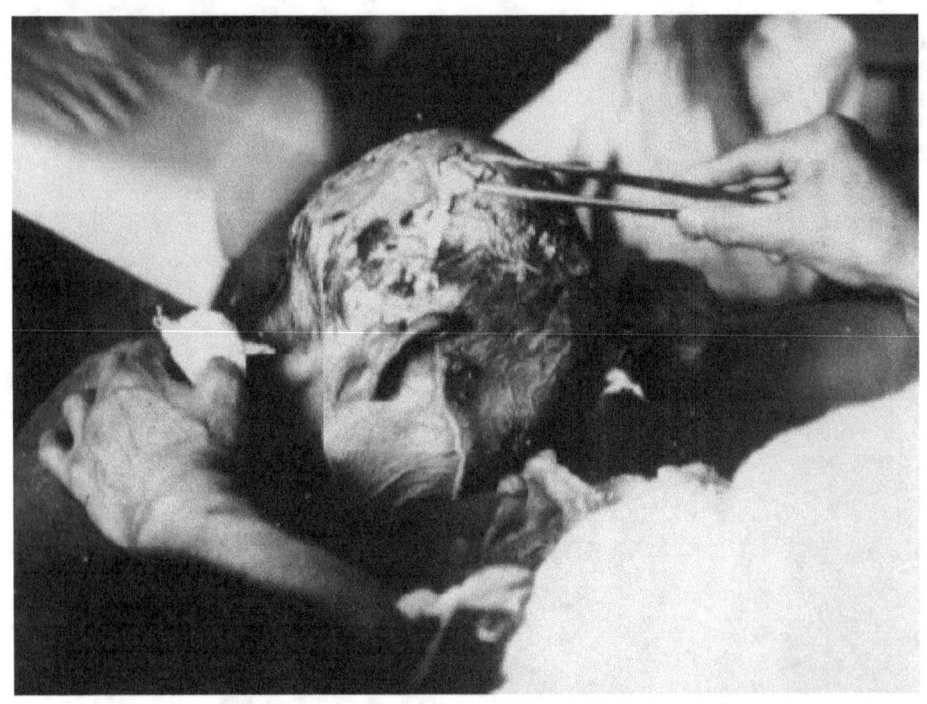

Vittime ricoverate all'ospedale di Nagasaki.

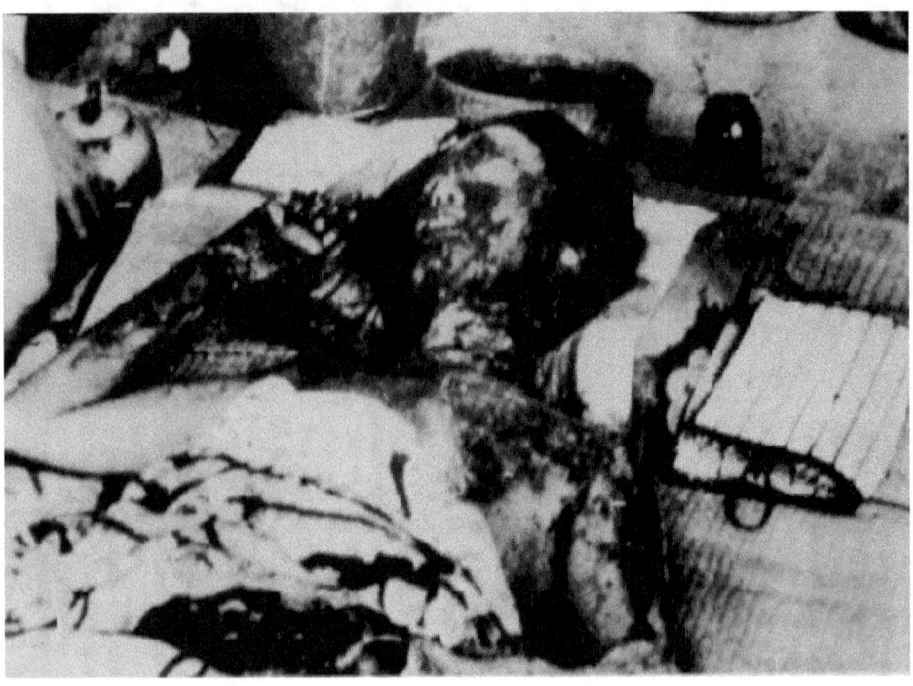

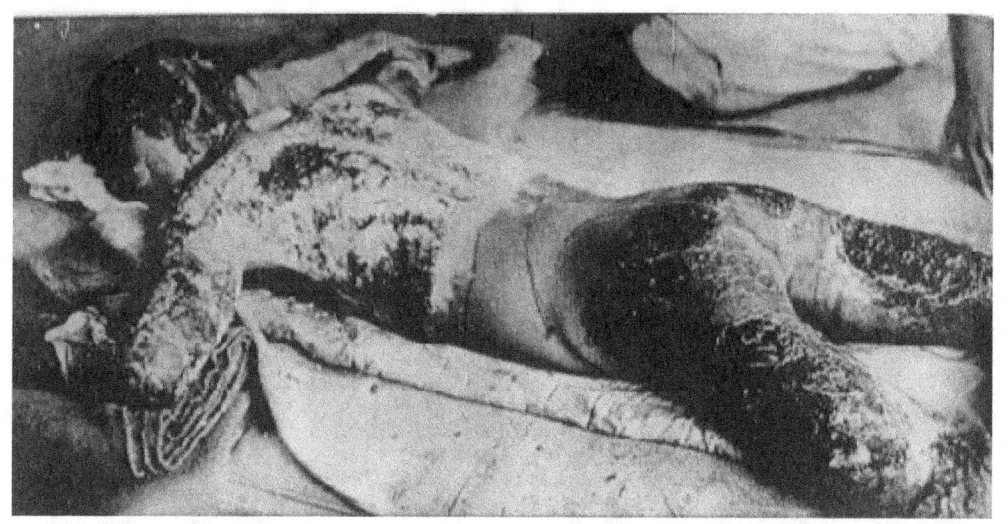

Ustionati gravi a Nagasaki e Hiroshima.

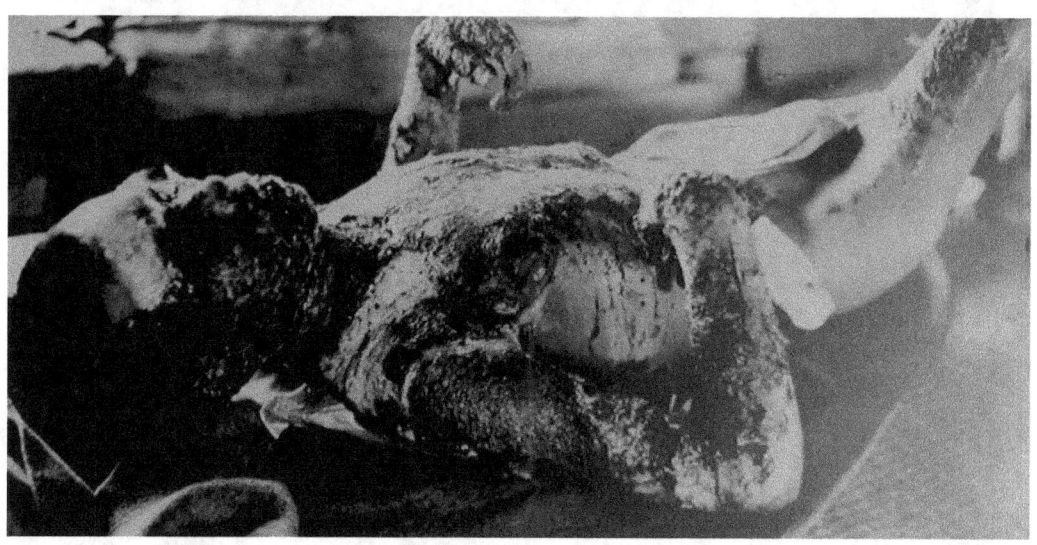

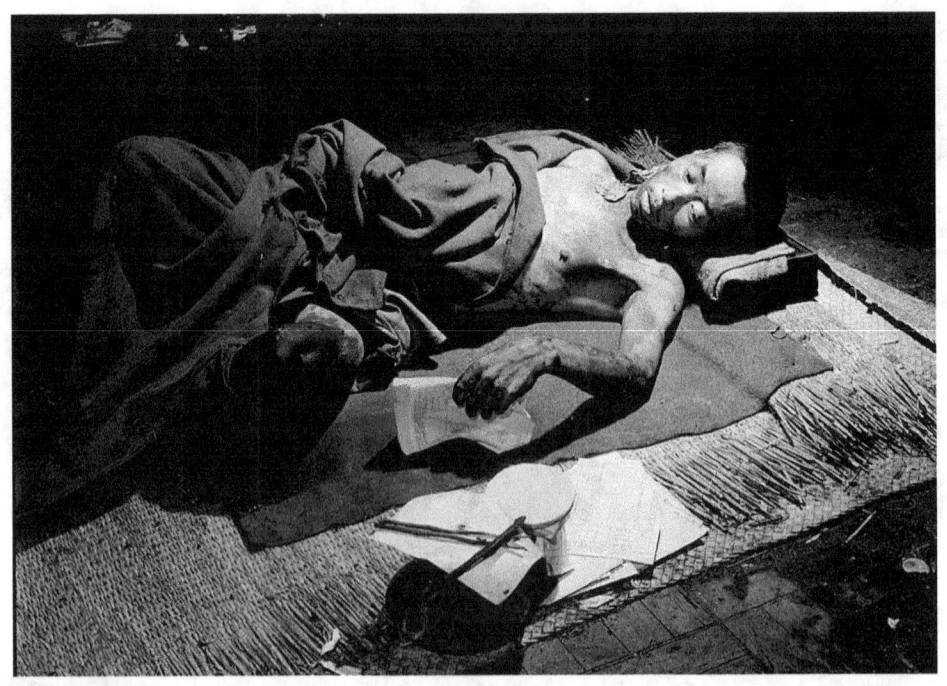

Hiroshima, settembre 1945. Alcuni feriti ricoverati in un ospedale improvvisato.

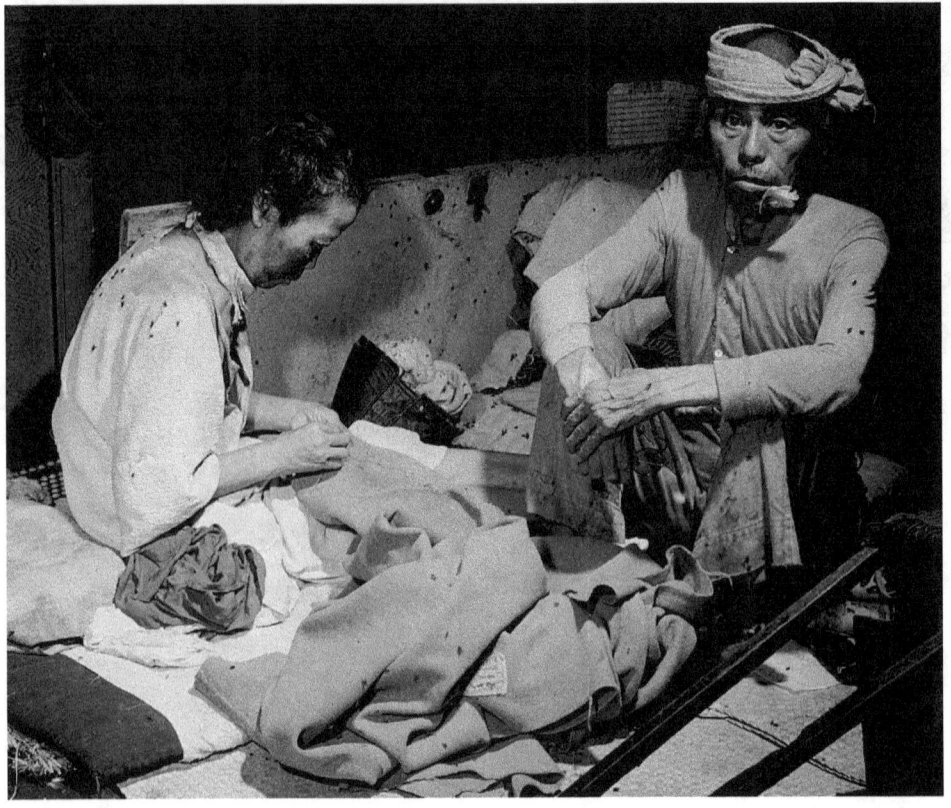

Soldati americani a Hiroshima nell'autunno 1945 nella zona dell'epicentro dell'esplosione.

L'immagine rassicurante dei test nucleari sugli animali su una rivista americana...

Gli effetti del test Apple-2 *del 5 maggio 1955 su alcune costruzioni.*

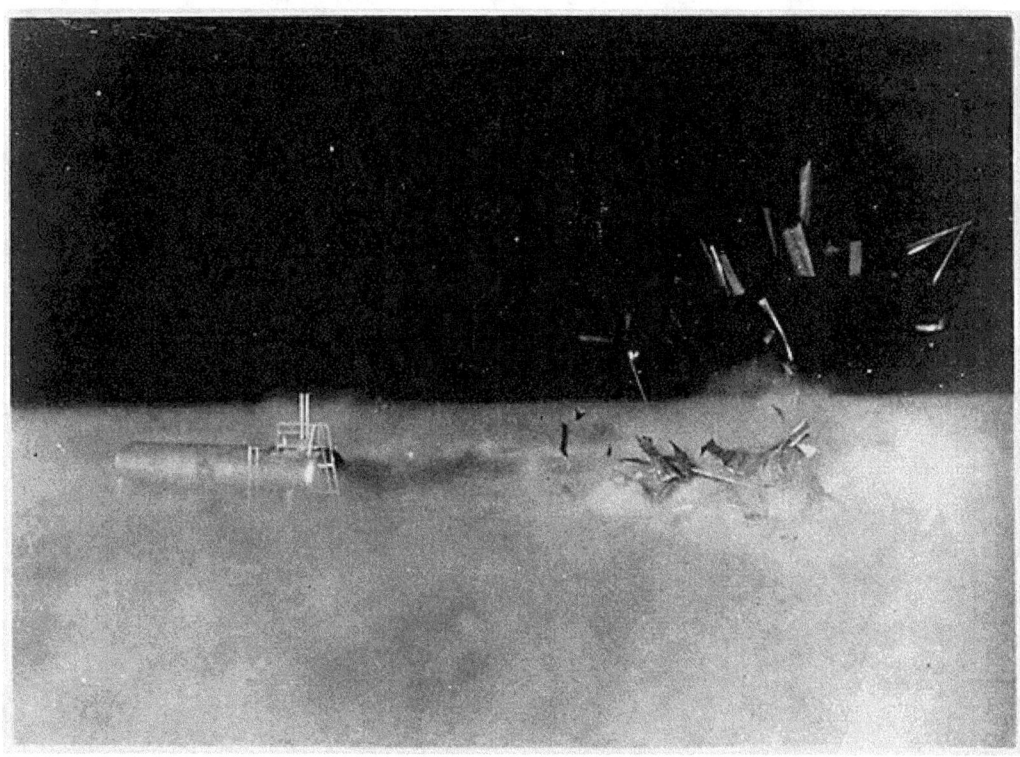

Nevada, 1° maggio 1952. Al test Tumbler-Snapper *parteciparono 2.100* Marines, *che avanzarono sino a poche centinaia di metri dal centro dell'esplosione senza alcuna tenuta protettiva, come in decine di altri test coinvolgenti migliaia di GI. Le scie sulla sinistra del fungo atomico sono artifizi pirotecnici lanciati in modo da formare una griglia per determinare la posizione dell'onda d'urto.*

Frenchman Flat, Nevada, 15 aprile 1955. Collocata su una torre alta 130 metri, la bomba fatta esplodere durante il Military Effect Test *nell'operazione* Teapot *generò 22 kiloton dalla sua testata a Uranio-233.*

Il fronte interno: una famiglia americana si esercita nel"duck and cover" ("gettati a terra e riparati"), come indicato da pamphlet, fumetti e cartoni animati diffusi dalla Civil Defense USA, *cercando così di sfuggire agli effetti del lampo di calore e dell'onda d'urto dell'esplosione atomica.*

La"minaccia nucleare" e la società americana, tra business e immagini rassicuranti (sotto, un bunker prefabbricato a Garden City, New York, maggio 1955).

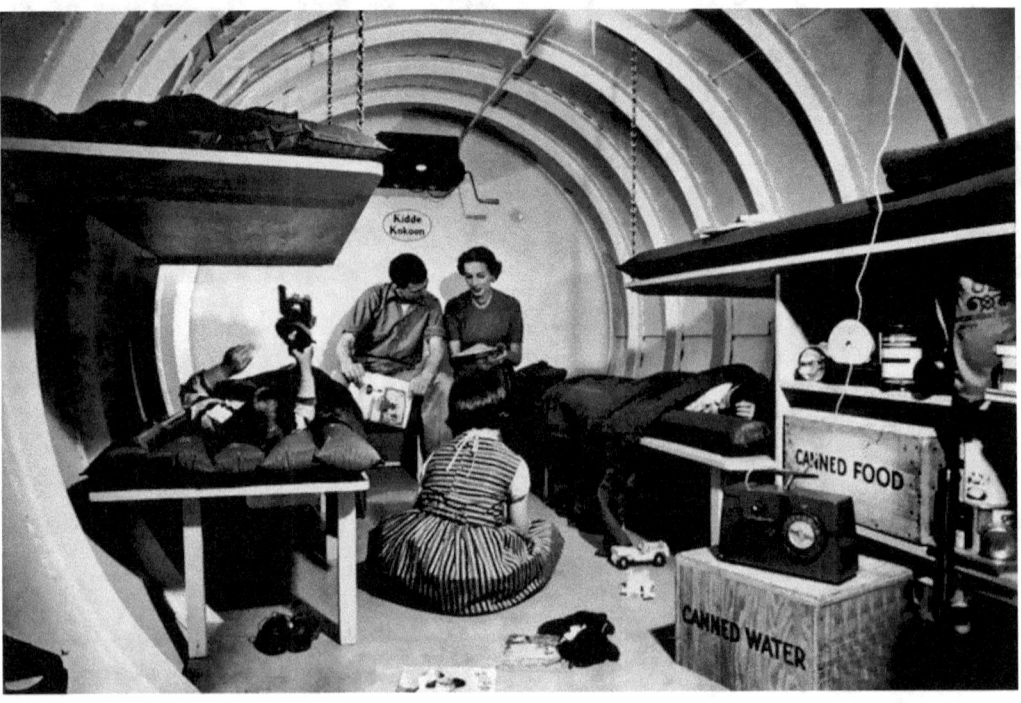

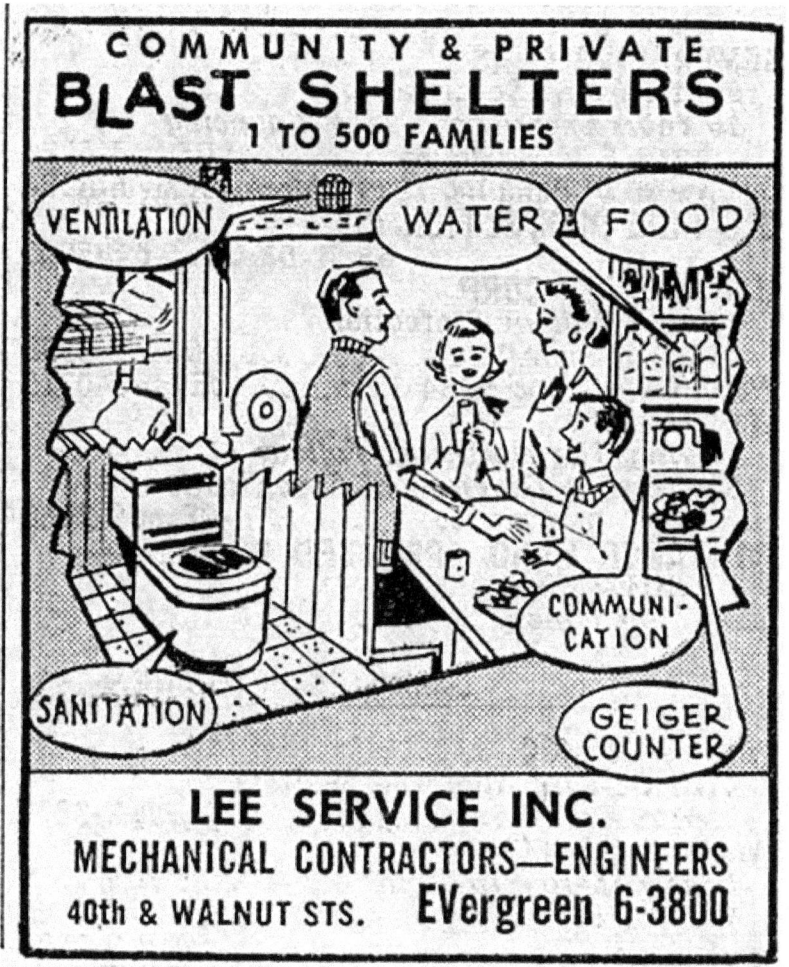

Inserzione pubblicitaria di un produttore di rifugi antiatomici.

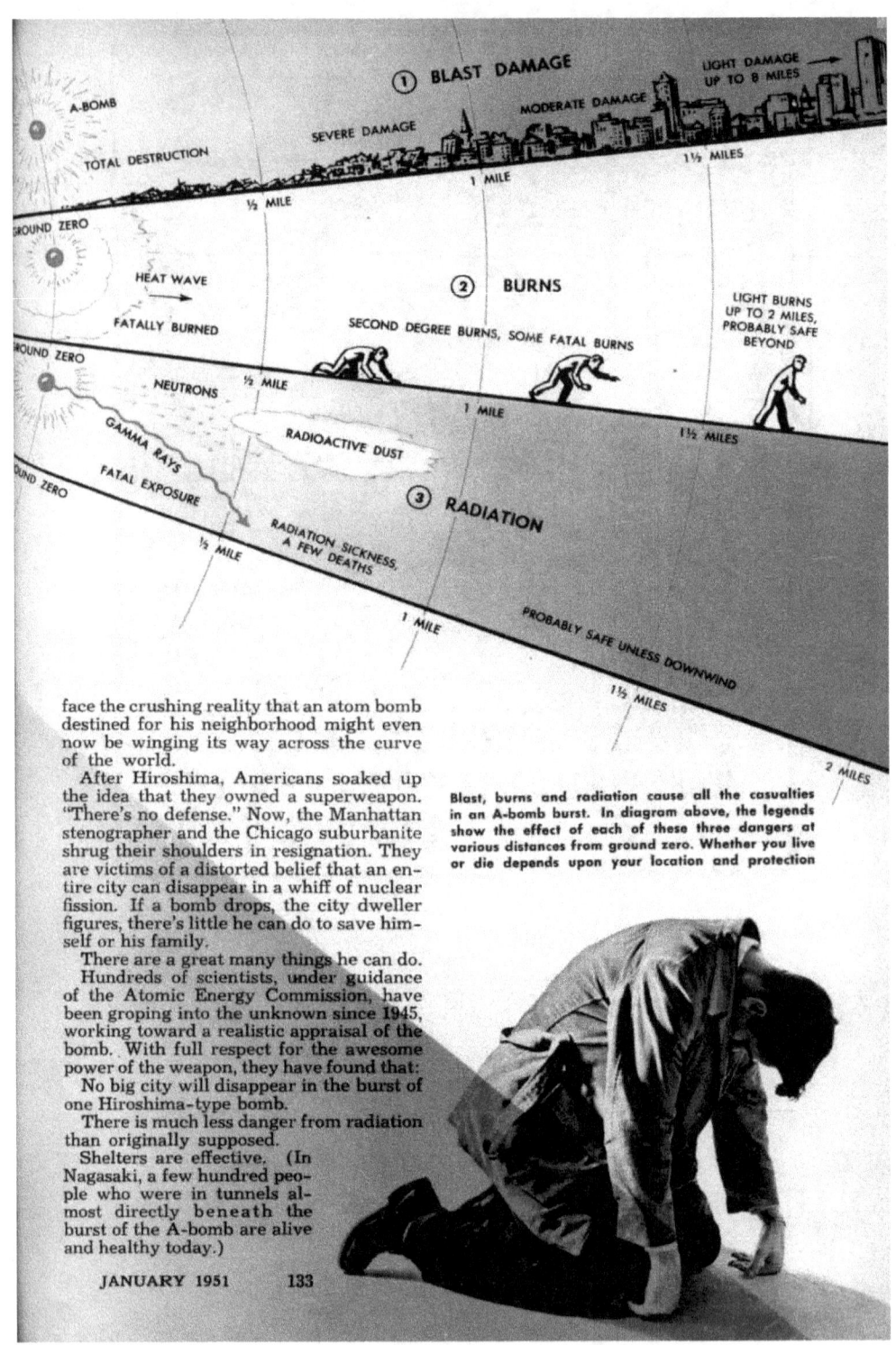

Un articolo sugli effetti delle radiazioni su una rivista americana del 1951.

PARTE II

IL POSTO DI LAVORO RADIOATTIVO

7.

Lavoratori nucleari: radiazioni sul lavoro

Mentre l'uso delle radiazioni in medicina ha dato alcune spiacevoli sorprese[84], la sua presenza sul posto di lavoro ha avuto la funzione di una sorta di sistema di allarme precoce nei confronti del pubblico. "Dal momento che i lavoratori sono i soggetti esposti per primi ed in misura più massiccia", scrive il dottor Irving Selikoff, "i lavoratori ci danno le prime indicazioni. Molte cose che causano il cancro nella società si scoprono sul posto di lavoro".[85] Da quando i minatori cechi iniziarono a scavare alla ricerca di Uranio quattrocento anni fa, si sono accumulate prove su prove che indicano che la radioattività uccide e debilita le persone che lavorano a stretto contatto con essa. Sfortunatamente, l'industria nucleare e i suoi sostenitori nel Governo hanno fatto delle notevoli resistenze a questa conclusione, arrivando al punto di sopprimere numerosi studi ad ampio raggio che loro stessi avevano commissionato, per poi rigettarli quando le conclusioni andavano nella direzione "sbagliata".

Il punto chiave del dibattito si è centrato sulla quantità di radiazioni da considerare come sicure. Dal 1898, quando Pierre e Marie Curie iniziarono a lavorare col radio in una rimessa fatiscente fuori Parigi, milioni di persone hanno lavorato in diversi tipi di industrie che utilizzano materiali radioattivi in svariate applicazioni, dalla produzione di denti artificiali e di numerosi prodotti industriali, la pittura dei quadranti degli orologi, l'irradiazione con raggi X e la realizzazione di bombe atomiche e impianti energetici.

Dal momento che non si può annusare, assaggiare, vedere, sentire o toccare, i primi fisici ritennero che la radioattività non fosse pericolosa, a meno che non producesse dei danni immediati e visibili, come le ustioni della pelle. Ben presto, cominciò ad essere chiaro agli addetti ai lavori che potevano esservi degli altri effetti, e negli anni successivi iniziarono a farsi avanti degli standard su basi non affidabili. I primi standard di esposizione, stabiliti negli anni '20, rendevano possibile ai lavoratori ricevere ben 730 rem l'anno, 146

---

[84] Riferimento ai possibili danni alla salute derivanti dall'uso improprio dei raggi X; argomento trattato nell'edizione originale di *Killing Our Own* nel capitolo *The Use and Misuse of Medical X Rays*; ne omettiamo la traduzione poiché se all'epoca le preoccupazioni degli autori erano ben fondate, la tecnologia medica e le sue procedure attuali rendono le radiografie piuttosto sicure, NdE.

[85] D. Zinman, B. Wyrick, e B. Hevisi, "*Job-Related Diseases Kill 300 a Day*", "*Newsday*", 9 febbraio 1977.

volte l'attuale limite previsto negli Stati Uniti.[86] Già negli anni '40, era universalmente noto il fatto che le radiazioni causavano il cancro, tuttavia l'opinione scientifica corrente sosteneva che vi fosse una "soglia" sicura di esposizione sotto la quale le radiazioni non causavano danni. Se questo particolare dosaggio "innocuo" non poteva essere trovato, allora doveva essere stabilito uno standard permanente.

Mentre la ricerca della soglia continuava, divenne noto che gli operai addetti al rivestimento con radio, che avevano ingerito porzioni di radio durante il lavoro, morivano di cancro soffrendo atrocemente. Nel 1941, fu fissato uno standard che limitava l'ingestione di radio, basato sull'esperienza di questi lavoratori.[87] Nel 1959, in tutto il mondo dell'industria si era diffusa la preoccupazione per danni genetici e altri disturbi legati alle radiazioni, al punto da fissare un limite generale di cinque rem l'anno per tutti i lavori a stretto contatto con le radiazioni. Il limite formale persisté per tutto il 1981, ma varie falle negli standard previsti permettevano che un lavoratore ricevesse legalmente ben quarantadue rem l'anno. E l'industria ed i suoi sostenitori, alla fine degli anni '70, iniziarono di concerto delle azioni per incrementare le limitazioni di esposizione sul posto di lavoro.[88]

Nel frattempo, fino al 1980, le stime dell'EPA valutano in 1.5 milioni il numero di americani che lavorano a stretto contatto con le radiazioni. Almeno otto dipartimenti federali, due comitati di consulenza scientifica indipendente e cinquanta stati hanno qualche autorità in merito alla protezione dei lavoratori.[89] Come affermato da un editoriale apparso nella prestigiosa rivista Health Physics nell'agosto del 1980: "Le politiche variano di luogo in luogo, le normative e le linee guida di regolamentazione si trovano in una situazione di stallo tale che è impossibile derivarne delle pratiche coerenti. Così, moltissime esposizioni… non sono registrate o riconosciute.[90]

Forse più importante per il pubblico, si infiamma il dibattito su quale dosaggio di radiazioni possa essere considerata "sicura", con persone che lavorano a contatto con le radiazioni a fare da cavie per la società. Giunti alla metà degli anni '70, il governo federale ed una ampissima maggioranza degli specialisti di radiazioni indipendenti è concorde sul fatto che sia semplicemente impossibile stabilire un livello di esposizione sicuro al 100%. L'estrema vulnerabilità dei bambini, il potenziale danno genetico e le variazioni nella suscettibilità individuale rendono anche una minima esposizione potenzialmente letale. Come hanno dimostrato gli studi di Hewitt, Stewart e Kneale in Gran Bretagna, bassi dosaggi di raggi X si sono dimostrati assai più pericolosi di quanto si fosse pensato in precedenza.

---

[86] David M. Scott, *"A Review of Radiation Protection Principles and Practices and the Potential for Worker Exposure to Radiation"*, un rapporto di ricerche realizzato per il *National Institute for Occupational Safety and Health* (NIOSH), 30 marzo 1980, pagg. 10-13 (d'ora in poi citato come "Scott/NIOSH Report").
[87] Ibid.
[88] Secondo il Volume 10 del *Code of Federal Regulations*, Parte 20 (10 CFR), un lavoratore a contatto con radiazioni può ricevere tre rem per quarto di corpo o dodici rem di esposizione su tutto il corpo per anno, usando la formula di media "5 (n-18) età". Aggiungendo la dosaggio di trenta rem per le ossa o la tiroide, permessa da queste regolamentazioni, si arriva alla cifra di quarantadue rem. Nel 1977, la *International Commission on Radiological Protection* (ICRP), pubblicò i valori raccomandati per l'esposizione dei lavoratori nella propria *Publication No. 26* (ICRP No. 26, Pergamon Press) che avrebbe avuto effetti nell'incrementare in maniera significativa l'esposizione dei singoli organi. Ad esempio, l'attuale dosaggio per la tiroide di trenta rem salirebbe a cinquanta rem nei casi in cui la radiazione si depositi su di un solo organo. ICRP No. 26, in termini di regolazione, farebbe salire da ventitre a quarantanove la massima concentrazione possibile di radioattività trasportato dall'aria sul posto di lavoro, come per lo Stronzio 90, che sarebbe incrementato di un fattore pari a diciassette.
[89] Robert Alvarez, *"Statement before the House Government Operations Subcommittee on Energy, Environment, and Natural Resources*, 14 luglio 1978", disponibile tramite l'*Environmental Policy Center*.
[90] Ronald Katheren, "What Is Occupational Exposure?" *Health Physics*, 39, No 2 (agosto 1980): 141.

E adesso, dopo che sono stati fatti investimenti per milioni di dollari, la radiazione ed i suoi danni sono divenuti punto focale di un altro dibattito, stavolta incentrato sulla salute dei lavoratori, ma con serie implicazioni per il benessere della comunità globale.

Il rapporto Mancuso

Al centro del conflitto, sta un pioniere della ricerca sanitaria, calmo e modesto, il dottor Thomas Mancuso. Alla fine degli Anni '60, lavorando alacremente, Mancuso si recava ogni giorno in un ufficio pieno di tabulati di computer all'Università di Pittsburgh. I tabulati formano la base della ricerca di Mancuso nel campo della sanità sul posto di lavoro, un campo che Mancuso ha contribuito a sviluppare da quando, tra gli Anni Quaranta e Cinquanta, aveva prestato servizio per diciassette anni in qualità di direttore del Dipartimento d'igiene industriale dell'Ohio. In quegli anni, Mancuso aveva contribuito a redigere uno dei primi codici nazionali di disturbi legati all'attività lavorativa, in qualità di pioniere in un metodo per studiare gli effetti a lungo termine sulla salute basate sui dati della sicurezza sociale, che ha rivoluzionato essenzialmente la ricerca sul cancro legato all'attività lavorativa. Insignito di una onorificenza alla carriera dal *National Cancer Institute* quale uno dei maggiori ricercatori americani, Mancuso mise in relazione le aumentate percentuali di cancro riscontrate nelle industrie basate sulla lavorazione della gomma, vernici chimiche, amianto, cromo e berillio.

Per via del suo eccezionale prestigio e dell'indiscutibile integrità scientifica, nel 1964 Mancuso fu contattato dalla Atomic Energy Commission per studiare i potenziali effetti sulla salute dei lavoratori nelle proprie strutture di Oak Ridge, in Tennessee, Savannah River, in Carolina del Sud, Los Alamos, in New Mexico e Hanford, nello Stato di Washington.

L'AEC all'epoca era sottoposta a violenti attacchi da parte di coloro che si opponevano ai test sulle testate nucleari e, come affermò il consulente dell'AEC Brian MacMahon, "molte delle motivazioni che spinsero a intraprendere questo studio nacquero dal bisogno «politico» di assicurarsi che gli impiegati dell'AEC non fossero sottoposti ad effetti dannosi". Sebbene fossero consapevoli che lo studio di Mancuso sarebbe stato esteso, gli amministratori dell'AEC non si aspettavano da esso alcuna prova. Alcuni vi si riferivano come alla "follia di Mancuso" e lo vedevano apertamente come un elemento di vergogna per le pubbliche relazioni.[91]

Ma ciò che Mancuso scoprì si rivelò essere molto più di quanto si aspettassero. La sua indagine, che costituì uno dei più ampi e probabilmente il più affidabile tra tutti gli studi epidemiologici sugli effetti delle radiazioni sulla salute, provò in modo conclusivo che i livelli di esposizione nell'industria erano fin troppo alti, e che gli effetti sulla salute delle emissioni dagli impianti ad energia nucleare ed il fallout dalle bombe nucleari potevano essere peggiori di quanto si sospettasse. Quando finalmente, nel 1977, furono pubblicati i primi risultati di Mancuso, la risposta dell'industria cambiò rapidamente: si passò da una stupefatta tolleranza ad una netta soppressione, compresi attacchi alle scoperte e alla reputazione di Mancuso, giungendo a tentare di rimuovere fisicamente i dati in suo possesso.

---

[91] Intervista a Thomas F. Mancuso, ottobre 1980; Professor Brian MacMahon, lettera a Leonard Sagan, *contract officer* dell'AEC, 8 Novembre 1967.

Delle problematiche erano emerse già prima del 1977. I metodi di Mancuso erano necessariamente lenti, ma la AEC voleva avere disperatamente qualche dato per rassicurare il pubblico sul fatto che la loro industria era sicura. Nei primi anni '70, dopo circa un decennio, la commissione cercava il modo per togliere dalla circolazione Mancuso. Mancuso, comunque, continuò a resistere alle pressioni per forzare la pubblicazione delle sue scoperte preliminari, essenzialmente perché sapeva che potevano passare fino a trent'anni prima che il cancro si manifestasse nei lavoratori colpiti. I suoi dati iniziavano solamente alla metà degli anni '40, e Mancuso voleva aspettare prima di definire qualsiasi tipo di scoperta come "conclusiva". [92]

Poi, nell'estate del 1974, la situazione improvvisamente cambiò. Il problema si concentrò sulla gigantesca istallazione dell'AEC a Hanford, Washington, dove erano operativi un complesso di reattori – che aveva prodotto il Plutonio per le bombe sganciate a Nagasaki – una discarica di rifiuti e altre strutture nucleari. Essendo una delle più vecchie e vaste strutture nucleari del mondo, Hanford era una pietra miliare del programma di armamento nucleare americano.

La controversia iniziò quando il dottor Samuel Milham, epidemiologo presso il Washington State Department of Health, notò un eccesso del 25% nell'insorgenza di cancro tra i lavoratori nucleari di Hanford, confrontato con le percentuali riscontrati tra gli abitanti dello Stato che non lavoravano in ambito nucleare. Milham scoprì anche casi di mieloma multiplo, quando normalmente se ne sarebbe dovuto riscontrare meno di uno.[93] Si trattava dello stesso disturbo riscontrato tra GI che si recarono per primi ad Hiroshima e Nagasaki dopo i bombardamenti.

Quando la AEC ebbe notizia delle scoperte di Milham, l'Ufficiale incaricato di Mancuso lo chiamò per pubblicare uno dichiarazione ufficiale che attaccasse Milham, sostenendo che le sue cifre mostravano che non vi era nessun problema a Hanford. Mancuso era sbalordito. Sapeva che Milham era un ricercatore affidabile, e non aveva intenzione di pubblicare nessuno dei suoi dati a quel punto. Le sue scoperte iniziali si dimostravano negative, ma sentiva che pubblicare una qualunque cosa, specialmente alla luce di quello che aveva scoperto Milham, fosse "prematuro".[94]

Pare che ciò fosse intollerabile per l'AEC. In meno di un anno, Mancuso venne a sapere che i suoi fondi sarebbero stati gradualmente ridotti, e che entro il 1977 sarebbe stato costretto a consegnare al governo federale l'enorme mole di dati che aveva accumulato. Il "periodo di grazia" del diciottesimo mese era previsto essenzialmente per permettere a Mancuso di avere del tempo per organizzare le sue cartelle e per facilitare l'impatto politico di una azione che le autorità si affrettavano a descrivere come strettamente "amministrativa".[95]

Nel frattempo, la AEC commissionò alla Battelle Northwest, un gruppo di esperti con diversi contratti ad Hanford, di riesaminare le scoperte di Milham. Secondo i record

---

[92] In un appunto scritto a mano per Sidney Marks, il *contract officer* di Mancuso presso l'AEC, datato 20 febbraio 1973, Marks affermò che "a meno che non sia trovato un sostituto immediato [per Mancuso], potrebbe essere fatta una public charge affinché l'AEC fermi il programma, per paura che possano emergere dei riscontri positivi". Marks continuò aggiungendo che "…aperture nei confronti di possibili candidati dovrebbero essere fatte in atmosfera clandestina."… per tagliare fuori il poco cooperativo Mancuso.
[93] Samuel Milham, Jr., "*Increased Cancer Mortality Among Male Employees of the Atomic Energy Commission, Hanford Facility, Washington, June 1974*", manoscritto inedito.
[94] Intervista a Mancuso.
[95] *U.S. Congress, House Committee on Interstate and Foreign Commerce, Subcommittee on Health and the Environment, Effect of Radiation on Human Health*, 95° Cong., 2ª sess., 24-26 gennaio, 8, 9, 14, e 28 febbraio, 1978, Serial No. 95-179, Vol. 1, p. 523.

dell'AEC, lo studio scoprì esattamente ciò che il Governo non voleva sentire, ossia che "vi è una relazione tra il cancro quale causa di morte e il dosaggio totale di radiazioni esterne ricevute".[96] Alex Fremling, manager dell'Hanford Research Lab, lamentò che "il messaggio è chiaro: i dati di Battelle suggeriscono che Hanford ha una proporzione di morti per cancro in individui al di sotto del 65 anni superiore alla media degli Stati Uniti". Ma, continua Fremling, "ciò che è ancora più inquietante, dal nostro punto di vista" era il fatto che "l'analisi tende a mostrare una incidenza di alcuni tipi di cancro assai più alta" anche tra coloro i cui livelli di radiazioni si riteneva fossero "sicuri". Così, conclude Fremling, "speravamo di ottenere una buona risposta al rapporto di Milham, e invece sembra che l'abbiamo confermato".[97] Lo studio di Battelle fu velocemente insabbiato.

Ma Thomas Mancuso insitette. Sull'onda dell'affare Milham, si rivolse alla dottoressa Alice Stewart, ricercatrice britannica nota a livello internazionale per i suoi studi sui raggi X, membro del suo comitato di consiglio. Con l'aiuto dello studioso di statistica Gorge Kneale, la Stewart esaminò con attenzione i dati di Mancuso nel suo ufficio presso la England's University di Birmingham. Nell'estate del 1976 mostrarono definitivamente che vi erano indicazioni di un eccesso dal 5 al 7% nelle morti per cancro causate da radiazioni tra i lavoratori di Hanford a livelli di esposizione fino a trenta volte al di sotto dei valori considerati sicuri.[98]

Le scoperte di Mancuso, Stewart e Kneale furono sconvolgenti, non solo per l'industria, ma anche per la percezione pubblica di ciò che avrebbe potuto essere un dosaggio sicuro di radiazioni da reattori, test su bombe o guerra nucleare. Come già descritto dall'Enciclopedia Britannica nel 1980, il sondaggio era divenuto "lo studio più ampio di una normale popolazione adulta esposta a livelli di radiazione ionizzante" nel mondo.[99] Poiché si tratta di un esempio largamente omogeneo di maschi bianchi relativamente sani, la cui esposizione e storia clinica erano state accuratamente registrate, vi erano poche ragioni per dubitare delle sue conclusioni. E lo studio aveva mostrato, abbastanza semplicemente, che gli esseri umani erano fino a trenta volte più sensibili a cancro indotto dalle radiazioni rispetto a quanto si fosse creduto in precedenza.

Adesso, la AEC decise di cambiare le carte in tavola a Mancuso. Avendo richiesto che lui pubblicasse le sue scoperte preliminari per attaccare Milham, la AEC esercitò delle enormi pressioni per far sì che le statistiche finali di Mancuso non arrivassero ad essere stampate. "Erano chiaramente scontenti", ci disse Mancuso. "Ci intimarono di non pubblicare... Il mio lavoro, ai loro occhi, era semplicemente quello di trasferir loro i dati".[100]

Entro l'autunno del 1977 i fondi previsti per le ricerche di Mancuso si erano esauriti. A novembre pubblicò il suo studio su "*Health Physics*", suscitando scompiglio tra gli studiosi. Sebbene continuasse a percepire un salario dall'Università di Pittsburgh, Mancuso

---

[96] Bozza di memorandum dell'AEC, da Alex Fremling, Direttore AEC dell'Hanford Research Laboratory, 17 luglio 1975.
[97] Ibid.
[98] Thomas F. Mancuso, Alice M. Stewart, and George W. Kneale, "*Radiation Exposures of Hanford Workers Dying from Cancer and Other Causes*", Health Physics Journal 33, No. 5 (novembre 1977): 369-384; Mancuso, et al., "*A Reanalysis of Data Relating to the Hanford Study of the Cancer Risks of Radiation Workers*", International Atomic Agency Symposium Proceedings on the Late Biological Effects of Ionizing Radiation, Vienna, Austria, 1978, IAEA-SM-224/510; Stewart, et al., "*Hanford IIb, The Hanford Data – a Reply to Recent Criticisms*", Ambio 9, giugno 1980: 66-73; Kneale, et al., "*Hanford III, a Cohort Study of the Cancer Risks from Radiation to Workers at Hanford (dead from 1944 to 1977) by Method of Regression Models in Life-Tables*", British Journal of Industrial Medicine, estate 1981; Mancuso, et al., "*Hanford IIIb, Delayed Effects of Small Dosaggios of Radiation Delivered at Slow Dosaggio Rates*", Proceedings of a Symposium on Industrial Cancers, Cold Spring Harbor, Banberry Center, Long Island, N.Y., marzo 1981.
[99] Karl Z. Morgan, "*The Hazards of Low-Level Radiation*", Enciclopaedia Britannica, edizione del 1980.
[100] Intervista a Mancuso.

non aveva fondi con cui proseguire le proprie ricerche. Nonostante si trattasse di una frazione di ciò che gli serviva, Mancuso iniziò a prelevare somme dal suo fondo pensione per continuare a lavorare allo studio di Hanford. Nel frattempo, il governo federale persisteva nel tentativo di sottrargli i dati.

Ma era anche sottoposto ad un attacco pubblico per il suo trattamento di Mancuso. Messo sotto pressione, il dottor James Liverman, che era stato direttore della *Division of Biology and Medicine* della AEC, spiegò che Mancuso era stato licenziato per via del suo "imminente ritiro" dall'Università di Pittsburgh. Su questa base, disse, lo studio di Mancuso era stato affidato alle *Oak Ridge Associated Universities*, controllate dal Governo. Comunque, Liverman fallì nel notare che la porzione di Hanford dello studio di Mancuso che doveva essere consegnato ai *Battelle Laboratories*, dove lo stesso ex rappresentante ufficiale dell'AEC che aveva provato a usare Mancuso per attaccare i primi segnali di allarme di un problema a Hanford avrebbe ora avuto il controllo di successive indagini riguardanti la situazione a Hanford.[101] Liverman, inoltre, affermò che una prima revisione tra pari del lavoro di Mancuso era stata critica nei suoi confronti, mentre in realtà aveva lodato le sue capacità e raccomandato che lo studio proseguisse sotto il suo controllo.[102]

A gennaio del 1978 il furore pubblico sulle scoperte di Mancuso e altre questioni legate alle radiazioni aveva portato ad una indagine del Congresso e a udienze di fronte all'*House Commerce Subcommittee on Health and the Environment*. Le udienze segnarono un importantissimo spartiacque nella controversia sugli effetti delle radiazioni sulla salute, segnalando la prima importante attenzione del Congresso non soltanto nei confronti del rapporto Mancuso ma anche nei confronti dei fatti inerenti le notevoli esposizioni del personale militare, che ammontava a oltre 250.000 individui, usati come cavie durante i test sulle bombe atomiche.[103]

Nel corso delle udienze, i membri del Congresso Paul Rogers (Democratico-Florida) e Tim Lee Carter (Democratico-Tennessee) affermarono che le giustificazioni per la decisione di licenziare Mancuso "non erano supportate da fatti" e la decisione di trasferite lo studio di Mancuso a Oak Ridge era "nel migliore dei casi, discutibile". L'intero processo, dissero, rifletteva "una gestione gravemente erronea ed è altamente discutibile sul piano della legalità".[104]

Ciò nonostante, gli attacchi continuarono. Mancuso proseguì nello studio con donazioni private e il denaro per la sua pensione fino all'agosto del 1979, quando la pressione dei sindacati costrinse il *National Institute of Occupational Safety and Health* a ripristinare lo studio. Ma nella primavera del 1981 l'amministrazione Reagan notificò a Mancuso che i suoi fondi sarebbero stati nuovamente tagliati.

---

[101] Membri del Congresso USA Paul Rogers e Tim Lee Carter, lettera a James Schlesinger, Segretario del *Department of Energy*, 4 maggio 1978 (d'ora in poi citato come "Lettera a Schlesinger di Roger e Carter").
[102] Ibid.

[103] "*Statement of Donald M. Kerr, acting assistant secretary for defense programs, Department of Energy*", *Effect of Radiation on Human Health*, January 26, 1978, pp. 331-404.
[104] Lettera a Schlesinger di Roger e Carter.

Reazioni al rapporto Mancuso

I critici di Mancuso – compreso il suo ex *project manager* – avevano ammesso chiaramente che i suoi dati indicavano un eccessiva incidenza di cancro al midollo osseo e al pancreas tra i lavoratori di Hanford. Ma sostenevano anche come dovesse essere coinvolto un agente cancerogeno, oltre che una radiazione.[105]

La base primaria per questo contenzioso deriva da una investigazione sponsorizzata dal Governo sulle vittime giapponesi ad Hiroshima e Nagasaki. Secondo le interpretazioni ufficiali di quello studio, le stime dei dosaggi derivanti dai bombardamenti giapponesi avrebbero indicato che effetti simili presenti nei dati di Mancuso erano "impossibili", dati i livelli di radiazione rilevati a Hanford. Ma lo stesso studio della bomba era stato notevolmente rivalutato e poteva in effetti confermare piuttosto che smentire le conclusioni di Mancuso.[106]

Lo studio era iniziato nel 1950, sotto gli auspici di un gruppo del Governo statunitense di alto livello, denominato *Atomic Bomb Casualty Commission* (ABCC). L'ABCC aveva iniziato il proprio lavoro più di cinque anni dopo i bombardamenti, ed era dominato da membri della *Atomic Energy Commission*. Sebbene il Consiglio di Amministrazione fosse originariamente composto quasi interamente da americani, il Governo giapponese aveva recentemente assunto un ruolo sempre più importante. Essenzialmente, l'ABCC si assunse il compito di ricostruire i bombardamenti di Hiroshima e Nagasaki mediante modelli computerizzati progettati con lo scopo di stimare i dosaggi ricevuti da vittime locali e di applicarle a ciò che si sarebbe potuto imparare sulle loro storie cliniche dopo i bombardamenti. Lo studio era servito in parte quale base per gli standard annuali di cinque rem sul posto di lavoro, e come pace-setter per calcolare tutti gli altri livelli di dosaggio per il pubblico. Inoltre, era stato usato come test prova del nove per tutti gli altri studi sulle radiazioni.

Sfortunatamente, lo studio dell'ABCC era pieno di pecche. Le sue stime sul dosaggio risultavano da modelli al computer realizzati sulla base di test atomici condotti negli Stati Uniti. Le esplosioni a Hiroshima e Nagasaki non erano monitorate, e i dosaggi effettivi che avevano rilasciato non erano noti con precisione. Lo studio ABCC nella comunità scientifica è considerato uno studio "di dosaggio alto e acuto", per l'ovvia ragione che gli abitanti di Hiroshima e Nagasaki furono colpiti con una emissione di radiazioni massiccia. Tuttavia, i risultati dello studio ABCC erano stati applicati in modo consistente ad esposizioni a lungo termine di un basso dosaggio di radiazioni, che avrebbero potuto causare una risposta medica di un tipo totalmente diverso. Lo studio di Mancuso è riconosciuto come uno dei maggiori studi "di basso dosaggio", poiché i lavoratori coinvolti erano esposti per periodi lunghi ad un basso livello di radiazioni misurate.

L'ABCC aveva inoltre mantenuto i propri dati strettamente riservati, dando accesso solo ad un gruppo di scienziati selezionati, esponendosi così alla critica di aver permesso di usare quelle informazioni seminali solo a coloro che mostravano di appoggiare l'industria nucleare. Alcuni scienziati giapponesi avevano anche affermato che i dati erano stati loro

---

[105] George Hutchinson, Charles Land, Brian MacMahon, e Seymour Jablon, "*Review of Report by Mancuso, Stewart and Kneale of Radiation Exposure of Hanford Workers*", Health Physics Journal 37, agosto 1979, pp. 207-220; Ethyl S. Gilbert e Sidney Marks, "*An Analysis of Mortality of Workers in a Nuclear Facility*", Radiation Research 79, 1979, pp. 122-148.

[106] "*New A-Bomb Studies Alter Radiation Estimates*", "Science" 212, maggio 1981 (d'ora in poi citato come "*New Studies Alter Estimates*").

sottratti e dominati sistematicamente dagli americani, che avrebbero potuto avere un interesse nello scoraggiare le richieste di risarcimento da parte delle vittime giapponesi dei bombardamenti.[107] Tuttavia, nel 1957 il Dottore John Gofman, un notissimo scienziato atomico, e i sopravvissuti tentarono di raccogliere dei risarcimenti.[108]

Furono sollevate delle questioni scientifiche aggiuntive sullo studio in relazione alla natura delle popolazioni delle due città coinvolte. L'analisi sistematica di ciò che capitò a loro non iniziò fino al 1950, quindi vi sono pochi dati ricavabili da studi preliminari su ciò che avvenne in quei cinque anni cruciali dopo lo sgancio delle bombe. Tuttavia, per scopi statistici la ABCC iniziò i propri studi supponendo che le popolazioni di Hiroshima e Nagasaki del 1950 potevano essere considerate dei modelli di test praticabili.[109]

La dottoressa Alice Stewart aveva sfidato questa ipotesi. Le aberrazioni inflitte tra i sopravvissuti al bombardamento, disse, avevano creato una popolazione che era sia atipica, sia esposta a disturbi causati dallo cicatrizzazione del midollo osseo e altri effetti che avrebbero potuto essere assenti nei calcoli della ABCC. In seguito ad uno studio approfondito affrontato individualmente, la Stewart conclude che una valutazione più realistica delle popolazioni di Hiroshima e Nagasaki avrebbe potuto rivelare che gli effetti delle radiazioni causati dai bombardamenti erano dieci volte più gravi di quello che affermava la ABCC, così come la questione di che cosa costituisse una dosaggio di radiazioni "sicuro" rimaneva ancora assai dubbia. "I sopravvissuti alla bomba atomica costituiscono una popolazione altamente anormale", ci ha detto la Stewart in una intervista del 1980. "Sembra incredibile che gli standard di radiazione per i lavoratori ed il pubblico siano basati su persone sopravvissute alla bomba atomica, quando adesso, col rapporto Mancuso, possediamo dati su lavoratori normali e in salute".[110]

Il flusso di nuove prove scientifiche sembrava andare nella direzione della Dottore Stewart. Nell'agosto del 1981 Iwanami Shoten di Tokio e Basic Books di New York pubblicarono insieme *Hiroshima and Nagasaki: The Physical, Medical and Social Effects of the Atomic Bombings*, il primo sondaggio completo sui danni causati dagli attacchi nucleari. Compilato da un team di scienziati giapponesi e lavoratori nell'ambito sociale, il monumentale volume delineò la "ferita irreversibile" inferta a cellule, organi e tessuti umani, che ancora tormentava le vittime delle bombe, causando un numero crescente di morti per leucemia e sofferenze continue dovute a altri disturbi del sangue, cataratte, danni genetici, squilibri del sistema nervoso ed una generale mancanza di resistenza alle malattie. Secondo lo studio, che suscitò interesse a livello mondiale, il numero di vittime generale dovuto alle bombe era molto più pesante di quanto era stato indicato da precedenti sondaggi.[111]

Analisi simili, accentrate sui danni da radiazione, erano già state oggetto di accesi dibattiti. Nel 1980 un gruppo di studio chiave di altro livello – il *National Academy of Sciences Advisory Committee on the Biological Effects of Ionizing Radiation* (il comitato

---

[107] Frank Barnaby, *Bulletin of the Atomic Scientists*, dicembre 1977, pag. 50.
[108] John W. Gofman, intervista, febbraio 1981.
[109] Vedi Gilbert W. Beebe, et al., *Life Span Study Report 8, Mortality Experience of Atomic Bomb Survivors, 1950-74*, Technical Report TR 1-77, Radiation Effects Research Foundation.
[110] Alice M.Stewart, intervista, settembre 1980; Alice M. Stewart, "*Delayed Effects of A-Bomb Radiation – a Review of Recent Mortality Rates and Risk Estimates for Five Year Survivors*", inviata al *British Journal of Epidemiology*, maggio 1981.
[111] *The Committee for the Compilation of Materials on Damage Caused by the Atomic Bombs in Hiroshima and Nagasaki*, tradotto da Eisei Ishikawa e David L. Swain, *Hiroshima and Nagasaki The Physical, Medical and Social Effects of the Atomic Bombings*, New York, Basic Books, 1981. Vedi anche Herbert Mitgang, "*Study of Atom Bomb Victims Stresses Long-Term Damage*", "*New York Times*", 6 agosto 1981, p. A8.

BEIR) – utilizzò i dati della ABCC per concludere che il rischio di cancro sul posto di lavoro derivante da radiazione era stato sovrastimato per un fattore di due. Il presidente del comitato, il dottor Edward Radford, si mostrò contrario, ribattendo che i livelli di esposizione per i lavoratori dovevano essere effettivamente ridotti ad un fattore di dieci. Noto a livello nazionale quale esperto di punta nel campo delle radiazioni, in conseguenza di ciò Radford fu escluso dalle deliberazioni finali principali del comitato BEIR.

Tuttavia, nei primi mesi del 1981, i sostenitori di standard meno rigidi sul posto di lavoro e altrove subirono un trauma devastante. I ricercatori del *Lawrence Livermore Laboratory* in California e della *Oak Ridge National Laboratory* in Tennessee furono costretti a concludere che i dosaggi ricevute dalle popolazioni di Hiroshima trent'anni prima erano stati gravemente mal interpretati. "Alcuni dei dati più importanti riguardanti gli effetti delle radiazioni nucleari sugli esseri umani potrebbero essere erronei", scrisse la rivista "*Science*". L'ammontare delle radiazioni neutroniche rilasciate dalle bombe era stato grossolanamente sovrastimato, forse con un fattore di dieci. Così, le popolazioni di Hiroshima e Nagasaki potrebbero aver sofferto di cancro e altri effetti collaterali dovuti a dosaggi ben minori di quanto si fosse creduto in precedenza. Ciò stava a significare che le radiazioni in sé erano assai più letali. "Le nuove scoperte sono ben lontane dall'essere accolte favorevolmente", dichiarò a Science un consulente. Tutte le revisioni si stavano "muovendo nella direzione sbagliata", perché adesso indicavano che bassi dosaggi di radiazioni erano in grado di uccidere molte più persone di quanto chiunque avesse mai creduto possibile. Era proprio questa la conclusione cui mirava il lavoro di Mancuso fin dal 1977.

L'impatto delle nuove scoperte fu duro da ingigantire. "Le implicazioni sono considerevoli per la regolamentazione sanitaria e dell'energia nucleare in genere in questo Paese", ha dichiarato David Auton, un fisico della *Defense Nuclear Agency*. Gli standard per la radiazione neutronica in particolare avrebbero potuto essere ridotti ad un fattore di dieci, e per i lavori cruciali l'industria nucleare avrebbe dovuto assumere il decuplo dei lavoratori. I livelli di esposizione per persone che abitavano vicino ad impianti ad energia nucleare avrebbero dovuto essere rivalutati, così come le statistiche potenziali di vittime per una guerra nucleare. I nuovi dati, ha dichiarato il dottor Arthur Upton, ex direttore del *National Cancer Institute*, hanno rafforzato notevolmente l'argomentazione per la quale non vi è un livello "sicuro" di esposizione alle radiazioni.[112]

Morte nelle Miniere

Sebbene gli studi di Mancuso e di Hiroshima/Nagasaki basassero le proprie conclusioni su dati che risalivano agli anni '40, le morti per esposizione a radiazioni tra i lavoratori si erano registrate già da quattro secoli, dagli albori dell'industria mineraria legata all'estrazione dell'Uranio. Già nel sedicesimo secolo, i minatori che lavoravano sulla regione montuosa dell'Erz [Monti Metalliferi], nell'attuale Cecoslovacchia[113], lamentavano un dolore al petto che chiamavano "malattia della montagna". I minerali che scavavano era uraninite (Uranio), utilizzato come pigmento per la produzione di ceramiche e faceva rifulgere gli ornamenti in uso nelle corti europee. Le infermità provocate causavano dolori lancinanti e profondi, difficoltà respiratorie e una morte

---

[112] "*New Studies Alter Estimates*".
[113] Adesso Repubblica Ceca, NdT.

precoce.

Giunti al decennio del 1870, i primi ricercatori in ambito sanitario avevano identificato il disturbo come cancro ai polmoni. Un epidemiologo dell'epoca di nome Arnstein registrò una percentuale del 40% di incidenza di cancro tra i minatori dell'area ceca. Nel 1939, un ricercatore di nome Peller in un suo rapporto annotò che la percentuale di morte per cancro ai polmoni tra quei minatori era venti volte più alta di quella riscontrata tra i soggetti di controllo a Vienna. Un inglese, il signor J.A. Campbell, scoprì che topi esposti a polveri provenienti da quelle miniere sviluppavano tumori ai polmoni in percentuali dieci volte superiori al normale.[114]

La fonte del problema era il gas radon, emesso naturalmente in piccole quantità dai minerali di Uranio. Questo gas, nel tempo, decade in isotopi pesanti denominati "figli del radon", compresi isotopi del polonio, bismuto e piombo. A differenza del gas che li trasporta, alcuni di questi isotopi hanno delle emivite estremamente lunghe. Essi emettono delle particelle alfa pericolose; minuscole quantità di esse possono causare il cancro se introdotte nel corpo. Sottoterra, il gas radon derivante dai minerali di Uranio è intrappolato abbastanza a lungo da permettere ai suoi "figli" di essere depositate come elementi solidi nella terra. Ma quando il minerale grezzo è esposto all'aria, o quando è minato, il gas fuoriesce. Minatori privi di una protezione adeguata inalano inevitabilmente quel gas e i suoi letali "figli" ad emissioni Alfa.[115]

---

[114] Joseph Wagoner, intervista, ottobre 1981. Vedi anche, Wagoner, "*Uranium Mining and Milling: The Human Costs*", commento alla *University of New Mexico Medical School*, Albuquerque, N.M., 10 marzo 1980; e Wagoner, "*Uranium: The United States Experience*", Washington: *Environmental Defense Fund*; e Glen Peterson, "*Lung Cancer Rate Among Uranium Miners Five Times Higher than National Average*", *National Health Federation Bulletin*, marzo 1980.

[115] Il radon 222 è un gas contenuto nei minerali contenenti Uranio. Ha una emivita di 3.9 giorni. Quando il radon 222 decade, si formano una serie di elementi radioattivi denominati figli di radon. I figli del radon, compreso il polonio, il piombo e i bismuto, emettono una radiazione Alfa che può legarsi a particelle di polvere o acqua nelle miniere ed essere poi inalata dai minatori. Una volta inalata, la radiazione Alfa è trasportata attraverso il sistema respiratorio, dove si depositano le particelle.
I disturbi ai polmoni diffusi tra i minatori in cave di Uranio sono stati documentati fin dal 1500. Il cancro fu identificato per la prima volta nel 1879. Da allora, studi su minatori tedeschi, cechi, yugoslavi e americani hanno dimostrato che l'esposizione ai figli del radon è associata ad un incremento del rischio di cancro ai polmoni per lavoratori delle miniere sotterranee in generale ed in particolare nelle miniere di Uranio.
Studi su minatori americani iniziarono ad essere condotti nei primi Anni '60, quasi venti anni dopo che iniziò l'attività mineraria di Uranio su larga scala, per via del programma di produzione di armi nucleari. Una analisi di dossier ambientali ha mostrato che molti minatori erano esposti a livelli di radon superiori ad un livello di lavoro (WL) (1.3 X 10^5 MeV di radiazione alfa proveniente da figlie di radon per litro di aria). Nel 1955, responsabili sanitari e scienziati raccomandarono che i livelli di radon nelle miniere non dovessero superare il WL 1Nel 1968, quasi il 30 percento delle miniere sotterranee di Uranio presentava ancora dei livelli di esposizione di figlie di radon superiori al WL 1. Le procedure attualmente sono orientate a ridurre le esposizioni minerarie ad un livello lavorativo mensile dello 0.7 (WLM) dall'attuale 4 WLM (un livello lavorativo mensile corrisponde a 173 ore per esposizione mensile ad un livello di aria di 1 WL).
Nel corso degli anni '60, i ricercatori scoprirono che i minatori statunitensi che lavoravano con l'Uranio soffrivano di mancanza di fiato, tosse persistente, pneumoconiosi, difficoltà respiratorie e dolori al torace. Enfisema polmonare, fibrosi e bronchite cronica erano inoltre collegati ad esposizioni croniche a radiazioni trasportato dall'aria nelle miniere. Nel 1976, una epidemia di disturbi respiratori di natura benigna tra minatori americani fu confermata quando furono osservati 80 di tali morti quando se ne aspettavano 24.9 morti.
L'eccesso di mortalità per cancro ai polmoni tra i minatori statunitensi dell'Uranio con tre anni o più di esperienza in cavità sotterranee fu registrata nel 1962. Un anno dopo, 47 morti per cancro (rispetto alle morti di cancro previste ad un livello di 16.1) furono registrati tra minatori esposti a figlie di radon in un range da 1 a 2 WL. Nel 1964, un eccesso di dieci volte di cancro respiratorio emerse tra i minatori bianchi con cinque o più anni di esposizione sotterranea. Un ulteriore monitoraggio dal 1950 al 1978 di minatori bianchi che lavoravano in cave sotterranee di Uranio scoprì 250 morti per cancro ai polmoni quando ne erano previsti 40. Il monitoraggio condotto su 780 minatori americani di origine indiana scoprì 11 morti mentre erano previste 2.6 morti per cancro ai polmoni.
I primi studi epidemiologici scoprirono che il tipo di cellula istologica del cancro ai polmoni tra minatori statunitensi

Tali pericoli erano già ben noti negli anni '40 e '50, quando la pressione per costruire la bomba ed alimentare i reattori spinse i cercatori verso le colline occidentali per trovare l'Uranio. La maggior parte fu scoperta sul suolo Indiano. Presto centinaia di minatori, molti dei quali Nativi Americani, furono al lavoro estraendo il minerale radioattivo.
Ma estremamente pochi di loro furono avvisati in merito a qualsiasi pericolo speciale nelle miniere. Le condizioni lavorative erano, come un ricercatore affermò, "medievali", probabilmente non significativamente migliori che nelle miniere ceche del 1500. Un particolare problema sorse quando i proprietari delle miniere usarono l'esplosivo per separare il minerale. "Quando veniva effettuata l'esplosione diventava tutto fumoso", raccontò il minatore James Bennally ad una troupe dell'Eleventh Hour Films, basata a New York. "Entravamo nelle miniere quando il fumo era ancora nell'aria ed estraevamo il minerale grezzo. Non ci dissero mai nulla riguardo equipaggiamenti di protezione. Entravamo dentro con i nostri stessi vestiti". I minatori venivano pagati settantacinque cent all'ora, bevevano acqua che filtrava attraverso il minerale radioattivo che scavavano. Talvolta gli venivano date delle maschere da indossare ma ciononostante, disse Bennally, "la polvere passava e la respiravamo attraverso il naso. Sentivamo un gusto di amaro, quando la inalavamo e sentivamo. Non eravamo avvertiti delle gravi malattie che potevano svilupparsi". Gli effetti, comunque, erano abbastanza reali. "Lungo la mia cassa toracica provo dolore costantemente", disse Bennally. "I dottori non mi dicono cosa sta succedendo. Ma io so che il danno è lì".[116]
La polvere che Bennally ed i suoi compagni minatori respirarono era mischiata a radon. I sistemi di ventilazione che erano stati installati nelle miniere ceche già negli anni '30, e che erano in funzione ad un costo relativamente basso in Francia, non si potevano trovare da nessuna parte negli Stati Uniti.[117] In realtà il *National Council on Radiation Protection* aveva raccomandato ai lavoratori delle miniere delle norme di sicurezza dall'esposizione [alle radiazioni] già nel 1941. A quel tempo l'*Atomic Energy Commission* era l'unico acquirente di Uranio negli USA; inoltre gestiva direttamente alcune miniere, e sotto la legge federale era responsabile per le condizioni in quelle miniere. Alla fine degli anni '40, quando la corsa agli armamenti nucleari accelerò la richiesta, l'*Office of Raw Materials Operations* dell'AEC raccomandò di tenere il controllo dei livelli di esposizione nascosti. "Dal momento che eravamo gli unici clienti per il minerale", disse il Dr. Merrill Eisenbud, che era a capo di quell'ufficio a quel tempo, "dovevamo verificare

---

era n piccolo tipo cellulare indifferenziato, molto diverso dal tipo scoperto nel pubblico generale. Studi successivi, comunque, hanno scoperto tre tipi: epidermide, a piccole celle indifferenziate e adenomatoso, quest'ultimo prevalente tra i minatori a contatto con l'Uranio. I primi studi indicavano anche che i minatori di Uranio fumatori erano più predisposti a sviluppare il cancro rispetto ai non fumatori. Recenti studi sul cancro ai polmoni tra minatori indiani non fumatori e follow-up dei primi studi epidemiologici, comunque, mostrano che il fumo serve solo a abbreviare il periodo di latenza del cancro ai polmoni, gli stessi tipi di cancro furono scoperti sia tra fumatori che non fumatori, mentre i cancri che colpivano i non fumatori appaiono approssimativamente da due a cinque anni dopo la diagnosi di cancro fatta ai fumatori.
Riferimenti: V. E. Archer, J. D. Gillam, e J. Wagoner, "*Respiratory Disease Mortality Among Uranium Miners*", in *Annals, New York Academy of Sciences* 271 (1976): 280; D. A. Holaday, et al., *Control of Radon and Daughters in Uranium Mines and Calculations on Biological Effects,* PHS Publication No. 494, Washington, D.C.: U.S. Government Printing Office, 1957; F. E. Lundin, et al., *Radon Daughter Exposure and Respiratory Cancer Quantitative and Temporal Aspects, NIOSH and NIEHS Joint Monograph No. 1,* Springfield, Va.; NTIS, 1976; V. E. Archer, et al., "Hazards to Health in Uranium Mining and Milling", Journal of Occupational Medicine 4 (1962): 55-60; J. K. Wagoner, et al., "*Cancer Mortality Patterns Among U.S. Uranium Miners and Millers, 1950-1962*", Journal of the National Cancer Institute 32 (1964): 787-801; J. K. Wagoner, et al., "*Mortality of American Indian Uranium Miners*", *Proceedings, XI International Cancer Congress,* 1975.

[116] *In Our Own Back Yard,* trascrizione, *Eleventh Hour Films.*
[117] H. Peter Metzger, *The Atomic Establishment,* New York: Simon and Schuster, 1972, p. 120.

che gli standard [di sicurezza] già esistenti potessero essere rispettati". Subito dopo aver fornito tale raccomandazione, le funzioni dell'ufficio di Eisenbaud vennero inspiegabilmente rimosse dal suo dipartimento in New York a Washington.

Allora, nonostante i miliardi di dollari del governo spesi per sviluppare l'artiglieria atomica, l'AEC affermò che le mancavano i fondi per rafforzare la sicurezza della miniera, e delegò tale compito agli Stati ed alle compagnie minerarie.[118]

Le compagnie fecero poco. E quando gli stati provarono ad intervenire, furono accusate di avere interferito nella burocrazia e di avere messo a rischio la sicurezza nazionale. Un ispettore del Colorado commento che negli anni '50 "chiunque dicesse qualcosa contro l'estrazione dell'Uranio veniva sospettato di essere un comunista".[119]

Nel 1967 Eisenbaud contribuì a sviluppare un apparato che poteva identificare i minatori che avevano già sofferto di pesanti esposizioni al radon, aiutandoli quindi a intraprendere una cura precoce. Gli apparati erano disponibili per l'uso sia a Denver che a Salt Lake City. Ma l'AEC ed il *Public Health Service* si rifiutarono di usarli, affermando che non c'erano fondi per un programma di sperimentazione. Eisenbaud trovò questo "difficile da credere.... perchè si stava parlando di una somma di denaro davvero piccola".[120]

E da allora cominciarono ad accumularsi le prove che le miniere stavano creando un'epidemia di cancro ai polmoni. Il Colorado ed altri stati iniziarono a temere che una valanga di richieste di risarcimento potessero costare milioni ai contribuenti ed all'industria. Tali paure vennero suffragate da una studio del PHS che ebbe inizio nel 1950, quando il servizio iniziò a raccogliere dati sui minatori dell'Uranio e sul modo in cui stavano morendo. Nel 1960 il PHS passò tali numeri a Joseph Wagoner, un neolaureto dottorando dell'Harvard School of Public Health. Wagoner ci disse, in una lunga intervista a Washington, che dal 1964 "dimostrammo dodici casi di cancro ai polmoni in questo gruppo mentre solo 2.8 erano attesi. Quindi aggiornammo l'analisi un anno dopo, e mostrammo ventidue casi di cancro ai polmoni, mentre ce ne sarebbero dovuti essere solo 5.7. Quando passammo il 1965 scoprimmo trentasette casi di cancro ai polmoni, quando ce ne sarebbero dovuti essere solo sette. E durante il 1978, con lo stesso gruppo, annoveriamo adesso 205 casi di cancro ai polmoni, mentre ce ne sarebbero dovuti essere solo quaranta. In altre parole, ci deve essere stato un costante quintuplice incremento di casi di cancro ai polmoni all'interno di questo gruppo su tutta la linea".[121]

Ancora, comunque, l'AEC rifiutò di assumersi la responsabilità per il rafforzamento delle norme sulla sicurezza delle miniere. Supportata dal *Joint Committee on Atomic Energy* (JCAE), pro nucleare, che aveva efficacemente bloccato qualsiasi tentativo del congresso di regolare l'industria mineraria, l'AEC procedette con il suo scarso riguardo per la salute dei suoi minatori sino al 1967. Allora, ad una burrascosa seduta d'ascolto del JJCAE, il Segretario del Lavoro Willard Wirtz accusò che "la miglior prova disponibile è che più di due terzi dei 2.500 circa lavoratori delle miniere sotterranee stanno lavorando in condizioni che perlomeno triplicano le possibilità di morte per cancro ai polmoni se essi continuano questo lavoro e queste condizioni rimangono invariate". Anni ed anni di "dibattito e discussioni non avevano prodotto alcunché".[122]

---

[118] *U.S. Congress, Senate Committee on Labor and Human Resources, Subcommittee on Health and Scientific Research, and the Committee on the Judiciary, Health Impact of Low-Level Radiation, 1979*, 96° Cong., 1ª sess., 19 giugno 1979, pp. 19-23 (da qui in poi *1979 Radiation Hearings*.)
[119] Metzger, *Atomic Establishment*.
[120] *1979 Radiation Hearings*, pp. 19-23.
[121] Intervista a Wagoner
[122] Metzger, *Atomic Establishment*, pp. 131-133.

La JCAE continuò ad insistere che ulteriori studi erano necessari. Ma uno dei suoi membri lamentò che la gente stava adesso "dicendo che il *Joint Committee* era per l'amore, la maternità, la torta di mele e il cancro ai polmoni".[123] Durante l'amministrazione Nixon la JCAE tentò di recuperare il terreno perduto organizzando più udienze, sperando di ricostruire la propria immagine pubblica e di prevenire la promulgazione di nuove norme. Stavolta la JCAE si concentrò sulla possibilità che il fumo di sigaretta piuttosto che il radon fosse la causa. Ma le statistiche del PHS indicavano diversamente. Robert Finch, Segretario alla Salute, Istruzione e Welfare di Nixon, trovò la tesi "non convincente". Il Sottosegretario del Lavoro James Hodgson notò che "i minatori europei della pechblenda morivano di cancro ai polmoni prima dell'introduzione del tabacco in Europa".[124]

Dal 1971, nonostante la resistenza continua da parte del JCAE, vennero creati standard per i livelli del gas radon nelle miniere di Uranio. Ma per molti questi erano troppo poco, troppo tardi. Nel 1979 Merrill Eisenbud, da tempo un sostenitore del nucleare, disse ad una udienza al Senato che la piaga del cancro ai polmoni tra i minatori americani dell'Uranio era "totalmente evitabile". Ci fu, disse, "un fallimento totale di iniziativa riguardo a problema dell'esposizione al radon, e ritengo che il fatto che l'Atomic Energy Commission non abbia percorso i passi che ha percorso in qualunque altra parte in questo programma per salvaguardare i lavoratori sia unicamente responsabile della morte di molti uomini che hanno sviluppato il cancro ai polmoni come risultanza del fallimento degli operatori minerari, che devono anche loro reggere la responsabilità, perchè anche loro avevano le informazioni, ed il Governo non avrebbe dovuto martellarli nel ventilare le loro miniere".[125]

Il dottor Joseph Wagoner, comunque, sentì che anche i nuovi standard erano ben lungi dall'essere adeguati. E farli rispettare era tutta un'altra storia. I proprietari delle miniere stavano deliberatamente raggirando il governo riguardo i livelli di esposizione, e la stavano facendo franca. I livelli di radon venivano misurati collocando sacchetti di raccolta sui condotti di ventilazione. L'aria nei sacchetti veniva quindi testata per il radon. "Ma", ci disse Wagoner, "il governo aveva un solo ispettore [per miniera]. Così tutto ciò che le compagnie dovevano fare era scoprire quando sarebbe arrivato l'ispettore e avere qualcuno che corresse davanti al tizio per raggiungere i sacchetti e ridurre la concentrazione".

Wagoner ci disse anche che le compagnie fissavano le loro programmazioni delle esplosioni per eludere le misurazioni. Il governo controllava spesso l'aria delle miniere al mattino e alla sera. Così le compagnie "facevano uscire i lavoratori dalle miniere durante la pausa pranzo, chiudendo la ventilazione e facendo brillare cariche all'interno della miniera per aprire le vene del minerale. Quando gli operai tornavano all'una del pomeriggio, venivano colpiti da un livello di radiazioni pari a diciassette volte il livello legale. I minatori lasciavano il lavoro dopo essere stati colpiti da dosi massicce, che non venivano mai registrate negli archivi delle compagnie". Era "falsa contabilità, pura e semplice".

Nel 1980, dopo venti anni di servizio, Wagoner abbandonò il *Public Health Service*. Ci disse quell'autunno che l'estrazione mineraria di Uranio, così come veniva praticata negli U.S.A., ricordasse l'equivalente morale del "genocidio". Il suo ultimo atto pubblico,

---

123 Ibid.
124 Ibid., p. 140.
125 *1979 Radiation Hearings*, pp. 19-23

disse, "fu indicare che gli attuali livelli nelle miniere erano talmente inadeguati da causare un raddoppio dei casi di cancro ai polmoni tra i minatori. Oltre il 40% delle miniere lavora in violazione di questi standard, che sono comunque inadeguati".[126]

Le condizioni negli stabilimenti di Uranio – dove il minerale grezzo viene frantumato e trattato per estrarre l'Uranio – non possono essere migliori. Alla fine degli anni '70 due lavoratori degli stabilimenti si unirono ad una ingente azione legale di sessantacinque minatori, imputando che le condizioni di lavoro avevano distrutto la loro salute. Gli uomini riferirono che regolarmente consumavano il pranzo in aree dense di polvere d'Uranio. Ad alcuni venivano date delle mascherine respiratorie, ma diventavano incrostate di polvere e venivano talmente di rado pulite dalle compagnie che molti lavoratori semplicemente smisero di indossarle. La polvere era talmente penetrante che una operazione di pulitura nella controsoffittatura di uno stabilimento abbandonato fece recuperare polvere di Uranio per un valore di 100.000 $.[127] In un altro caso il *Colorado Bureau of Investigation* confermò che un proprietario di stabilimenti – il Commonwealth Edison Company di Chicago – avesse regolarmente falsificato i livelli di esposizione per evitare le operazioni di bonifica o di pagare compensazioni ai lavoratori.[128]

Né i minatori né i lavoratori degli stabilimenti venivano generalmente informati dei pericoli speciali delle radiazioni. Ancora, tale politica ebbe costi tragici. Nel 1979 un minatore dello Utah chiamato George Val Snow raccontò di udienze sul basso livello di radiazioni presiedute dal Senatore Edward Kennedy inerenti il fatto che dei quarantadue minatori con i quali ebbe lavorato, ventidue erano già morti per varie cause. Aveva lavorato nella miniera di Marysvale dal 1950 al 1960; suo padre e suo fratello, entrambi vittime di cancro ai polmoni, erano tra i defunti. Snow raccontò di un gioco che i lavoratori giocavano per vedere di chi fosse il respiro più radioattivo. La società, disse Snow, "aveva un contatore Geiger per misurare il minerale e vedere se fosse minerale o detriti. Quando uscivamo la notte ci soffiavamo dentro per vedere chi fosse in grado di andare più in alto nella scala. A volte potevamo andare oltre la scala".

Ma nonostante quattro secoli di esperienza con la morte nelle miniere, e decadi di conoscenza del fatto che il gas radon causasse il cancro ai polmoni, mai nessuno disse a George Snow o ai suoi colleghi che ci fosse un pericolo. Disse Snow: "Non eravamo preoccupati che ci fosse qualcosa di storto".[129]

Le pittrici della lancette al radio

Anche altri lavoratori sono stati disinformati riguardo la loro esposizione alle radiazioni – e ne hanno pagato un prezzo spaventoso. Tra i primi c'erano diverse migliaia di Americani – la maggior parte donne – assunte per applicare a pennello il radio radioattivo all'interno dei quadranti degli orologi, rendendoli brillanti al buio.[130]

Il radio è un sottoprodotto del minerale dell'Uranio, che si trova in natura. Negli anni '20 i manager delle imprese dissero a molti dipendenti che ingerire radio avrebbe accresciuto la loro vitalità, arricciato i capelli, migliorato il colorito, e li avrebbe resi sessualmente

---

126 Intervista a Wagoner.
127 *High Country News*, 5 settembre 1980.
128 Peggy Strain, "Edison Unit's Uranium Mill Health Data Falsified: Study", *Chicago Sun-Times*, 28 Settembre 1980.
129 *1979 Radiation Hearings*, pp. 48-50.
130 Scott/NIOSH Report, p. 8.

attraenti. I decoratori di quadranti così leccavano avidamente i propri pennelli per dar loro la punta fine di cui avevano bisogno per pitturare i quadranti degli orologi. Molti inoltre applicarono la sostanza radioattiva ai propri anelli, bottoni e cinture. Un uomo addirittura colorò i propri denti per farli luccicare – un atto che anticipò il corrente diffuso utilizzo dell'Uranio nella produzione di denti finti e di capsule dentarie in ceramica.

Dal 1924 la notizia che quattro dipendenti della U.S. Radium Corporation morirono di necrosi alla mascella – una rara malattia degenerativa – giunse al *Board of Health* di Orange County, nel New Jersey. Altre otto donne erano gravemente malate, e i dentisti locali registravano ancora molti altri casi. Ma quando Katherine Wiley della *National Consumer League* si rivolse alla compagnia, le dissero che il problema era dovuto alla scarsa igiene dentale.[131]

La compagnia, comunque, aveva già segretamente assunto il dottor Cecil Drinker di Harvard per studiare l'impianto. Drinker trovò pittura al radio spruzzata lungo l'area di lavoro, sui vestiti dei dipendenti e persino nei loro indumenti intimi. Apprese inoltre che la U.S. Radium aveva ordinato ai propri lavoratori di smettere di leccare i propri pennelli, una chiara indicazione che sapessero che qualcosa fosse sbagliato. Il rapporto di Drinker chiaramente implicava il radio come la sorgente dell'epidemia di necrosi.[132]

La società rispose con ostilità. A Katherine Wiley fu data una versione editata del rapporto di Drinker, che diceva che "ogni ragazza è in perfette condizioni". Drinker protestò e venne minacciato di una causa civile. Quando egli in seguito comunque pubblicò il testo completo, la U.S. Radium si rivolse al dottor F. B. Flinn della Columbia University. Flinn diede alla compagnia un certificato di buona salute. Ma nel 1925 il dottor Harrison Martland, un ufficiale sanitario locale, confermò cinque morti per avvelenamento da radio, e stimò che il decoratore di quadranti al radio medio potesse ingerire, lungo un periodo di cinque anni, microgrammi di radio – diecimila volte lo standard del 1981.[133] Alla luce delle scoperte di Martland, Flinn ripudiò il proprio studio.

Studi conseguenti continuarono a confermare il peggio, con indicazioni di aumentati casi di cancro alle ossa, cancro del colon, malattie degli organi di formazione del sangue, problemi respiratori, e necrosi della mascella. Uno studio mostrò che le ossa esumate di ex decoratori di quadranti esibivano livelli di radio talmente alti che si impressionavano da sole sulla pellicola non esposta.[134] E quando le vittime stesse iniziarono a lamentarsi delle proprie malattie e ad intentare cause, la copertura dei media portò a una accresciuta pressione pubblica sulle compagnie per rafforzare le loro procedure. Che rallentarono, ma non fermarono, l'epidemia. Poiché emette radiazioni alfa, il radio può essere letale quando ingerito in quantitativi sufficienti. Ma il radio emette anche penetranti raggi gamma, e lavorando con questo al di fuori del corpo può condurre ad esposizioni che causano una vasta serie di malattie, inclusi cancro al seno e mieloma multipli, che continuano a ricomparire persino negli stabilimenti di quadranti "ammodernati".[135]

Alla fine, trovatisi di fronte a un mucchio di cause, un'impresa – la *Radium Dial Company* con sede nell'Illinois – si ritirò dagli affari nel 1934. Subito dopo, comunque,

---

[131] Roger J. Cloutier, "*Florence Kelley and the Radium Dial Painters*", Health Physics Journal 39, N. 5, novembre 1980, pp. 711-717.
[132] Ibid.
[133] Harrison S. Martland, "*Occupational Poisoning in the Manufacture of Luminous Watch Dials*", Journal of the American Medical Association 92 (1929), pp. 466-477.
[134] Cloutier, "*Florence Kelley and the Radium Dial Painters*".
[135] Baverstock, et al., "Risks of Radiation at Low Dose Rates", Lancet 21 (21 Febbraio, 1981): 430-433; Jack Cuzick, "Radiation-Induced Myelomatosis", New England Journal of Medicine 304, N. 4 (22 Gennaio, 1981).

una "nuova" società chiamata *Luminous Processes* si presentò come la proprietaria dello stabilimento della *Radium Dial* e padrona dei suoi dipendenti. Joseph Kelley Senior, ex presidente della *Radium Dial*, divenne adesso presidente della *Luminous Processes*, le cui attività erano notevolmente simili a quelle della *Radium Dial*. La reporter investigativa Anna Mayo raccontò nel *"The Village Voice"* che la *Luminous* era diventata, a partire dagli anni '70, un'impresa multinazionale con uffici a Manhattan, in Svizzera e ad Hong Kong.[136]

Ma nonostante la sua espansione, la *Luminous* apparentemente mantenne molti dei suoi tradizionali modi di produzione. Nel 1976 la NRC multò la *Luminous* per negligenze presso la propria fabbrica nell'Illinois. Nel 1978 la commissione ordinò la chiusura dell'impianto. La *Luminous* rispose inviando in tutta fretta la sua attrezzatura su autocarro in Georgia, dove possedeva un impianto libero dalla giurisdizione dell'NRC. La commissione riuscì a bloccare gli autocarri e confiscò l'attrezzatura. L'impianto della Georgia venne chiuso subito dopo; i funzionari locali continuavano ancora a segnalare alti livelli di radiazioni sul sito nel 1980.[137] Mayo successivamente visitò il sito dell'Illinois e riferì che sette dei precedenti dieci lavoratori della *Luminous* che intervistò soffrivano di cancro al seno e tumori ai piedi.[138] Nella meta degli anni '70 la produzione di quadranti luminosi per orologi si spostò dal radio all'utilizzo di minute capsule di vetro riempite di trizio, un isotopo radioattivo dell'idrogeno capace di brillare senza una sorgente elettrica. Sebbene il procedimento fosse generalmente ritenuto più sicuro della pittura col radio, l'*American Atomics Corporation* di Tucson nel 1979 contaminò un intero quartiere col trizio, incluse le cucine del sistema pubblico scolastico di Tucson. Nel frattempo materiali radioattivi continuano ad essere utilizzati in una vasta gamma di sorgenti luminose, incluse caffettiere, calcolatrici tascabili e lampade da notte.

Il Progetto Manhattan

Sebbene diversi lavoratori dei quadranti al radio vinsero delle cause di risarcimento in tribunale, la pubblicità delle condizioni primitive nelle quali essi lavoravano fece poco per migliorare il destino dei lavoratori in qualche altro luogo della nascente industria nucleare. Mentre gli abitanti di Hiroshima e Nagasaki era le più ovvie vittime dell'attacco atomico, anche gli Americani morirono per via di queste bombe – molti a causa del lavoro di produzione delle stesse.

Parte del problema era l'atteggiamento sprezzante degli scienziati riguardo i potenziali pericoli delle radiazioni. Negli anni '30, per esempio, il dottor J. Robert Oppenheimer occasionalmente beveva una soluzione di Sodio 24 altamente radioattivo a dopo, tra lo stupore degli studenti laureati presenti, portava un misuratore Geiger fuori scala misurando la sua mano.[139] Nel 1944 il Dr. John Gofman, allora un giovane laureato che lavorava sul Progetto Manhattan, che aveva dato origine alla prima bomba atomica, fu pesantemente contaminato quando gli fu ordinato di eseguire a mano un compito altamente pericoloso con il Plutonio che avrebbe dovuto essere maneggiato solo da una macchina. Gofman ci disse che in un altro caso la preoccupazione principale del personale

---

[136] Anna Mayo, "We Are All Guinea Pigs", *"Village Voice"*, 25 dicembre 1978, p. 18.
[137] *Environmental Radiation Surveillance Report, Georgia Department of Natural Resources and Environmental Protection Division*, dall'estate 1979 all'estate 1980, pp. 177-186
[138] Mayo, *"We Are All Guinea Pigs"*.
[139] Rapoport, *The Great American Bomb Machine*, p. 122.

di sicurezza al Berkeley Laboratory in California fosse impilare bene delle scatole di cartone che "sarebbero potute cadere e colpire qualcuno". La stanza in cui erano impilate, comunque, era altamente radioattiva, e la gente in essa ne era severamente esposta – con nessuna particolare preoccupazione da parte delle squadre di sicurezza.[140] In un altro caso il dottor Karl Z. Morgan, un membro originario del *Manhattan Project Health Physics Group*, non era riuscito a convincere gli ingegneri dell'impianto a separare il sistema di acqua potabile dei lavoratori dal sistema del processo industriale. Pertanto una perdita od una erronea rotazione di una valvola poteva portare i lavoratori dell'impianto a bere acqua radioattiva.[141]

Un altro scienziato di Los Alamos chiamato Harry Daglian si procurò la morte in un procedimento da lui chiamato "solleticare la coda del drago". Preparando un muro di mattoni di carburo di tungsteno attorno ad una sorgente di Uranio o di Plutonio, Daglian era in grado di determinare quanto materiale fosse necessario per provocare una reazione a catena. Ma, il 21 agosto 1945, Daglian accidentalmente portò una sorgente di Plutonio in stato critico. L'aria nel laboratorio diventò blu e le radiazioni bruciarono la carne di Daglian. Morì di una morte orribile. Meno di un anno dopo il capo di Daglian, Louis Slotin, patì un simile destino.[142]

Questo modo di procedere a casaccio inevitabilmente si estese ai lavoratori a Los Alamos, molti di loro soldati di leva. Uno di loro, un soldato chiamato Ted Lombard, ricordava che lui e i suoi colleghi spesso maneggiavano materiali pericolosi a mani nude, e senza adeguato monitoraggio. "La contaminazione era dilagante", disse. In alcuni laboratori "i vapori e la polvere erano costantemente nell'aria... La polvere era sul pavimento. Potevano esserci frammenti d'Uranio nelle tue scarpe. Andavi a mangiare con gli stessi vestiti e sedevi sui letti".[143]

A partire dall'estate del 1945 Lombard iniziò a lamentare problemi allo stomaco. A dicembre l'Esercito gli concesse un congedo medico. La sua salute si aggravò, con i tessuti nei suoi polmoni che iniziarono a diventare fibrosi e la sua pelle che sviluppò irritazioni che non guarivano. Il peggio, in ogni modo, venne con i suoi figli e nipoti. "Ho una figlia, di 31 anni, che sembrava essere in salute, finché non abbiamo guardato a fondo", disse Lombard al *Citizens Audience for Radiation Victims* del 1980 a Washington. "È una cosa lenta, insidiosa. Adesso lei è in una sedia a rotelle con uno spasmo neuromuscolare multiforme non diagnosticato, mancanza d'anticorpi, mancanza d'enzimi digerenti... Mio figlio più piccolo è sordomuto, soggetto a multipli spasmi, malattie del sangue ed altri problemi non diagnosticati. È anche ritardato mentale. Un altro figlio ha attacchi d'emicrania... è afasico e ha malattie del sangue. I due nipoti iniziano a manifestare segni di problemi digestivi e malattie del sangue".[144] Lombard ha sporto denuncia alla *Veterans Administration*. La VA ha ammesso la sua esposizione radioattiva a Los Alamos, ma si rifiuta di fornire la sua documentazione medica.

È inoltre emersa la prova che l'operazione di Los Alamos abbia potuto nuocere all'intera comunità. Uno studio del 1979 dal registro dei tumori del New Mexico mostrò che dal 1969 al 1974 i cancri al seno tra le femmine bianche nella Los Alamos County erano più che doppi rispetto alla media nazionale. Casi di cancro allo stomaco, pancreas, vescica e

---

[140] Intervista a Gofman
[141] Karl Z. Morgan, intervista, Ottobre 1980.
[142] Karl F. Hubner e Shirley Fry, "*The Medical Basis for Radiation Accident Preparedness*", *Proceedings of the REAC/TS International Conference*, Oak Ridge, Tenn., Ottobre 1979, p. 17.
[143] "*Statement of Ted Lombard*", Citizens' Hearings.
[144] Ibid.

al retto erano tre volte la media dello stato. Il cancro del colon era più che doppio della media dello stato.[145] La sola ricerca a lungo termine sulla salute dei lavoratori del Progetto *Manhattan* a Los Alamos fu condotta dal dottor George Voeltz, direttore dell'Health Effects Research di Los Alamos. Voeltz concluse, dopo aver contattato ventisei dipendenti, che "non è stato segnalato alcun problema medico che possa essere attribuito senza alcun dubbio al Plutonio".[146] Ma le sue conclusioni sono state contestate. Il dottor Edward Martell, un ricercatore delle radiazioni per il *National Center for Atmospheric Research* di Boulder, esaminò i dati di Voeltz e giunse alla conclusione che "con egual giustificazione si potrebbe asserire che la maggior parte dei gravi accertamenti medici in questo gruppo possa essere attribuita al Plutonio".[147]

Nel 1974 Voeltz iniziò un vasto studio su 224 lavoratori esposti al Plutonio a Los Alamos. Ted Lombard non era in alcun campione di Voeltz. Ma in un modulo per i possibili partecipanti per il secondo studio, Voeltz svelò i risultati che aveva già scritto: egli chiese agli ex lavoratori di "cooperare per favore aiutandoci a dimostrare che le esposizioni a bassi livelli di Plutonio non sono dannose".[148]

I cantieri navali di Portsmouth

Tali pregiudizi non erano evidenti nel lavoro del Dr. Thomas Najarian, un ematologo presso il *Boston's Veteran Hospital*. Nell'autunno del 1977 Najarian stava visitando un ex saldatore nucleare di nome Adolph Pohopek, che soffriva di leucemia. Pohopek aveva lavorato al Portsmouth Naval Shipyard (PNS)[149] nel New Hampshire, e aveva chiesto a Najarian se l'esposizione alle radiazioni presso il cantiere navale avesse qualcosa a che fare con la sua leucemia.

Portsmouth, che è a circa cento chilometri a nord di Boston lungo la costa Atlantica, costruiva navi da guerra dal 1800. Costruì il primo sommergibile militare americano nel 1917. Tra il 1954 e il 1977 un totale di 63 sottomarini nucleari furono costruiti, revisionati o riparati a Portsmouth. La General Dynamics Corporation gestisce il cantiere su appalto governativo, e approssimativamente un terzo dei 24.525 lavoratori elencati come ex dipendenti del PNS sono stati esposti alle radiazioni, tra questi Adolph Pohopek.[150]

Pohopek disse a Najarian che numerosi lavoratori di Portsmouth sembrarono morire inusualmente giovani, e che le condizioni lavorative nei cantieri non erano come sarebbero dovute essere. Pohopek quindi fornì a Najarian i nomi di cinquanta persone che avevano lavorato di recente a Portsmouth. Najarian scoprì che dieci di loro erano già morti, e quindi chiese fondi al VA per eseguire alcune ricerche di controllo. Il VA si rifiutò, asserendo che le esposizioni a Portsmouth erano troppo basse per aver causato anche una sola delle morti.[151]

Ma Najarian insistette. Utilizzando il proprio denaro per la carta e l'affrancatura, spedì

---

[145] *"Cancer Rate Elevated in Los Alamos County"*, *"Albuquerque Journal"*, 12 ottobre 1979.
[146] Ibid.
[147] Ibid.
[148] Ibid.
[149] I cantieri navali militari della *US Navy* di Portsmouth, sono i cantieri navali più vecchi degli Stati Uniti; specializzati nella costruzione di sommergibili (più di settanta costruiti nella seconda guerra mondiale) e quindi di sommergibili nucleari sino al 1969, NdE. Oggi è una importante base di riparazione e manutenzione navale.
[150] *"Epidemiologic Study of Civilian Employees at the Portsmouth Naval Shipyard, Kittery, Maine"*, *National Institute of Occupational Safety and Health*, pubblicato il 3 dicembre (in seguito citato come *"NIOSH/PNS Report"*).
[151] "Statement of Thomas Najarian", *Effect of Radiation on Human Health*, 28 febbraio 1978, p. 1236.

questionari a circa quaranta lavoratori passati e presenti di Portsmouth. Entro una settimana il capo della divisione ricerca del VA a Washington chiamò Najarian, esigendo di conoscere chi avesse finanziato la sua ricerca, e richiedendo tutta la sua corrispondenza con il personale navale. Quando Najarian chiese che tale richiesta fosse messa per iscritto, non ebbe più alcuna notizia dall'ufficiale del VA.[152]

Quando i questionari stessi iniziarono ad arrivare, rivelarono quel che Najarian considerava un allarmante tasso di morti per leucemia. A metà novembre del 1977 Najarian chiese aiuto al *"The Boston Globe"*. Sebbene la Marina si fosse rifiutata di fornire a Najarian alcuno dei propri fascicoli, lui ed un team investigativo del *Globe* furono in grado di mettere insieme qualcosa come diciassette centinaia di certificati di morte relativi ai lavoratori di Portsmouth. La Marina si rifiutò inoltre di rilasciare alcuna documentazione di esposizione dei lavoratori. Ma con l'aiuto dello studioso di statistica dottor Theodore Colton, Najarian riuscì ad individuare quei lavoratori le cui famiglie potessero confermare che erano stati esposti alle radiazioni a Portsmouth. Nel Giugno del 1978 Najarian e Colton pubblicarono un articolo su *Lancet*, indicando un tasso di incidenza di leucemia tra i lavoratori esposti di Portsmouth che era quattro volte superiore il normale.[153]

Lo studio fu presto attaccato dall'Ammiraglio Hyman Rickover, capo dei programmi nucleari della Marina e pioniere del sottomarino atomico. Strenuo perfezionista, ex mentore del futuro Presidente Jimmy Carter quando questi era in Marina, Rickover gode di una fama quasi leggendaria per aver formato i personale meglio addestrato in campo nucleare. Nel 1958, sotto la sua supervisione, una versione allargata del reattore nucleare sottomarino aprì a Shippingport, in Pennsylvania, come il primo reattore di prova commerciale al mondo in grado di produrre elettricità. Rickover inoltre ebbe un importante ruolo nel funzionamento di Portsmouth, e difese vigorosamente gli archivi della Marina nucleare. Nel 1978 disse ad un'udienza del congresso che "non abbiamo avuto alcun incidente che abbia provocato il ferimento delle persone o che abbiano avuto un effetto radiobiologico sull'ambiente". Ma aggiunse scrupolosamente che "Io non includo gli effetti a lungo termine delle radiazioni a basso livello".[154]

Ed era esattamente questo il problema. Rickover, in seguito alla pressione governativa, presto acconsentì che il *Center for Disease Control* (CDC) verificasse gli accertamenti di Najarian. Il CDC affidò lo studio alla sua subagenzia, il National Institute for Occupational Safety and Health, che chiese – tra gli altri – al Dr. Thomas Mancuso di far parte del suo comitato "di controllo" scientifico indipendente, che era stato autorizzato dal Congresso.

La controversia subito ingarbugliò lo studio. Mancuso negò un appuntamento alla commissione di controllo dopo che il NIOSH aveva rifiutato di garantirgli l'accesso per una valutazione sul posto delle fonti di dati. Nel dicembre del 1980 diversi ricercatori del NIOSH conclusero che "non era evidente un numero eccessivo di morti dovute al cancro e, specificamente dovute al cancro del sangue e degli organi di formazione del sangue" a Portsmouth.[155] Ma il 5 gennaio 1981 il *Globe* riportò che cinque dei sei membri del comitato consultivo che avevano intervistato erano consapevoli che i dati del NIOSH

---

[152] Ibid.
[153] Thomas Najarian e Theodore Colton, *"Leukemia among Shipyard Workers"*, *"Lancet"*, Giugno 1978.
[154] *"Statement of Hyman Rickover, Adm. H.G., Deputy Commander, Nuclear Power Naval Sea System Command, USN, Department of Defense"*, *Effect of Radiation on Human Health*, p. 1272.
[155] *"NIOSH/PNS Report"*, p. 31.

avevano rivelato, in effetti, "una tendenza verso valori più alti di casi di leucemia tra i lavoratori che avevano ricevuto dosi superiori di radiazioni". Un membro del comitato, il dottor George Hutchinson, che è generalmente noto per essere a favore del nucleare, ammise al *Globe* che "c'è una tendenza della leucemia con la dose" – che le prove indicavano come più i lavoratori di Portsmouth ricevevano radiazioni, più alta era la probabilità che contraessero la leucemia.[156]

Il NIOSH, infatti, presentò la sua relazione finale per la pubblicazione senza dare al comitato di consulenza totalmente autorizzato dal congresso la possibilità di discutere le sue conclusioni. Il membro del comitato Irwin Bross minacciò di denunciare il NIOSH per ottenere che gli fossero inviati i dati, e quindi accusò che i numeri "contraddicevano nettamente le dichiarazioni fatte da CDC/NIOSH". Bross trovò un forte eccesso di casi di cancro ai polmoni legati all'esposizione alle radiazioni.[157]

Nonostante infuri ancora la controversia sugli studi di Portsmouth, sembra ci siano pochi dubbi nelle menti delle persone che lavorano lì sul fatto che vi sia veramente qualcosa che non vada. Nel gennaio del 1979 il dottor John Cobb dell'University of Colorado Medical School, membro della commissione di controllo del NIOSH, visitò Portsmouth per verificare la situazione per conto del direttore del NIOSH, dottor Tony Robbins. Quando vi giunse, Cobb trovò differenze "antagonistiche" ed "esplosive" tra sindacati e la Marina sui problemi della salute e della sicurezza, e che le associazioni sindacali credevano che "la Marina stesse mentendo, imbrogliando e facendo qualunque cosa per coprire le carenze nella propria gestione".[158]

Cobb scoprì inoltre "che ci poteva essere un incentivo per i lavoratori per mantenere la propria esposizione alle radiazioni registrata più bassa che quella reale", e che la Marina spesso rilasciasse "deroghe" ai lavoratori per continuare a farli lavorare in aeree radioattive anche dopo che questi avevano superato i limiti di esposizione. Cobb ammise che "gli fu detto che i lavoratori furono portati a credere che l'esposizione alle radiazioni non gli avrebbe nociuto".[159] Dato che il lavoro con le radiazioni comportava una paga più alta, i dipendenti erano riluttanti ad indossare dosimetri per paura di essere impiegati in mansioni meno redditizie se fossero risultati "logorati".

Arricchimento e Reattori

Anche la rabbia della classe operaia ed i problemi della sicurezza dei lavoratori del radioattivo erano epidemici nell'industria americana dell'arricchimento dell'Uranio. L'arricchimento – il processo di trasformazione del minerale macinato dell'Uranio in combustibile e materiale bellico – coinvolge un'enorme quantità di energia, migliaia di lavoratori, a miliardi di dollari in investimenti dei contribuenti e sussidi.

Questi sono i tre maggiori impianti di arricchimento negli Stati Uniti: a Paducah, nel Kentucky, a Piketon, nell'Ohio e ad Oak Ridge, Tennessee.

A Paducah, che è gestita sotto appalto governativo dalla *Union Carbide Corporation*[160],

---

[156] N. Breslius, "*Questions Raised in Shipyard Cancer Study*", Boston Globe, 5 gennaio 1981, p. 22.
[157] Irwin D. J. Bross, direttore di biostatistica, *Roswell Park Memorial Cancer Research Institute*, memorandum ai "*Competent and Responsible Members of the Oversight Committee*", 26 gennaio 1981.
[158] John C. Cobb, *Report of Visit and Recommendations Regarding Studies of Cancer Incidence at Portsmouth Naval Shipyard, NIOSH Report*, 30-31 gennaio 1979, p. 5 (in seguito citato come *Cobb/NIOSH Report*).
[159] Ibid., p. 6.
[160] Ricordiamo come la *Union Carbide* fu responsabile di una delle peggiori catastofi industriali al mondo: l'incidente a Bhopal, in India, dove a causa di una fuoriuscita di isocianato di metile dallo stabilimento di pesticidi della *Union*

un lavoratore chiamato Joe Harding ha accusato l'amministrazione della compagnia di aver posto un coperchio ermetico su tutte le discussioni sulla sicurezza dell'impianto. Egli affermò che parole come "radiazioni" furono bandite dai discorsi. "Prima che tu potessi lavorare lì, l'FBI eseguiva un controllo di sicurezza. E dopo che venivi assunto, l'FBI continuava a tenerti sott'occhio".[161]

Durante i suoi diciotto anni e mezzo a Paducah, Harding, un addetto alla manutenzione, respirò regolarmente gas radioattivi "talmente densi che potevi vedere la nube nell'aria quando guardavi il lampadario, e potevi sentirne il gusto sui denti, nella gola e nei polmoni. Dopo un paio d'ore di lavoro la polvere d'Uranio sul pavimento era talmente spessa che potevi vedere le tue impronte quando andavi in giro". Le fughe erano copiose, aggiunse Harding, e gli indumenti protettivi erano minimi. "Non c'era alcun locale per il pranzo o la pausa pranzo. Semplicemente, ti sedevi da qualche parte, soffiavi via la polvere d'Uranio e pranzavi".[162]

Secondo il dottor Karl Z. Morgan, lavorare in un'aria carica di gas esafluoruro di Uranio, prevalente negli impianti di arricchimento, può contaminare i polmoni e l'interno tratto gastrointestinale, e può dare al corpo massicce dosi di radiazioni Alfa, Beta e Gamma. Ne può inoltre derivare una seria irradiazione Beta alla pelle. Questo è un doppio rischio, perché l'esafluoruro stesso, che è combinato con l'Uranio, è altamente tossico e corrosivo.[163]

Dalla fine di febbraio 1980 Harding – all'età di cinquantanove anni – aveva perso il 95% del suo stomaco e soffriva di problemi cronici ai polmoni ed infiammazioni alla pelle che non guarivano. C'era un grosso tumore avviluppato intorno alla sua spina dorsale nella cavità addominale, ed escrescenze simili ad unghie protruse dalle sue articolazioni. Nonostante fosse relegato su una sedia a rotelle, Harding trascorse gli ultimi anni della sua vita a pronunciarsi contro le condizioni a Paducah. Quando aveva iniziato a lavorare all'età di trentun anni, disse, era un uomo forte e vigoroso non era "mai malato" e che "poteva mangiare qualsiasi cosa". Il suo supervisore dell'impianto gli disse: "Non prenderai più radiazioni in questo lavoro di quante ne puoi avere indossando un orologio da polso con quadrante luminoso".[164]

Tre decadi dopo, ormai uno zoppo di quaranta chili, torturato da un dolore costante, Harding strappò la promessa dal DoE che il suo caso venisse finalmente verificato per intero. Ma dopo che morì, alla sua vedova, Clara, fu detto che suo marito era stato raramente monitorato per le radiazioni "in virtù del basso potenziale per l'esposizione" tra i lavoratori nel suo campo.[165]

Gli archivi del DoE rivelarono che ad un certo punto della carriera di Harding questi aveva fornito un campione d'urina che mostrava un valore dieci volte il limite permesso di radiazioni. Secondo il Dr. Morgan ci vogliono diversi giorni affinché l'Uranio passi attraverso il corpo, e quindi "o il secondo campione prelevato dalle urine del signor

---

Carbide India Limited nella notte tra il 2 e il 3 dicembre 1984 morirono almeno 3.500 persone, con migliaia di altre morti negli anni seguenti e decine di migliaia di intossicati. La tragedia ebbe origine dai tagli al personale e alla sicurezza nell'impianto, in via di dismissione, effettuati dall'azienda, NdE.

[161] Joe Harding, intervista con Pierre Fruling, pubblicata nel bollettino "*Uranium Killed Joe*", disponibile presso il *National Committee for Radiation Victims*.
[162] Ibid.
[163] Karl Z. Morgan, lettera a Robert Hagar, Esq., 4 Febbraio 1981 (in seguito citata come lettera Morgan).
[164] Intervista a Joe Harding.
[165] *Department of Energy*, lettera a Clara Harding, gennaio 1981, disponibile presso Robert Hagar, avvocato di Mrs. Harding.

Harding era stato analizzato per sbaglio, oppure era stato falsificato".[166]
Ironia della sorte, sebbene non fossero stati effettuati studi affidabili sulla salute del lavoratore a Panducah, il Kentucky Health Department scoprì che le contee attorno all'impianto avevano il tasso più alto di cancro dello Stato, ben superiore alla media nazionale. Cancro al seno tra le donne e cancro alla prostata tra gli uomini erano quelli di maggior rilievo. Le comunità vicine all'impianto mostrarono un eccesso di casi di cancro al colon e ai polmoni in ambo i sessi – malattie comunemente connesse alle radiazioni.[167]
Sfortunatamente, le condizioni a Paducah non sembrano essere uniche. Secondo Tennis Bloomfield, presidente del sindacato locale *Oil, Chemical and Atomic Workers* di Piketon, un incidente lì sparse così tanta polvere contaminata che i lavoratori furono costretti a distruggere le proprie scarpe per paura di portare a casa le radiazioni alle proprie famiglie. "Il tavolo da pranzo su cui mangiavamo era talmente contaminato che dovette essere distrutto", disse.[168]
Nel 1979 il sindacato di Bloomfield iniziò un lungo e aspro sciopero per migliori condizioni di salute e sicurezza all'interno dell'impianto. Tra le altre cose richiese che il monitoraggio delle condizioni del lavoratore fosse tolto dalle mani del DoE ed affidato alla *Occupational Safety and Health Administration* (OSHA), che il sindacato sperava potesse offrire migliore protezione per i suoi lavoratori. Secondo un rapporto del GAO del 1980 il DoE aveva ispezionato tutti e tre gli impianti di arricchimento soltanto per un totale di tre volte nei cinque anni dal 1975 al 1980. Né al NRC né all'OSHA fu consentito di monitorare le esposizioni alle radiazioni all'interno di alcuno degli impianti di arricchimento, ed il GAO notò che generalmente l'amministrazione della compagnia fosse molto lenta nel rispondere alle lamentele dei lavoratori riguardo alle condizioni pericolose.[169] Alla fine, dopo il costoso sciopero dei lavoratori, la Goodyear – che gestisce Piketon su appalto federale – concesse alcune delle richieste del sindacato. Il DoE, comunque, domina ancora l'accesso ed il monitoraggio delle condizioni di lavoro presso tutti gli impianti di arricchimento.
A causa di tale mancanza di controlli, molti lavoratori americani dell'arricchimento vivono nella paura di quel che il proprio lavoro possa star loro arrecando. Due dipendenti di Piketon – Mike e Katy Schuller – furono intervistati dalla televisione britannica nel 1980. Erano entrambi contaminati dopo che gli era stato detto dalla Goodyear che i loro lavori particolari erano al sicuro dalla radioattività. Quando Kathy si lamentò le dissero: "O lo fai, o vieni spedita a casa".[170] Allora in stato di gravidanza, disse alla troupe televisiva: "Sono piuttosto preoccupata di quello che accadrà al mio bambino". Kathy disse: "Mi sentirò meglio quando sarà qui, e se avrà tutto – tutte e dieci le dita delle mani e dei piedi".[171] Il 18 dicembre del 1980, il figlio degli Schuller nacque con una sola mano.
Paure come questa degli Schuller iniziarono ad emergere nel campo dell'energia nucleare. Sin dal 1957, quando iniziarono le operazioni al primo reattore energetico di prova commerciale a Shippingport. In Pennsylvania, una crescente industria si era evoluta assumendo più di ottantamila persone. Nel 1972 l'EPA aveva previsto che i livelli annuali di esposizione per lavoratore non avrebbero ecceduto i 0.225 rem entro l'anno 2000. In

---

[166] Lettera Morgan.
[167] *"Sun Democrat"*, Paducah, Ky., 2 novembre 1977, p. 1.
[168] Dennis Bloomfield, intervista, trascrizione del film *For My Working Life*, copyright ATV, 28 aprile 1981 (in seguito citata come *ATV Transcript*).
[169] Sheila Hershow, *"Atomic Plant Probe Confirms Charges Aired Six Years Ago"*, Federal Times, 25 agosto 1980, p. 13.
[170] *ATV Transcript*.
[171] Ibid.

meno di sei anni le esposizioni medie segnalate presso i reattori atomici aveva più che triplicato la previsione dell'EPA.[172] Ironia della sorte, gli sforzi atti a ridurre le esposizioni al pubblico furono parzialmente responsabili. Intrappolando le radiazioni, che normalmente sarebbero uscite, sul sito, i livelli all'interno dell'impianto si innalzarono – mettendo a rischio i dipendenti.

E durante le situazioni di crisi presso un impianto, le condizioni divennero anche peggiori. I servizi di pubblica utilità spesso assumono "lavoratori volanti", operai precari che svolgono mansioni ad alta esposizione, dove i limiti legali dell'esposizione vengono rapidamente consumati. La pratica viene talvolta chiamata *"body banking"*, e prevede che lavoratori non addestrati e spesso non informati vengano mandati all'interno di aree "calde", con una alta paga oraria e per brevi ma pericolosi periodi. Nel 1971 l'impianto di rilavorazione Nuclear Fuel Services di West Valley, vicino a Buffalo, nello stato di New York, usò quasi un migliaio di "lavoratori volanti" per gestire un'emergenza. Secondo il dottor Marvin Reskinoff, professore di fisica al vicino Rachel Carson College, i "lavoratori volanti" erano spesso "diplomati delle scuole superiori con una minima esperienza lavorativa, non in grado di trovare impiego nel depresso mercato del lavoro di Buffalo. Gli venivano comunicata informazioni estremamente limitate riguardo i rischi delle radiazioni".[173] Sebbene gli standard federali imponevano che questi non lavorassero con le radiazioni per almeno tre mesi dopo il loro primo impiego, molti dei "lavoratori volanti" tornavano all'NFS nel giro di pochi giorni mostrando una falso documento d'identità, e venivano reimmessi per nuove dosi. L'ex Presidente Carter prestò servizio in qualità di "lavoratore volante" in seguito ad un incidente a Chalk River, in Canada, nel 1952. Carter ricevette la dose di un anno in meno di novanta secondi.[174]

Uno dei problemi che rendono il *"body banking"* e tutti gli altri lavori nucleari ancora più pericolosi è che non molti e forse nessuno dei lavoratori coinvolti può ottenere della documentazione affidabile delle esposizioni da parte dei propri datori di lavoro. Buona parte del monitoraggio si affida all'uso di badge dosimetrici, che vengono solitamente indossati quando una persona lavora in un'area radioattiva. I badge sono generalmente costruiti attorno ad una speciale pellicola progettata per registrare le radiazioni Gamma.

Ma altre forme letali di radiazioni sfuggono ai badge. E persino per le radiazioni gamma possono essere non affidabili. Uno studio del 1980 della *Nuclear Regulatory Commission* scoprì che l'80% cento di tutti i dispositivi di monitoraggio delle radiazioni testati fallì nel raggiungere il 50% di precisione. Condotto dalla University of Michigan, lo studio fu applicato a cinquantanove società di elaborazione e coinvolse un campione pari a circa il 90% dell'industria dosimetrica. Mischiando badge "di controllo" con quelli provenienti dai siti di lavorazione, i ricercatori del Michigan scoprirono che una gran parte del lavoro di dosimetria svolto presso i siti nucleari americani era, nella migliore delle ipotesi, inattendibile. Quando questi badge di prova venivano esposti a livelli di radiazioni corrispondenti a quelli di un grave incidente nucleare, le dosi massicce non venivano individuate.[175] La risposta della *Health Physics Society*, che fissa i livelli di monitoraggio, comunque, non fu quella di migliorare la tecnologia – quanto piuttosto di diminuire gli

---

[172] *Scott/NIOSH Report*, p. 30.

[173] Marvin Resnikoff, *"On the Job at NFS – Occupational Hazards in the Reprocessing Business"*, Sierra Club Radioactive Waste Campaign, Buffalo, N.Y.

[174] Jimmy Carter, *Why Not the Best?*, New York, Bantam, 1976, p. 60.

[175] *"Performance Testing of Personnel Dosimetry Services, Report of a Two Year Pilot Study, Ottobre 1977—Dicembre 1979"*, NUREG/CR 1304, Washington, D.C., *U.S. Nuclear Regulatory Commission*.

standard dei dosimetri, rendendo più semplice per l'industria superare test futuri.[176]
Intanto le indicazioni preliminari dal lavoro del reattore non erano incoraggianti. Secondo i certificati di morte ottenuti dalle associazioni sindacali dei lavoratori di presso i reattori di Shippingport e di Beaver Valley in Pennsylvania, i tassi di mieloma multiplo e leucemia tra gli ex lavoratori di questi due impianti sono di gran lunga superiori ai tassi dello stato.[177]
Vi sono anche forti indicazioni che possono essere occorsi gravi danni ai lavoratori a Three Mile Island (TMI). Secondo la Kemeney Commission, che è stata istituita dal Presidente Carte al fine di studiare l'incidente, i lavoratori del TMI furono esposti a livelli che "oltrepassavano i limiti della capacità di misurazione del produttore di stabilimenti rad per ora". Durante l'incidente diversi gruppi di riparazione entrarono in queste aree ad alta radioattività all'insaputa dei supervisori della protezione contro le radiazioni. Secondo un rapporto dell'NRC sull'incidente, "non vennero indossati indumenti di protezione, avendo come risultato diversi casi di contaminazione alla testa". Recipienti di campioni di acqua altamente radioattiva vennero "maneggiati direttamente senza l'uso di strumenti a controllo a distanza o schermi protettivi".[178]

Rocky Flats

I problemi tra i lavoratori nell'industria dei reattori stavano solo iniziando ad emergere, ma tali lamentele erano da qualche tempo comuni presso la fabbrica di Plutonio di Rocky Flats, vicino Denver. Rocky Flats è la "Grande Stazione Centrale" dell'industria delle armi nucleari. Ricicla materiale fissile dalle bombe "obsolete", e produce inoltre "inneschi" al Plutonio per le nuove. Il suo fulcro è un elaborato sistema di *glove box*[179] in acciaio inossidabile ventilate dove i lavoratori fondevano, pressavano, lavoravano, ripulivano e misuravano il Plutonio per le bombe atomiche d'America.
Rocky Flat era gestita su appalto governativo dalla Dow Chemical dal tempo in cui aprì nel 1953 sino al 1975, quando il controllo della gestione venne assunto dalla Rockwell International. L'insoddisfazione sia nei confronti della Dow che della Rockwell era molto diffusa, e numerosi incendi e fuoriuscite hanno tormentato l'impianto. Si è a conoscenza di almeno 325 lavoratori che sono stati seriamente contaminati in quel periodo. Un'indagine del 1958 di una caffetteria sul posto mostrò la contaminazione in cinquanta delle cinquantaquattro aree sopra "livelli di tolleranza consentiti" per il Plutonio.[180] Nel 1965 – anno in cui almeno quarantacinque lavoratori vennero contaminati col Plutonio – un sindacato locale tentò di costituire un comitato di sicurezza gestito dai dipendenti.

---

[176] Ibid.
[177] *Morti tra gli operatori che hanno lavorato al sito di Shippingport*
    1 incidente (trauma toracico)
       9 cancro: 5 casi non relativi a midollo osseo
                  4 casi relativi a midollo osseo
                  2 casi di leucemia al midollo osseo
                  2 casi di mieloma multiplo
    12 cuore ed altre malattie
  Totale: 22 morti tra gli operatori a Shippingport (1970-79)
[178] J. G. Kemeny, et al., *The President's Commission on the Accident at Three Mile Island, the Need for Change: The Legacy of TMI*, Washington, D.C., 1979, Appendice III, n° 4 e 18 (in seguito citato come *Kemeny Report*).
[179] Contenitori stagni per il lavoro in atmosfera controllata, isolati dall'ambiente esterno e dotati di guanti per la manipolazione, NdT.
[180] Rapoport, *Great American Bomb Machine*, p. 24.

L'amministrazione della Dow Chemical si rifiutò di cooperare. Nell'ottobre di quell'anno un incendio contaminò una intera squadra di produzione di venticinque lavoratori con un'esposizione sino a diciassette volte li massimo consentito.[181]

Da quando l'impianto aprì, migliaia di persone sono state impiegate a Rocky Flats. Ma nessuna indagine indipendente affidabile sulla salute della forza lavoro era mai stata pubblicata, e alcune delle indicazioni che sono emerse non sono incoraggianti, comportando violente battaglie processuali che possono avere un profondo impatto su tutti i futuri lavori inerenti le radiazioni.

Don Gabel, ad esempio, iniziò a lavorare a Rocky Flat appena uscito dalle scuole superiori nel 1969. Una parte significativa della sua giornata la spendeva azionando una fornace che trattava Plutonio. In un caso, da un tubo fece colare sulla sua testa acido nitrico misto a Plutonio. Nonostante le rassicurazioni del suo capo, Gabel iniziò a preoccuparsi degli effetti derivanti dal lavorare così vicino alle radiazioni. In un altro episodio la tubatura vicino alla quale aveva lavorato per lunghi periodi fu controllata e "fece attaccare la lancetta al fondoscala".[182]

Nel 1979, dopo un decennio nell'impianto, Gabel iniziò a soffrire di gravi mal di testa, e poi di crisi. I medici scoprirono un tumore maligno al cervello, che non poteva essere asportato. Alla fine Gabel dovette trasferirsi con la moglie ed i loro tre figli al Los Alamos Laboratory nel New Mexico, nella speranza di essere salvato da un trattamento sperimentale. Fallì. Nell'autunno del 1980 Don Gabel morì all'età di trent'anni. La successiva autopsia rivelò significative quantità di Plutonio ed americio nei suoi polmoni, nei reni e nelle ossa.

Tre mesi prima della sua morte Gabel aveva inoltrato una richiesta di risarcimento lavorativa alla Rockwell International. Sua moglie sta portando avanti la battaglia.

Il caso di Dark Karkenan, un professionista formatosi al college che iniziò a lavorare a Rocky Flats nel 1968, non fu mai risolto. Karkenan era un ingegnere meccanico che aveva contribuito alla bonifica ed alla ricostruzione di Rocky Flats dopo che l'11 maggio 1969 un incendio aveva seriamente contaminato l'impianto ed aveva sparso un quantitativo ignoto di Plutonio nelle aree a sud dell'impianto.

Dalla primavera del 1975 Karkenan iniziò a mostrare sintomi di insensibilità alle dita delle mani e dei piedi, seguiti da perdita di coordinazione e quindi dalla paralisi delle braccia e delle gambe. I medici non furono in grado di diagnosticare la malattia di Karkenan, ma lui e la sua famiglia erano convinti che si poteva farla risalire al suo lavoro durante la pulizia in seguito all'incendio del 1969, quando l'intera area di Rocky Flat fu pesantemente contaminata.[183] Poco prima che morisse nel 1976, Karkenan chiese a sua moglie Miriam di far esaminare campioni dei suoi tessuti come parte della sua autopsia – come fu poi fatto con Don Gabel. Ma quando Miriam Karkenan autorizzò l'autopsia, le fu detto dall'ospedale che era richiesta l'autorizzazione della Rockwell prima che i tessuti del marito potessero essere analizzati per la radioattività. Dopo tre mesi di dispute con la compagnia, ottenne il permesso – e a quel punto le fu detto dall'ospedale che si erano sbarazzati dei tessuti. La Karkenan continuò a cercare la documentazione del marito presso la Rockwell International e, alla fine del 1979, le fu inviato un "rapporto" che apparentemente dettagliava la cronologia dell'esposizione del marito. Il documento

---

[181] Ibid., p. 25.
[182] Don Gabel, intervista con il regista di *Dark Circle: A Documentary on Nuclear Weapons and Nuclear Power*, prodotto dall'*Independent Documentary Group*, San Francisco (in seguito citato come *Dark Circle*).
[183] *Citizens' Hearings*.

trattava le esposizioni sul posto di lavoro nel 1977, 1978, e 1979 – tre anni dopo che era già morto.[184]

Un importante caso dall'immenso impatto potenziale è stato vinto – contro la Dow Chemical per la sua gestione di Rocky Flats. Riguarda la famiglia di Leroy Krumback. Krumback lavorò col Plutonio a Rocky Flats dal 1959 al 1974, quando morì all'età di sessantacinque anni di cancro al colon. Alla sua vedova Florence non fu mai detto quanta esposizione avesse ricevuto il marito, ma lei lo ricordava tornare a casa spesso con le sue mani scorticate dalla polvere detergente Clorox, usata per rimuovere la contaminazione, e con la descrizione di come i suoi occhi, le narici, e i piedi fossero anch'essi contaminati. I tentativi di Florence Krumback di ricevere un risarcimento per la morte del marito si protrassero infruttuosamente sino al 1979, quando un giovane avvocato chiamato Bruce DeBoskey partecipò al suo caso.

Il suo coinvolgimento avvenne al tempo giusto. Dal 1980 il sentimento comune a Denver e nelle comunità circostante contro Rocky Flats era nettamente mutato. Il governatore del Colorado Richard Lamm esortò il presidente Carter a spostare l'impianto in un altro stato, ed un gruppo imprenditoriale, organizzato in parte da un imprenditore locale chiamato Rex Haag, stava lavorando attivamente per far chiudere Rocky Flats.

In febbraio, la dottoressa Alice Stewart testimoniò all'udienza per il risarcimento di Krumback. Il rapporto di Krumback mostrava che aveva ricevuto 45.67 rem di totale esposizione corporea, che la Dow Chemical affermava fosse un dosaggio sicuro. Ma la Stewart calcolò che il dosaggio "effettivo" era di molto superiore, perchè Krumback ne aveva ricevuto una porzione sostanziale quando ebbe più di quaranta anni, periodo in cui la sua sensibilità alle radiazioni era maggiore. Il suo dosaggio "effettivo", disse la Stewart, era superiore ai 222 rem, più che sufficienti per provocare il suo cancro.[185]

Ad un'altra udienza nell'agosto del 1980 il dottor Karl Z. Morgan considerò "inconcepibile" che i dossier mostrassero che a Krumback fosse stato concesso in dieci distinte occasioni di eccedere il suo limite di esposizione trimestrale. "Sono sconvolto da quel che è accaduto", disse Morgan, che aveva lavorato per ventotto anni come capo ufficiale sanitario presso l'Oak Ridge National Laboratory. Commentò che avrebbe fatto chiudere l'Oak Ridge se vi fossero state dimostrate simile esposizioni. Egli stimò l'effettiva dose di Plutonio nel colon di Krumback in migliaia di rem, e convenne con la dottoressa Stewart che l'esposizione al Plutonio era più che sufficiente per provocare il cancro di Krumback.[186] Con l'inattesa testimonianza aggiuntiva da parte della dottoressa Stewart e di Morgan, la Dow Chemical vide trasformarsi quel che sembrava un'azione legale di routine – destinata a essere rigettata – in una battaglia spartiacque. Il 2 giugno 1981 il vento soffiò dalla parte dei lavoratori del nucleare. Il Colorado riconobbe a Florence Krumback una liquidazione di ventunomila dollari, che sembrò diretta ad aprire la porta a un insieme arretrato di cause come quelle della famiglia Gabel. La somma era una piccola frazione delle spese mediche per la malattia di Leroy Krumback. Ma Florence Krumback sperava che la sua vittoria potesse servire a costringere l'industria ad operare dei cambiamenti nei posti di lavoro radioattivi. "Se salverà anche solo una vita", disse, "allora ne sarà valsa la pena".[187]

---

[184] Ibid.
[185] Alice M. Stewart, deposizione all'udienza del *Colorado Workers Compensation Department, Krumback v. Dow Chemical,* febbraio 1980.
[186] Karl Z. Morgan, deposizione all'udienza del *Colorado Workers Compensation Department, Krumback v. Dow Chemical,* agosto 1980.
[187] Pamela Avery, "*Rocky Flats Cancer Death Blamed on Radiation*", "*Rocky Mountain New"s, 4 giugno,* 1981, p. 4.

PARTE III

IL LATO OSCURO DELL'INDUSTRIA

8.

La produzione di bombe a Rocky Flats: la morte sottovento

Kristen Haag era nata nel 1967. Suo padre, Rex, era un imprenditore benestante nella Denver suburbana, che fece tutto il possibile per far vedere il mondo alla sua figlia dagli occhi blu. "Kristen ha trascorso una infanzia felice". "Cavalcava, andava in moto. È stata alla Hawaii, in montagna. Era una ragazzina bellissima, brillante, amata da tutti, a cui non era mai mancato niente".
Nel marzo del 1979, all'età di undici anni, Kris ebbe un trauma al ginocchio. I primi giorni di maggio i medici trovarono un tumore maligno; le fu diagnosticato un cancro alle ossa. Le fu amputata la gamba, ed iniziò a sottoporsi alla chemioterapia. "Tutto questo non la fece perdere molto d'animo", disse Haag. "Si mise a nuotare. Ottenne il certificato di nuoto e quello di salvataggio alla fine dell'estate". Kristen chiese ai suoi genitori che la gamba che le avevano amputata fosse analizzata, "così altri bambini non prenderanno quello che ho preso io".
Kris Haag morì prima della fine dell'anno. I suoi genitori tentarono disperatamente di capire che cosa avesse potuto originare la patologia, e poi sentirono di un incendio presso il complesso di lavorazione del Plutonio di Rocky Flats, a dieci chilometri dalle loro case. "Quando aveva solo due anni, le costruii una cassetta di sabbia nel cortile", racconta il padre. "Poi scoprii che fu proprio l'anno in cui era avvenuto il grande incendio a Rocky Flats". Parlando con noi e con la troupe cinematografica che stava girando *Dark Circle*, un documentario sui rischi legati al nucleare, Rex Haag sottolineò la sua paura che la stessa industria, le cui negligenti procedure avevano ucciso Leroy Krumback e i suoi collaboratori all'interno delle sue mura, avessero coinvolto la figlia, a dieci chilometri di distanza. "Il Plutonio sprigionato da quell'incendio deve aver contaminato anche la sua cassetta con la sabbia. Se ci penso adesso, mi viene da piangere. Eravamo proprio sottovento".[188]
E così era Denver.
Come le dozzine di strutture nella catena di produzione americana di armi nucleari, Rocky Flats era stata martoriata non solo con condizioni lavorative rischiose, ma anche da emissioni radioattive accidentali e incontrollate, che avevano messo in pericolo la salute di milioni di americani sottovento, come la famiglia Haag.
Due vasti incendi e una serie di incidenti e fuoriuscite inaspettate avvenuti a Rocky Flats

---

[188] Rex Haag, citato in *Dark Circle,* e Rex Haag, intervista, maggio 1981.

hanno portato a ritenere quest'impianto quale il principale responsabile delle contaminazioni avvenute nelle campagne vicine, causando una miriade di disturbi: problemi di fertilità, mutazioni e morte tra gli animali delle fattorie sottovento; tra i residenti nell'area di Denver, un'escalation nell'incidenza di cancro. Sollevò inoltre delle serie problematiche riguardo all'intero processo di produzione delle bombe nucleari.

Bombe sganciate!

La gestione americana delle armi nucleari in tempo di pace è stata costellata di incidenti. Gli incidenti più spettacolari sono avvenuti nel mero trasporto delle bombe da un posto all'altro. Nei primi mesi del 1958, ad esempio, un bombardiere strategico *B-47* entrò in collisione con un aereo da combattimento, lanciando una bomba nucleare in mare, nei pressi di Savannah Beach, Georgia. La bomba non fu mai trovata.
In seguito, sempre nel 1958, un altro *B-47* sganciò accidentalmente una bomba atomica mentre era in volo su Florence, in South Carolina. Quando toccò il suolo, una esplosione della potenza di alcune centinaia di chili di tritolo creò un cratere con un diametro di undici metri, diffondendo un anello di Plutonio intorno all'area[189]. Alcuni residenti della zona, che si preparavano per un picnic in famiglia, la sentirono arrivare ed ebbero appena il tempo di cercare riparo. "Fece saltare per aria il lato e il tetto del mio garage, proprio quando io e mio figlio entravamo di corsa", disse Walter "Bill" Greg, la cui famiglia rimase ferita nell'esplosione. "Le travi cadevano intorno a noi. Ci fu come una foschia, una nebbia verde, poi una nuvola di fumo bianco. Durò circa trenta secondi. Quando si dissipò, diedi un'occhiata alla casa. Il tetto era imploso e uno dei muri laterali era quasi saltato via". In seguito, il Governo trascinò la richiesta di risarcimento di Greg in tribunale. Infine, gli furono riconosciuti cinquantaquattromila dollari, ma egli rimase profondamente amareggiato da questa esperienza.[190]
Nel 1961 furono sganciate altre due bombe americane: su Goldsboro, North Carolina, in seguito alla caduta di un bombardiere strategico *B-52*. Una spiegò il paracadute, cosa che rallentò la sua discesa a terra; l'altra si ruppe nell'impatto. Un altro *B-52* con a bordo quattro bombe all'idrogeno si schiantò su un banco di ghiaccio nei pressi di Thule, in Groenlandia. L'intero aereo e il suo carico bellico si disintegrarono, lasciando un buco radioattivo lungo circa mezzo miglio nella sua scia. Con tante scuse al governo danese, sotto la cui giurisdizione si trova la Groenlandia, le autorità militari furono costrette a inviare negli Stati Uniti 6.4 milioni di litri di ghiaccio contaminato e neve per smaltirli.
Nel gennaio del 1966, poi, un *B-52* si scontrò con l'aerocisterna che lo stava rifornendo di carburante, facendo cadere tre bombe all'idrogeno presso il villaggio di pescatori di Palomares, Spagna. Una quarta bomba fu sganciata nel Mediterraneo. Il tritolo esplose in due delle bombe, diffondendo Plutonio in un miglio quadrato, costringendo gli Stati Uniti a distruggere i raccolti locali e a rimuovere tonnellate di suolo radioattivo per seppellirlo in South Carolina. Complessivamente, il governo americano ammette ventisette incidenti che hanno coinvolto le armi nucleari, denominati *Broken Arrow* [Freccia spezzata].
La critica indipendente parla invece di un numero di circa 125.[191]

---

[189] In questo e in altri incidenti, fu solo la carica esplosiva convenzionale d'innesco a detonare, spargendo su di una certa area il Plutonio o l'Uranio della testata nucleare relativa, similmente a una "bomba sporca", NdE.
[190] Clyde W. Burleson, *The Day the Bomb Fell on America*, Englewood Cliffs, N.J., Prentice-Hall, 1978, p. 13. L'incidente di Savannah compare a pag. 16.
[191] David E. Kaplan, *"Where the Bombs Are"*, *"New West"*, aprile 1981, p. 80.

Se la gestione delle bombe nucleari è stata tutt'altro che perfetta, lo stesso si può dire della loro produzione. Nel 1963, ad esempio, un incendio scoppiato presso gli impianti della AEC a Medina a San Antonio fece saltare in aria 120.000 tonnellate di esplosivo e inviò una nube all'Uranio nelle immediate vicinanze di una delle maggiori città del Texas. Almeno due imponenti esplosioni squarciarono anche l'impianto AEC di Burlington, Iowa, in cui venivano assemblate bombe atomiche. E l'impianto di fabbricazione di bombe all'idrogeno a Pantex, Texas (nei pressi di Amarillo), fu gravemente danneggiato da una violenta grandinata, nonostante la sua supposta invulnerabilità agli attacchi nemici.[192]

Notevoli quantità di radiazioni si sono disperse inoltre nell'ambiente. Nel 1974, gli operatori della gigantesca struttura di produzione di armi di Savannah River, ad Aiken, in South Carolina, rilasciarono accidentalmente ben 435.000 curie di trizio radioattivo in un solo giorno – la singola maggiore emissione di trizio mai registrata negli Stati Uniti. Studi del locale sistema idrico mostrarono una grave contaminazione, e vi sono indicazioni preliminari di un sostanziale incremento nell'incidenza di casi di cancro tra le persone che vivevano vicino all'impianto.[193]

In generale, il programma americano di produzione delle armi nucleari è stato tormentato da gravi errori di gestione, sforamenti nei costi, gestione negligente di materiali radioattivi e basso morale da parte dei dipendenti.

Tutto ciò può avere trovato la sua massima espressione nell'Idaho Nuclear Engineering Laboratory (INEL), un ampio avamposto in cui i progetti di ricerca e sviluppo sono condotti per le autorità militari, il carburante dei sottomarini nucleari esausto è riciclato, e sono stoccate le scorie radioattive di origine militare.

L'INEL ha una storia sconfortante. Nel 1960 tre tecnici rimasero uccisi da una barra di combustibile sparata via da un piccolo reattore-test, che perforò il corpo di uno di loro, inchiodandolo alla zona di contenimento del reattore, in alto sopra il nucleo. Gli altri due uomini furono contaminati a morte, e parti dei loro corpi dovettero essere sepolti in bare di piombo. Un funzionario della NRC in seguito dichiarò che l'"incidente" poteva essere stato causato deliberatamente da uno dei tecnici in un bizzarro caso di omicidio-suicidio, causato da un triangolo amoroso all'interno dell'impianto.[194] Negli anni seguenti, l'INEL fu tormentato da una gestione negligente dei rifiuti nucleari. Dell'Uranio concentrato fu accidentalmente scaricato in una strada vicina. Molto più gravemente, la direzione dell'INEL, dal 1952 al 1970, smaltì deliberatamente qualcosa come sedici bilioni di galloni di rifiuti liquidi in pozzi che si finivano direttamente nella falda freatica sottostante. Fu riscontrata una contaminazione radioattiva a 12 chilometri di distanza, suscitando l'ira degli agricoltori locali e sollevando la problematica sul destino a lungo termine dell'enorme falda acquifera dello Snake River, una delle maggiori fonti d'acqua sotterranee del Nordovest americano.[195]

Un incidente ancora più grave, comunque, avvenne durante le *World Series*[196] del 1978.

---

[192] Rapoport, *Great American Bomb Machine*, pp. 22-23.
[193] Robert Alvarez, *Report on the Savannah River Plant Study* (Washington, D.C.: Environmental Policy Institute, 1980) (d'ora in poi citato come *Savannah River Study*).
[194] Stephen Hanauer, NRC, intervista, giugno 1981.
[195] *High Country News*, 8 febbraio 1980, p. 10, v. anche, *Progressive*, ottobre 1980, e J. T. Barraclough, et al., *Hydrology of the Solid Waste Burial Ground, as Related to the Potential Migration of Radionuclides, Idaho National Engineering Laboratory,* Open File Report #76-471, Idaho Falls, U.S. Geological Survey, Water Resources Division, agosto 1981, (d'ora in poi citato come *Hydrology*).
[196] Le finali di Baseball statunitensi, NdT.

Mentre gli *Yankee* conducevano sui *Dodgers* per 7 a 2, il supervisore dell'impianto era immerso nella visione dell'incontro, che stava seguendo su una TV portatile che era riuscito ad introdurre di nascosto nella struttura, contravvenendo al regolamento. Se non fosse stato così coinvolto nella visione del New York, che stava vincendo il suo ennesimo campionato, si sarebbe potuto accorgere del verificarsi di una produzione anormale di radioattività in una piccola colonna di trattamento dell'Uranio vicina. Nessuno stava controllando le apparecchiature di monitoraggio. Uno dei rilevatori aveva terminato la carta due settimane prima. Nel frattempo la soluzione nella colonna di processamento era pericolosamente instabile. Proprio quando il match stava entrando nel vivo, la concentrazione di Uranio nella colonna aveva oltrepassato di sessanta volte il livello di guardia.

Improvvisamente, alle 20.45, iniziarono a squillare gli allarmi per l'alto livello di radiazioni nell'impianto. Il supervisore, preso dal panico, abbandonò gli *Yankees*. Gli operatori nella sala di controllo fuggirono in un'area protetta.[197] Fortunatamente, la colonna fu rimessa sotto controllo. Ma le cifre ufficiali dimostrarono che almeno ottomila curie di iodio radioattivo, kripton e xeno furono rilasciate nell'atmosfera, più che sufficienti a mettere in pericolo la salute di chiunque si fosse trovato sottovento.[198]

Il supervisore fu poi licenziato. Una indagine sull'alienazione dei dipendenti e sul morale basso all'INEL concluse che la situazione era assai grave e non vi erano delle facili soluzioni. Come dichiarò al "*The Idaho Statesman*" un fisico sanitario che lavorava a questo studio: "È una questione generica per la quale non ho risposta".[199]

Disastro a Rocky Flats

Due decenni prima di quell'incidente, un incendio devastante, ma poco noto, avvenuto a Rocky Flats saturò i venti del Colorado del mortale Plutonio.

Realizzata nei primi anni '50 al costo di 240 milioni di dollari, la gigantesca fabbrica produceva inneschi di Plutonio per le bombe ad idrogeno[200]. Si estendeva sul bordo occidentale delle Rocky Mountains [Montagne Rocciose], con le sue alte ciminiere sporgenti dalle pianure. I venti soffiano costantemente attraverso i canyon e sulle piane, arrivando spesso a raggiungere i 130 chilometri l'ora – dirigendosi spesso a Denver, 25 chilometri a est-sudest.

In effetti, le correnti d'aria sono così potenti da avere indotto il Dipartimento per l'Energia, alla fine degli anni '70, a scegliere una porzione di terreno, proprio ad ovest dell'impianto di Plutonio, quale sito primario, a livello nazionale, per testare i componenti dei mulini a vento. In qualità di elemento essenziale nella corsa alla supremazia nucleare all'epoca della Guerra fredda, Rocky Flats fu realizzata in gran segreto. La gestione di grandi quantità di Plutonio presso l'impianto non fu resa pubblica fino al 1955, due anni dopo la sua apertura. Non fu fatta alcuna consultazione pubblica per la scelta del sito di costruzione. Le autorità militari, dichiarò il dottor Tony Robbins, ex direttore del

---

[197] *Idaho Statesman*, 25 e 26 aprile, e 22 maggio 1979. La circostanza della "*World Series*" appare nell'edizione del 22 maggio.
[198] DoE, *Radioactive Waste Management Information: 1978 Summary and Record-to-Date,* Washington, D.C., luglio 1979, p. 12; *DoE, Nuclear Fuel Cycle Division, Idaho Operations Office,* preparato da E.G. & G. Idaho.
[199] *Idaho Statesman*, 22 maggio 1979.
[200] Questo innesco consiste in una sfera di berillio o acciaio contenente Plutonio 239, che innesca la fissione nucleare della testata nucleare quando è compressa dalla detonazione di una carica esplosiva disposta intorno alla sfera, NdE.

Department of Health del Colorado, "presero la decisione di collocare un impianto con un notevole quantitativo di Plutonio e tantissimi altri elementi pericolosi vicinissimo all'area metropolitana di Denver". La scelta del sito fu "un evidente errore".[201] Circa 600.000 persone vivono nel raggio di trenta chilometri dall'impianto.

Uno dei componenti principali delle operazioni a Rocky Flats è la linea di produzione delle *glove box*. In essa, i blocchi di Plutonio vengono misurati, lavorati, triturati e modellati per essere usati negli inneschi delle bombe. Il materiale è custodito in contenitori stagni, evitando così qualunque contatto col metallo tossico presente all'interno. Ma il Plutonio può prendere fuoco spontaneamente a contatto con l'aria. La sera dell'11 settembre del 1957, alcuni dei "teschi"[202] sulla linea delle *glove box* della Stanza 180 nell'Edificio 771 presero fuoco. L'incendio fu scoperto da due uomini addetti alla produzione poco dopo le ore 22.

L'area era stata progettata per essere a prova di incendio, ma si tramutò presto in un inferno radioattivo. I pompieri azionarono il sistema di ventilazione, ma questo creò un ritorno di fiamma, spargendo le fiamme a ancor più Plutonio. Diffusero quindi dell'anidride carbonica[203] nell'area. Anche questo tentativo fallì. Nel frattempo, i filtri progettati per intrappolare il Plutonio che fuoriusciva dalle ciminiere presero fuoco. Il capo turno e altri osservatori dichiararono di aver visto una nube nera che si ingrandiva da trenta a cinquanta metri nell'aria al di sopra della ciminiera di cinquanta metri d'altezza dell'Edificio 771. Via via che la crisi si intensificava, i funzionari responsabili dell'impianto fecero di tutto per trovare una soluzione. Sapevano che l'acqua avrebbe distrutto un complesso equipaggiamento che valeva milioni di dollari. Sapevano anche che l'intenso calore avrebbe trasformato istantaneamente l'acqua in vapore, che avrebbe potuto causare un'esplosione in grado di inviare ancora più particelle di Plutonio verso Denver. Ma quando l'anidride carbonica fallì, non vi fu alternativa. Nelle prime ore del mattino, l'acqua iniziò a riversarsi nell'incendio. Fortunatamente funzionò. L'incendio fu domato circa tredici ore dopo essersi sviluppato.[204]

I danni furono estesi. Le prime relazioni della AEC sostennero che non vi fu "diffusione di contaminazione radioattiva di alcun tipo". Seth Woodruff, manager dell'ufficio AEC di Rocky Flats, dichiarò ai media locali che "vi era la possibilità" che fossero sfuggite alcune radiazioni. "Ma se così fosse", sottolineò "la diffusione sarebbe stata così lieve da non poter essere immediatamente distinta dalla radiazione di fondo presente nell'impianto".[205]

Tuttavia, come avvenne ventidue anni dopo a Three Mile Island, non vi era all'epoca una strumentazione affidabile con cui monitorare la quantità di radiazioni fuoriuscite dalle ciminiere. Rilevatori funzionanti furono installati solo una settimana dopo. Poi, in un solo giorno, le emissioni registrarono un livello sedicimila volte superiore a quello di norma, un valore corrispondente a cinquanta anni di quota sostenibile.

Fu stimato che bruciarono nell'incendio tra i quattordici e i venti chilogrammi di Plutonio,

---

[201] Rocky Flats Action Group, *Local Hazard, Global Threat Rocky Flats Nuclear Weapons Plant*, Rocky Flats Action Group, Denver, 1977, p. 3 (d'ora in poi citata come *Local Hazard*).
[202] Il soprannome dato dagli operai di Rocky Flats agli inneschi, NdT.
[203] L'anidride carbonica (CO^2) sotto pressione è un comune mezzo antincendio, NdT.
[204] Carl Johnson, "*Comments on the 1957 Fire at the Rocky Flats Plant, in Jefferson County, Colorado*", relazione presentata alla *Conference on the Relation of Environmental Pollution to the Cancer Problem in Colorado*, all'*American Medical Center Cancer Research Center and Hospital* di Lakewood, Colorado, settembre 1980 (d'ora in poi citato come "*Comments*"); e Rapoport, *Great American Bomb Machine*, pp. 27-28.
[205] *Denver Post*, 12 settembre 1957.

sufficienti a realizzare almeno due bombe equivalenti a quella sganciata su Nagasaki.[206] E questa non è ancora la cosa peggiore. Secondo uno studio basato sulle cifre della Dow Chemical, che gestiva all'epoca Rocky Flats, ben tredici grammi di Plutonio venivano regolarmente depositati ogni giorno sul primo stadio dei filtri nell'Edificio 771. Secondo i documenti governativi ottenuti in una causa legale intentata contro l'impianto, i 620 filtri nella struttura principale dell'edificio non erano stati sostituiti da quando erano stati installati, quattro anni prima dell'incendio. Così, un paio di ricercatori locali hanno teorizzato che possano essere fuoriusciti circa 250 chilogrammi di Plutonio volatile, provenienti dai soli filtri in fiamme.[207]

Un tale rilascio di Plutonio sembrò a alcuni nell'area di Denver come ben oltre il plausibile. Ma una stima decisamente inferiore, di 21 chili di Plutonio – un decimo della cifra di 250 chilogrammi – fu calcolata come sufficiente a somministrare a ciascuno dei 1.4 milioni di abitanti dell'area di Denver una dose di radiazioni un milione di volte superiore a quella massima sopportabile dai polmoni.[208] "Mi riesce difficile credere alle stime su un rilascio massiccio", ci ha detto il dottor John Cobb dell'Università della Colorado Medical School. "Ma anche se fosse fuoriuscito solo un grammo di Plutonio, come sostengono gli operatori dell'impianto, sarebbe comunque un motivo per preoccuparsi".[209] Il Plutonio non fu nemmeno l'unico effetto indesiderato dell'incendio. L'acqua usata per estinguere l'incendio si saturò di radioattività. In questo caso, qualcosa come quasi 114.000 litri d'acqua sfuggirono al filtraggio, diffondendo così la contaminazione nei torrenti locali e nelle falde acquifere.

Per tutta la durata della crisi, nessuno aveva avvertito le scuole locali, i dipartimenti sanitari, la polizia, o nominato dei funzionari per avvisarli che a Rocky Flats stava avvenendo qualcosa di straordinario. Non erano stati predisposti dei piani di evacuazione, né le fattorie locali furono avvisate che era necessario salvaguardare la propria salute o quella dei loro animali.

E sebbene alcuni degli edifici siano stati fortemente contaminati, la produzione di inneschi per bombe riprese dopo solo pochi giorni. Nei tredici mesi successivi, gli operatori a Rocky Flats riferirono che nell'impianto si erano verificati ventuno incidenti, tra incendi, esplosioni, perdite di materiale radioattivo e incidenti con conseguente contaminazione.[210]

Altri incendi

Ad un continente e un oceano di distanza, in una campagna difficilmente distinguibile dal terreno pianeggiante ai piedi delle Rocky Mountains, anche la Gran Bretagna stava affrontando un disastro derivante dalla produzione di bombe. In mezzo ai freddi e

---

[206] Johnson, "*Comments*".
[207] Per quanto riguarda la stima di 250 kg, v. Johnson in "*Comments*" cit. R. W. Woodward, "*Plutonium Particulate Study in Booster System No. 3 (Building 771) Filter Plenum*", Golden, Colo., *The Rocky Flats Plant*, 27 gennaio 1971; e H. Holme e S. Chinn, "*Pre-Trial Statement*", Civil Action Nos. 75-M-1111, 75-M-1162, e 75-M-1296, Denver, *U.S. District Court for the District of Colorado*, 1978. Vedi anche, J. B. Owen, "*Reviews of the Exhaust Air Filtering andAir Sampling, Building 771*", manoscritto inedito, *Rocky Flats Plant*, Golden, Colorado, 14 marzo 1963.
[208] Rocky Flats Action Group, *Local Hazard*, p. 3; v. anche, F. W. Krey and E. P. Hardy, *Plutonium in Soil Around the Rocky Flats Plant*, New York, *AEC Health and Safety Library*, 1970, p. 36; Carl Johnson, et al., "*Plutonium Hazard in Respirable Dust on the Surface of Soil*", *Science*, August 6, 1979, pp.488-490; e Jack Anderson, "*Colorado Plant Eyed as Radiation Source*", *Washington Post*, 25 marzo 1979, p. D25.
[209] John C. Cobb, intervista, maggio 1981.
[210] Rapoport, *Great American Bomb Machine*, p. 28.

profondi laghi e le fertili fattorie della campagna del nord dell'Inghilterra, un incendio colpì il reattore di produzione del Plutonio a Windscale, i primi giorni di ottobre del 1957 – meno di un mese dopo il primo incendio a Rocky Flats. Windscale era stato progettato per produrre Plutonio per bombe. A Rocky Flats inserivano negli inneschi questo Plutonio – dopo averlo sottoposto ad un processo chimico.

Il 7 di ottobre, i pellet che alimentavano l'Uranio nel reattore di Windscale presero fuoco. Tutti i tentativi di spegnerli fallirono.

Sebbene l'impianto fosse una struttura militare, la notizia dell'incidente si diffuse velocemente. Al pubblico fu detto che le emissioni radioattive erano innocue, e che non vi era pericolo di esplosione. Entrambe le affermazioni erano false. I sensori di radiazioni sul sito dell'impianto e nella campagna mostrarono degli alti livelli di contaminazione. Come nel caso di Rocky Flats, l'impianto antincendio ad anidride carbonica non fu in grado di estinguere l'incendio.

Il quinto giorno, i responsabili dell'impianto decisero di usare la loro ultima risorsa – l'acqua. Alle 9 del mattino, due tecnici e il responsabile locale dei pompieri trascinarono un tubo sulla parte superiore della cupola di contenimento e la puntarono al centro dell'incendio. Gli operai dell'impianto e i pompieri si ripararono dietro a delle barriere di acciaio e si prepararono al peggio. Quando l'acqua uscì dalla manichetta, il vapore radioattivo investì le ciminiere e si disperse nel vento. Non vi fu alcuna esplosione. Ben presto, il nucleo fu sommerso. Il pericolo di una fusione fu scongiurato.

Ma già lunedì 14 ottobre era stato emanato il divieto di vendita di latte nel raggio di un'area di duecento miglia quadrate. Migliaia di galloni di latte contaminato furono riversati nel mare d'Irlanda. Centinaia di mucche, capre e pecore furono confiscate, soppresse e sepolte. Agli allevatori che avevano macellato i propri animali fu chiesto di inviarne le ghiandole della tiroide per sottoporle a test.

Agli operai del vicino reattore di Calder Hall fu ordinato di strofinarsi energicamente per rimuovere la contaminazione dalla pelle. I minatori che lavoravano nelle miniere di carbone vicine furono sostituiti con dei lavoratori "freschi", che non erano stati esposti alla radiazione filtrata attraversi il sistema di ventilazione delle miniere. E a Londra, a tremila miglia di distanza, i rilevatori registrarono dei livelli di incremento significativi. Nonostante fosse stata proclamata una emergenza a livello nazionale, i funzionari inglesi proclamarono che era "estremamente improbabile" che chiunque avesse subito danni in seguito a questo incidente.[211] Tuttavia, molti mesi dopo, dei funzionari inglesi, in una conferenza delle Nazioni Unite tenuta a Ginevra, dichiararono che erano stati emessi quasi settecento curie di Cesio e Stronzio, più ventimila curie di I-131. Lo iodio che era stato ammesso rappresentava più di millequattrocento volte la quantità che in seguito i funzionari americani ammisero fosse stata rilasciata nell'incidente avvenuto a Three Mile Island nel 1979.[212]

Come avevano fatto i loro alleati dall'altra parte dell'Atlantico, il Governo inglese evitò di proposito, in maniera sistematica, di effettuare degli studi estesi nel tempo sulle condizioni di salute dei residenti nell'area. Quando un funzionario sanitario locale di nome Frank Madge usò un Geiger per confermare l'anomalia dei livelli radioattivi nei muschi e nei licheni, i funzionari della British Atomic Energy Authority scoraggiarono

---

[211] John G. Fuller, *We Almost Lost Detroit,* New York, Reader's Digest Press, 1975, p. 86. La storia di Windscale e raccontata alle pagg. 71-87.
[212] Virginia Brodine, *Radioactive Contamination,* New York, Harcourt Brace, 1975.

attivamente la pubblicazione delle sue scoperte.[213]

Uno studio condotto sui dati sanitari nei Paesi europei sottovento indicò in seguito che un chiaro impatto dell'incidente sui livelli di mortalità infantile. Il dottor Ernest Sternglass ci ha detto: "È stato come se una piccola bomba fosse esplosa nella zona nord della Gran Bretagna".[214]

Otto anni e otto giorni dopo l'incidente di Windscale – il 15 ottobre 1965 – un altro incendio esteso avvenuto a Rocky Flats contaminò venticinque operai, con una dose che superava fino a diciassette volte il livello consentito.

Nel 1968, si scoprì che un camion che trasportava terreno contaminato in un terreno di seppellimento esterno al sito aveva delle perdite, costringendo gli operai dell'impianto a riasfaltare un miglio di strada. Si trattò, nel migliore dei casi, di una misura modesta, considerando che l'emivita[215] del Plutonio è di ventiquattromila anni, mentre la durata di una pavimentazione in asfalto è assai minore.[216]

Poi, domenica 11 maggio 1969 – il periodo in cui la piccola Kristen Haag probabilmente giocava con la sua cassettina di sabbia, il Plutonio conservato in un armadietto a Rocky Flats prese fuoco. Le fiamme aggredirono i vani degli Edifici 776 e 777. Alle 14.27, quando suonarono gli allarmi antincendio, l'incendio era ormai fuori controllo.

Secondo l'esperto reporter Roger Rapoport, autore di *The Great American Bomb Machine*: "quando i pompieri dell'azienda raggiunsero gli edifici 776 e 777, trovarono tonnellate di coperture antiradiazioni infiammabili che alimentavano le fiamme. I pompieri si misero i respiratori e si gettarono nel denso fumo". Ancora una volta, i funzionari dell'impianto esitarono ad usare l'acqua. Ma quando le scorte di diossido di carbonio terminarono – dopo 10 minuti – non ebbero altra scelta. Ogni tanto, il fumo si levava così fitto che i pompieri furono "costretti a strisciare lungo le linee d'emergenza dipinte sul pavimento". Dopo quattro ore, l'incendio fu domato. Ma delle aree isolate continuarono a bruciare per tutta la notte.

All'inizio la AEC stimò il danno in tre milioni di dollari. Presto si dimostrò che in realtà era più vicino ai quarantacinque milioni di dollari, che gli fece raggiungere il titolo di incendio industriale più costoso nella storia americana del tempo. Ci sarebbero voluti due anni e il lavoro di centinaia di impiegati a tempo pieno e part-time per mettere a posto quello sfacelo. Un custode alle dipendenze dell'azienda si rifiutò di collaborare alla pulizia per paura di essere avvelenato dalle radiazioni. Fu licenziato. Tutt'altro che disposti a far sì che un grave incendio radioattivo rallentasse la produzione di bombe, i dipendenti a Rocky Flats continuarono a pieno ritmo la costruzione di un'ala aggiuntiva di settantaquattro milioni di dollari, progettata per incrementare di metà la capacità dell'impianto.[217]

Ma gli incendi non furono la sola fonte di contaminazione. I rapporti della Dow hanno dimostrato che almeno mille barili di olio dei torni contaminato furono bruciati all'aperto durante la loro gestione dell'impianto, mandando delle quantità sconosciute di Uranio

---

[213] Ibid.
[214] Ernest Sternglass, intervista, ottobre 1980. Gli alti livelli di celsio riscontrati nelle persone che mangiavano il pesce pescato "sul percorso dell'affluente del Windscale" sono annotati in E. D. Williams, et al., "Whole Body Cesium-137 Levels in Man in Scotland, 1978-9", *Health Physics Journal* 40 (January 1981): 1-4. La contaminazione sembra essere stata causata dallo svolgimento di operazioni presso la struttura di rilavorazione di Windscale.
[215] L'emivita (o tempo di dimezzamento) di un isotopo radioattivo è il tempo occorrente perché la metà degli atomi di un campione puro dell'isotopo decadano in un altro elemento, dimezzando quindi la sua radioattività, NdT.
[216] Rapoport, *Great American Bomb Machine*, pp. 31-36.
[217] Ibid.

nell'aria. E, sebbene fosse stato assicurato al pubblico che non erano stivati nel sito dei rifiuti radioattivi, ne furono rinvenuti più di quattordicimila barili.

Quando i funzionari dell'AEC decisero, nella primavera del 1970, di spostare questi barili, una relazione della Dow confermò che "il dieci per cento dei barili presentava dei buchi, causati apparentemente da ruggine e corrosione… Molti dei barili di liquido mostrarono delle perdite mentre venivano maneggiate o dopo essere stati esposti all'aria e al sole".[218]

Uno studio della Dow indicò che fino a quarantadue grammi di Plutonio erano stati trasportati dai venti che soffiavano sull'area di stoccaggio dei barili.[219]

Un altro rapporto del Dow ammise che le normali operazioni sull'impianto risultavano in un rilascio giornaliero di milioni di particelle individuali di Plutonio, ciascuna delle quali poteva insediarsi nei polmoni degli animali o degli esseri umani, o essere ingerito col cibo o i mangimi prodotti localmente. Si sa che tali particelle causano delle serie lesioni interne.

I rapporti di monitoraggio del DoE tenuti dal 1970 al 1977 indicarono che i livelli di Plutonio erano superiori nell'area di Rocky Flats rispetto a qualunque altra delle cinquanta stazioni negli Stati Uniti. Campioni di polvere sottovento mostrarono concentrazioni di Plutonio 3.390 volte superiori a quelle che ci si poteva aspettare dal fallout. Alcune prove misero in luce anche che la riserva cittadina vicina era stata contaminata.[220]

I costanti incidenti a Rocky Flats portarono ad una crescente sfiducia tra i residenti dell'area. Quando, nel 1969, nella onda del fuoco che si sviluppò, un gruppo di scienziati delle locali industrie e università chiese al DoE e all'AEC di poter monitorare il terreno sottovento. La richiesta fu rifiutata.

Così, il dottor Edward Martell, un chimico nucleare che lavorava al National Center for Atmospheric Research, che aveva acquisito una considerevole esperienza dall'era dei test sulle bombe, nell'estate del 1969 decise di condurre alcuni test per conto proprio. Le sue scoperte confermarono alcune delle peggiori paure della comunità. Il terreno ad est e a sudest dell'impianto presentava chiaramente dei livelli anomali di Plutonio.

Martell fu ben presto attaccato dai sostenitori dell'impianto. Ma quando la AEC fece i propri studi sul terreno sottovento, fu anch'essa costretta ad ammettere delle notevoli contaminazioni. "Crediamo che i suoi risultati siano accurati", ammise un prestigioso portavoce delle autorità militari. "Non siamo in disaccordo con i suoi nuovi dati. Per quanto riguarda le misurazioni, le tecniche di campionamento, e le conoscenze scientifiche, pensiamo che Martell sia uno scienziato assai competente". La AEC comunque, si oppose alle pesanti conclusioni di Martell. "Se da una parte è vero", dissero, "che un po' di Plutonio sta fuoriuscendo dall'impianto, non crediamo che rappresenti un significativo rischio per la salute di Denver".

Il dottor Arthur Tamplim – che all'epoca era uno dei principali ricercatori sanitari dell'AEC – disapprovò con forza. Lo studio di Martell "dimostrò che circa un trilione di

---

[218] Ibid., p. 25.
[219] S. E. Hammond, *"Industrial-Type Operations as a Source of Environmental Plutonium"*, Golden, Colo., Dow Chemical Company, 1970.
[220] Carl Johnson, "Cancer Incidence in an Area Contaminated with Radionuclides Near a Nuclear Installation", relazione presentata in una sessione sponsorizzata dalle sezioni di Salute e Sicurezza, Epidemiologia e Salute Radiologica della *American Public Health Association* al 170° meeting annuale a New York, il 9 novembre del 1979 (d'ora in poi citato come "*Cancer Incidence*"). Per un rapporto sulla contaminazione nella Riserva Broomfield, vedi anche *Rocky Flats Action Group, Local Hazard*, pp. 4-5.

particelle di ossido di Plutonio puro erano fuoriuscite da Rocky Flats", avvertì. "Si tratta di particelle estremamente calde. Basta inalarne appena 300 per raddoppiare il rischio di contrarre il cancro ai polmoni". Tamplin calcolò che se il Plutonio fosse stato disperso, come suggeriva Martell, le percentuali di cancro ai polmoni a Denver sarebbero potute salire, nel tempo, del 10%. Altri duemila abitanti del Colorado potevano essere vittime di Rocky Flats.[221]

Un amaro raccolto

Rocky Flats è un invitato indesiderato. "Se faccio due passi uscendo dalla porta per venti piedi, posso vedere dove sono nato", ci racconta un fattore con una fattoria di trenta acri a Broomfield. "Ero qui molto tempo prima dell'impianto". Sei miglia ad est, Mixon vede le alte ciminiere della fabbrica di Plutonio con i venti che soffiano verso di lui, "uscendo direttamente proprio fuori dal canyon".

Nel 1975 disse ad una commissione governativa che tra i suoi animali si stavano verificando dei problemi bizzarri, in numero che non gli era mai capitato prima. Un vitello era nato senza peli col corpo pieno di una sostanza acquosa e un fegato "grande tre volte il normale". C'erano maiali e pollame con mutazioni. Un altro vitello era nato morto, con tessuti che si rivelarono simili a quelli di vacche sottoposte a radiazioni in test sperimentali.

In seguito, Mixon dichiarò alla troupe di *Dark Circle* che erano nati dei maiali i cui "nasi e bocche [sono] distorte, tanto che non sono in grado di essere allattati". Alcuni, aggiunse, erano nati con cinque dita invece di quattro. Alcuni avevano anche e orecchie deformi, "con occhi che non erano come avrebbero dovuto essere".

"Abbiamo avuto dei polli senza occhi", ha aggiunto, "dovevi essere tu ad aprirgli il guscio, avevano becchi sottili come aghi". Mixon continuò, "ne abbiamo avuti alcuni che avevano le zampe così distorte e malformate che non riuscivano a uscire dal guscio. Abbiamo avuto un pollo che era nato con le cervella esposte proprio sopra la testa". Gli ispettori sanitari statali dissero a Mixon che i suoi problemi derivavano da una scarsa alimentazione e dalla mancanza di igiene. "Hanno fatto venire quello che doveva essere un esperto, e questo non sapeva neanche quanto tempo ci voleva perchè le diverse uova dei vari volatili si schiudessero", disse Mixon. Ma quegli uccelli che si diceva erano nati deformi per via di cibo e igiene scadente, erano stati allevati in gabbie metalliche igieniche e alimentati con granaglie commerciali. "In base all'etichetta che sta sulla confezione dei mangimi, era tutto in regola. Quindi è causato da qualcos'altro". Si è pensato anche ad un fenomeno di incrocio tra consanguinei, ma la femmina proveniva dalla Pennsilvanya, il maschio dal Texas. Quindi non c'era possibilità che fossero parenti".

Ci furono anche accuse di cattiva gestione. "Ho avuto bestiame da quando avevo tre anni... La mia famiglia alleva bestiame da tantissimi anni".

La rabbia di Mixon si riferiva ai giorni in cui la AEC aveva deriso gli allevatori di pecore, i cui animali erano morti in seguito allo sgancio delle bombe. E la sua esperienza corrispondeva a quella di un crescente numero di fattori che vivevano nei pressi di strutture nucleari, i cui animali sembravano avere la funzione di una cartina al tornasole per rilevare brutte notizie derivanti dalle radiazioni. In Pennsylvania, nello stato di New York, nel Vermont, New Hampshire, Arkansas e Colorado, i fattori hanno lamentato casi di defor-

---

[221] Rapoport, *Great American Bomb Machine*, pp. 38-39.

mità bizzarre, problemi riproduttivi e morti inspiegabili tra i loro animali – problemi che sembravano non avere altra causa che le vicine strutture nucleari. In quasi ogni caso gli "esperti" dei dipartimenti di agricoltura di stato hanno minimizzato le lamentele, dando la colpa ad altri fattori, dalle condizioni meteo alla scarsa qualità dei mangimi, dalle unioni tra consanguinei alla cattiva gestione.
Ma Lloyd Mixon accusò Rocky Flats. "Un tempo, avevamo diverse varietà di fagiani", dichiarò a Dark Circle. "arrivammo al punto che non si sarebbero riprodotti. Le uova erano sterili. Così abbiamo lasciato perdere. Poi, alcune capre sono nate con gli intestini, o le interiora, di fuori. [alcune] erano ancora vive. Altre invece nascevano morte. Abbiamo avuto dei capretti nati con delle escrescenze"....
E, ci ha detto, ci sono state "delle oche che andavano in giro nell'aia e improvvisamente, si irrigidivano e morivano. Ci sono state delle deformazioni nei gatti, e hanno smesso di riprodursi nel modo giusto. Abbiamo perso un paio di cani, malati di cancro".
Il dipartimento sanitario, aggiunse Mixon, non volle rilasciare nessun dato a proposito degli altri casi. Ma Mixon aveva ricevuto numerose chiamate da parte di vicini, compreso uno che si lamentava perchè undici puledri, tutti nati nella stessa stagione, e tutti nati ciechi. E tutti erano d'accordo sul fatto che la selvaggina era scomparsa dall'area. "Non si vedono più conigli qui", dichiara Mixon. "E quando qualcuno provava ad allevarlo...smettevano di riprodursi".[222] Mixon notò che molti dei suoi vicini preferivano tenere la bocca chiusa riguardo a quello che stava succedendo, per paura di svalutare i propri terreni e prodotti.
Uno dei suoi vicini, che ha deciso di parlare con noi – anonimamente – ci ha detto di aver perso talmente tanti puledri, nati morti o deformi, che dovette rinunciare all'attività di allevamento di cavalli. "Gli animali non sono più come prima e nessuno migliora" ci ha detto.[223]
Sfortunatamente, i problemi non sembrano essere limitati agli animali. Verso la fine degli anni '70, il dottor Carl Johnson iniziò a riscontrare delle percentuali anomale di cancro tra gli esseri umani sottovento da Rocky Flats.
Lo stolido, conservatore dottor Johnson è l'ex direttore del Dipartimento della Sanità della Jefferson County, che circonda Rocky Flats. È anche un ufficiale della Riserva dell'Esercito e possiede l'autorizzazione top-secret di tipo Q[224]. Quale funzionario sanitario pubblico, Johnson fu disturbato dal costante malfunzionamento dell'industria nucleare e iniziò a studiare per conto proprio per confermare o smentire ciò che stavano dicendo – o evitando di dire – al pubblico l'AEC e la DoE a proposito di Rocky Flats.
Dividendo la sottovento area in quattro zone, e correggendola in base all'età, la razza, il sesso e la provenienza etnica, Johnson scoprì che i dati maschili mostravano delle percentuali eccedenti del 15 e dell'8%. Le percentuali di cancro femminile erano superiori al 10% nelle zone vicine rispetto a quelle più distanti, con zone intermedie che mostravano degli eccessi del 5% e del 4%. I casi di eccesso per entrambi i sessi riguardavano cancro ai polmoni e ai bronchi, tratto respiratorio superiore, colon, retto, stomaco, gonadi, fegato, tiroide e cervello, oltre che leucemia, linfoma e mieloma.

---

[222] Lloyd Mixon, "Statement", Hearings of Governor Lamm's Task Force on the Rocky Flats Plutonium Facility, Boulder, aprile 1975; in Dark Circle, e intervista, maggio 1981.
[223] Anonimo, intervista, aprile 1981.
[224] Il Dipartimento dell'Energia USA ha tre livelli di accesso ai documenti riservati, in ordine crescente: C, L e Q, NdE.

Vi erano anche altre statistiche allarmanti. Gli studi di Johnson su persone dell'età dai 45 ai 64 anni in otto lotti del censimento vicino all'impianto dimostrarono una percentuale di mortalità doppia di cancro al polmone e leucemia tra soggetti che vivevano in zone "relativamente prive di contaminazione". In sostanza, Johnson trovò
491 casi di cancro eccedenti la norma, mentre il DoE sosteneva che ce ne sarebbero stati meno di uno.
Uno studio separato su di una ampia area suburbana vicino a Rocky Flats riscontrò una percentuale di malformazione congenita del 14.5 per 1.000 nati, contro il 10.4 per 1.000 del resto della contea, e del 10.1 per lo Stato in generale.[225]
Le scoperte di Johnson lo misero anche in una difficile posizione politica. Gli interessi delle proprietà immobiliari locali iniziarono ad esercitare pressioni per ottenere il licenziamento di Johnson dalla sua carica di direttore sanitario della Jefferson County. Nel maggio del 1981 ci riuscirono.
Nel frattempo, i rapporti delle autopsie su dipendenti delle Rocky Flats mostrarono concentrazioni di Plutonio in tutti gli organi del corpo. E uno studio dell'EPA, diretto dal dottor John C. Cobb della University of Colorado School of Medicine indicarono prove preliminari di livelli eccessivi di Plutonio tra altri campioni di autopsie umane locali, Plutonio che, sulla base delle sue percentuali di isotopi, era riconducibile alle Rocky Flats. Ma in una intervista, Cobb ci ha avvertito che il Plutonio non era necessariamente il colpevole principale in un'area in cui potevano presentarsi dei problemi sanitari. "Non sono sicuro che il Plutonio sia la cosa giusta da cercare", ci ha detto. "Hanno anche bruciato migliaia di galloni di olio con frammenti di Uranio laggiù. Una combinazione di Uranio nell'olio da taglio può essere più importante del Plutonio".[226]
Se si fosse trattato di Uranio, o Plutonio, o entrambi, Lloyd Mixon era stato esposto direttamente. "Mi furono tolti dei tumori dal torace", ha dichiarato alla troupe di *Dark Circle*. "Mi hanno rimosso la tiroide. Sono stanco per la maggior parte del tempo, più del solito, e [ho] un intorpidimento sul lato sinistro, sulla spalle. Hanno trovato una escrescenza sul braccio destro, tra il gomito e la spalla... mia figlia è nata con un buco nel cuore", disse. Mixon notò anche che i suoi vicini si lamentavano di avere una stanchezza cronica, intorpidimento alle mani, e altri inspiegabili problemi di salute.
Giravano anche voci di "bambini che nascevano con ritardi", ci ha detto, "alcuni con problemi mentali".
Ben pochi dei suoi vicini, disse, avrebbero puntato il dito contro Rocky Flats. Ma, ci ha chiesto, "se non è stato quel posto, allora che cosa è stato?"[227]
Per Rex Haag non c'erano molti dubbi.[228] Ha vissuto nel raggio di sei miglia dalla fabbrica di Plutonio, e in qualità di imprenditore aveva costruito cinque dozzine di case nelle vicinanze "senza avere la più pallida idea del fatto che era un'area pericolosa".
Dopo la morte di Kristen Haag per cancro ai polmoni, il corpo fu cremato. Su richiesta del padre, le sue ceneri furono fatte esaminare. Quando i risultati tardarono ad arrivare, Jo-

---

[225] Johnson, "*Cancer Incidence*"; e Carl Johnson, "*Evaluation of Cancer Incidence for Anglos in the Period 1969-1971 in Areas of Census Tracts with Measured Concentrations of Plutonium Soil Contamination Downwind from the Rocky Flats Plant in the Denver Standard Metropolitan Statistical Area*", 5th International Congress of the International Radiation Protection Association, Gerusalemme, Israele, 9-14 marzo 1980.
[226] John C. Cobb, et al., "*Weapons Grade Plutonium in Humans Near Rocky Flats*" estratto pubblicato per una sezione successiva nell'AAAS Annual Meeting, Toronto, Canada, gennaio 1981; e Cobb, intervista, aprile 1981.
[227] Mixon in *Dark Circle*, e intervista.
[228] Haag in *Dark Circle*.

hnson chiamò il laboratorio, dove un tecnico gli disse "ci fu qualche problema, perchè sembra che ci fosse una grande quantità di Plutonio 238" nelle ceneri.

E quando i rapporti ufficiali, infine, giunsero molti mesi dopo, citarono ciò che Johnson aveva definito livelli "abbastanza alti" di Plutonio 238.[229]

Rex Haag presto si diede da fare nell'organizzare una coalizione di affari per contribuire alla chiusura di Rocky Flats. La gente giustificava l'esercizio dell'impianto "nel nome dell'interesse nazionale, o la sicurezza nazionale", disse. "Ma mi chiedo: le persone che dicono questo, si sederebbero qui dicendo le stesse cose, se fossero i *loro* figli?".[230]

Lloyd Mixon aveva delle domande simili. "Ho sentito molti più problemi recentemente", ci ha detto. "Tra pochi anni le cose peggioreranno molto".[231]

---

[229] Johnson in *Dark Circle*, e intervista, luglio 1981.
[230] Haag in *Dark Circle*.
[231] Intervista di Mixon.

9.
La raffinazione dell'Uranio e il disastro di Church Rock

Church Rock, nel New Mexico, sembrerebbe un posto davvero improbabile per un disastro nucleare. Un polveroso grappolo di macchinari industriali posto nelle aride mesas[232] del grande Southwest, la sua caratteristica più rilevante potrebbe essere considerata un ampio lago di liquido opaco, insolito per un terreno così secco. Church Rock ospita anche una serie di miniere sotterranee di Uranio, uno stabilimento di frantumazione e una comunità di sparute famiglie Navajos, che sopravvivono allevando bestiame, capre e pecore. Un profondo burrone conduce dal sito minerario al Rio Puerco, che un tempo scorreva solo quando era alimentato dalle piogge. Adesso scorre tutto l'anno, rimpinguato dall'acqua pompata dai condotti minerari per evitare che si allaghino. Quell'acqua che scorre dalle miniere è impregnata di isotopi radioattivi. E lo stagno nasconde un gravame di rifiuti contaminati.

Le 350 famiglie che fanno abbeverare il proprio bestiame al Rio Puerco si affidano ai loro piccoli greggi per sbarcare il lunario. Molti sono membri della Nazione Dine-Navajo, il cui reddito pro capite è sui duemila dollari l'anno. Nei giorni caldi del deserto i bambini del posto giocano nel torrente, mentre i genitori si occupano delle capre, delle pecore e del bestiame.

Un muro di acqua radioattiva

Nelle prime ore del mattino del sedici luglio del 1979 – quattordici settimane dopo l'incidente a Three Mile Island – tutto questo cambiò.

La diga a Church Rock cedette, riversando 1.100 tonnellate di rifiuti radioattivi dello stabilimento di frantumazione e 340 milioni di litri di liquido contaminato verso l'Arizona. Il muro d'acqua intasò le fogne e sollevò le coperture dei tombini a Gallup, a trenta chilometri a valle, cogliendo di sorpresa la gente che si trovava sul fiume. "Non c'erano nuvole, e poi improvvisamente arrivò l'acqua", ricorda Herbert Morgan di Manuelito, New Mexico. "Mi chiedevo da dove fosse arrivata. Ce lo dissero solo dopo alcuni giorni".[233]

Nessuno morì nel corso dell'inondazione. Ma nel suo percorso, l'acqua lasciò residui di Uranio radioattivo, torio, radio e polonio, oltre che tracce di metalli come cadmio, alluminio, magnesio, manganese, molibdeno, nickel, selenio, Sodio, vanadio, zinco, ferro, piombo e alte concentrazioni di solfati.[234] Questa perdita degradò il Rio Puerco come fonte idrica. Trasportò metalli tossici localizzabili anche a settanta miglia a valle.[235] E fece nascere il sospetto che le miniere di Uranio nel bacino del fiume Colorado avrebbero potuto

---

[232] Altopiani dalla cima piatta, creati da movimenti tettonici e dall'erosione differenziale, NdT.
[233] Kathie Saltzstein, "*Navajos Ask $12.5 Million in UNC Suits*", "*Gallup Independent*", 14 agosto 1980 (d'ora in poi citato come "*Navajos*"); per una analisi generale della relazione tra Pellerossa e lo sviluppo dell'Uranio, vedi Joseph G. Jorgenson, et al., "*Native Americans and Energy Development*", Cambridge, Anthropology Resources Center, 1978.
[234] Edwin K. Swanson, "Water Quality Problems in the Puerco River", rapporto presentato all'*American Water Resources Association Symposium, Water QualityMonitoring and Management*, Tucson, Arizona, 24 ottobre, 1980.
[235] Edwin K. Swanson, intervista, maggio 1981.

mettere in pericolo il lago Mead in Arizona, e quindi l'acqua potabile di Las Vegas, Los Angeles, e gran parte dell'Arizona.

Tranne che per i test sulle bombe, Church Rock fu probabilmente il maggior singolo rilascio di veleni radioattivi sul suolo americano. Ironicamente, avvenne trentaquattro anni dopo la prima esplosione per test atomici condotta a Trinity, in New Mexico, a pochi chilometri di distanza.

La causa del disastro furono gli scarti minerari dello stabilimento di frantumazione dell'Uranio. L'Uranio utilizzabile viene estratto dalla arenaria in cui di solito si trova, frantumandola finemente e separandolo con acido solforico. L'acido separa gli isotopi desiderati. Ma i rifiuti sabbiosi che ne risultano – gli "scarti" – contengono ancora l'85% della radioattività originale del minerale, ed il 99.9% del suo volume. Ce ne sono 140 milioni di tonnellate, sparsi un po' ovunque nell'Ovest. Il commissario dell'NRC Victor Gilinsky e altri li considerano "il contributo maggiore all'esposizione radioattiva" dell'intero circolo di carburante nucleare.[236] I liquidi acidi derivanti dalla frantumazione – soprannominati "liquore" – dissolvono anche tracce pericolose di torio 230, radio 222, piombo 210 e altri isotopi. Per via della loro alta radioattività, sia gli scarti minerari che il liquore devono essere tenuti isolati dall'ambiente, ma nessuno finora ha dimostrato un metodo che abbia un successo a lungo termine.

A Church Rock, diversi milioni di litri di liquore erano tenuti in un grande stagno, cosicché i liquidi potessero evaporare e gli scarti solidi si depositassero. L'intero complesso era di proprietà della United Nuclear Corporation (UNC), una società con sede in Virginia e risorse di centinaia di milioni di dollari e influenza nel governo di stato del New Mexico. Le dighe e lo stagno a Church Rock erano stati aperti con la convinzione che sarebbero stati operativi solo per diciotto mesi; venticinque mesi dopo, all'epoca dell'incidente, non erano stati designati dei siti alternativi.

Il muro della diga dell'UNC era una struttura in terra con un nucleo di argilla, alto sette metri e mezzo e spesso nove. La mattina dell'incidente, una sezione dell'ampiezza di sette metri cedette, causando distruzione a valle. Nel deserto, acqua è sinonimo di vita. Contaminando il Rio Puerco, la UNC aveva messo a rischio le basi per l'esistenza di tutte le persone che vivevano a valle. Per la prima volta, dovettero confrontarsi con il terrore della radioattività. "Ci hanno spezzato il cuore", dichiarò Bodie Mc Cray di Tsayotah. "Abbiamo perso il sonno per la preoccupazione. Sono preoccupato per i miei figli e per i loro figli".

Infatti, centinaia di famiglie che vivevano vicino alla perdita dovevano adesso vivere con le stesse incertezze che stavano iniziando a tormentare le persone che vivevano in Pennsylvania centrale. "Fin dal periodo dell'incidente, abbiamo cercato la verità", dichiarò Kee Bennally, un argentiere che ebbe un ruolo centrale nella causa da diversi milioni di dollari intentata contro la UNC. "Dicono che non è pericoloso, e dopo qualche giorno dicono che lo è. Questo ha creato tantissima confusione, soprattutto negli anziani. Non ne sanno niente, non capiscono cosa vuol dire radiazione, contaminazione…".[237]

Ciò che ha reso il disastro di Church Rock particolarmente tragico è che si sarebbe potuto evitare. Poco tempo dopo la perdita, un adirato rappresentante del governo americano,

---

[236] Victor Gilinsky, "*The Problem of Uranium Mill Tailings*", rapporto presentato alla *Pacific Southwest Minerals and Energy Conference*, Anaheim, California, 2 maggio, 1978, Washington, D.C., *NRC Office of Public Affairs*, N. S-78-3, p. 3 (d'ora in poi citato come "*Problem*"). Vedi anche EPA, *Environmental Analysis of the Uranium Fuel Cycle, Part I—Fuel Supply,* EPA-520/9-73-003-B, Washington, D.C: EPA Office of Radiation Programs, 1973, p. 26.

[237] Chris Shuey, "Calamity at Church Rock, New Mexico", *Saturday Magazine, Scottsdale Daily Progress,* Parte 1, 14 febbraio 1981, p. 3 (d'ora in poi citato come "*Calamity*").

Morris Udall (Distretto dell'Arizona) dichiarò ad una udienza del Congresso, che "almeno tre e possibilmente più agenzie normative statali e federali avevano avuto una ampia opportunità di concludere che un tale incidente aveva molte probabilità di avvenire". Anche prima che il diga fosse autorizzata "il consulente della compagnia aveva previsto che il suolo al di sotto era soggetto ad una estrema sedimentazione, che ne avrebbe probabilmente causato la rottura e la conseguente perdita di acqua".[238]

Si erano sviluppate delle crepe nel diga lo stesso anno in cui era stato aperto, disse Udall. Fotografie aeree rivelarono che il liquore che avrebbe dovuto essere tenuto lontano dalla superficie del diga, in realtà le sbatteva contro. Non furono mai realizzati, come richiesto dallo stato, apparecchiature di infiltrazione e pozzi di monitoraggio, né furono mai ispezionati.[239]

Il dirigente di servizio della UNC J. David Hann, contrastò Udall attribuendo l'incidente a "un unico punto di roccia, al di sotto della breccia". Poiché il diga era stato realizzato in parte sul sostrato roccioso e in parte su un terreno più soffice, quel punto di roccia "ebbe la funzione di un fulcro, risultando in una rottura trasversale". La crepa fu "come molte cose che si intraprendono", disse Hann all'udienza del Congresso. "hanno un rischio, e noi l'abbiamo corso. Si è trattato di una circostanza che all'epoca non era stata prevista".[240]

Ma giungendo nel onda di Three Mile Island, e alla luce delle importanti prove del disastro incombente, le argomentazioni di Hann sembrarono avere ben poco peso. In un rapporto speciale, il *U.S. Army Corps of Engineers* denunciò che se la diga fosse stata progettata secondo le specifiche legali, sulla base di un progetto approvato, "è possibile che il cedimento non sarebbe avvenuto".[241] Ed un portavoce dal New Mexico State Engineer's Office aggiunse che "un consesso" di ingegneri che analizzarono l'incidente era stato concorde nell'affermare che "se la zona di drenaggio fosse stata costruita secondo i piani e le specifiche approvate, e il terreno sabbioso fosse stato posto come da raccomandazioni degli ingegneri [dell'UNC], è probabile che il cedimento non sarebbe avvenuto".[242]

All'epoca del disastro, la diga trasportava un carico di liquori degli scarti alto almeno due piedi in più rispetto a quanto permesso in base al progetto. La compagnia, negligentemente, non aveva informato lo Stato del fatto che si era osservata una frattura. "erano stati dati degli allarmi significativi, prima che la diga si spezzasse", dichiarò William Dircks, direttore dell'Office of Nuclear Material Safety and Safeguards del NRC. "Penso che sia questa la parte più problematica di questo caso".[243]

Infine, per la compagnia, l'incidente avrebbe significato una perdita di alcune entrate e una cattiva pubblicità. Per le persone che vivevano a valle la vita stessa era in ballo. "In qualche modo", si lamenta Frank Paul, vice presidente del Navajo Tribal Council, "Alla United Nuclear Corporation è stato permesso di collocare uno stagno per gli scarti e una diga su una formazione geologica instabile. In qualche modo alla UNC è stato permesso di progettare una diga per gli scarti insicura e non conforme ai suoi criteri di progetto. In qualche modo, alla UNC è stato permesso di gestire in modo inadeguato le crepe allar-

---

[238] *U.S. Congress, House Committee on Interior and Insular Affairs, Subcommittee on Energy and the Environment, Mill Tailings Dam Break at Church Rock, New Mexico*, 96° Congresso, 22 ottobre 1979, pp. 1-4 (d'ora in poi citato come *Church Rock Hearings*).
[239] Ibid.
[240] Ibid., p. 120.
[241] Ibid., p. 3.
[242] Ibid., p. 42.
[243] Ibid., p. 39.

manti che erano apparse due anni prima che il diga crollasse. In qualche modo alla UNC è stato permesso di continuare un diga temporaneo sei mesi dopo il periodo di vita per cui era stato progettato. In qualche modo alla UNC è stato permesso di avere un scarti diga senza un adeguato piano di contingenza o mezzi e uomini sufficienti sul posto per gestire una eventuale perdita. In qualche modo alla UNC è stato permesso di gestire questa perdita senza fare praticamente nulla".[244]

Ironicamente, la struttura di Church Rock era "allo stato dell'arte". Paul Robinson, un esperto di questioni minerarie di Albuquerque, avvertì le udienze di Udall che "il Church Rock dell'UNC era il scarti diga più recentemente costruito e progettato con più accuratezza nello Stato". Dighe simili, di proprietà di Anaconda, Kerr-Mc Gee, UNC-Homestake Partners e Sohio erano tutti "potenziali disastri, in attesa di verificarsi".[245]

Torio e altri danni

Subito dopo la perdita, la UNC mandò una piccola squadra con escavatori e fusti da cinquantacinque galloni per ripulire il tutto. Le aspre rimostranze dei residenti del posto e dallo Stato costrinsero presto l'UNC a aumentare le squadre da trenta a trentacinque lavoratori. "Abbiamo rimosso più di 3.500 tonnellate di sedimento potenzialmente contaminato dal letto del torrente ad una distanza di più di 10 miglia dal stabilimenti", disse Hann durante le udienze di Udall. "La combinazione di questi sforzi di pulizia, e gli eventi naturali, come la pioggia, hanno largamente ripristinato le condizioni normali nell'area".[246]

Ma un funzionario addetto alla qualità dell'acqua dell'Arizona, in una intervista con noi si è lamentato del fatto che le piogge hanno semplicemente spostato gli agenti inquinanti nel suo stato.[247] E Robinson puntualizzò che la UNC aveva rimosso soltanto l'1% degli scarti e dei liquidi che si sapeva erano fuoriusciti dal diga. Più di diciotto mesi dopo l'incidente, vi erano chiare indicazioni che le radiazioni e altri agenti inquinanti erano penetrati per trenta piedi all'interno del terreno. Un rapporto di una azienda con sede a Cincinnati coinvolta dall'EPA come consulente avvisò che almeno due falde vicine erano stati messi "a rischio".[248]

Inoltre, quando la perdita invase le sponde del Rio Puerco, lasciò dietro di sé una serie di pozze. Quando le fu ordinato dallo Stato di monitorarle, la UNC decise di cercare se vi fosse un contenuto di Uranio.

Ma l'Uranio era esattamente quello che la compagnia aveva cercato di rimuovere durante il processo di pulizia. "Si è trattato di un sotterfugio dalla parte della compagnia", dichiarò il dottor George Winterer, un medico che lavorava con l'Indian Health Service a Gallup all'epoca della perdita. "C'erano bambini che giocavano in queste pozze stagnanti, che erano mortalmente velenose. Ma la UNC decise di monitorarle per l'elemento che loro sapevano non si sarebbe trovato lì".[249]

Infatti, William Dircks della NRC dichiarò durante le udienze di Udall che queste pozze avevano mostrato dei livelli di radiazioni da cento a cinquecento volte superiori a quelli della radiazione di fondo naturale. Ciò che la UNC potrebbe aver dimenticato sono delle

---

[244] Ibid., p. 8.
[245] Ibid., pp. 225-232.
[246] Ibid., pp. 120-121.
[247] Intervista a Swanson.
[248] Paul Robinson, intervista, febbraio 1981; e Shuey, "*Calamity*", parte 2, 21 febbraio, 1981, p. 5.
[249] Jorge Winterer, intervista, ottobre 1980.

sostanziali quantità di torio 230 e radio 226. Entrambi sono emettitori di particelle alfa ed estremamente pericolosi se ingeriti o inalati.

Il torio 230, ad esempio, ha una emivita di ottantamila anni, e c'è chi ritiene che sia tossico come il Plutonio. Il torio è un metallo bianco-argenteo, e tende a depositarsi nel fegato, nel midollo osseo, e nel tessuto linfatico, dove anche delle minime quantità possono causare cancro e leucemia. Se inalato in polvere, può causare cancro ai polmoni. Secondo uno studio condotto da Winterer, in alcune circostanze il torio può restare "intrappolato" nel corpo, rendendolo una "fonte permanente di radiazioni", compiendo così danni all'intero organismo umano.[250]

A causa dei suoi commenti franchi, Winterer divenne presto oggetto di attacchi. La UNC era assai potente nell'ambito politico dello stato. Aveva duemilatrecento impiegati ed un budget annuale, nel New Mexico, di 140 milioni di dollari.[251] Quando Winterer contraddisse le asserzioni dei suoi superiori, per i quali non vi erano pericoli sanitari a causa della perdita, fu minacciato di incorrere in una querela legale. E quando Winterer iniziò a tenere seminari nella libreria locale sui danni delle radiazioni, gli fu detto da un amico di allora che per lui e la sua famiglia "sarebbe stato molto meglio se ce ne fossimo andati subito dal New Mexico".[252]

Jorge Winterer non fu l'unico a preoccuparsi del giudizio dato dalla UNC sulla perdita. Il dottor Thomas Gesell, un professore di fisica sanitaria alla University of Texas School of Public Health, e membro dello staff della Presidential Kemeny Commission sugli effetti dell'incidente a Three Mile Island, testimoniò anche alle udienze di Udall. Gesell dichiarò che i dati di monitoraggio della UNC si contraddicevano tra loro e non corrispondevano a quelli dello stato. Un rapporto della UNC aveva catalogato i livelli della radiazione di fondo come inferiori dopo lo sversamento rispetto a prima di esso. Alcuni rapporti della compagnia sui livelli di radiazioni a valle presentano dei valori di 150 volte inferiori rispetto a quelli rilevati dallo stato.[253]

Nel frattempo, la contaminazione si era apparentemente diffusa anche negli animali del posto. Un veterinario dichiarò alla troupe che stava girando un documentario della Eleventh Hour Film che erano stati trovati dei livelli anormali di radiazioni nei tessuti di capre e pecore che bevevano l'acqua del Rio Puerco.[254] Uno studio su undici animali condotto dal Center for Disease Control confermò il problema. Il CDC avvertì gli abitanti che i reni e il fegato del bestiame locale potevano concentrare delle alte dosi e pertanto non dovevano essere mangiati.

La CDC inoltre avvisò la popolazione locale di non bere l'acqua del fiume, e di evitare le sue sponde durante le tempeste, quando le particelle radioattive potevano essere più facilmente inalate. La CDC enfatizzò il fatto che i livelli di radiazioni negli animali locali non superavano gli standard del New Mexico. Ma era importante essere prudenti, in quanto "i rischi per la salute di basse dosi di radiazioni", non erano "del tutto chiari".[255]

Un anno dopo le perdite, Cubia Clayton, della Environmental Improvement Division dello Stato, confermò che il Rio Puerco era ancora troppo pericoloso per il consumo umano o

---

[250] Jorge Winterer, *Potential Health Impact of United Nuclear-Church Rock Spill*, Gallup, N.M., *Physicians for Social Responsibility*, autunno 1979.
[251] *Church Rock Hearings*, pp. 9-11.
[252] Intervista di Winterer.
[253] *Church Rock Hearings*, pp. 9-11.
[254] Allan Shauffler, intervistato per *In Our Own Back Yard*.
[255] *Albuquerque Journal*, 17 luglio 1980.

animale. Clayton affermò che era "ovvio" che "vi fosse stato un qualche accumulo di radiazioni" in alcuni degli animali sottoposti a test. [256]

Ironicamente, alcuni di quegli animali avevano bevuto a monte rispetto alla perdita, il che significa che il torrente – alimentato dall'acqua pompata dalle miniere di Uranio, era già stata contaminata persino prima dell'incidente.

Poco tempo dopo la rottura del diga, due biologi delle radiazioni tedeschi, Bernd Francke e Barbara Steinhilber-Schwab, criticarono aspramente il rapporto della CDC perchè sottovalutava i potenziali pericoli dell'incidente e per avere preso troppi pochi campioni del bestiame locale. Richiesero con urgenza dei controlli cromosomici sui residenti dell'area, esigendo con forza la redazione di liste di cancro e di nascita, oltre che un intenso monitoraggio nell'area. Misero in guardia anche del fatto che il torio e altri isotopi dalla perdita potevano entrare nel corpo umano non solo mangiando animali contaminati, ma anche quando la polvere radioattiva si posava sulle piante. [257]

Il dottor Carl Johnson, direttore del Jefferson County Health Department del Colorado, avvertì inoltre del pericolo che dei livelli di radiazioni riscontrabili nei tessuti dei bambini avrebbero potuto venire alla luce solo "dopo svariati anni". Livelli pericolosi di torio, radio e altri isotopi avrebbero potuto accumularsi mediante l'ingestione di cibo, aria, e acqua contaminata. Così, anche lui auspicava con urgenza il monitoraggio dei bambini del posto, oltre che la sospensione dell'attività delle miniere e degli stabilimenti finché il pubblico avesse determinato che era stato trovato "un metodo soddisfacente per prevenire un incidente conseguente". [258]

Ma le miniere e gli stabilimenti della UNC furono rimessi in funzione in meno di cinque mesi. Fu usato lo stesso stagno. Furono fatti alcuni cambiamenti nella diga, ma la costante infiltrazione – fino a ottantamila galloni di liquido contaminato al giorno – erano divenuti la norma. [259]

L'UNC aveva promesso di fornire ai residenti locali e ai loro animali acqua potabile fresca. Ma un giornale dell'Arizona confermò che la compagnia stava consegnando appena la metà della quantità promessa. [260] Una richiesta fatta dai residenti per avere delle razioni di cibo di emergenza per sostituire il bestiame che avevano perso fu negata dal Governo.

E almeno una famiglia fu costretta a mangiare una pecora che si sapeva aveva ingerito dei residui radioattivi. "Se vai a Lupton, vedrai un sacco di pastori che corrono cercando di tenere le loro pecore fuori dall'acqua", dichiarò il pastore Navajo Tom Charlie.

La UNC aveva posto dei segnali con la scritta "acqua contaminata, accesso vietato". Ma le nostre vacche, le nostre pecore e i nostri cavalli non possono leggerle. Molti di noi non sanno leggere, scrivere o parlare in Inglese. I segnali non servono a niente. Se [i vicini] scoprono che siamo del Rio Puerco non ci stringono neanche la mano", ha aggiunto. "Pensano che abbiamo un alto livello di radiazioni. Si tengono lontani da me. Hanno paura di noi. Ecco perchè la gente ci guarda male, e perchè nessuno viene ad aiutarci. Adesso

---

[256] *Gallup Independent*, 16 giugno 1980.
[257] Bernd Franke e Barbara Steinhilber-Schwab, dichiarazione alla stampa, Albuquerque International Airport, Albuquerque, N.M., 24 luglio, 1980. Il problema della contaminazione in esseri umani del posto emerse quando sette residenti locali furono inviati a Los Angeles per dei test. Sette mesi dopo, i rapporti hanno indicato che non vi era contaminazione. Ma presto si scoprì che l'equipaggiamento usato per misurare i livelli di radiazione non era in grado di registrare delle piccole dosi – dosi che comunque erano abbastanza consistenti per causare danni. Vedi Shuey, "Calamity", Parte 2, pp. 5-6.
[258] Carl Johnson, lettera a Lynda Taylor, 14 luglio 1980.
[259] Intervista di Robinson.
[260] Shuey, "Calamity", Parte 2, p. 6.

è umido, ma nei giorni in cui l'aria è più secca, arriverà il vento. La polvere si posa sull'erba. Le pecore la mangiano. Noi mangiamo le pecore. Mi chiedo che cosa questo causerà alle nostre vite".[261]

Scorie per sempre

Church Rock fu la maggiore fuga di scorie, ma non fu l'unica. E sebbene i Navajo e altri abitanti del New Mexico nelle vicinanze fossero i più direttamente colpiti, anche chi abitava più lontano, a Los Angeles, aveva dei motivi di preoccupazione.
Come affermò il membro del Congresso Udall, Church Rock rappresentò un esempio di gestione "negligente e confusa" di stabilimenti di scarti nucleari in tutta la nazione. Altre perdite, affermava, avevano riversato "milioni di galloni di liquidi pericolosi", mettendo a repentaglio le riserve d'acqua di gran parte dell'Ovest.[262] In effetti, le statistiche fatte dalla NRC avevano riconosciuto almeno quindici perdite accidentali di soluzioni di scarti dal 1959 al 1977, compresi sette crepe della diga, sei cedimenti delle condutture, e due inondazioni. In almeno dieci casi, la radioattività aveva raggiunto un corso d'acqua principale.[263] Un incidente citato da Udall aveva inviato venticinquemila galloni di liquami direttamente nel fiume Colorado. Una inondazione trasportò qualcosa come quattordicimila tonnellate di scarti direttamente nel fiume Green, in Utah.[264]
A Durango, in Colorado, una enorme pile di scarti, alta un centinaio di metri, si trova ad appena sessanta piedi dal fiume Animas, un affluente del Colorado. Il dipartimento sanitario dello Stato aveva riscontrato dei livelli anomali di radio nell'acqua, trenta miglia a valle.[265] Secondo l'esperto di Uranio di Washington, David Berick, gli operatori dello stabilimento a Durango "presero i residui e li gettarono nel fiume. Non c'è proprio modo di sapere quanta parte di essi è finita a valle".[266]
Poiché il processo di lavorazione rende molti degli isotopi degli scarti altamente solubili, possono essere diluiti dalle piogge in torrenti e nell'acqua potabile. Uno studio condotto dall'Oak Ridge National Laboratory nel 1979 notò una contaminazione della falda freatica in due nuovi depositi di scarti in New Mexico.[267] I rapporti delle società ammettono una grave contaminazione negli stabilimenti Uravan del Colorado.[268] Una diga piena di scarti vicino al fiume Sweetwater, in Wyoming, crollò sei volte, tra il 1957 ed il 1979, e fu registrata una percentuale di infiltrazione giornaliera di 1.7 milioni di galloni.[269] E un ampio studio EPA del 1976 ha indicato che qualcosa come 200.000 chilogrammi di Uranio disciolto sono stati introdotti nell'acqua del sottosuolo dalla infiltrazione e dalla "iniezione diretta" in stabilimenti che appartenevano alle società Anaconda e Kerr-McGee. Lo

---

[261] Saltzstein, "*Navajos*". In una lettera del luglio 1981 agli autori, Edwin Swanson disse che lo Stato dell'Arizona aveva richiesto alla UNC di apporre dei segnali lungo il fiume fino a Navajo, Arizona, ma che la società non lo fece.
[262] *Church Rock Hearings*, p. 1.
[263] Ibid., p. 9.
[264] William Sweet, "*Unresolved: The Front End of Nuclear Waste Disposal*", *Bulletin of the Atomic Scientists*, maggio 1979, p. 45
[265] Jack Miller, "Environmental and Health Effects", Uranium Information Network, inedito. Per questa scoperta, Miller cita il *Colorado Department of Health, Uranium Wastes and Colorado's Environment*, 2ª edizione (Denver, Colorado Department of Health, agosto 1971, p. 10.
[266] David Berick, intervista, marzo 1981.
[267] D. G. Jacobs and H. W. Dickson, *A Description of Radiological Problems at Inactive Uranium Mill Sites and Formerly Utilized MED/AEC Sites*, Oak Ridge, Tenn., Oak Ridge National Laboratory, febbraio 1979, p. 5.
[268] *High Country News*, 22 febbraio 1980, p. 1.
[269] Ibid., 14 dicembre, 1979, p. 10.

studio avvertì che il problema era assai diffuso: "Il forte contrasto tra una tipica vita di uno stabilimento, di 20 anni, e l'emivita di 80.000 anni del radionucleido dominante (torio 230) necessita uno sguardo in avanti molto più lungo di quanto sia adesso evidente nelle pratiche di smaltimento dei rifiuti e nella preservazione della qualità della falda acquifera".[270]

Né il problema è rimasto sullo sfondo. Già nel 1964, la Federal Water Pollution Control Administration riferì durante una udienza del Congresso che il pesce pescato a valle presso gli stabilimenti di Uranio Naturita e Uravan mostrava delle concentrazioni di radio più alte del pesce pescato a monte. Dei campioni di fieno a valle mostravano pure delle contaminazioni, come il latte di mucca. "In questo caso", dichiararono le autorità, "la fonte primaria di apporto di radio per le cave è presumibilmente proveniente dal fieno usato come mangime e irrigato con acqua di fiume contaminata".[271]

Come nel caso di Church Rock, Edwin Swanson, un esperto di qualità dell'acqua per lo Stato dell'Arizona, ci ha detto che tracce della perdita – sebbene diluite e probabilmente non rilevabili – avrebbero raggiunto il lago Mead, in Arizona, 470 miglia a valle.[272]

E sebbene la maggior parte degli stabilimenti di Uranio in America sembrano estremamente distanti dai maggiori centri popolati, aumenta la preoccupazione per le fonti idriche cruciali, come il lago Mead, che fornisce acqua potabile alla California del Sud, a Las Vegas, e a parti dell'Arizona.

L'immensa riserva si trova a valle, da numerose operazioni minerarie e di lavorazione dell'Uranio. Le distanze sono grandi, come l'emivita di molti degli isotopi che si dirigono lentamente a valle. Già nel 1972, H. Pater Metzger, che stava scrivendo *The Atomic Establishment*, avvertì che i sedimenti al fondo del lago Mead mostravano una concentrazione di radio tre volte superiore a quella riscontrata in dei campioni di sedimenti prelevati a monte degli stabilimenti di Uranio.[273]

Le implicazioni di un lago Mead contaminato, e di un sistema idrico occidentale contaminato, sono catastrofiche. Ma il problema dell'Uranio coinvolge un volume immenso di scarti e non si limita solo alla qualità dell'acqua.

Secondo il *Government Accounting Office* (GAO) almeno 22 stabilimenti per la raffinazione dell'Uranio negli Stati Uniti continentali hanno chiuso i battenti fino al 1978. Hanno lasciato dietro di sé qualcosa come venticinque milioni di tonnellate in "depositi e pozze non custoditi", in otto stati occidentali, più in Pennsylvania e New Jersey. Altri sedici stabilimenti erano operativi, con ulteriori 115 milioni di tonnellate in sito – portando il totale a 140 tonnellate. Nei primi anni '80, da sei a dieci milioni di tonnellate di scarti sono stati prodotti ogni anno. Basato su delle stime di crescita molto alte, nel 1981 la NRC ha previsto che altri 109 stabilimenti potrebbero essere operativi fino all'anno 2000, producendo altri 470 milioni di tonnellate di scarti e schiere di stagni di acidi, come quello di Church Rock.[274] Una stima dai laboratori di Los Alamos ha dato

---

270 Robert F. Kaufman, et al., "Effects of Uranium Mining and Milling on Ground Water in the Grants Mineral Belt, New Mexico", *Ground Water* 14, No. 5 (settembre-ottobre 1976). Vedi anche, EPA *Radioactivity in Drinking Water*, EPA #570/9-81-002, Washington, D.C., EPA, gennaio 1981.
271 U.S. Congress, Senate Committee on Public Works, Subcommittee on Air and Water Pollution, *Radioactive Water Pollution in the Colorado River Basin*, 89° Congresso, 6 maggio 1966, pp. 101-104.
272 Intervista a Swanson.
273 Metzger, *Atomic Establishment*, p. 164. Per queste informazioni, Metzger cita: DHEW, U.S. PHS, *Waste Guide for the Uranium Milling Industry*, Technical Report W62-12, Cincinnati, PHS, 1962; PHS, Region VIII, *Radiological Content of Colorado River Basin Bottom Sedimentation*, Report PR-10, Denver, PHS, giugno 1963; e *Radioactivity in Water and Sediments of the Colorado River Basin, 1950-1963*, Radiological Health Data and Reports, Washington, U.S. Government Printing Office, novembre 1964.
274 GAO, *The Uranium Mill Tailings Cleanup: Federal Leadership At Last?*, EMD-78-90, Washington, D.C., GAO,

come risultato un valore decisamente più alto, prevedendo 900 milioni di tonnellate di scarti fino al 2000 solo in New Mexico. [275] Un totale del genere dovrebbe comprendere qualcosa come sette trilioni di metri cubi di scarti.
E i depositi all'aperto mettono a rischio l'aria oltre che l'acqua, un problema considerato da molti esperti – compreso il commissario della NRC Gilinsky – anche più serio dei più conosciuti rifiuti di "alto livello" dei reattori e fabbriche di bombe. La ragione è il gas radon, la stessa sostanza venefica che ha causato un incremento di cinque volte nel cancro ai polmoni tra i minatori di Uranio. Poichè il radon è un gas, è possibile, come afferma Gilinsky, "che possano esservi esposte delle popolazioni molto nutrite, a migliaia di chilometri di distanza dalla fonte, sebbene con una dose estremamente bassa".[276]
In effetti, la NRC ha tentato di presentare dei calcoli a lungo termine per i livelli di emissione di gas dagli scarti del New Mexico in località assai distanti, come Los Angeles, Chicago, Miami, Washington D.C., e New York City.[277] Il membro dello staff della NRC Reginald Gotchy ci ha detto che, nonostante la breve emivita (3.8 giorni) il gas radon proveniente da un deposito di scarti in New Mexico può giungere fino alla costa Est degli Stati Uniti. Lungo la via, la contaminazione apparirebbe "sul grano cresciuto nel Midwest" e altrove. "Questa roba", aggiunge, "va ovunque". Gotchy si è affrettato ad aggiungere che lui e la NRC considerano la dose "minuscola".[278]
Ma nel 1977, il dottor Chauncy Kepford, un chimico dello State College, in Pennsylvania, testimoniò durante le udienze sulla licenza per l'Unità 2 di Three Mile Island (che causò l'incidente del 1979), che la quantità e gli effetti sulla salute del gas radon erano stati ampiamente sottostimati. Kepfrod dichiarò che la NRC non era stata in grado di rispondere delle continue emissioni derivanti dalla degradazione totale degli elementi coinvolti. Tenendo presente una popolazione e società umana stabile, egli stimò che gli scarti del carburante necessario per rendere operativo TM-2 solo per un anno avrebbero causato un milione di casi di cancro nel corso del tempo. [279]
Nel 1978, il dottor William Lochset, della Pennsylvania State University, dedusse che il funzionamento di una singola miniera di Uranio potevano risultare, nel tempo, in 8.5 milioni di morti.[280] Ed il dottor Robert O. Pohl del Cornell dichiarò alla NRC che i potenziali effetti sulla salute derivanti dagli scarti della raffinazione dell'Uranio potevano "mettere completamente in secondo piano" quelli del resto del ciclo di carburante nucleare, aggiungendosi significativamente al numero mondiale di morti e mutazioni.[281]

---

giugno 1978 (da qui in poi citato come *Tailings Leadership*); e, NRC, *Final General Environmental Impact Statement on Uranium Milling*, Vol 1, NUREG-0706 (Washington, D.C.: NRC Office of Material Safety and Safeguards, settembre 1980), pp. 3-15 (hereafter cited as *GEIS-Milling*). See also, GAO, *The U.S. Mining and Mineral-Processing Industry: An Analysis of Trends and Implications*, ID-80-04 (Washington, D.C.: GAO, ottobre1979).
275 David R. Dreesen, *Uranium Mill scarti: Environmental Implications*, LASL 77-37 (Los Alamos, N.M.: Los Alamos Scientific Laboratory, febbraio 1978).
[276] Gilinsky, "*Problem*", p. 2.
[277] NRC, *Radon Releases from Uranium Mining and Milling and Their Calculated Health Effects*, NUREG-0757, Washington, D.C., *Office of Material Safety and Safeguards*, febbraio 1981, p. 7-3 (d'ora in poi citato come *Radon 0757*).
[278] Reginald Gotchy, intervista, aprile 1981.
[279] Chauncy Kepford, *Comments on NUREG-00332*, State College, Pa., *Environmental Coalition on Nuclear Power*, 1977, p. 8; e Chauncy Kepford, intervista, giugno 1981.
[280] William Lochstet, "Radiological Impact of the Proposed Crownpoint Uranium Mining Project", agosto 1978, manoscritto inedito.
[281] Robert O. Pohl, "*In the Matter of Public Service Company of Oklahoma, Associated Electric Coop., Inc. and Western Farmers Coop., Inc., Black Fox Station Units 1 and 2*, testimonianza resa presso la *Atomic Safety and Licensing Board*, N. registro STN 50-556 e STN 50-557.

L'essenza di queste conclusioni fu sostanziata, sorprendentemente, all'interno della stessa Nuclear Regulatory Commission. Nell'autunno del 1977, il Dr. Walter H. Jordan della commissione della *Atomic Licensing Board* scrisse un memorandum ad uso interno, accusando la NRC poiché "aveva sottostimato le emissioni di radon dalle cumuli di scarti per un fattore di 100.000".

A causa delle emivite lunghe degli isotopi nei scarti solidi, la radiazione continua ad essere emessa dalle cumuli di scarti per bilioni di anni. Jordan ha dichiarato: "È molto difficile sostenere che la morte per le future generazioni sia poco importante".[282]

Nella stima degli effetti a lungo termine dei gas radon, la NRC diede per scontato che i cumuli di scarti sarebbero stati coperti dalla terra. Si pensava, infatti, che coprire i cumuli avrebbe intrappolato il gas e lo avrebbe costretto – dopo la sua emivita relativamente breve – a depositare i suoi "figli" radioattivi sotto forma solida, decisamente meno volatile.

Ben presto, tuttavia, ci si pose il problema di quanto tempo sarebbe durata la terra che copriva i cumuli, negli stabilimenti in cui gli scarti sarebbero stati radioattivi. Oppure, ci si chiese se fosse possibile in generale ricoprire i cumuli. In alcuni casi, essi sono alti più di cento piedi e coprono centinaia di acri di terreno. Sarebbero necessarie delle imponenti operazioni di sbancamento soltanto per accumulare terreno a sufficienza per effettuare questo lavoro.[283]

La NRC ha anche preso in considerazione l'ipotesi di riportare gli scarti nelle miniere da cui provenivano. In alcuni casi, questa procedura potrebbe risultare applicabile, tuttavia in questo processo molti lavoratori rimarrebbero contaminati, e si consumerebbe una notevole quantità di carburante. Una stima per la rimozione degli scarti di Durango calcolava 65.860 viaggi di camion per rifiuti da venticinque tonnellate. Spostare i 140 milioni di tonnellate di scarti che attualmente si trovano negli U.S.A. richiederebbe più di 5.5 milioni di questi viaggi di camion.[284]

Nel frattempo, Gilinsky, uno dei commissari della NRC, ha avvertito che "nessuno dei siti abbandonati può essere considerato in condizioni soddisfacenti da un punto di vista a lungo termine".[285] In effetti, molte delle pile continuano ad essere esposte ai venti e alla pioggia. Gli abitanti di Durango, Colorado, hanno sperimentato la presenza di nubi di polvere che torreggiavano per migliaia di piedi in aria, e che ricoprivano macchine e case di polvere radioattiva. I bambini hanno giocato nelle "dune". I cumuli erano "i più grandi, migliori mucchi di sabbia del mondo", ha dichiarato Greta Highland di Durango all'High Country News. "Dopo la scuola, i miei amici si intrufolavano nei cortili degli e giocavano in mezzo agli scarti".[286]

Ma le conseguenze possono essere letali. Alti livelli di radiazioni di fondo provenienti dal torio, ad esempio, sono stati collegati ad aborti spontanei e ritardo mentale.[287] Le percentuali di leucemia e di cancro ai polmoni nella zona sud di Durango, vicino ai cumuli, risultano più alti che nel resto della città e dello Stato.[288]

---

[282] Walter Jordan, "Errors in 10 CFR Section 51.20, Table S-3", memorandum a James R. Yore, NRC, 21 settembre 1977; e Walter Jordan, lettera al membro del Congress Clifford Allen, 9 dicembre 1977.
[283] NRC, *Radon 0757*, p. 4-7.
[284] *"High Country News"*, 16 maggio 1980, p. 6.
[285] Gilinsky, "Problem", p. 5.
[286] *"High Country News"*, 16 maggio 1980, p. 6.
[287] N. Kochupillai, et al., *"Down's Syndrome and Related Abnormalities in an Area of High Background Radiation in Coastal Kerala"*, *"Nature"* 262, 1 luglio 1976, pp. 60-61.
[288] *"High Country News"*, 16 maggio 1980, p. 6.

Anche Monticello, in Utah (1.900 abitanti) ha riscontrato dei problemi. Dal 1949 al 1960 la città ospitò una vasta fabbrica di Uranio, che lavorava del materiale per armi ad uso della AEC. Nella metà degli anni Sessanta, quattro giovani abitanti morirono di leucemia. Un quinto iniziò una lunga battaglia contro di essa. In una città normale, delle dimensioni di Monticello, si sarebbe dovuto verificare un caso ogni venticinque anni.

Uno studio preliminare condotto dal Center of Disease Control concluse che "non appare esservi alcuna relazione" tra gli stabilimenti e le leucemie. Ma l'autore ammetteva che una incidenza di leucemia così alta "in città con stabilimenti e abitanti dovrebbe verificarsi in meno di un caso nello stesso periodo di tempo". Il rapporto affermava anche che le letture dei raggi gamma condotti lungo il perimetro dell'area degli scarti "superavano la radiazione di fondo di venti volte" e che "dei fastidi alla salute e possibilmente dei veri e propri rischi erano presenti, per via della dispersione nel vento degli scarti quando essi si essiccavano".[289] Tutte e cinque le giovani vittime erano cresciute entro un chilometro dagli stabilimenti. "Per un posto così piccolo, deve esserci stato qualcosa", dichiarò Dale Maughan, il cui figlio Alan era morto di leucemia nel 1966, all'età di sedici anni.[290]

I danni non si limitarono agli umani. I fattori che si trovavano vicino allo stabilimento Cotter, a Canon City, in Colorado, si erano anche lamentati di inesplicabili problemi con i propri animali, problemi che ricordavano molto quelli riferiti da Lloyd Mixon a Rocky Flats. Due abitanti del posto, Clarence Ransome e Wanda Bosco, ci hanno detto che le malattie che avevano colpito il loro bestiame comprendevano diarrea, perdita di peso, caduta di capelli e difficoltà riproduttive. I test fecero emergere che vi era stata contaminazione in almeno un pozzo locale e in un campo di alfa alfa[291] coltivato nei pressi. Bosco ci ha detto che i problemi dei suoi animali scomparvero quando furono abbeverati con dell'acqua incontaminata trasportata via camion dalla città.[292]

La presenza di miniere e stabilimenti di Uranio è stata inoltre collegata ad alti tassi di difetti congeniti negli stati di New York, Messico, Arizona, Colorado e Utah. Le conclusioni generali sono deboli, complicati da un'ampia gamma di fattori sociali e ambientali. Ma il dottor Alan Goodman, direttore del Program Development per l' Area Health Education Center della University of New Mexico School of Medicine ha citato "un modello inquietante" di percentuali di cambiamenti di sesso e difetti alla nascita che corrispondono agli "stessi modelli di estrazione e lavorazione di Uranio e sull'altopiano del Colorado. Non sto dicendo che siano causati dall'Uranio, ma bisognerebbe essere proprio stupidi per non vedere che c'è la possibilità che siano collegati".[293]

---

[289] Peter McPhedran e John R. Crowell, "*Leukemia in Monticello, Utah*", EPI-67-48-2, Memorandum al Direttore, National Communicable Disease Center, Atlanta, 5 luglio 1967. Vedi anche John R. Crowell and Clark W. Heath, Jr., "*Leukemia in Parowan and Paragonah, Utah*", EPI-67-70-2, memorandum per il Direttore, National Communicable Disease Center, Atlanta, 26 aprile 1967. In una intervista del giugno 1981, Peter McPhedran ci ha detto che uno studio più dettagliato di Monticello "sembrava una buona idea, ma nessuno ci disse di dedicarci ulteriormente del tempo". Come risultato, disse, lo studio fu abbandonato. L'acqua potabile dell'area non è stata studiata.

[290] Bill Curry, "*Small Utah Town, 4 Leukemia Deaths*", *Washington Post*, 16 luglio 1978. In una intervista del 1981, la madre di Alan Maughan ci ha detto di essere certa che erano stati i depositi di scarti a causare la morte del figlio. Il dottor Carrol Goon, anche lui intervistato da noi, ha detto che l'alto numero di casi di leucemia avvenuti nello stesso periodo sembravano effettivamente straordinari, ma non vi era una prova conclusiva che fossero state causate dai scarti. Non vi era stato, disse "niente di simile prima" a Monticello.

[291] L'erba medica, usata per l'alimentazione di bovini, ovini e caprini, NdT.

[292] "*Bad Water Tough on Families*", "*Rocky Mountain News*", 26 giugno 1978, p. 8; e Clarence Ransome e Wanda Bosco, interviste, giugno 1981.

[293] Christopher McLeod, "*Uranium Link: New Studies Reveal High Birth Defect Rate in Southwest*", *Pacific News Service*, 1° aprile 1981.

È stata posta particolare attenzione sulla comunità di ventimila persone di Shiprock, New Mexico, dove una pila abbandonata di 1.7 milioni di tonnellate copre settantadue acri nel cuore della città. Secondo il dottor Leon Gottlieb, uno specialista di malattie polmonari a lungo associato con l'Indian Health Service, durante la stagione delle piogge, l'acqua che fuoriusciva dai cumuli di scarti trasporta delle particelle radioattive nel vicino fiume San Juan. "I bambini nuotano nel fiume contaminato; il bestiame si abbevera in quel fiume, e pesci contaminati vivono in quelle acque", ci ha detto in una lettera. Durante le tempeste, le particelle radioattive giungono nelle scuole e nelle aree residenziali, oltre che nella terra grazing e garden.

Nel gennaio del 1981, la dottoressa Evelyn Odin, una pediatra di Shiprock, dichiarò all'Albuquerque Tribune che era rimasta turbata dal numero di bimbi nati prematuri e con teste piccole. Un bambino, disse, era nato con esofago e trachea unite, un altro senza una parete addominale e con gli intestini penzolanti.

Il dottor John Ogle, anche lui di Shiprock, esitò ad attribuire queste malformazioni all'effetto delle radiazioni. Tuttavia, disse al Tribune che "a pelle, ho la sensazione che l'incidenza qui sia troppo alta". Ogle disse che in sei mesi aveva visto tre neonati nascere con problemi cardiaci, due con labbra e palato uniti tra loro, due con difetti al cranio, due con sindrome di Down e uno con una parte di spina dorsale mancante, e diversi con problemi alla tiroide.[294] Uno studio condotto da Sarah Harvey, direttore del Community Health Rapresentative Program, scoprì un tasso doppio di aborti spontanei, bambini nati morti, e anomalie congenite tra bambini di famiglie di minatori di Uranio rispetto a bimbi non di minatori. Il suo sondaggio ha costituito la base per una investigazione dell'area finanziata parzialmente dalla *March of Dimes*.[295]

I problemi riscontrati nell'area di Shiprock possono essere spiegati dal fatto che numerosi residenti locali avevano costruito casa usando rocce radioattive provenienti dalle miniere, o con scarti degli stabilimenti. L'uso di scarti come materiale edilizio era assai diffuso tra gli anni Cinquanta e i primi anni Sessanta. Nonostante i ripetuti avvertimenti fatti da esperti indipendenti, la AEC non volle indagare sulla possibilità che l'uso di tali scarti avrebbe potuto costituire un pericolo per le persone.[296]

La noncuranza aveva avuto un costo diretto. Nella Grand Junction, Colorado, più di seimila strutture – tra le quali numerose scuole – sono note per avere degli scarti provenienti dai depositi tra i materiali di costruzione o nei rivestimenti nella parte inferiori di esse. Le strade e i marciapiedi erano altresì rivestiti con questo materiale. In tutto, almeno 270.000 tonnellate di scarti erano state usate, risultando in pericolosi livelli di radiazioni in molte case di Grand Junction. Un programma statale e con fondi federali che finora è costato ai contribuenti almeno 6.5 milioni di dollari ha prodotto "delle azioni di tamponamento" solo in settecento siti. I costi sono stati stimanti in quindicimila dollari per casa e settantacinquemila dollari per edificio commerciale.[297]

Per alcuni il processo di bonifica probabilmente è arrivato troppo tardi. Uno studio del 1978 condotto dallo stato del Colorado ha indicato che le percentuali di cancro alla Mesa

---

[294] Burt Hubbard, "*Navajos Build Radioactive Homes; Offspring May be Bearing Burden*", "*Albuquerque Tribune*", 27 gennaio 1981, p. A-2. I problemi di Shiprock furono confermati anche dal dottor Leon Gottlieb, che aveva lavorato in quell'area per molti anni, in una intervista dell'aprile 1981 e in una lettera del 23 agosto 1981.
[295] Lynda Taylor, Southwest Research Institute, intervista, giugno 1981 [la *March of Dimes* è una associazione benefica americana a tutela dell'infanzia per la prevenzione dei difetti dei neonati, nascite premature, etc., NdT].
[296] Metzger, *Atomic Establishment*, p. 164.
[297] GAO, *Tailings Leadership*, p. 8; e *GEIS-Milling*, p. 2-2. Vedi anche, Joanne Omang, "*EPA Proposes Rules for Cleaning Up Old Uranium Mills' RadioactiveWaste*", "*Washington Post*", 17 aprile, 1980.

County, dove Grand Junction è il centro popolato principale, ha mostrato una percentuale di leucemia acuta doppia rispetto alla media dello stato. A soffrire della malattia erano più donne che uomini, indice di avvelenamento da radiazioni.[298]

A Edgemont, in South Dakota, uno studio dell'EPA ha scoperto sessantaquattro "punti caldi" in relazione ad un vicino deposito di scarti.[299] Nel 1978, la famiglia di Neil Brafford fu costretta ad abbandonare la propria casa quando apprese che era stata costruita su degli scarti. Il seminterrato in cui viveva il figlio piccolo, Chris, mostrava dei livelli di radioattività trentanove volte superiori alla norma. Brafford aveva acquistato la casa da un minatore e solo in seguito aveva scoperto che erano stati usati degli scarti per i rivestimenti. "Non sappiamo quanto ne ha usato", spiegò Brafford, "ma di sicuro non continueremo a vivere lì".[300]

Quando si trasferirono, la giovane figlia di Brafford smise di soffrire di prolungati attacchi di diarrea, che erano iniziati quando la famiglia si trovava in quella casa. Test di laboratorio mostrarono che il piccolo Chris Brafford aveva dei cromosomi rotti. Soffriva inoltre di dolori ossei, un sintomo di potenziale leucemia. Nel maggio del 1981, i Brafford promossero un'azione legale da quaranta milioni di dollari contro la Susquenna Corporation, proprietaria del vicino deposito di scarti.[301]

Canonsburg

Ironicamente, uno dei peggiori problemi avvenne in una comunità ad est del Mississippi – Canonsburg, in Pennsylvania, venti miglia a sudovest di Pittsburgh. Già nel 1911, la Standard Chemical Company importava carichi e carichi di minerale radioattivo da una miniera di Montrose, Colorado, per estrarre Uranio. All'epoca, ci volevano circa cinquecento tonnellate di minerale grezzo per produrre un solo grammo di Uranio – un grammo che era venduto fino a 150.000 dollari.

Furono fatte poche domande. Nel 1914, il presidente della società, Joseph M. Falannery, dichiarò ad un giornale locale che il radio avrebbe curato "cose come follia, tubercolosi, reumatismi e anemia, e vari tipi di cancro". Flannery e almeno due altri responsabili della società morirono per malattie legate alle radiazioni.[302]

La Standard Chemical e le società che la seguirono abbandonarono il campo del radio a Canonsburg nel 1942. Ma per quell'epoca era iniziata la spinta per la bomba atomica. Il governo fece contratti con la Vitro Corporation per estrarre Uranio dai minerali grezzi scartati.

Quando Vitro finì le operazioni alla fine degli anni Cinquanta, i tempi erano maturi per entrare nel business dello stoccaggio dei rifiuti. Almeno 160.000 tonnellate di residui radioattivi furono cosparsi attorno al Canonsburg, alcuni rivestirono il fondo di una laguna di tre acri in cui i bambini del posto regolarmente si tuffavano d'estate e pattinavano d'inverno.

Nei primi anni Sessanta, la AEC diede l'autorizzazione affinché la laguna fosse riempita

---

[298] "*Mesa County Leukemia, Cancer Incidences High*", Rocky Mountain News, United Press International, 2 marzo 1978.
[299] *High Country News*, 4 aprile 1980, p. 13.
[300] Neil Brafford, intervista, luglio 1980.
[301] Andrew Reid, intervista, marzo 1981. Reid è l'avvocato di punta nella causa dei Brafford.
[302] Ben A. Franklin, "*U.S. Testing Workers for Effects of 13 Years Amid Atomic Wastes*" "*New York Times*", 5, maggio 1979, p. A-1.

di scarti. Fu una decisione straordinaria, considerando che – in contrasto con le normative – il governo non era proprietario dei siti. Il fisico sanitario Robert Gallagher, che effettuò lì un sondaggio preliminare, definì la mozione "incredibile". Accusò la AEC di avere dato l'approvazione per "fare un favore speciale o una svista di proporzioni bibliche".[303] Per quanto riguarda il lavoro di riempimento, Joseph Swiger, *project manager* dell'operazione di discarica, lo definì "il peggiore e più negligente lavoro a cui mi sia mai dedicato". Fu "moralmente riprovevole", dichiarò al "*The Pittsburgh Press*", "perché il materiale era pericoloso".[304]

Nel 1967, il sito fu venduto per 130.000 dollari ad un imprenditore locale di nome Vaughn Crile, che non fu mai avvertito del fatto che potevano esserci dei problemi con le radiazioni. Crile realizzò un parco industriale sulla sommità degli scarti, trasferendo lì quattordici inquilini con la sua impresa di famiglia. Il DoE esaminò il sito nel 1978 e scoprì che i 125 dipendenti erano stati esposti a concentrazioni di radon quattordici volte al di sopra del livello considerato ufficialmente come sicuro.[305]

La notizia non fu bene accolta dagli inquilini di Crile. Almeno otto se ne erano andati fino all'inizio del 1981. I lavoratori esitavano ad accettare i lavori lì, e almeno uno si lamentò del fatto che il posto gli aveva rovinato la salute.

Fu George Mahranus, un meccanico del parco per otto anni, che infine se ne andò per paura. "Verso la fine", ci ha detto, "riuscivo a malapena a sollevare le cose, non ero capace di sollevare le chiavi. Ho dolori alle articolazioni. Ho perso la maggior parte dei capelli. I denti davanti mi ballavano. Non mi sono mai sentito così in mia vita". Mahranus, che era sulla quarantina, trascorse la maggior parte dei giorni lavorativi sul pavimento dell'impianto, riparando copertoni e motori. "La radiazione non mi toccò finché non iniziarono a trapanare il sito per testarlo", disse. "Poi ho deciso di tagliare la corda". Con solo dieci denti rimasti e un inspiegabile nodulo dietro l'orecchio, Mahranus aveva paura che i medici confermassero le sue peggiori paure. "Mi sento davvero meglio da quando me ne sono andato da lì", ci ha detto. "Ma adesso non posso stare seduto a lungo e i polpastrelli mi si intorpidiscono. Ho sempre fatto dei lavori duri. Ma adesso non riesco proprio a farmi otto ore di lavoro. Mi ucciderebbe".[306]

Il proprietario del parco, Vaughn Crile, era scettico sulle lamentele di Mahranus, ma anche molto amareggiato nei confronti del governo, che, diceva, gli era costato migliaia di dollari. "Dovrebbero ricollocarci, ma sono così dannatamente lenti", si lamentava.[307]

Furono identificati almeno altri diciotto "punti caldi" radioattivi lungo la città, compresi una sala da ballo e un parco della American Legion. Un luogo vicino alla laguna registrò cinquecento volte i normali livelli di radiazione di fondo.

Alcuni residenti del posto si lamentavano del fatto che i loro giardini non crescevano, altri furono avvisati che non dovevano mangiare le verdure che spuntavano. Un fusto per la raccolta dell'acqua piovana di una casa di Canonsburg mostrò dei livelli di radiazione ottomila volte superiori alla radiazione di fondo, mentre i materiali usati per edificare una casa registrarono 240 volte il normale conteggio di radio. Almeno 150 case furono segnalate per essere decontaminate.[308]

---

[303] "*Pittsburgh Press*", 23 gennaio 1980, p. C-1.
[304] Ibid., 21 gennaio 1980, p. A-8.
[305] Franklin, "*U.S. Testing Workers*".
[306] George Mahranus, intervista, aprile 1981. Vedi anche, Albert Neri, "*Radioactive Park Site Has Mechanic 'Scared'*", "*Pittsburgh Post-Gazette*", 19 marzo, 1979.
[307] Vaughn Crile, intervista, aprile 1981.
[308] "*Pittsburgh Press*", 2 marzo 1979, e 22 giugno 1980, p. A-10.

Tuttavia, come nel caso della Grand Junction, le ordinanze di bonifica possono essere arrivate troppo tardi. L'epidemiologo Evelyn Talbott, dell'Università di Pittsburgh, studiò l'area. Ci disse che le cifre preliminari indicavano una percentuale di cancro ai polmoni due volte superiore al normale tra gli uomini sopra i quarantacinque anni, e tre volte la norma tra gli uomini al di sopra dei settanta.[309]

Studi informali indicano che le cose possono essere state perfino peggiori. Agnes Engel, madre di due figli sulla quarantina e residente da lungo tempo nella zona, fece uno studio sui suoi 150 vicini. Scoprì che cinquantatré di loro lamentavano problemi alla tiroide. Come tantissimi altri bambini del posto, la Engel era stata portata nella laguna contaminata da piccola. Prima che fosse riempita, ci disse, "c'erano paludi e rane lì. Era una attrazione irresistibile".

Ma non erano stati fatti degli avvertimenti sugli elementi chimici sul fondo della laguna. Da allora, Engel aveva iniziato a soffrire di diversi problemi di salute, tra cui strani problemi di emorragie, disfunzioni tiroidee all'età di diciassette anni, un figlio con dei leggeri danni al cervello, una isterectomia a trentacinque anni. "Anche le mie due sorelle hanno avuto dei problemi simili", ci ha detto. "E ci sono state molte altre donne qui che li hanno avuti... così tante cose strane...".[310]

---

[309] Evelyn Talbott, intervista, ottobre 1980. Vedi anche, *"Pittsburgh Press"*, 30 luglio 1980, p. B-3.
[310] Agnes Engel, intervista ottobre 1980. Vedi anche, *"Pittsburgh Post-Gazette"*, 19 marzo 1979; e Agnes Engel, *Residential Research Survey of Thyroid Disorders,* Strabane, Pa., U.C.A.R.E., 21 marzo 1979.

10.

Trizio a Tucson, scarti in tutto il mondo

Come Agnes Engel di Canonsburg, Tom Charlie a valle di Church Rock, e le famiglie Haag e Mixon vicino alle Rocky Flats, le radiazioni incisero sulla vita di Rita Linzy. Madre di due figli e da lungo residente a Tucson, Linzy sapeva poco delle complessità dell'energia atomica finché uno dei suoi vicini liberò accidentalmente del trizio radioattivo, facendolo finire nel cibo servito a quarantamila bambini delle scuole del posto. Avvenne nell'estate del 1979. Durante l'incidente – che Linzy definì "la nostra Three Mile Island" – le caddero i capelli e decine dei suoi vicini iniziarono a chiedersi se la loro salute era stata messa in pericolo.[311]

La fonte della contaminazione era la American Atomics, una operazione da dieci milioni di dollari l'anno che impiegava qualcosa come duecento dipendenti nel centro di Tucson. La compagnia si occupava di acquistare trizio dal programma di armamenti federale, inserendolo in sottili capsule di vetro usate per gli orologi digitali. Il trizio fa illuminare le capsule senza elettricità.

Mentre operava tranquillamente a Tucson, la American Atomics era solo una delle diciassettemila organizzazioni mediche, accademiche, industriali e militari con licenza di trattamento degli isotopi radioattivi negli Stati Uniti. Questi licenziatari erano di dimensioni varie, dai mega complessi industriali, come la General Electric e la Westinghouse, a piccoli college e ospedali, che trattavano piccole quantità di isotopi per la ricerca e per scopi medici.[312] Letteralmente centinaia di milioni di articoli che contenevano una data quantità di radioattività sono prodotti ogni anno negli Stati Uniti, compresi cronografi luminescenti, elementi antistatici, denti finti, cannelli per saldature, lenti per occhiali, tubature ad elettroni, starter per lampade fluorescenti, articoli da cucina in ceramica e alcuni rilevatori di fumo.[313]

Molte delle fabbriche producono questi articoli hanno licenza legale per rilasciare ampi quantitativi di radiazioni nel corso di normali operazioni. Ad esempio, gli impianti produttivi di cobalto-60 possono esporre il pubblico a una quantità di radiazioni venti volte superiore a quella emessa da un reattore commerciale.[314]

Molti impianti con sottoprodotti a bassa radiazione sono anche localizzati in aree densamente popolate. La American Atomics si trovava a poche centinaia di metri dal sistema di scuole pubbliche di Tucson. Dall'impianto fuoriuscivano regolarmente notevoli quantità di gas trizio nell'atmosfera – 285.000 curie solo nel 1978, secondo i registri della società. Nel settembre di quell'anno, un operaio addetto alla manutenzione aprì la valvola sbagliata immettendo nell'aria di Tucson un singolo "sbuffo" di 21.000 curie, una dose

---

[311] *"Arizona Daily Star"*, 3 giugno 1979.
[312] Clair Miles, NRC, intervista, febbraio 1981.
[313] Buckley, et al., *Environmental Assessment of Consumer Products Containing Radioactive Material*, NUREG CR-1755, Washington, D.C., NRC.
[314] *10 Code of Federal Regulations, Part 40*. Nel dicembre del 1979 il limite di esposizione pubblico a strutture con "ciclo di combustibile nucleare", come reattori elettronucleare ed impianti di fabbricazione, era stato fissato in venticinque millirem. Ma i limiti per le strutture "dei sottoprodotti", depositi di scarti, impianti per armamenti e alcune strutture industriali, era stato fissato in venti volte tanto – cinquecento millirem.

abbastanza grande. Il pubblico non ne fu informato.[315]
Ma il trizio può essere mortale. Essendo una forma radioattiva di idrogeno, ha una emivita di dodici anni. Poiché rilascia delle quantità relativamente piccole di radiazioni beta (elettroni), è considerato meno pericoloso di molti altri isotopi. Tuttavia, il trizio si comporta chimicamente e biochimicamente come l'idrogeno ordinario. Se ingerito, può incorporarsi in tutte le forme di cellule umane, comprese quelle del sistema riproduttivo. I ricercatori teorizzano che per via della sua capacità di agire come la normale acqua, il trizio si può incorporare col DNA nelle cellule viventi, moltiplicando le possibilità di danneggiamento, portando a mutazioni genetiche e al cancro.[316]

Trizio nella torta

Oltre al trizio, almeno un dipendente alla American Atomics era stato contaminato con olio "caldo". Altri dipendenti accusarono la società di aver regolarmente falsificato i dati sul controllo di qualità, alterando deliberatamente le etichette di merce radioattiva per evitare le restrizioni delle spedizioni per via aerea.
Complessivamente, la società sembrava un tragico ritorno al passato, ai tempi del radio applicato a pennello sui quadranti – una pratica resa obsoleta dalle capsule di trizio.[317]
Infine, l'impiegata della American Atomics Elaine Hunter attaccò pesantemente la società in una lettera pubblicata nel giornale locale "*Arizona Daily Star*". Stava lasciando il lavoro alla American Atomics, disse, "non per paura della radioattività", ma "per il disgusto e la rabbia che quegli uomini avidi, che si stavano riempiendo le tasche velocemente, mentre mettevano a repentaglio il benessere fisico e emotivo di coloro che erano coinvolti nella fabbricazione del loro prodotto.[318]
Nel frattempo, le persone che vivevano vicino all'impianto si lamentavano per gli allarmi di segnalazione emissioni, che suonavano costantemente. Nell'agosto del 1978, l'*Arizona Atomic Energy Commission* (AAEC) fece una ispezione presso la American Atomics, avvertendo che vi erano ampie perdite di trizio causate da una gestione negligente. Le risultanze furono inviate al direttore della AAEC, Donald C. Gilbert, che li lasciò giacere sulla sua scrivania per sette mesi. La ragione di questa mancanza di iniziativa, disse poi Gilbert al reporter del "*Daily Star*" Jane Kay, fu che gli era stato assicurato da Harry H. Dooley Jr. che la situazione sarebbe cambiata. Dooley era un membro della commissione della AAEC, nonché vice presidente della American Atomics. L'ovvio conflitto di interessi non sembrò dare alcun fastidio alla AAEC. Solo quando il direttore Gilbert fu licenziato, nel marzo del 1979, durante un ribaltone nella commissione, il rapporto fu rivelato al grande pubblico.[319]
Quattro giorni dopo l'uscita di Gilbert, l'ispettore della AAEC Lynn FitzRandolph fu inviato alla American Atomics. Citò la società per quattro capi di imputazione, per violazione delle regolamentazioni di stato, raccomandando di chiudere l'impianto. La società era "fuori controllo", spiegò in seguito FitzRandolph. "Me ne andai con la bella idea che il trizio stava passando per le ciminiere e andando nelle fogne". FitzRandolph fu

---

315 "*Arizona Daily Star*", 15 aprile 1979 e 4 gennaio 1981.
316 H. Kasche, et al., "Dose *Estimations for Tritium and C-14 Released in the Nuclear Fuel Cycle—A Biological and Radiobiological Evaluation*", University of Bremen, SAIU, disponibile tramite l'*Environmental Policy Center*.
317 "*Arizona Daily Star*", 18 e 20 luglio 1979.
318 Elaine Hunter, lettera all'*Arizona Daily Star*, 15 aprile 1979.
319 Jane Kay, "*Arizona Daily Star*", intervista, gennaio 1981.

allora deriso da alcuni dei suoi colleghi scienziati, che gli dissero che le sue richieste di assicurare una severa regolamentazione erano "ridicole".[320]

Tuttavia, nella primavera del 1979, lo *"Star"* riferì anche che la società aveva riversato del liquido radioattivo "direttamente nello scarico", nel sistema fognario, senza alcun filtraggio o monitoraggio. La American Atomics replicò che il contenuto radioattivo totale era "molto basso".[321]

Ma i test di routine effettuati ad inizio giugno presso la cucina centrale del sistema scolastico di Tucson, nei pressi dell'impianto, rivelarono che il cibo aveva conteggi radioattivi 2.5 volte i livelli permessi. La cucina serviva pasti approssimativamente per quarantamila studenti. L'acqua della torta che era stata servita a ventottomila alunni conteneva cinquantaseimila picocurie al litro; gli standard federali ammettevano solo ventimila picocurie. La verdura fuori dalla cucina si attestava su livelli che superavano di 36 volte il limite legale. La radiazione, disse il direttore operativo della AAEC Kenneth Geiser, era "nel vapore acqueo e nell'aria. Ovunque. E continua. La torta o il pane lasciati sulla tavola diventano mollicci; raccolgono la condensa come una spugna – trizio compreso".

Tucson era sotto shock. La direzione scolastica fu ben presto costretta a seppellire diciassettemila scatole di cibo. In tutto, furono distrutti qualcosa come 300.000 $ di alimenti deperibili e 90.000 $ di cibo in scatola, a spese dei contribuenti.[322]

Nel frattempo, i test sulle urine di persone che vivevano nei pressi dell'impianto rivelarono almeno sei casi di livelli anomali di trizio. Tony Bruckmeier, un bambino di sei anni, aveva un livello di 89.100 picocurie per litro, un livello definito da Gailm Schmidt, del Bureau of Radiation Health "basso ma non trascurabile".[323] Sebbene i funzionari ufficiali enfatizzassero il fatto che i livelli non sembravano essere dannosi, i residenti avevano i loro dubbi. La Signora Gloria Mendoza, che aveva vissuto nella zona per venticinque anni, aveva livelli di 71.700 picocurie al litro. La AAEC, disse allo *"Star"*, "ci diceva di rivolgerci ai medici o di chiamare il Dipartimento Sanitario. Mi dissero che non c'era niente per cui allarmarsi. Ma ho avuto delle vesciche in bocca e i medici mi hanno detto che non avevano mai visto niente del genere dalla Seconda guerra mondiale. È tutto spaccato e di un costante colore rosso porpora".

"Ci hanno detto che stavano producendo piccoli componenti", dichiarò Joe Valenzuela, nonno e appassionato di giardinaggio, che era vissuto nella stessa casa per trenta anni. "Non hanno mai detto che stavano usando dei materiali radioattivi. Non lo sapeva nessuno. I venti principali soffiano a sud-sudovest, e noi ci trovavamo proprio lì", continua. "Non abbiamo nessuna difesa. Gli impiegati lavorano otto ore al giorno e indossano tute

---

[320] *Arizona Daily Star,* 11 febbraio 1980, e 4 ottobre 1979.
[321] Ibid., 14 maggio 1979.
[322] Ibid., 2 giugno , 1979; e Associated Press, 25 ottobre 1979, come in *New York Times,* 26 ottobre 1979.
[323] Gail Schmidt, intervista, giugno 1981. Il Dr. Schmidt ci ha detto che gli standard EPAS per il trizio nell'acqua potabile era di ventimila picocurie al litro, il cui costante intake poteva risultare in una dose total body di quattro millirem l' anno. Gli standard della NRC per il trizio nell'urina tra i lavoratori nucleari è di 28.000 picocuries al litro. Schmidt ha calcolato che se i livelli di trizio nell'urina di Tony Bruckmeier fossero risultati da una singola esposizione, sarebbero corrisposti ad una dose total body di circa 0.37 millirem. Se avessero raggiunto una esposizione costante per un anno, Schmidt stimò che la dose sarebbe arrivata a circa 8.9 millirem. In una intervista del giugno 1981, il Dr. Alan Moghissi, consigliere pricipaleper Radiation and Hazardous Materials presso l'ufficio EPA di Research and Development, ci ha detto che se fosse un genitore di un bambino che aveva subito una esposizione del genere, "non sarebbe preoccupato". Moghissi, che lavorò a lungo sul caso della Arizona Atomics, disse che le dosi ambientali più alte erano stimate in diciassette millirem. "Non esiste niente che sia a pericolo zero", ci ha detto. Ma la dose apparente di Tony Bruckmeier era "comparabile con quella che si sarebbe potuto ricevere con viaggio andata e ritorno in aereo da New York a Tucson".

protettive e guanti. Ma mia moglie sta qui 24 ore al giorno. Che mi dice della mia cucina?"[324]

Quando la notizia della contaminazione è divenuta pubblica, i genitori iniziarono a proibire ai figli di andare in quell'area, anche solo per fare visita ai nonni. I vicini iniziarono a lasciare la frutta che avevano mangiato per decenni sugli alberi, piuttosto che rischiare delle radiazioni. Anche le piscine nei cortili furono abbandonate quando iniziarono a mostrare alti livelli di trizio – una con 413.000 picocurie al litro, venti volte gli standard per l'acqua potabile stabiliti dall'EPA. Ma la American Atomics continuò a lavorare scaglie di trizio. "Abbiamo misure di sicurezza", dichiarò il presidente della società Peter J. Biehl. "Qui, le performance sono super, e siamo in linea con gli standard stabiliti. Se ci fossero rischi per la sicurezza, avremmo già chiuso".[325]

Lo fecero. Di fronte alla possibilità di una udienza ufficiale, la American Atomics dovette cedere le proprie licenze al trattamento di materiali radioattivi. Il Tucson City Council e la Pima County avevano già votato per negare alla società il permesso di ricollocarsi all'interno dei propri confini.

In seguito, la società abbandonò la propria fabbrica, lasciandosi dietro trizio e altri rifiuti contaminati. Una intrusione con scasso, paura degli incendi e altri problemi sul sito abbandonato portarono ad una ulteriore ansia e rabbia a Tucson. Infine. Il 26 settembre, il Governatore dell'Arizona Bruce Babbit usò delle fonti energetiche di emergenza per impossessarsi del trizio rimanente. L'esperienza della American Atomics, disse, era stata "un completo fallimento di regolamentazione".[326] Il 28 settembre, sei soldati della Guardia Nazionale misero diverse centinaia di migliaia di sottili fiale di vetro riempite di trizio in trentotto barili e le trasportarono in un ex deposito militare a Flagstaff, dove furono sepolti.

L'esperienza lasciò degli amari ricordi a Tucson – e non solo. Nel picco della crisi i funzionari sanitari assicurarono i residenti del posto che una eventuale ingestione di trizio sarebbe stata eliminata dall'organismo dai tre ai sei mesi dopo.

Ma nella primavera del 1981, uno studio di cinquanta ex dipendenti della American Atomics mostrò una maggioranza di essi con dei livelli di trizio dieci volte superiori al normale. Gli ex dipendenti non erano stati esposti ad alte concentrazioni di trizio per almeno ventuno mesi.

Il dottor Michael Gray, dell'*Arizona Center for Occupational Safety and Health* riferì che un sondaggio aveva dimostrato "un lungo periodo di permanenza nell'organismo di concentrazioni di trizio molto basse". Alcuni dei dipendenti, disse, producevano campioni di urina che contenevano livelli di trizio venti volte superiori al normale. Percentuali di decadimento rilevati nei sondaggi suggerivano che il trizio "può risiedere nel corpo" non solo per tre o sei mesi, come era stato promesso durante la crisi, ma "fino a dieci anni".[327]

Fu una brutta notizia per la gente di Tucson, che bandì ogni tipo di produzione radioattiva dalla loro città, sull'onda dello scandalo. "Non mi era mai passato per la testa che avrebbero persino pensato di mettere un impianto in una area dove sapevano che avrebbe contaminato il vicinato", disse Linzy allo Star al culmine della crisi della American Atomics.

---

[324] *"Arizona Daily Star"*, 3 e 12 giugno 1979.
[325] Ibid., 15 aprile 1979.
[326] *U.S. Congress, House Committee on Interior and Insular Affairs, Subcommittee on Energy and the Environment, Nuclear Regulatory Commission's Agreement States Program,* 96° Congr, 1ª sess., 19 luglio 1977, pp. 2-6 (d'ora in poi citato come *Agreement States Hearings*).
[327] *"Arizona Daily Star"*, 5 marzo 1981.

Allora, lei soffriva di un disturbo non diagnosticato che la faceva sentire stanca e febbricitante, e la faceva svenire. Anche i peli del suo cane cadevano.

Quando la intervistammo, otto mesi dopo, ci disse che si sentiva meglio, e che non c'erano prove certe che il suo disturbo – o quello del suo cane – fosse stato causato dalle radiazioni. Ma era ancora preoccupata. "Non so se la malattia derivasse o meno dall'impianto", disse. "Se mai è stato fatto qualche danno, non lo sapremo per vent'anni. E non ci potremo fare niente".[328]

Un mondo di rifiuti

La chiusura della *American Atomics* a Tucson non fece terminare i problemi che aveva creato. Il trizio rimanente era stato trasportato in un terreno di seppellimento. Sebbene quel viaggio non fosse stato caratterizzato da particolari incidenti, altre spedizioni non ebbero lo stesso destino. Ogni anno, la NRC e il *Department of Transportation* (DoT)[329] registra diverse migliaia di movimenti di rifiuti radioattivi, carburante, minerali grezzi, isotopi medici, e simili lungo le strade, ferrovie, corsi d'acqua navigabili e vie aeree. Nel 1979, quando il trizio della *American Atomics* fu spostato a Flagstaff, furono riportati 122 incidenti di trasporto legati alla radioattività, compresi almeno diciassette che sono risultati in una contaminazione ambientale.[330]

Rimane ancora da chiarire quanti non siano mai stati citati. Ma nel novembre del 1980 la GAO avvisò che con "personale e fondi limitati della DoT", l'agenzia "non poteva determinare la portata dei problemi relativi al trasporto di materiali pericolosi", per non parlare di risolverli.[331]

I problemi sembravano epidemici, da veicoli danneggiati e autisti privi di formazione a misure di sicurezza inadeguate e confezionamento negligente. Il governatore del Nevada Robert List, ad esempio, si lamentò nel 1979 in una udienza presso l'*House Interior Committee* perché era stato utilizzato del "semplice nastro adesivo" per sigillare un contenitore in metallo che trasportava rifiuti liquidi da un reattore del Michigan nel suo Stato. Il nastro era stato verniciato per nascondere il problema. Ma il barile aveva fatto sgocciolare del liquido, e poteva aver contaminato strade per più di mille miglia. Tre mesi dopo, dei rifiuti ospedalieri trasportati in Nevada presero fuoco.[332]

Questi incidenti, e dozzine di fatti simili, spinsero List e i governatori della South Carolina e di Washington ad annunciare che non avrebbero più accettato rifiuti di basso livello nei propri stati dopo il 1987. Numerosi governi municipali (come quello di New York City) hanno proibito il trasporto di materiale radioattivo in tutte le loro strade.

Un problema del genere non esisté per il trizio di Tucson, che raggiunse il suo campo di interramento sotto l'egida di un'emergenza di stato. Ma una volta lì divenne parte di un problema molto più grande – lo smaltimento di rifiuti atomici, generalmente considerati il tallone di Achille dell'industria nucleare. Tale questione è stata talmente dibattuta, che nel 1980 i votanti dello Stato di Washington approvarono, con un'ampissima maggioranza, il referendum per proibire tutte le successive spedizioni di rifiuti radioattivi nello stato. E

---

[328] Ibid., 3 giugno 1979, e Rita Linzy, intervista, gennaio 1981.
[329] Dipartimento dei Trasporti, NdT.
[330] "*Nuclear Shipments: Accidents on the Rise*", "*The Guardian*", 3 dicembre 1980.
[331] GAO, *Programs for Insuring the Safe Transport of Hazardous Material Need Improvement*, CED/81-5, Washington, D.C., GAO, 4 novembre 1980.
[332] *Agreement States Hearings*, pp. 6-12.

Ronald Reagan – la cui piattaforma elettorale includeva un rafforzamento dei diritti dello Stato – ordinò al Dipartimento di Giustizia federale di rovesciare l'atto e costringere lo Stato a continuare ad accettare i rifiuti radioattivi contro la sua volontà.[333] Nel giugno del 1981, la Corte Distrettuale federale a Seattle legiferò contro lo Stato.

Quello che turba la gente, è la enorme e incerta eredità dei rifiuti permanentemente tossici e potenzialmente esplosivi. Questi derivano da due fonti – gli usi militari e commerciali dell'atomo – e si dividono in tre categorie: rifiuti di basso livello, transuranici, e di alto livello.

Per tre decenni il programma di armamento è stata la fonte principale di rifiuti radioattivi. Con i loro reattori che producono Plutonio, impianti di arricchimento dell'Uranio, complessi industriali per fabbricare bombe e laboratori di ricerca, le forze armate alla fine degli anni '70 producevano circa settanta milioni di galloni di rifiuti di alto livello l'anno, più migliaia di metri cubi di rifiuti solidi tossici di basso livello. Le autorità militari possedevano anche 460 edifici e siti in caso di decontaminazione e, in molti casi, di seppellimento.[334]

Complessivamente, quando iniziarono gli anni '80, il programma di armamenti rimase il produttore principale per volume di rifiuti radioattivi. Ma per via dell'estrema intensità dei veleni presenti nel nucleo di un reattore energetico, il programma nucleare commerciale nel 1977 aveva superato il programma militare nella sua produzione di rifiuti nucleari per quantità di radioattività.[335] Entrambi i programmi continuarono a produrre rifiuti sia di alto sia di basso livello.

I secondi hanno una radioattività minore; elementi a basso livello di emissioni come attrezzi e abbigliamento da lavoro contaminati durante il lavoro sul sito, tubi di test, detergenti, macchinari in disuso, carcasse sperimentali e simili. Una stima del 1979 della quantità totale di questo materiale lo pone sui 2.5 milioni di metri cubi, con una previsione di 10 milioni di metri cubi per l'anno 2000. Molto di questo è stato finora conservato in fusti di metallo o gettato in fossati.[336]

Nel marzo del 1981, sotto l'amministrazione Reagan, la NRC "risolse" parte del problema dello stoccaggio di basso livello permettendo semplicemente a ospedali e istituti di ricerca di bruciare i propri rifiuti all'aria aperta, o gettandoli in scarichi che si collegavano al sistema fognario. Laboratori di ricerca e ospedali producono regolarmente ogni anno da 750.000 a 1.500.000 di litri di rifiuti, oltre ad un gran numero di carcasse contaminate di animali e materiali sporchi. Le loro radiazioni adesso si riversano direttamente nell'ambiente[337].

Questo metodo di smaltimento dei rifiuti non è nuovo. Le cifre governative indicano che negli anni '40 e '50 la AEC riversò almeno cinquantamila barili di rifiuti direttamente negli oceani Atlantico e Pacifico, e il Golfo del Messico. Fonti ufficiali del Governo hanno sostenuto che i barili erano stati smaltiti a grande distanza da aree densamente abitate sulla costa, e che solo un numero esiguo ebbe delle perdite una volta giunto sul fondale marino.

---

[333] "*U.S. Disputes Washington State Law on A-Waste*", *Washington Post,* Associated Press, 14 aprile 1980.

[334] Marvin Resnikoff, "*Nuclear Wastes – The Myths and the Realities*", *Sierra,* luglio/agosto 1980, p. 32 (d'ora in poi citato come "*Realities*").

[335] Ibid.

[336] DoE, *Spent Fuel and Waste Inventories and Projections,* ORO-778, Oak Ridge, Tenn., *Oak Ridge Operations Office,* agosto 1980, p. 6 (d'ora in poi citato come *Spent Fuel*).

337 *Environmental Policy Center,* "*Biomedical Waste Disposal Regulations Adopted*", in *Radioactive Readings* 2, No. 4 (20 marzo 1981).

Ma le testimonianze del personale militare e degli impiegati coinvolte nelle operazioni attuali indicano che diverse migliaia di altri barili possano essere stati coinvolte.[338] Ed un rapporto investigativo del 1981 effettuato dalla rivista *"Mother Jones"* indicò che una percentuale assai alta di quei barili avevano delle perdite. Infatti, alcuni di loro erano stati bucati da alcuni capitani delle navi quando erano troppo lenti nell'affondare dopo essere stati gettati fuoribordo.[339] Molti dei barili erano anche molto più vicini alla costa e ai bassi fondali di quanto dicesse il Governo. E già nel 1975 due scienziati dell'EPA in un batiscafo riferirono di aver visto tracce di Cesio radioattivo che perdeva da container scaricati 120 miglia al largo di Ocean County, Maryland. Il pesce pescato in un altro sito a duecento miglia di distanza mostrò dei livelli significativi di americio radioattivo.[340]

Dei subacquei che si trovavano in un sito di scarico a San Francisco avevano scoperto delle spugna abnormi, gigantesche, simili a quelle che crescevano nei pressi delle condotture degli scarichi nucleari dei reattori in Giappone. E un rapporto soppresso dell'EPA confermò che delle piccole forme di vita marine si alimentavano vicino a numerosi barili rotti; avrebbero potuto introdurre della radioattività nella catena alimentare oceanica.

Il programma di smaltimento oceanico non si limitava a rifiuti di basso livello. Nel 1958, le autorità militari gettarono l'intero recipiente in pressione di un reattore atomico, contenente trentamila curie di radiazioni, nell'Atlantico. In seguito, provò a ritrovare il recipiente, ma non riuscì a trovarlo.[341]

I rifiuti di basso livello, sia liquidi che solidi, possono contenere tracce di Plutonio, torio, radio, Stronzio, Cesio e un ampio spettro di altri isotopi pericolosi. Molti di loro hanno delle emivite lunghe, sono estremamente tossici e, in alcuni casi, esplosivi. Con la sua emivita di 24.800 anni, il Plutonio deve essere stoccato perfettamente per 248.000 anni prima che gli scienziati stimino che possa essere sicuro da maneggiare. Il torio, con la sua emivita di ottantamila anni, rimane mortale ancora più a lungo.

In entrambi i casi, l'ingestione di particelle, per quanto minuscole, può risultare nel cancro. E lo stoccaggio del Plutonio è divenuto un problema ancora più pressante, perché può essere trasformato in bombe. I timori della gente che possa essere rubato e usato da piccoli stati o da gruppi terroristici sono assai giustificati, e hanno già dato luogo ad una maggiore incidenza internazionale di violenza estrema – il raid israeliano, del giugno del 1981, contro un reattore iracheno[342]. Altri eventi di questo genere – possibilmente peggiori – sembrano inevitabili.[343]

Finora, le autorità militari statunitensi hanno stoccato il peggio dei propri rifiuti presso i siti di Hanford, INEL, e del fiume Savannah. In ciascun luogo vi sono state delle disastro-

---

[338] Barry Hagar, Chief Counsel, Subcommittee on Environment, Energy and Natural Resources, of the U.S. House Government Operations Committee, intervista, febbraio 1981; e Douglas Foster, "You Are What They Eat", *Mother Jones,* luglio 1981.
339 Ibid.
340 "Pilot Recalls Navy Sank Nuke Waste", *Sacramento Journal,* Associated Press, 3 gennaio 1981, p. 12.
341 Foster, "*You Are What They Eat*".
[342] Il 7 giugno 1981, cacciabombardieri *F-16A "Falcon"* israeliani bombardavano il reattore nucleare iracheno di Osirak, a 17 chilometri da Baghdad, distruggendo l'impianto in costruzione, uccidendo dieci iracheni e un tecnico francese. L'azione, illegale, fu condannata dall'ONU, NdE.
343 È stato il potenziale uso del Plutonio per le bombe a suggerire alla amministrazione Carter di proibire l'esportazione di tecnologie per la rilavorazione. Con la sua caratteristica mancanza di coerenza, Carter continuò a promuovere, allo stesso tempo, la vendita di reattori, rendendo così comunque inevitabile la produzione di maggior quantità di Plutonio. Nel 1975, al processo dell'attivista locale Sam Lovejoy, che abbatté una torre meteorologica a Montague, Massachussetts, per contribuire a fermare un progetto nucleare, il dottor John Gofman chiese, in riferimento alla questione del Plutonio: "C'è qualcosa le vorrebbe garantita possa essere fatta perfettamente al 99.9999% e per sempre?". Da: Green Mountain Post Films, *Lovejoy's Nuclear War,* Turners Falls, MA., 1975.

se contaminazioni di terra e acqua. A Hanford, almeno 430.000 galloni di liquidi caustici sono stati dispersi da serbatoi, compresi 115.000 galloni in un solo periodo di 50 giorni, nel 1973. Sebbene i rifiuti debbano essere stoccati in sicurezza per millenni, a Hanford numerosi contenitori con meno di dieci anni di età hanno subito notevoli perdite.[344]

Quando un ingegnere di Hanford addetto alla sicurezza di nome Stephen Stalos si lamentò dei problemi con i suoi superiori, gli fu detto che non sarebbe stato fatto nessun rapporto pubblico, perchè "una tale ammissione avrebbe fatto cattiva pubblicità all'industria nucleare". Un altro dipendente di Harford, Allen Wegle, durante una udienza del Senato degli Stati Uniti avvisò che il liquido radioattivo che si era disperso a Hanford negli anni '50 stava "raggiungendo in questo momento il fiume Columbia".[345] Sebbene sia ancora oggetto di discussione la velocità degli elementi contaminanti lungo il Colombia, le loro lunghe emivite e le quantità riversate nel suolo rendono il loro arrivo lì in qualche momento futuro una certezza virtuale.

E se la Columbia è contaminata, le centinaia di migliaia di persone che vivono nei pressi e che mangiano pesce proveniente da lì corrono un rischio molto serio. Coloro che dipendono dall'immensa falda dello Snake River Aquifer, che è già stata contaminata da rifiuti dell'Idaho Nuclear Engineering Laboratory, hanno preoccupazioni simili.[346]

I residenti sul fiume Savannah, o nelle sue vicinanze, che è stato contaminato dalla struttura di stoccaggio di rifiuti e armamenti pesanti di Aiken, in South Carolina, si trovano nella stessa situazione. I rifiuti lì sono stoccati a trenta piedi da una profonda falda che si estende sotto parti della South Carolina, Georgia e Florida. Sono stati riportati dal DoE centoundici incidenti legati a rifiuti a Aiken, e approssimativamente mille metri quadri attorno all'impianto sono stati contaminati da Plutonio proveniente da un reattore per la produzione di armi e da impianti di rilavorazione che si trovano lì.[347]

Ad Hanford la polvere, resa radioattiva da rifiuti scaricati sul terreno, è stata portata nel deserto circostante da tempeste di vento. Tracce di alcuni elementi contaminanti sono stati trovati in una scuola vicina. La contaminazione è stata anche scoperta in topi, serpenti, nidi di vespe e coyote catturati nelle vicinanze.[348]

Delle perdite a Maxey Flats, nel Kentucky, si sono parimenti dimostrate devastanti. Maxey Flats tratta rifiuti "transuranici" – materiali contaminati da elementi come il Plutonio, che ha un peso atomico superiore all'Uranio. Quando fu realizzato per la prima volta, fonti ufficiali del governo assicurarono i residenti del posto che il sito di seppellimento di Maxey Flats avrebbe custodito in sicurezza per sempre tutto il Plutonio e altri isotopi pericolosi. Ma in soli tre anni delle quantità rilevanti di duecento libbre di Plutonio si sono spostate per centinaia di metri. È stato riscontrato del trizio in torrenti a tre miglia di distanza. Il sito fu chiuso negli anni '70.[349]

Finora, sono stati fatti numerosi esperimenti con diversi mezzi di smaltimento di radio-rifuti – tutti senza successo accertato. Sull'onda di un tale fallimento, l'obbiettivo delle autorità ufficiali è stato posto sul limitare i danni potenziali – specialmente nel caso di ri-

---

[344] *"Seattle Post-Intelligencer"*, 15 giugno 1979, p. 1.
[345] *U.S. Congress, Senate Subcommittee on Environment and Public Works*, 96°Cong., 1ª sessione., 11 settembre e 11 dicembre 1979, seriale #96-H27, p. 210.
[346] Lonnie Rosenwald e Rod Gramer, "So What if the Water's Nuked?" *Progressive*, ottobre 1980; e J. B. Robertson, et al., *The Influence of Liquid Waste isposal on the Geochemistry of Water at the National Reactor Testing Station, Idaho. 1952-1970*, UC-70, *U.S. Geological Survey*, 1970; e Barraclough, *Hydrology*.
[347] Alvarez, *Savannah River Study*.
[348] *"Seattle Post-Intelligencer"*, 3 maggio e 15 giugno 1979.
[349] Marvin Resnikoff, *West Valley: A Challenge for the 80's*, Buffalo, Sierra Club Radioactive Waste Campaign.

fiuti provenienti da reattori commerciali. Una tipica rivendicazione dell'industria era che il combustibile nucleare necessario a far funzionare un reattore da mille megawatt per un anno misura soltanto circa due metri cubi. Essendo un giochetto di pubbliche relazioni, varie aziende hanno distribuito [ai propri addetti alle pubbliche relazioni] dei piccoli pellet dimostrativi in plastica, che rappresenterebbero le dimensioni della quantità annua di combustibile per il fabbisogno energetico annuale di una persona.
Ma questi paragoni sono ingannevoli.
Innanzitutto, essi ignorano il fatto che estrarre e raffinare il combustibile per un reattore medio per un anno creerebbe circa 180.000 tonnellate di scarti da triturazione di Uranio – del tipo che era tracimato dalla diga di Church Rock, e che si trovano in depositi presenti in tutto l'Ovest. Secondo Ross Scarano della NRC, 1.6 tonnellate di scarti occupano un metro cubo di spazio. Queste 180.000 tonnellate di scarti, derivanti dalle varie fasi necessarie a far funzionare un reattore per un anno occuperanno circa 100.000 metri cubi di spazio – assai lontano dai due metri cubi di scorie "terminali" pubblicizzati dall'industria.[350] Per quanto riguarda quei volumi più piccoli di scorie "terminali" provenienti direttamente dai reattori, compensano con l'intensità ciò che loro manca in dimensioni.
Bernard Cohen, di Pittsburgh, da lungo tempo sostenitore del nucleare, afferma che queste scorie terminali "entrerebbero con facilità sotto un tavolo da pranzo".[351]
Ma chiunque avesse provato a mangiare a quella tavola, avrebbe avuto un bel po' di problemi ad alzarsi dalla sedia. Il calore e le radiazioni generate da combustibile esaurito richiedono che sia diluito e ben intervallato, per evitare una reazione a catena. Il dottor Marvin Resnikoff, della State University di New York a Buffalo stima che questi "due metri cubi" avrebbero richiesto diecimila volte tanto spazio per uno stoccaggio sicuro. Qualunque "tavolo da pranzo" sotto cui si sarebbero potute collocare avrebbe dovuto essere largo come un campo da football, con gambe lunghe più di tre metri.[352]
Alla West Valley, New York, un tentativo di rilavorazione di combustibile esaurito ha lasciato un'eredità radioattiva che potrebbe costare allo stato e ai contribuenti federali 1.5 miliardi di dollari per la bonifica – ammesso che ciò possa essere fatto.[353] In aggiunta a scavi riempiti di rifiuti di alto livello, una "zuppa tossica" di 560.000 galloni [oltre 2 milioni di litri] di Cesio, Stronzio, Plutonio e altri isotopi si trova lì, in un serbatoio che perde. Ad un certo punto, uscì dal liquido un residuo così potente che alcuni esperti temettero che avrebbe letteralmente divorato il contenitore, rilasciando grandi quantità di radiazioni di alto livello.[354] Gli allevatori vicini possono già aver risentito degli effetti del funzionamento di West Valley. Floyd Zell, che possiede 130 cavalli di razza Holstein a quattro miglia ad est dell'impianto, ci ha detto che mentre era operativo, le sue giumente ebbero problemi di respirazione, e che un gran numero di puledri erano nati con deformazioni

---

[350] Ross Scarano, NRC, intervista, luglio 1981.
[351] Bernard Cohen, "*The Disposal of Radioactive Wastes from Fission Reactors*", *Scientific American* 236 No. 6 (1977), p. 21. Il dottor Cohen ha una delle immaginazioni scientifiche più vivaci della scena nucleare. Vedi anche, "*The Role of Radon in Comparisons of Effects of Radioactivity Releases from Nuclear Power, Coal Burning and Phosphate Mining*", *Health Physics Journal* 40, No. 1 (gennaio 1981), pp. 19-27.
[352] Resnikoff, "*Realities*".
[353] Marvin Resnikoff, intervista, giugno 1981. Il dottor Resnikoff ci ha detto che i costi per la solidificazione dei rifiuti a West Valley sono stimati in 385 milioni di dollari, e per esumare i siti di seppellimento di basso livello ammonterebbero a 1 miliardo di dollari. Per recupeare alcuni dei costi, lo stato di New York ha citato in giudizio la Nuclear Fuel Services e la Getty Oil. Vedi *NYSERDA v. NFS and Getty Oil,* Civ. 81-18E, Western District of Federal District Court, New York.
[354] Minna Hamilton, Sierra Club, intervista, maggio 1981.

che egli non vide più da quando l'impianto fu chiuso, nel 1972. Ne descrisse molti come "mostri grotteschi", compreso uno, nato cieco con le zampe anteriori piegate "come se fosse a cavallo di un barile". Un altro venne al mondo con la coda spuntata in mezzo alla groppa, direttamente opposta al cordone ombelicale. "Sotto la coda", disse Zell, "c'era il retto e la vulva. Poi, sotto la colonna vertebrale, le due zampe posteriori erano vere miniature, circa la metà di quanto avrebbero dovuto essere. Erano tutte nascoste all'indentro".[355]

Emil Zimmermann, che possiede settanta capre di razza Brown Swiss un miglio ad est dell'impianto, accusò il fallout dalla West Valley di avergli "fatto uscire di tasca venticinquemila dollari l'anno", mentre l'impianto era operativo. Padre di tre figli che aveva lavorato nella stessa fattoria dal 1943, Zimmermann disse che, quando la West Valley iniziò le operazioni, aveva una percentuale di inseminazioni artificiali perfettamente riuscite delle sue mucche dal 45 al 50%. Gli ultimi tre anni in cui l'impianto fu operativo, la percentuale calò al 35%, per poi balzare dal 65 al 75% dopo che venne chiuso. Zimmermann disse che la percentuale di aborti delle sue mucche era raddoppiata dopo che fu aperto l'impianto, per poi ridursi nuovamente dopo la sua chiusura. Inoltre, accusò il centro di riprocessamento di essere responsabile di diversi "vitelli mostri", alcune grandi in modo anomalo, alcuni le cui ossa "cadevano letteralmente a pezzi". I problemi raggiunsero il culmine nei primi anni '70, disse, poi ebbero un decremento, al punto in cui, negli ultimi anni, egli non riscontrò più nascite anomale.[356]

Il Nuclear Fuel Service, una sussidiaria della Getty Oil, possiede West Valley. Si rifiuta di accollarsi il peso di bonificarla. Nell'autunno del 1980, il Presidente Carter firmò una legge autorizzante la spesa di 300 milioni di dollari, provenienti dalle tasse, per iniziare il lavoro. Probabilmente non basterà.

Anche altre strutture commerciali di rilavorazione e siti di stoccaggio a Morris, Illinois, e Barnwell, South Carolina, sono stati dei costosi fallimenti. E senza la rilavorazione del combustibile, o siti di stoccaggio affidabili, i rifiuti atomici si stanno accumulando intorno ai reattori in tutti gli Stati Uniti. Il risultato è che numerose strutture di barre di combustibile nucleare esaurito adesso sono stoccate nelle cosiddette "piscine" all'interno degli impianti. In alcuni casi, gli operatori hanno ottenuto il permesso di impilare il triplo delle strutture di barre rispetto a quanto la piscina fosse stata progettata di contenere. Inserendo barre di controllo e aggiungendo ai liquidi il boro per assorbire i neutroni, gli operatori dei reattori sostengono di poter stoccare in sicurezza il carburante.

Ma qualunque sconvolgimento geologico o difetto strutturale o guasto del sistema di raffreddamento potrebbe causare un catastrofico rilascio di radiazioni. C'è chi crede che le stesse piscine possano essere dannose almeno quanto i reattori vicini.[357]

Vicino a Lewiston, New York, alcuni pensano che i rifiuti radioattivi abbiano già iniziato a richiedere le loro vittime umane. Lewiston era il sito del Lake Ontario Ordnance Works, un Arsenale militare. Si trova a sessanta miglia da West Valley e a solo dieci dal famigerato Love Canal[358].

---

[355] Floyd Zell, intervista, giungo 1981.
[356] Emil Zimmerman, intervista, giugno 1981.
[357] In una intervista del giugno 1981, Gordon Thompson, della *Union of Concerned Scientists*, ci ha detto che temeva che l'insieme di sistemi di raffreddamento e la vicinanza delle piscina di stoccaggio ai reattori rendeva le probabilità di un incidente in quelle piscine "almeno altrettanto alta" che negli stessi reattori. "Il pericolo è davvero reale", ci ha detto. Secondo il DoE, nel 1980 vi erano circa 7.460 tonnellate di Uranio in strutture di combustibile esaurito negli Stati Uniti, con una previsione di 90.000 tonnellate entro il 2000, *Spent Fuel*, p. 3.
[358] Nel 1976 alcuni giornalisti scoprirono che a Love Canal, un circondario della città di Niagara Falls, New York, la

Tra il 1944 e il 1950, gli operatori dell'Arsenale lasciarono 20.489 tonnellate di rifiuti radioattivi – gran parte dei quali provenienti dal Progetto Manhattan – sparsi lungo un sito di quindicimila acri. Alcuni dei rifiuti erano stipati in un silos per l'acqua di cemento armato, rendendolo uno dei più concentrati depositi di radio del mondo. Ma ottomila tonnellate furono anche scaricate al suolo, esposte agli elementi e probabilmente dissolti nei torrenti vicini, tre dei quali si riversavano nel Lago Ontario.

Il Dipartimento dell'Interno ha anche confermato che nel corso del funzionamento dell'impianto, dei liquidi radioattivi furono intenzionalmente riversati al suolo, quando le tank di stoccaggio si riempirono. "Non ci sono dubbi sul fatto che il materiale era stato gestito come un qualunque altro minerale grezzo", disse Robert Ramsey del DoE al *New York Times*. "Fu dato pochissimo riguardo al fatto che fosse radioattivo".[359] Comportamenti simili erano adottati anche sul sito del Manhattan Project nella vicina Tonawanda, dove circa 140.000 litri di rifiuti chimici radioattivi furono riversati in pozzi non sorvegliati.[360] Nei primi mesi del 1981, un rapporto della New York State Assembly citò "una incredibile, e a volte surreale, storia di cattiva gestione federale" a Lewiston e in altri siti di sversamento tossici dell'area. La cattiva gestione di Lewiston si "manifestò con la negligente e deficitaria tenuta dei documenti, una mappatura inadeguata dei rifiuti sepolti, e arretratezza tecnologica."... Per via delle frequenti piogge e dello scarso drenaggio, risultò "chiaro in primo luogo che il sito [di Lewiston] non avrebbe mai dovuto essere scelto per lo stoccaggio di materiali radioattivi". Le autorità ufficiali federali erano a conoscenza dei problemi, ma "li ignorarono".

I fattori determinanti chiave del programma erano "opportunismo e economia", e ciò comportò anche "lo sversamento di rifiuti radioattivi in fosse aperte e spesso non mappate, in barili arrugginiti impilati lungo i lati della strada, e in strutture inadeguate progettate originariamente per scopi diversi. Inevitabilmente, queste ed altre pratiche risultarono nella contaminazione del [...] sito e nella fuoriuscita di contaminanti radioattivi nel sito e nel suolo, al di fuori del controllo del Governo Federale".[361] E, infatti, rilevazioni campione nel sito mostrarono che i livelli di radiazioni erano mille volte superiori alla norma.[362]

Non furono fatti nell'area degli studi sanitari ufficiali. Tuttavia, sondaggi informali fatti da cittadini locali hanno indicato una aftermath preoccupante. Il dottor Resnikoff riferì di aver trovato quindici deformità tra venti cervi catturati vicino a siti di sversamento locali. Le autopsie iniziali di alcuni di loro indicarono alti livelli di radio e Cesio nei loro fegati.[363]

Un reverendo del posto notò dodici nuovi casi di cancro tra gli ottocento membri della sua congregazione negli ultimi tre mesi del 1979. E un sondaggio condotto dalla residente locale Donna Siock di undici case su una strada che delimitava l'ex Arsenale mise in luce diciannove casi di disturbi gravi, comprese infermità respiratorie, malattie del sangue e

---

Hooker Chemical aveva riversato nel canale Love Canal, poi interrato, 21.000 tonnellate di rifiuti tossici e quindi venduto il terreno alla sovrintendenza scolastica della città (la ditta avvertì tuttavia più volte la sovrintendenza della presenza di rifiuti tossici). L'amministrazione iniziò quindi a edificare sul lotto; le escavazioni e delle forti piogge fecero fuoriuscire materiali tossici che causarono gravi danni alla salute di molti cittadini, con lo scandalo risultante il sito fu finalmente evacuato nel 1978, NdE.

[359] Ralph Blumenthal, "*Atom Wastes of War Haunt Niagara Area from «Grave»*" New York Times, 23 giugno 1980 (d'ora in poi citato come "*Haunt*").

[360] *New York State Assembly Task Force on Toxic Substances, The Federal Connection: A History of US Military Involvement in the Toxic Contamination of Love Canal, and the Niagara Frontier Region*, Albany, *Task Force on Toxic Substances*, 29 gennaio 1981, p. 120.

[361] Ibid., pp. I e VIII.

[362] Blumenthal, "*Haunt*".

[363] Marvin Resnikoff, "*Radioactivity Measurements of Four Deer Liver Samples*", Sierra Club Radioactive Waste Campaign, 30 marzo 1981.

cancro.³⁶⁴ Siti di smaltimento vicini hanno pure ospitato notevoli quantità di elementi chimici tossici di alto livello, così sono in pochi a pensare, nell'area, che i loro problemi di salute siano strettamente legati alle radiazioni. Ma in pochi hanno dubbi sul loro letale contributo. "Penso che questo luogo sia una oscenità", ci ha detto Danielle DeGolier, residente a Lewiston. Su settantuno persone nelle immediate vicinanze, disse, trentatré sono malate di cancro. Undici case nella vicina periferia riferirono di nove casi di cancro. La scuola elementare vicina ha già subíto quattro casi di leucemia infantile.

"L'OMS afferma che dall'ottanta al novanta percento dei casi di cancro sono dovuti a cause ambientali", ci ha detto DeGolier. "Qui, abbiamo le radiazioni e ogni altro tipo di inquinamento che le venga in mente. Da qui a dieci anni, questo posto farà sembrare il Love Canal una goccia nel mare".³⁶⁵

Catastrofe a Kyshtym

Nell'autunno o l'inverno del 1957-58 – a distanza di mesi dagli incendi di Rocky Flats e Windscale, e mentre i rifiuti stavano covando a Lewiston e Tonawanda e si accumulavano ancora all'INEL, sul fiume Savannah, e ad Hanford – una tremenda esplosione squarciò un deposito di scorie radioattive sui Monti Urali, in Russia.

L'esplosione rilasciò enormi quantità di radiazioni nell'aria. Uccise centinaia – forse migliaia – di persone. Rese permanentemente invivibile un'area di almeno cinquanta chilometri quadrati. E fece cessare per sempre qualunque illusione sui pericoli dei rifiuti radioattivi³⁶⁶. Quando avvenne il fatto, le autorità sovietiche misero sotto silenzio velocemente la notizia del disastro. La CIA fece lo stesso, e ne era a conoscenza già entro l'anno, ma lo tenne nascosto al pubblico americano per due decenni. Infine, voci dell'esplosione giunsero alla stampa occidentale nel 1976, quando il dottor Zhores Medvedev, scienziato e rifugiato politico, pubblicò "*Due decenni di dissidenza*" sul periodico inglese "*New Scientist*". L'articolo, primariamente, riguardava la scienza sovietica. Tuttavia, nel corso della sua discussione, Medvedev dedicò una sezione del volume all'incidente di Kyshtym, che attribuiva alla inadeguata gestione dei rifiuti radioattivi da parte delle autorità sovietiche. "Fu come l'eruzione di un violento vulcano", spiegò Medvedev. "Le reazioni nucleari hanno causato un surriscaldamento nei campi di seppellimento sotterranei. L'esplosione riversò polvere e materiali radioattivi nel cielo". Il costo in vite umane fu "terribile [...] decine di migliaia di persone furono coinvolte, vi furono centinaia di morti, sebbene le vere cifre non siano mai state rese pubbliche. L'ampia area in cui avvenne l'incidente è tuttora considerata pericolosa ed è chiusa al pubblico".³⁶⁷

---

³⁶⁴ Blumenthal, "*Haunt*". Vedi anche, Ralph Blumenthal, "*Big Atom Waste Site Reported Found Near Buffalo*", "*New York Times*", 31 gennaio 1981.
³⁶⁵ Danielle DeGolier, interviste, marzo e aprile 1981; vedi anche, "*Maclean's Magazine*" 94, No. 7, 16 febbraio 1981, 12.
³⁶⁶ L'incidente di Kysthym-Mayak era stato fino a Chernobyl il disastro nucleare più grave mai verificatosi, ed è classificato di Livello 6 nella Scala Internazionale degli Eventi Nucleari (INES). Il disastro di Chernobyl, avvenuto il 26 aprile 1986, fu di Livello 7, come quello di Fukushima Dai ichi dell'11 marzo 2011 al momento della stampa di questo libro. Le stime più recenti delle conseguenze dell'incidente di Khystym riferiscono di almeno 200 morti per cancro causate dall'esposizione diretta e di 8.015 morti come conseguenza dell'incidente nei 32 anni successivi, mentre la contaminazione radioattiva si estese all'epoca su di un'area di 800 km², NdE.
³⁶⁷ Zhores Medvedev, "*Two Decades of Dissidence*", "*New Scientist*", 4 novembre 1976, pp. 264-267; vedi anche, Zhores Medvedev, "*Facts Behind the Soviet Nuclear Disaster*", "*New Scientist*", 30 giugno 1977, pp. 761-764 (d'ora in poi citato come "*Facts*").

Le rapide descrizioni di Medvedev causarono dei violentissimi attacchi, provenienti da una direzione inaspettata – Sir John Hill, direttore della United Kingdom Atomic Energy Authority. Hill definì la storia "spazzatura", "pura fantascienza" e "un frutto dell'immaginazione". In una lettera al *"Times"* di Londra, Hill affermò che "possono esservi stati altri incidenti, ma in un momento in cui il pubblico è preoccupato dei problemi legati ai rifiuti nucleari sento che devo chiarire con forza che, a mio parere, il seppellimento di rifiuti nucleari non può portare al genere di incidenti descritti".[368]

Medvedev si infuriò per la risposta. L'incidente era bene noto negli Urali. Essendo stato condannato all'esilio dalla Russia per le sue idee "occidentali", veniva ora infangato in Occidente per aver menzionato qualcosa che, a suo parere, era di dominio pubblico.

Ma appena una settimana dopo l'inizio di questa controversia, nuove storie apparvero sul *Denver Post,* sul *Los Angeles Times* e altrove, ammettendo che effettivamente si era verificato un incidente. Gli articoli si basavano "esperti di intelligence americani" – la CIA – che affermavano che l'incidente era stato causato da un reattore sfuggito al controllo. L'agenzia aveva un'altra versione, ma i suoi "esperti" affermavano che le stime di "centinaia di morti e migliaia di feriti" erano "difficilmente credibili".[369]

Un mese dopo, un emigrato russo di nome Lev Tumerman scrisse al *"Jerusalem Post"* che nel 1960 aveva fatto un viaggio in auto lungo gli Urali e aveva visto un segnale stradale che "avvisava gli automobilisti di non fermarsi per i successivi 30 chilometri e di guidare a tutta velocità. Su entrambi i lati della strada, a perdita d'occhio, si poteva vedere che la terra era «morta»: nessun villaggio, nessuna città, solo le ciminiere delle case distrutte, nessun campo coltivato o pascoli, nessun gregge, nessun essere umano… niente. Tutta la campagna nei pressi di Sverdlovsk era eccessivamente «calda». Una area enorme, alcune centinaia di chilometri quadrati, era stata devastata, resa sterile e improduttiva per molto tempo, per decine o forse centinaia di anni".

Per quanto riguarda la questione cruciale, ossia le cause dell'incidente, Tumerman disse "di non poter dire con certezza" se le scorie fossero state le colpevoli. "Comunque", aggiunge, "tutte le persone con le quali ho parlato – dagli scienziati ai profani – non avevano dubbi sul fatto che la colpa fosse da attribuire ai burocrati sovietici, che si sono dimostrati negligenti e privi di attenzione nello stoccaggio dei rifiuti nucleari".[370]

Ironicamente, Tumerman era un acceso sostenitore dell'enegia nucleare e aveva scritto al *"Post"* in parte per assicurare il pubblico di Israele che la catastrofe non era stata causata da un reattore.

Adesso, ancora sottoposto ad attacchi, Medvedev iniziò un puntiglioso studio della letteratura scientifica russa. Sebbene fosse stato vietato qualunque tipo di accenno all'incidente, moltissimi scienziati si erano recati negli Urali per studiarne le conseguenze. Una delle grandi ironie di Kyshtym è che, nonostante la segretezza ufficiale, molto di più sarà noto alle future generazioni riguardo il danno da radiazioni che lo circonda rispetto a quanto si seppe di Windscale o Rocky Flats, in cui uno studio scientifico ufficiale a lungo termine era virtualmente inesistente. Medvedev sapeva che i suoi ex colleghi avevano scritto più di cento studi che coinvolgevano i laghi e il pesce che vi viveva, insetti, mammiferi, uccelli e vegetazione che erano "in qualche modo" esposti ad alte dosi di radiazioni alla fine del 1957 o nei primi mesi del 1958. Identificando i tipi di piante e di vita

---

[368] Zhores Medvedev, *Nuclear Disaster in the Urals,* New York, Vintage, 1980, pp. 5-6 e 14.
[369] Ibid., pp. 6-7.
[370] Ibid., pp. 11-12.

animale, i modelli meteorologici ed altre caratteristiche chiave dell'area, Medvedev creò una ricostruzione inconfutabile del "vasto nulla" creatosi in seguito alla catastrofe.
Con la pubblicazione nel 1979 del suo *Nuclear Disaster in the Urals*, perfino John Hill capitolò. "Come parte di un lavoro di rilevazione scientifica", ammise al *"New Scientist"*, "Il libro di Medvedev [...] presenta argomenti convincenti che si sia verificato un importante incidente nucleare nella regione meridionale degli Urali".[371]
Sul finire del 1979, un rapporto speciale redatto dall'Oak Ridge National Laboratory confermò che un sistema di quattordici laghi era stato contaminato dall'esplosione di Kyshtym. Circa trenta piccole città elencate nelle mappe sovietiche prima dell'incidente erano scomparse dalle mappe contemporanee.[372]
Dopo essere stato costretto da una causa legale sotto il *Freedom of Information Act* a pubblicare alcuni dei suoi documenti, la CIA confermò anche l'incidente. Già nel 1959, l'agenzia aveva ottenuto dei resoconti redatti da testimoni oculari, che confermavano che "tutti gli empori a Kamensk-Uralski, che vendevano latte, carne e altri alimenti, erano stati chiusi per precauzione contro l'esposizione alle radiazioni, e furono inviate delle nuove scorte, due giorni dopo, via treno o camion. Il cibo era venduto direttamente dai veicoli, e le code di persone ricordavano quelle che si creavano durante la Seconda guerra mondiale, quando i viveri erano razionati [...] Le persone che abitavano a Kamensk-Uralski erano in preda all'esteria per la paura, e per l'incidenza di «misteriosi» disturbi che iniziavano a manifestarsi. Alcuni prominenti cittadini aizzarono la pubblica rabbia indossando piccoli contatori di radiazioni che non erano disponibili per tutti [...]".[373]
Un testimone oculare parlò di una "terribile esplosione", che scosse il suolo e gli edifici, e che diede come risultato che le foglie e gli alberi vicini fossero ricoperti da "un pesante strato di polvere rossa [...] molto velocemente, tutte le foglie si accartocciarono e caddero dagli alberi" e anche le verdure a foglia larga "si accartocciarono e morirono".
L'Agenzia ebbe notizia di un ospedale "completamente riempito di vittime dell'esplosione [...] alcune furono bendate e altre no [...] la pelle sul viso, le mani e altre parti del corpo esposte stava venendo via".
Nel frattempo, erano state bruciate delle case, per evitare che la gente vi rientrasse, e molti cittadini locali "ebbero il permesso di portare con sé solo gli indumenti che indossavano". Era anche "cosa nota", che l'area "presentava un numero abnormemente altro di casi di cancro".[374] "Uno degli argomenti di conversazioni comuni all'epoca", afferma un'altra fonte, "fu se fosse o meno più pericoloso mangiare pesce o granchi provenienti dai fiumi dell'area [...] centinaia di persone morirono e l'area era stata resa e rimarrà radioattiva

---

[371] Ibid., postfazione.
[372] J. R. Trabalka, et al., *Analysis of the 1957-58 Soviet Nuclear Accident*, ORNL-5613, Oak Ridge, Oak Ridge National Laboratory, dicembre 1979, pp. 12-17. Questo rapporto contiene anche una interessante discussione sulle cause speculative dell'incidente, a pag. 41.
[373] Central Intelligence Agency, *Accident at the Kasli Atomic Plant*, Report #CS 3/389, 785, Washington, D.C., CIA, 4 marzo 1959. Citando questo e altri rapport della CIA per data e numero, stiamo cercando di approssimarci al meglio alle loro fonti estate. Ma, considerando lo stato, pesantemente censurato e mal fotocopiato dei documenti in nostro possesso, alcune delle date e/o dei numeri qui potrebbero non corrispondere al materiale citato. Comunque, l'informazione, in sè, appare incontrovertibile. Vedi anche Medvedev, *Disastro Nucleare negli Urali*, e "Facts".
[374] Central Intelligence Agency, *Miscellaneous Information on Nuclear Installations in the U.S.S.R.*, Report #CS K-3/465,141, Washington, D.C., CIA, 16 febbraio 1961; e *Mysterious Explosion in Chelyabinsk Oblast/Possible Radioactive Fallout Causing Destruction of Trees and Vegetation/ManyPeople Burned as Result of Explosion*, Report #3,202,034, Washington, D.C., CIA, 17 gennaio 1962.

per anni".[375] Una volta che trapelarono le notizie dell'incidente, la risposta delle autorità ufficiali americani fu contenuta. "Abbiamo trattato centinaia di migliaia di libbre di quella roba per più di 30 anni", disse John O'Leary, allora vice segretario all'Energia nella amministrazione Carter. "Si può dire che lì hanno avuto un incidente. Ma che significa? Vuol dire che furono imprudenti".[376]

Esperti americani e analisti generalmente teorizzano che la catastrofe degli Urali era stata causata da una esplosione chimica o di vapore, e che non poteva avvenire lì. "Non sanno quello che stanno facendo, noi sì", disse un funzionario della amministrazione Ford. I rifiuti americani "hanno delle perdite, ma non esplodono".[377]

Un rapporto speciale della AEC del 1972 era di un altro avviso. Intitolato "WASH-1520", lo studio affermava che in un'ampia fossa di sversamento ad Hanford – denominata Z-9 – era stata riempita di scarti che contenevano Plutonio. Il Plutonio si era raggruppato. Circa un centinaio di chili – abbastanza per realizzare almeno dieci bombe delle dimensioni di quelle lanciate a Nagasaki – si era accumulato in circa diciottomila piedi cubi di terreno. Ciò, avvertiva "WASH-1520", portò ad una situazione in cui "è possibile immaginare condizioni che potrebbero risultare in una reazione a catena".[378]

Il rapporto enfatizzava il fatto che le possibilità che si verificasse questo evento erano minime. Ma il Congresso si affrettò ad approvare un finanziamento di due milioni di dollari, e la fossa fu svuotata.

Non è dato sapere quanto ci siamo avvicinati ad una Kyshtyn ad Hanford. Una domanda migliore potrebbe essere quanto ci *avvicineremo* ad Hanford, a quelle "piscine" sul sito del reattore, a Lewiston, a West Valley, al fiume Savannah, e all'INEL. Gli Stati Uniti, ha assicurato John Leary al *National Journal,* hanno sviluppato "standard elaborati" per trattare con le radiazioni. Ma, ammette, "domattina si potrebbe verificare un incidente molto grave per via della stupidità".[379]

Kyshtym fu "una tragedia di dimensioni straordinarie", aggiunge Richard Pollock, del Ralph Nader's Critical Mass Energy Project, che aveva intrapreso una causa legale per il rilascio dei documenti della CIA. L'esplosione delle scorie nucleari aveva sottolineati i pericoli sia delle produzione di armi che dell'"atomo pacifico". Pollock esortò a fare una moratoria sulla costruzione dei reattori nucleari, e chiese: "I creatori delle politiche energetiche americane accetteranno il rischio di centinaia di metri quadri di terreno coltivabile o aree metropolitane fortemente contaminate come prezzo da pagare per l'elettricità? Vogliamo davvero cancellare dalle mappe una New York, o una Chicago o una Seattle o una Miami, come hanno fatto i sovietici con le loro città?"[380]

---

[375] Central Intelligence Agency, *1958 "Kyshtym Disaster"/Nuclear Accident Involving Plutonium Wastes from Military Nuclear Reactors,* Report #B-321/06645-77, Washington, D.C., CIA, 25 marzo 1977. Questi documenti furono resi pubblici come risultato della causa sotto il Freedom of Information Act.

[376] Richard Corrigan, "*Nuclear Disaster – Could Whatever Happened There Happen Here?*" National Journal, 19 agosto 1979, p. 1329.

[377] Ibid.

[378] Medvedev, *Nuclear Disaster in the Urals,* pp. 152-153.

[379] Corrigan, "*Nuclear Disaster*".

[380] Richard Pollock, in *Nader Group Discloses Federal Report Confirming Soviet Nuclear Accident in 1957-58,* Washington, D.C., *Critical Mass Energy Project*, Washington, D.C., 4 febbraio 1980).

Parte IV

"L'ATOMO PACIFICO

11.

La Battaglia di Shippingport

Dwight Eisenhower si trovava nella Stanza Ovale della Casa Bianca, brandendo quella che le segretarie dell'ufficio stampa avevano soprannominato una "scettro al neutrone". Era il 23 maggio 1958, un anno in cui gli Stati Uniti avrebbero fatto detonare settantasette test atomici, ma anche un anno che avrebbe visto il primo esitante accordo di abolizione dei test. Il bastone cerimoniale, culminato con un futuristico bulbo fosforescente, passò attraverso un occhio elettrico mentre Eisenhower lo brandiva. Così, il Presidente azionò un circuito che avrebbe dato l'avvio al primo reattore atomico commerciale degli Stati Uniti – a Shippingport, in Pennsylvania, a trecento miglia ad Ovest della Casa Bianca.
Shippingport, disse, "rappresenta la speranza della nostra gente che il potere dell'atomo allievi i pesi dell'umanità, offrendo delle ulteriori comodità per la vita umana".[381] È difficile sottovalutare l'impatto globale di queste affermazioni. Shippingport rappresentava una fervente promessa che la tecnologia che aveva cancellato Hiroshima e Nagasaki sarebbe almeno servita a qualche scopo utile e pacifico.
Eisenhower aveva posto le basi quattro anni e mezzo prima. Nel dicembre del 1953, appena prima delle prime esplosioni di sulle Isole Marshall, Eisenhower disse alle Nazioni Unite che l'America si stava impegnando a trasformare la sua spada nucleare in una plowshare. L'energia atomica avrebbe generato elettricità per aiutare a creare un mondo migliore. "Gli Stati Uniti", affermò, "affermano davanti a voi – e perciò di fronte al mondo – la loro determinazione ad aiutare a risolvere l'inquietante dilemma atomico – a dedicare tutto il loro cuore e la loro mente a trovare il modo in cui la miracolosa inventiva dell'uomo non dovrà essere dedicata alla sua morte, ma consacrata alla sua vita".[382] Mentre Eisenhower presentò l'"atomo pacifico", i test sulle armi nucleari continuavano in Nevada e sul Pacifico.
Reattori nucleari erano stati usati negli Stati Uniti fin dai primi anni '40. La loro funzione principale era stata quella di generare Plutonio per essere usato a Nagasaki, e in test successivi. Tuttavia, come sottoprodotto, questi reattori generavano anche notevoli quantità di calore. Sfruttando questo calore per portare ad ebollizione l'acqua, si sarebbe generato vapore per fare girare delle turbine e generare elettricità. Dato l'apparentemente infinito potere dell'atomo, sembrava non esserci alcuna ragione per cui l'elettricità nucleare non potesse anche essere infinitamente economica, o – come avrebbero affermato in seguito i

---

[381] Harry Black, "*Pittsburgher Magazine*".
[382] Dwight Eisenhower, "*Address Before the General Assembly of the United Nations on Peaceful Uses of Atomic Energy*", New York City, 8 dicembre 1953 (nei Documenti pubblici dei Presidenti)

suoi sostenitori – "troppo economica per essere misurata". Ne sarebbe nata una nuova industria.

Ma le strutture private americane restavano scettiche. Con poche eccezioni, i suoi amministratori, generalmente conservatori, erano preoccupati dei pericoli di un incidente nucleare e dei rischi di far naufragare dei capitali così consistenti per una tecnologia non testata. Fu solo con le garanzie assicurative del Governo, sussidi di carburante e prodighi aiuti per la ricerca e lo sviluppo che l'energia atomica commerciale compì passi in avanti. Anche così, le aziende energetiche private non furono eccessivamente coinvolte, finché non dovettero affrontare la minaccia di essere tagliate fuori dal business dalla competizione federale sotto forma della Tennessee Valley Authority e altre strutture di proprietà governativa. Fino a oggi, la TVA rimane il maggiore singolo acquirente di reattori dell'intera nazione. Come ha dichiarato Sam Day, ex direttore del *Bulletin of the Atomic Scientist*: "Le società elettriche private non si sono gettate sul nucleare. Furono spinte a calci".[383]

Gofman e Tamplin

Un sostenitore entusiasta dell'atomo pacifico, comunque, fu Duquesne Light. Quando la sua turbina di Shippingport si avvicinava alla piena capacità, i dirigenti di Duquesne videro un sogno diventare realtà. "Ci siamo attivati e abbiamo trovato i migliori imprenditori", disse Earl Woolever, membro della società più di dieci anni dopo. "Abbiamo realizzato la centrale seguendo i requisiti più esatti in meno di quattro anni".

In generale la centrale, posto a trenta miglia a nordovest di Pittsburgh, sembrava funzionare senza alcun problema. Realizzato con la stretta supervisione del leggendario Hyman Rickover, e "in casa" della gigantesca Westinghouse Corporation, con sede a Pittsburgh, che sarebbe divenuto un centro dell'industria nucleare, Shippingport sembrava destinato a dare il la per tutti i reattori commerciali a seguire. "Non abbiamo mai avuto problemi con l'impianto", si vantava Woolever sul "*The Pittsburgher Magazine*" anni dopo. La struttura "andava come un orologio".[384]

L'apparente successo ottenuto a Shippingport fu una notizia incoraggiante per la nascente industria dei reattori. Nonostante la sua filosofia repubblicana di un approccio di libero mercato, Eisenhover stava riversando milioni di dollari dei contribuenti nello sviluppo dell'energia atomica; Kennedy e Johnson lo avrebbero seguito (nel 1980 il Dipartimento per l'Energia avrebbe stimato che i sussidi del governo per l'energia atomica commerciale avrebbero avuto un costo di trentanove miliardi di dollari).[385]

Le previsioni iniziali della AEC che vi sarebbero stati milleduecento reattori negli Stati Uniti entro il 2000 – due dozzine per ciascuno Stato dell'Unione – iniziarono ad acquistare credibilità.[386]

---

[383] Sam Day, intervista, giugno 1981. Vedi anche, Irwin Bupp e Jean-Claude Derian, *Light Water*, New York, Basic Books, 1978, p. 35.
[384] Black, *Pittsburgher Magazine*.
[385] Joanne Omang, "*Study Says A-Power Has Gotten $40 Billion in U.S. Subsidies*", *Washington Post,* 26 dicembre 1980.
[386] AEC, *Nuclear Power Growth, 1974-2000,* WASH-1139, Washington, D.C., AEC, febbraio 1974. In realtà, l'incidente di Three Mile Island prima e di Chernobyl poi, le proteste contro il nucleare e la crescente consapevolezza dei suoi costi economici oltre che per la salute dell'uomo e dell'ambiente portarono a una decisa inversione di rotta: furono infatti completate solo la metà delle 253 centrali nucleari ordinate dal 1953 al 2008, e delle 132 centrali costruite, il 21% furono chiuse prematuramente e permanentemente per problemi di sicurezza o di scarso ritorno economico, mentre un altro 27% sono rimaste chiuse per un anno o più almeno una volta. Al 2008 erano operativi negli Stati Uniti d'America 104 reattori nucleari civili (che forniscono il 20% circa dell'energia elettrica prodotta dagli

Nei primi anni '60, quando il trattato per l'abolizione delle sperimentazioni nucleari prese piede, gli scienziati che avevano dedicato lunghi anni a combattere contro di esse tornarono ai loro laboratori con un senso di orgoglio, successo e sollievo. Per molti di loro non vi era alcun indizio di una qualunque altra controversia sulle radiazioni.

Ma il furore sui test delle bombe e il conseguente fallout aveva gettato i semi della sfiducia. Quando, nel 1956, appena tre anni dopo il discorso di Eisenhower sugli "Atomi per la Pace", la United Auto Workers (UAW) intervenne contro la costruzione del reattore nucleare veloce autofertilizzante "Fermi", proposto per la città di Monroe, quaranta miglia a sud di Detroit.

Condotto da Walther Reuther e dal suo assistente Leo Goodman, la UAV sfidò il piano della Edison di Detroit, accusandolo di essere mal concepito e non sperimentato. L'Unione portò la struttura in giudizio fino ad arrivare alla Corte Suprema, prima di perdere per 7 a 2. Ma i giudici della Corte Suprema Hugo Black e William O. Douglas espressero una opinione di minoranza premonitrice. Permettere ad una tecnologia non sottoposta a prove di avanzare con una tale forza, dicevano, era "un approccio fatto troppo a cuor leggero nei confronti del processo più terrificante, mortale, pericoloso che l'uomo abbia mai concepito".[387]

Nei primi anni '60, mentre il dibattito sul fallout raggiunse il picco negli ultimi giorni di test atmosferici, la Atomic Energy Commission intraprese la sua prima investigazione sistematica sugli effetti sulla salute delle radiazioni atomiche. Circa diciotto anni dopo i bombardamenti di Hiroshima e Nagasaki, la Commissione, nel maggio del 1963, annunciò lo stabilirsi di un "programma esaustivo e a lungo termine, che avrebbe esplorato in lungo e in largo […] la radioattività ambientale causata dall'uomo e i [suoi] effetti su piante, animali e esseri umani".[388]

Il programma avrebbe dovuto essere condotto al Lawrence Livermore Laboratory sotto la direzione del dottor John Gofman. Gofman sembrava la scelta perfetta. Si era diplomato con Glenn Seaborg, un pioniere atomico che sarebbe poi divenuto presidente della AEC. Lo stesso Gofman era un brillante chimico nucleare, la cui ricerca pionieristica contribuí a rendere possibile le scoperte del Plutonio e di un isotopo dell'Uranio, senza i quali i reattori atomici non sarebbero mai esistiti.

Gofman da allora era divenuto un dottore in medicina e un ricercatore noto a livello nazionale, insignito di un gran numero di prestigiosi riconoscimenti per i suoi lavori sui disturbi cardiaci.

Ma la cosa più importante di tutte – dal punto di vista della AEC – era che Gofman era un fedelissimo dell'atomico. Nei giorni della campagna per vietare i test atomici, aveva lavorato nella "Squadra Verità" della commissione, che andò per il paese alle calcagna di Linus Pauling e di altri, attaccando le loro opinioni, contrarie ai test atomici.

USA). Nonostante l'appoggio espresso dal Presidente Barack Obama al nucleare, la tragedia di Fukushima ha imposto una approfondita revisione degli impianti esistenti. Secondo la rivista *Forbes*, "il fallimento del programma energetico nucleare USA è da annoverarsi come il maggiore disastro manageriale nella storia degli affari, un disastro di proporzioni monumentali […] solo i ciechi, o i faziosi, possono ancora pensare che il denaro è stato ben speso. È una sconfitta per il consumatore USA e per la competitività dell'industria USA, per le aziende di servizi pubblici che hanno intrapreso questo programma e per il sistema di impresa privata che lo ha reso possibile", James Cook, *Nuclear Follies*, "*Forbes*", 11 febbraio 1985, NdE.

[387] Fuller, *We Almost Lost Detroit,* pp. 118-119.
[388] AEC, *San Francisco Operations Office*, "*Biomedical Studies Planned for AEC's Livermore Laboratory*", dichiarazione alla stampa, 31 maggio 1963.

Ma ben presto, dopo essersi preso carico del programma sanitario delle radiazioni della AEC, Gofman fu sommerso dalle controversie. Convocato a Washington per "discutere dello iodio radioattivo", si trovò nel bel mezzo di una accesa discussione che aveva per oggetto Harold Knapp, uno scienziato della AEC il cui studio del fallout nello Utah meridionale aveva mostrato degli effetti delle radiazioni che eccedevano moltissimo gli standard della commissione. Il vero scopo della riunione, dichiarò in seguito Gofman, era di trovare il modo per insabbiare le scoperte di Knapp, che avrebbero, "in effetti, fatto apparire poco veritieri i rapporti della AEC degli scorsi dieci anni".[389] Dopo aver esaminato a fondo la ricerca di Knapp, Gofman e altri tre membri del comitato non vi trovarono nulla da eccepire. Raccomandarono invece la pubblicazione del lavoro.

James Ramey, membro della commissione della AEC, rispose provando a cancellare l'intero programma sanitario del Lawrence Livermore Laboratory. Fallì nel tentativo di distruggere l'intero progetto, ma riuscì a ridurre il budget ad esso destinato.

Poco tempo dopo, Gofman fu affiancato nella sua ricerca dal dottor Arthur Tamplin. Tamplin era arrivato a Lawrence Livermore dalla Rand Corporation. Col suo dottorato in biofisica, era un veterano della ricerca di alto livello sul programma spaziale e gli armamenti nucleari. Aveva accolto con entusiasmo il trasferimento al lavoro sanitario. "Invece di scoprire dei modi migliori per uccidere la gente", ricorda, "Adesso stavo cercando il modo per salvar loro la vita".[390]

Iniziarono a ricercare gli effetti anticipati sulla salute della Operazione *Plowshare*, una ramificazione dell'"atomo pacifico". Il suo scopo era quello di usare esplosioni nucleari per scavare canali, tunnel, baie, caverne per lo stoccaggio di carburante, deviazioni fluviali e simili.

Ma il programma incappò nei pericoli delle radiazioni. Un tentativo di usare bombe all'idrogeno per realizzare un porto nell'Alaska del nord fu abbandonato quando si evidenziò che il fallout avrebbe messo in pericolo i vicini eschimesi. Ulteriori piani per ricavare con le esplosioni delle camere di stoccaggio di gas naturale nelle montagne di Colorado e Pennsylvania furono allo stesso modo fermati dall'opposizione dei cittadini.

All'interno della AEC, Gofman e Tamplin stavano giungendo a delle gravi conclusioni. "Arrivati al 1967", scrissero in seguito, "eravamo fortemente convinti che l'intero approccio inerente la gestione degli aspetti di salute pubblica e di sviluppo di energia nucleare era sbagliato". Espressero la loro convinzione che progetti come quelli visionati nella operazione *Plowshare* avrebbero dato "Un contributo irreversibile all'inquinamento dell'ambiente", e avrebbero dovuto essere abbandonati.[391]

Per loro sfortuna, ben presto Gofman e Tamplin furono noti alle gerarchie della AEC come "le serpi in seno". Nel 1969, dimostrarono di essere all'altezza di questa reputazione sollecitando una riduzione ad un decimo delle correnti dosi massime di radiazioni permesse dalla AEC per il pubblico, provenienti da reattori nucleari.

La raccomandazione stupì i sostenitori dell'atomo pacifico. Le scoperte di Gofman e Tamplin ebbero un peso enorme; erano il risultato del lavoro di uomini riconosciuti come esperti nel loro campo, conducendo un progetto maggiore a cui aveva dato inizio la stessa AEC.

---

[389] John W. Gofman e Arthur R. Tamplin, *Population Control Through Nuclear Pollution*, New York, Nelson-Hall, 1970.
[390] Arthur Tamplin, intervista, novembre 1980.
[391] Gofman e Tamplin, *Population Control*, p. 111.

Prima del 1969, solo una manciata di scienziati aveva considerato il problema delle perdite dei reattori. Le perdite in generale derivavano dalla rottura del rivestimento di carburante nel nucleo del reattore, controllato ma estremamente caldo. Quando l'acqua di raffreddamento fluisce lungo il nucleo, raccoglie degli isotopi radioattivi, divenendo essa stessa radioattiva, e trasportandolo attraverso l'intrico di condotture e valvole che si trovano intorno all'impianto.

Alcuni degli emettitori, poi, scappano attraverso le ciminiere dell'impianto in forma di gas e di materia particolata, in particolare isotopi letali di iodina, Stronzio, cobalto, Cesio e gas nobili. Alcuni – in particolare il trizio – sono anche scaricati con le acque di scolo in fiumi e oceani locali. Alcuni neutroni e radiazioni gamma penetrano anche il contenitore di contenimento che si trova alla sommità del reattore. Tali rilasci sono aspetti abituali delle normali operazioni di un elettroreattore. [392]

Sia la comunità scientifica che il pubblico erano stati assicurati del fatto che le perdite del reattore sarebbero state virtualmente inesistenti, e che non avrebbe in qualunque modo costituito un serio pericolo per la salute. Adesso, John Gofman e Arthur Tamplin stavano contraddicendo tutto questo. In un importante simposio a San Francisco nell'ottobre del 1969, avvertirono del fatto che le emissioni da impianti ad energia atomica per scopi commerciali considerati "accettabili" potevano in realtà uccidere un gran numero di persone. "Se l'esposizione media della popolazione statunitense dovesse raggiungere gli 0.17 rad di media per anno", affermarono, "nel tempo si sarebbe avuto un eccesso di 32.000 casi di cancro mortale e leucemia l'anno". E le morti si sarebbero verificate "anno dopo anno".[393]

Così, raccomandarono un immediato abbassamento del limite di esposizione legale per un fattore di dieci, e dunque a 0.017 rad.

Il lavoro fu salutato da una tempesta di sdegnose proteste. La AEC e i sostenitori dell'industria sostenevano che le paure di Gofman e Tamplin fossero infondate.

L'abbassamento degli standard, aggiungevano, sarebbe costato miliardi di dollari ed era semplicemente finanziariamente impossibile per la nascente industria nucleare.

Ma i due scienziati persistevano nel presentare le proprie scoperte al pubblico. Alla fine dell'autunno del 1969, dopo aver testimoniato di fronte ad un sottocomitato del Senato, a Tamplin fu ordinato dal suo superiore al Lawrence Livermore di inviare preventivamente tutti i futuri discorsi e scritti pubblici alla AEC per essere revisionati. Non si trattava di censura, gli dissero, ma solo di dare alla commissione il tempo di reagire.

Sulla base di questo accordo, Tamplin sottopose un lavoro che gli era stato chiesto di presentare ad un incontro di Boston della *American Association for the Advancement of Science* (AAAS). Gli fu restituito con pesanti censure. Quando Tamplin protestò, fu velocemente informato che un nutrito gruppo all'interno della AEC aveva intenzione di licenziarlo in tronco, ma che gli sarebbe stato concesso di consegnare il lavoro se fosse andato al meeting della AAAS nel proprio tempo libero e facendosi carico di tutte le spese.

Ben presto, John Gofman intervenne a nome di Tamplin, e si raggiunse un compromesso. Tamplin andò all'incontro col beneplacito della commissione. Tuttavia, cancellò dal suo lavoro una richiesta di una moratoria di cinque anni sulla costruzione di reattori.

Due settimane dopo, sette delle dodici persone dello staff di Tamplin furono rimosse dalla sua supervisione. Il suo progetto di stimare le dosi interne di radiazioni dalle strutture nucleari gli fu tolto. E, nel giugno seguente, furono licenziati altri quattro membri dello

---

[392] W. Boland, et al., "*Radioecological Assessment of the Wyhl Nuclear Reactor*", NRC #520, maggio 1978.
[393] John W. Gofman e Arthur R. Tamplin, *Poisoned Power*, Emmaus, Pa., Rodale Press, 1971, p. 96.

staff, lasciandogli un collaboratore. Tali azioni non erano politiche, disse la AEC, ma "erano state prese per ragioni relative a allocazioni di riduzione di budget, miranti a dare risorse a programmi con una maggiore priorità e giudicate più produttive dal punto di vista scientifico". Giunti al 1975, Tamplin non riuscì più a resistere, e si dimise.[394]

Due anni dopo, anche John Gofman si dimise. Il proprio denaro era stato tagliato, le sue ricerche e i suoi scritti erano costantemente sottoposti all'esame della AEC, le sue dichiarazioni pubbliche aperte alle critiche malevole della commissione.

Nei primi anni Settanta la posta in gioco era in effetti cresciuta enormemente. Nel 1969, quando Gofman e Tamplin richiesero con forza degli standard sanitari più rigidi, negli Stati Uniti novantacinque reattori erano già operativi, in costruzione o in ordinazione. Nel 1976, il numero avrebbe raggiunto il picco di 219. Richard Nixon avrebbe poi definito l'energia nucleare la pietra di volta del *Project Independence*, progettato per liberare gli Stati Uniti dalla dipendenza dal petrolio straniero.

"Ciò che ci sorprese sopra ogni altra cosa", scrissero Gofman e Tamplin nel loro libro *Poisoned Power* "fu che in tutto il Paese i nostri colleghi, in vari aspetti dell'energia nucleare, in particolare l'elettricità nucleare, espressero il loro shock e diffidenza sul fatto che un rischio così forte di cancro e di leucemia potesse plasusibilmente accompagnare l'esposizione "alla ammissibile" Linea Guida Federale sulle Radiazioni". In effetti, venticinque anni dopo Hiroshima, una dozzina dopo la prima moratoria per i test atmosferici, "una intera industria nuova, quella della elettricità nucleare, stava crescendo nel Paese, senza che tutti i suoi esperti si rendessero conto dei reali rischi che vi erano legati".[395]

Entra in scena Ernest Sternglass

Tra quegli scienziati che non avevano considerato i possibili pericoli dei reattori atomici fu il Dr. Ernest Sternglass. Lavorando come tecnico della Marina e in procinto di essere inviato nel Pacifico, Sternglass aveva salutato con entusiasmo la fine della Seconda guerra mondiale – segnata dal bombardamento atomico del Giappone– che "significava che non sarei dovuto andare a combattere lí".

Dopo la guerra, aveva lavorato nei Naval Ordnance Laboratories, fece un dottorato alla Cornell, e nel 1952 andò a lavorare alla Westinghouse di Pittsburgh come ricercatore. Come dozzine di altri scienziati americani di punta, anche Sternglass fece una campagna in favore della fine dei test atmosferici delle bombe. Quando il trattato fu finalmente firmato nel 1963, ci disse, "ritornai al mio laboratorio e non pensai a problemi legati alle radiazioni per un po'" – come moltissimi suoi colleghi. Nel 1967 Sternglass intraprese a lavorare all'Università di Pittsburgh, dove assunse la direzione del nuovo laboratorio per la fisica radiologica.

Nel frattempo, sia alla Westinghouse che all'Università di Pittsburgh, Sternglass lavorò attivamente come inventore. Ebbe un ruolo chiave nello sviluppare un gran numero di innovazioni legate alle radiazioni, compreso un tubo catodico usato nel programma spaziale per inviare immagini dalla Luna, e chiave tecnologica per realizzare un nuovo tipo di reattore energetico raffreddato a gas. Quando abbiamo parlato con lui nell'inverno del 1980, stava terminando il suo lavoro su un nuovo metodo che utilizzava il computer per fare i raggi X senza la pellicola.

---

[394] R. S. Lewis, *The Nuclear Power Rebellion,* New York, The Viking Press, 1972, p. 102.
[395] Gofman e Tamplin, *Poisoned Power,* p. 98.

Durante quella intervista, Sternglass ci disse che il lavoro di Alice Stewart era stato il primo ad allarmarlo sui pericoli di piccoli dosi di radiazioni. "Noi tutti sappiamo, dalla caduta delle bombe, che dosi massicce possono essere dannose", disse. "Ma quando la dottoressa Stewart dimostrò che piccole dosi di raggi X potevano danneggiare i bambini *in utero,* mi si aprì un nuovo modo di guardare alle cose".
I ricercatori ufficiali avevano fatto un errore gravissimo nel misurare gli effetti delle radiazioni, perché si concentravano primariamente sui danni fatti ai geni, senza considerare anche l'embrione". Un feto umano nel primo trimestre di sviluppo può essere molte volte più sensibile alle radiazioni rispetto ai geni umani", afferma Sternglass. "Quando la AEC sbagliò nel considerare gli effetti del fallout sui neonati, ignorò proprio gli effetti più importanti, sottostimando così pesantemente il danno causato dai test effettuati con le bombe".[396]
Nel 1969, Sternglas pubblicò un articolo sul *"Bulletin of the Atomic Scientists"*, sostenendo che erano morti qualcosa come 375.000 neonati americani a seguito di test sulle bombe. Questa tesi si basava sull'idea che, con i progressi fatti dalla scienza medica, la percentuale di mortalità infantile scendeva, essenzialmente con una percentuale costante ogni anno. Più migliorava la tecnologia, meno bambini morivano alla nascita. Ma quando iniziarono ad essere testate le bombe, la percentuale di declino rallentò. Quando i test si fermarono, le percentuali iniziarono a scendere nuovamente, come prima, di pari passo con i continui progressi medici.
Fu "il salto" nella linea – un salto che coinvolgeva circa 375.000 bimbi americani – che Sternglass attribuí allo sgancio delle bombe. Particolarmente rilevante per il suo calcolo fu lo iodio 131 (I-131), che poteva diffondersi attraverso la placenta e irradiare la minuscola tiroide prenatale. Distruggendo le cellule in quella ghiandola cruciale, nel suo primo stadio di sviluppo, le radiazioni avrebbe causato ritardo nella crescita, danni cerebrali, e polmoni sottosviluppati che avrebbero reso impossibile al bambino superare i primi giorni di vita. Deformazioni congenite, peso inferiore alla norma, ipotiroidismo e una disfunzione respiratoria denominata malattia della membrana ialina possono essere considerati sintomi di un avvelenamento da I-131, causato dalle bombe. Esse avevano, secondo Sternglass, rallentato la tendenza al ribasso delle morti infantili sotto quello che ci si sarebbe dovuto aspettare nel picco dei test sulle bombe, e cosí facendo avevano ucciso quei 375.000 bambini americani.[397]
L'asserzione di Sternglass giunse nello stesso anno – il 1969 – della raccomandazione di Gofman e Tamplin di una riduzione di un decimo nei livelli di esposizione dei reattori atomici.
Per quanto shoccanti possano sembrare le scoperte di Strenglass, non erano in alcun modo le stime più radicali di morti causate dallo sgancio di bombe. Nel 1958 – undici anni dopo l'articolo di Sternglass – il premio Nobel Linus Pauling aveva previsto che 140.000 persone sarebbero morte in seguito a *ogni singolo* test di bombe, una previsione che equivaleva letteralmente, negli anni, a milioni di morti.[398] Pauling scrisse anche che il prodotto di una singola esplosione, il carbonio 14 radioattivo, da un solo anno di test di bombe- corrispondenti a 30 megatoni di esplosioni – poteva causare 425.000 morti di embrioni e neonati (bimbi fino ad un mese di vita), 170.000 bambini nati morti e morti infantili, e ri-

---

[396] Ernest Sternglass, intervista, ottobre 1980.
[397] Ernest Sternglass, *"Infant Mortality and Nuclear Tests"*, Bulletin of the Atomic Scientists, aprile 1969. Vol. 25. Vedi anche, Ernest Sternglass, *"The Death of All Children"*, *"Esquire",* Settembre1969.
[398] Pauling, *No More War,* p. 108.

sultare in altri 55.000 nascite di bambini con "grossi difetti fisici o mentali".[399] Lo scienziato russo Andrei Sakharov aggiunse un proprio calcolo: il carbonio 14 prodotto dalle bombe avrebbe ucciso diecimila persone per ciascun megatone esploso nell'atmosfera, una percentuale che equivaleva nel tempo a milioni di vittime umane. Come "stima conservativa" Sakharov disse che i test effettuati nella metà degli anni Cinquanta avevano causato mezzo milione di vittime. "Non possiamo escludere la possibilità che il numero totale di vittime si stia già avvicinando ad un milione di persone", ha aggiunto, e che ogni anno di test effettuati continuamente incrementa questo numero di un numero che va dalle 200 alle 300 mila persone".[400]

Dieci anni dopo, Sternglass si rivolgeva specificamente agli Americani. Sosteneva che, stando ai dati del 1969, basati sulle statistiche di mortalità infantile, circa 375.000 neonati americani erano già morti in seguito ai test, e innumerevoli altri bambini e adulti americani stavano accusando problemi di salute. Poiché riguardava delle dure statistiche sui bambini americani, fu una affermazione che colpiva direttamente al cuore l'industria nucleare.

Ben presto, la AEC cercò tra le sue file qualcuno che potesse confutare Sternglass. Scelse Arthur Tamplin del Lawrence Livermore. Tamplin sezionò lo studio di Sternglass e decise che il caso era stato ingigantito. Le esplosioni, disse, avevano ucciso circa 4.000 bimbi americani, non 375.000. Il resto degli eccessi era dovuto a fattori sociali, compresa la povertà.[401]

La AEC fu soddisfatta delle scoperte di Tamplin, e lo esortò a pubblicare la sua confutazione di Sternglass su "*Science*", chiedendogli tuttavia di omettere l'affermazione che le bombe avevano ucciso quattromila bambini.

Sternglass rimase saldo nelle sue cifre – e lo fa tuttora. Negli oltre dieci anni che seguirono la pubblicazione del suo primo articolo principale, fu pesantemente attaccato. Una società di pubbliche relazioni – Charles Yulish Associates – aveva pubblicato un volume intero allo scopo di confutare Sternglass; questo libro circolò principalmente tra i dirigenti delle società di servizi energetici. L'intera industria ha dedicato migliaia di dollari a sminuire la sua reputazione.[402]

Gli oppositori del nucleare avevano pure di che lamentarsi. Sull'onda di Three Mile Island, Tamplin disse al *The New York Post* che Sternglass "non completa mai i propri studi. Non consulta i dati di parecchi anni prima per vedere che tipo di fluttuazioni ci si debba aspettare, e non esamina abbastanza aree diverse per acquisire dati significativi".[403]

Tuttavia, mentre le radiazioni continuarono a dimostrarsi più pericolosi di quanto si credesse prima, e Sternglass persisteva nelle sue ricerche, una fondamentale conferma delle

---

[399] Linus Pauling, "Genetic and Somatic Effects of Carbon-14", "*Science*" 128, No. 3333, 14 novembre 1958.
[400] Andrei Sakharov, "Radioactive Carbon from Nuclear Explosion and Nonthreshold Biological Effects", *Soviet Journal of Atomic Energy* (tradotto dal russo dal Consultants Bureau, Inc., 227 W 17th St., New York City; gennaio 1956).
[401] Arthur R. Tamplin, "Infant Mortality and the Environment", *Bulletin of the Atomic Scientists* 25 (dicembre 1969): 23-29. Vedi anche Metzger, *Atomic Establishment*, pp. 277-278. Per una visione piú approfondita dei calcoli di Sternglass, vedi anche Michael Friedlander e Joseph Klarmann, "How Many Children?" "*Environment Magazine*" 11, No. 10, dicembre1969. Il volume comprenden anche un comment di Sternglass.
[402] C. B. Yulish, ed., *Low-Level Radiation: A Summary of Responses to Ten Years of Allegations by Dr. Ernest Sternglass,* New York, Charles Yulish Associates, 1973. L'attaccare Ernest Sternglass ha posto dei problemi particolarmente difficili per l'industria nucleare. Molti scienziati dipendevano dal governo o dall'industria per i loro salari e finanziamenti, ma essendo un professore di ruolo con propri brevetti, Sternglass era invulnerabile dai ricatti finanziari dell'industria, alla quale rimase solo la possibilità di attaccarne la reputazione.
[403] Jane Brody, "*3 Mile Island: No Health Impact Found*", "*New York Time*"*s*, 15 aprile 1980.

sue principali conclusioni continuò ad emergere. Nel 1969, ad esempio, poco tempo dopo aver issuing le sue stime sulla percentuale di neonati morti in seguito alle esplosioni, Sternglass attaccò la teroria del sistema missilistico antibalistico (ABM). La proposta, del costo di diversi bilioni di dollari, presa seriamente in considerazione dal Congresso, avrebbe posto dei missili nucleari lungo le città americane. In caso di attacco, sarebbero state fired nell'atmosfera. Le esplosioni atomiche avrebbero, quindi, abbattuto i missili sovietici in arrivo, proteggendo cosí il suolo americano. Sternglass, nella rivista *Esquire*, che un tale sistema avrebbe messo a repentaglio la sopravvivenza delle future generazioni. Nel libro *The Death of All Children*, egli sosteneva che una semplice esplosione per test aveva causato un aumento nelle percentuali di morti infantili, la radiazione rilasciata dalle ABM che esplodevano sulle città americane avrebbe virtualmente garantito che nessun bambino del futuro avrebbe potuto sopravvivere in quelle città, né da nessun'altra parte sul pianeta. "Un sistema ABM full scale", scrisse, "per la protezione degli Stati Uniti contro un primo attacco sovietico, poteva, in caso di successo, causare l'estinzione della razza umana".[404]

Sternglass sottolineò il suo caso nel *Bulletin of the Atomic Scientists,* che pubblicò le sue conclusioni a margine di un articolo di risposta del fisico di Princeton Freeman Dyson, che aveva lavorato sulla bomba ad idrogeno. Dyson argued a favore dell'ABM. Ma quando lesse l'articolo di Sternglass, decise di scrivere una lettera al *Bulletin.* "Non vi sono prove sufficienti per dimostrare che Sternglass ha ragione", disse Dyson. Ma "il punto essenziale è che Sternglass può avere ragione. Il margine di incertezza negli effetti di una esplosione a livello mondiale è cosí ampio che non abbiamo giustificazioni per liquidare i numeri di Sternglass come frutto di fantasia".[405]

Le conlusioni di Sternglass sull'ABM convinsero anche il membro del Congresso Jonathan Bingham, di New York e Lucien Nedzi del Michiga, che notò, nel *Congressional Record,* che le sue scoperte resero "impensabile" un primo attacco nucleare. In seguito, Bingham disse che la correlazione di Sternglass dell'esplosione di bombe per test con un aumento delle morti infantili "sembra essere l'unica spiegazione attualmente disponibile per spiegare l'eccessiva mortalità infantile in questo Paese notata negli scorsi anni dal Servizio Sanitario Nazionale". In effetti, aggiunge Bingham, "nessuna teoria attualmente può contare su maggiori prove di supporto di quella che ci offre ora il Dr. Sternglass".[406]

In seguitò, Sternglas trovò anche conferma di alcune delle sue conclusioni sulle esplosioni da una fonte inaspettata- la Marina degli Stati Uniti. Nel 1979, insieme a Stephen Bell, uno psicologo educational, presentò un lavoro alla American psychological Association, suggerendo che i test atmosferici erano collegati ad un diminuzione nel punteggio nei Test Attitudinali d'Ingresso Scolastico (SAT) tra gli adolescenti americani. L'argomentazione si basava sulla teoria che le esplosioni per test avevano influenzato le capacità mentali dei bambini che erano nati "sottovento". Gli effetti risultavano particolarmente forti nello Utah, affermavano Sternglass e Bell, in cui i punteggi medi SAT tra i giovani adulti dai diciassette ai diciotto anni dopo i test delle bombe avevano punge ventisei punti, mentre la diminuzione era decisamente minore in stati controllati, in cui i livelli di esplosione erano molto più bassi. Questo abbassamento era altresì significativo perché si riscontrava tra la popolazione non fumatrice, astemia e fortemente orientata al successo

---

[404] Sternglass, "*Death of All Children*".
[405] Freeman Dyson, "*A Case for Missile Defense*", *Bulletin of the Atomic Scientists,* aprile 1969; e Dyson, "*Comments on Sternglass's Thesis*", *Bulletin of the Atomic Scientists,* giugno 1969, p. 27.
[406] Richard S. Lewis, *The Nuclear-Power Rebellion,* New York, Viking, 1972, pp. 68-9.

come i Mormoni. Inoltre, Sternglass e Bell prevedevano che una volta che i bambini che erano nati dopo il divieto dei test fossero divenuti maggiorenni, i punteggi sarebbero nuovamente saliti.[407]

Il lavoro fu accolto da aspre critiche da parte delle alte sfere del nucleare. Tra le altre cose, il calo nei punteggi del SAT fu attribuito ad un maggior numero di ore davanti alla TV e al consumo di cibi-spazzatura.

Ma nel 1980 uno studio commissionato dalla Marina degli Stati Uniti diede forza a questa tesi. La Marina era preoccupata del fatto che la tecnologia delle armi in dotazione, sempre più complessa, andasse al di là dell' abilità delle reclute di gestirla, e preoccupata delle abilità mentali dei giovani americani. I ricercatori Bernard Rimland ed il Generale Larson erano concordi sul fatto che le radiazioni probabilmente avevano avuto un ruolo importante. Per quanto riguardava il SAT, affermavano, le scoperte erano "coerenti con l' ipotesi che la vicinanza ai test o le piogge intense sottovento rispetto al punto di detonazione avrebbero portato ad un decremento maggiore".

Infatti, aggiungevano Rimland e Larson: "Lo Stato in cui si è riscontrato il maggior calo in bambini nati in questo buennio [1956-58] è stato lo Utah, un fatto che è coerente con la vicinanza dello Utah al Sito di Test del Nevada e con lo spostamento generale a nordest delle nubi prodotte dallo sgancio durante i test del Nevada". Così, dicevano, "Sternglass e Bell forniscono delle prove assai convincenti e inquietanti, collegando strettamente l'abbassamento del punteggio del SAT con gli effetti cumulativi delle esplosioni nucleari". "Vorrei non fosse così", ci ha detto Bernard Rimland in una intervista del 1981, "ma non penso che nessuno possa giungere ad un'altra conclusione, osservando questi dati. Il lavoro di Sternglass è estremamente solido e convincente".[408]

Mentre Rimland e Larson confermavano le scoperte di Sternglass sulle esplosioni, però, un'altra fonte di radiazioni – i reattori ad energia atomica – stava diventando di primaria importanza.

Resa dei conti a Shippingport

Nel maggio del 1970, l'impianto atomico di Shippingport era risultato generalmente ben accetto agli abitanti della Pennsylvania occidentale. Vi furono quindi ben poche obiezioni quando la Duquesne Light iniziò delle consultazioni a proposito del progetto di costruzione di un reattore, da realizzare a qualche centinaio di metri di distanza. Il complesso multireattore avrebbe preso il nome di quell'area: Beaver Balley. Sarebbe stato finanziato da un consorzio formato da cinque società che fornivano servizi complessivamente a 2.3 milioni di clienti. La prima unità, da 850 megawatt, dell'impianto avrebbe dovuto essere in linea alla metà degli anni Settanta.

Quasi per caso, Ernst Sternglass decise di dare un'occhiata all'*Environmental Impact Statement for Beaver Valley*. Con sua sorpresa, scoprì che gli operatori dell'impianto stavano pianificando di emettere sessantamila curie l'anno, una quantità che lui definì "assolutamente impensabile".

---

[407] Ernest Sternglass e Stephen Bell, "*Fallout and the Decline of Scholastic Aptitude Scores*", un lavoro presentato al Meeting Annuale della *American Psychological Association*, New York, 3 settembre 1979.
[408] Bernard Rimland e Gerald E. Larson, "*Manpower Quality Decline: An Ecological Perspective*", *Armed Forces and Society,* autunno 1981; e Rimland, intervista, agosto 1981.

"Sapevamo già che le dosi ridotte, conseguenti alle esplosioni, stavano causando problemi alle donne incinte e ai neonati", ci disse Sternglas. "E qui, Gofman e Tamplin avevano puntualizzato che la dose permessa per i reattori di centosettanta millirem avrebbe potuto uccidere trentaduemila persone l'anno. E poi, vedere che per Beaver Valley parlavano di emissioni regolari di sessantamila curie l'anno, che anche senza che si verificasse un incidente, significavano un'alta dose per le persone che vivevano vicino all'impianto... beh, era totalmente inaccettabile".[409]

In questo periodo, erano ben avviati i piani per realizzare Beaver Valley. Attenendosi alla regolamentazione federale, la Duquesne Light stipulato contratti con la *Nuclear Utilities Services Corporation* (NUS) di Rockville, Maryland. La NUS era specializzata in sondaggi sui siti per strutture che preparavano delle dichiarazioni di compatibilità ambientale per reattori nucleari.

A partire dal gennaio del 1971, i tecnici della NUS fecero il proprio lavoro nella Beaver Valley, monitorando gli animali selvatici, sottoponendo a test l'acqua del fiume e del pozzo, prendendo campioni di aria e suolo, e ispezionando le condizioni dei caseifici locali. Nell'aprile del 1972, le conclusioni del NUS iniziarono a fare capolino negli uffici della Duquesne Light. Alla fine dell'anno la struttura possedeva un rapporto completo da inviare ai media.

Il supervisore del nuovo impianto, però, nello sforzo di convincere Sternglass che il progetto sarebbe stato sicuro, gli mandò una copia del rapporto. Sternglass la lesse e la definì "una bomba". Tra le altre cose, il sondaggio della NUS indicava che i livelli di radiazioni in prossimità del reattore di Shippingport eccedevano di molto quanto ci si sarebbe aspettato: per un fattore di cinquantamila.

Sternglass redasse velocemente un rapporto che accusava gli operatori del principale reattore commerciale della nazione di falsificare i dati sulla dispersione di radiazioni nell'ambiente. Infatti, affermava Sternglass, le statistiche della NUS mostrarono che i livelli dello Stronzio 90 nel latte di sei fattorie vicine "seguivano l'aumento e la diminuzione delle emissioni mensili dell' impianto di Shippingport". I livelli di Stronzio si abbassavano solamente quando l' impianto fu chiuso per effettuare manutenzioni.

Sternglass affermò anche che lo studio del NUS mostrava dei livelli di iodina 131 nel latte del posto superavano di oltre il 21 percento gli standard federali, un fattore di almeno dieci volte superiore a quello riscontrato in qualunque altra zona degli Stati Uniti. Anche i livelli di radiazione nei sedimenti inferiori del fiume Ohio "si innalzarono e in seguito si abbassarono quando l' impianto fu chiuso per lavori".

E forse la cosa più significativa di tutte, una stazione di monitoraggio nella città di Shippingport aveva mostrato dei livelli di radiazione di ben 375 millirem l'anno – oltre il doppio dei livelli previsti da Gofman e Tamplin quale causa di morti straordinarie per cancro e leucemia in tutta la Nazione. Così, disse Sternglass, le radiazioni provenienti dall' impianto di Shippingport stavano uccidendo persone, centinaia di persone.[410]

Il lavoro di Sternglass costrinse la Duquesne Light a prendere dei drastici provvedimenti. Cosa significativa, la società non attaccò i calcoli matematici dello scienziato. Dopo tutto, come disse Joel Griffiths, che fece un servizio su questa storia per il *Beaver County Ti-*

---

[409] Sternglass, intervista. Vedi anche, Anna Mayo, "*Necrophiliac Nit-Pickers*", "*Village Voice*", 11 settembre 1973.
[410] Ernest Sternglass, "*Significance of Radiation Monitoring Results for the Shippingport Nuclear Reactor*", Pittsburgh: 21 gennaio 1973 (d'ora in poi citato come "*Shippingport*").

mes, la NUS aveva fatto "un lavoro meticoloso. Hanno trovato radioattività nell'aria, nell'acqua, nel suolo, nell'acqua potabile e praticamente ovunque".[411]

Finchè Sternglass non pubblicò il suo lavoro, la Duquesne Light aveva goduto della reputazione di aver messo in funzione "il più sicuro impianto ad energia nucleare del mondo" a Shippingport. Nel 1971, l' anno prima, aveva registrato zero emissioni di radiazioni dalle ciminiere dell'impianto, la prima volta che un reattore commerciale riceveva un riconoscimento del genere.

Ma la NUS aveva contraddetto quel record e aveva gettato il progetto multimilionario della Beaver Valley in un pantano politico. Bisognava fare qualcosa. Come disse Griffiths, "una estrema differenza di opinioni" emerse ben presto tra la NUS, la Duquesne Light e la AEC. "Di fronte alla scelta tra attribuire la radioattività alla incompetenza di Shippingport o della NUS, la AEC e altri scelsero l'incompetenza e iniziarono a fare diversi appunti tecnici ai rapporti del NUS".[412]

E ciò, scrisse Griffiths, mise la NUS "in una posizione delicata" – esattamente come successe a molti altri scienziati dell'atomo, i cui dati avevano a volte delle conclusioni unearthed che l'industria nucleare non voleva sentire.

La NUS fu una operazione solida e rispettata. Il suo staff era composto da esperti scientifici, e aveva compiuto il monitoraggio delle radiazioni in più di trenta altri siti di reattori. Minare la loro credibilità significava mettere a rischio le licenze di molti altri costosi progetti in corso di realizzazione, con conseguenze politiche e finanziarie potenzialmente enormi.

Sotto una fortissima pressione, la NUS rivalutò le sue scoperte. Nel marzo del 1973, affermò che gli alti valori riscontrati a Shippingport erano precisi, tuttavia la radiazione derivava dalla caduta di una bomba cinese.

Quella conclusione fu rifiutata out of hand da nientemeno che il dottor John Harley, Direttore dell'Health and Safety Laboratory della AEC. Harley definì prontamente il lavoro del NUS "incompetente" e disse che una investigazione "avrebbe certamente fatto emergere dei grossolani errori di calcolo, o persino che si è verificata qualche manipolazione dei numeri..."

"Credo" – aggiunse – "che la situazione sia molto grave".[413]

Tre mesi dopo, la NUS fece un'altra sconvolgente rivelazione. Nel corso di tutta la controversia, si era maintened che la politica generale della NUS era di discard tutti i campioni. Adesso, però, la compagnia annunciò che in qualche modo, e solo in questo caso, una parte del suolo originariamente sottoposto a test nei pressi di Shippingport era stato inaspettatamente trovato in un basement in Maryland. La NUS "ristudiò" i campioni.

Poco tempo dopo, "ammise" che le sue tecniche di prelievo originarie – applicate su trentaquattro altri siti di reattori – erano semplicemente sbagliate. Dissero che, dopotutto, non c'era una quantità straordinaria di radiazioni a Shippingport.

La Commissione Shapp

Ma Ernest Sternglass non aveva semplicemente pubblicizzato le notizie provenienti dalle letture originarie della NUS. Aveva anche affermato che una percentuale eccessivamente

---

[411] Joel Griffiths, "*State Panel Questions Radiation Safety*", "*Beaver County* (Pa.) *Times*", 7 giugno 1974 (d'ora in poi citato come "*Safety*").
[412] Ibid.
[413] Ibid.

alta di morti infantili si era riscontrata in comunità che vivevano attorno al reattore. Non era la prima volta che egli muoveva una accusa del genere.

Nell'autunno del 1970 – un anno dopo che Gofman e Tamplin avevano pubblicato le loro scoperte che collegavano le morti per cancro alle emissioni di radiazioni dei reattori- Sternglass aveva iniziato a studiare le percentuali di morti infantili nei pressi di un gran numero di impianti. Scoprì presto che l'area attorno al reattore Dresden, vicino a Chicago, aveva sperimentato un significativo innalzamento nelle morti infantili nelle contee vicine e nell'ampia area urbana sottovento. I sondaggi sulle popolazioni ad Hanford, l'impianto Humboldt in California, e l'Indian Point, nei pressi di New York City, mostravano degli impatti simili, come lo studio dei dintorni di West Valley, che riprocessavano una ampia struttura di stoccaggio nella zona upstate di New York.[414]

Nel luglio del 1971, al modello delle scoperte iniziali di Sternglass fu data sostanza dal dottor Morris DeGroot, allora presidente del Dipartimento di Statistica al Carnegie-Mellon Institute di Pittsburgh. Nei suoi studi, e nelle interviste che ci ha rilasciato, DeGroot enfatizzò il fatto che le sue scoperte erano solo preliminari. Ma le sue statistiche indicavano una possibile correlazione tra le emissioni dei reattori e i problemi di salute a Dresden, Indian Point e nei pressi del reattore Brookhaven a Long Island, New York.[415]

DeGroot studiò anche il reattore di Shippingport, e effettivamente notò un aumento nelle percentuali di mortalità infantile, tuttavia non sembravano direttamente correlato alle emissioni radioattive registrate.

Adesso, comunque, Ernest Sternglass affermava che le rivelazioni delle scoperte del NUS confermavano che le emissioni dovevano essere maggiori di quanto dichiarasse pubblicamente la Duquesne Light. E che vi era, in effetti, una correlazione con le percentuali di morti infantili nelle aree vicine.

Nove miglia sottovento, nella città di Aliquippa, Sternglass trovò un picco di vent'anni nelle percentuali di morti infantili. Erano altresì evidenti un aumento nella mortalità fetale, nelle nascite di bimbi sottopeso e nei casi di leucemia. E le comunità al di sotto del fiume Ohio avevano sofferto per l'aumento della mortalità infantile, che corrispondeva alle emissioni sia da Shippingport che dal vicino reattore Waltz Mills.[416]

Shippingport adesso aveva trovato un posto nelle prime pagine. Nell'aprile del 1973, il Governatore della Pennsylvania Milton Shapp stava radunando una commissione di alto livello per esaminare la questione. Tra i membri della commissione vi erano DeGroot, il dottor Karl Z. Morgan ed il dottor Edward Radford, un esperto degli effetti delle radiazioni sulla salute che avrebbe in seguito diretto la National Academy of Sciences Committee on the Biological Effects of Ionizing Radiation (il Comitato BEIR). Sempre nella Commissione Shapp, vi erano il dottor Paul Kotin, della Temple University's School of Medi-

---

[414] Ernest Sternglass, "*Environmental Radiation and Human Health*", in *Proceedings of the Sixth Berkeley Symposium on Mathematical Statistics and Probability* (tenuta all'University of California, Berkeley, aprile-luglio 1971), pp. 145-221.
[415] Morris DeGroot, "*Statistical Studies of the Effect of Low-Level Radiation from Nuclear Reactors on Human Health*", in *Proceedings of the Sixth Berkeley Symposium on Mathematical Statistics and Probability*, presentato alla conferenza "*Planning an Epidemiological Study of Pollution Effects*", University of California, Berkeley, 19-22 luglio 1971. In una lettera al Senatore Edwin G. Holl (20 ottobre 1970), DeGroot scrive: "Al momento un certo segmento della comunità scientifica sostiene l'ipotesi che l'esposizione di una popolazione a emissioni radioattive gassose ai livelli attualmente osservati nell'impianto di Dresden incrementa la percentuale di morte infantile per quella popolazione. Dopo aver svolto l'analisi statistica menzionata qui, credo che vi sia una probabilità sostanziale che una maggiore esposizione alle emissioni radioattive causa effettivamente un aumento nelle percentuali di morti infantili".
[416] Sternglass, "*Shippingport*".

cine, ed il dottor Harry Smith, decano della Scuola di Management al Rensselaer Polytechnic Institute.

Forse ancora più importante, anche la Commissione aveva tre membri dello staff, tutti quanti legati allo Stato della Pennsylvania. Uno era Thomas Gerusky, capo del Department of Radiological Health. Il secondo era il suo assistente, Margareth Reilly, a capo dell'Office for Environmental Survey dipartimentale. E il terzo era il Dr. George Toluhata, direttore del Bureau of Epidemiological Research dello stato. Tutti e tre sarebbero in seguito divenute delle figure chiave nel difendere l'industria nucleare a Three Mile Island.

I membri della Commissione Shapp si preoccuparono inizialmente della questione delle emissioni anomale di radiazioni dell' impianto. Una volta che le scoperte del NUS furono revisionate, affermarono che "non c'erano prove sostanziali" che le emissioni fossero superiori a quanto riportato dalla Duquesne Light. Ma una "assenza di un monitoraggio completo esterno al sito" significava comunque che le affermazioni di Sternglass non potevano neanche essere smentite.

La Duquesne Light era stata davvero "derelitta" nei propri doveri di monitoraggio dalle radiazioni. I suoi programmi erano stati "progettati in modo inadeguato", ed una precisa determinazione di quanta radiazione si disperdesse da Shippingport semplicemente "non era possibile".

Per quanto riguarda il NUS, la commissione accusò la società di aver adottato "metodi inadeguati e lassisti", trovando "difficile capire perchè, così tardi, la NUS adesso ritiene che i valori alti inizialmente riportati siano falsi quando erano state coinvolte svariati tipi di analisi diversi".

In effetti, rileva la commissione, vi erano indicazioni, da studi condotti sulla rete federale, che le cifre iniziali del NUS "non ritoccate" potevano essere state precise. Gli studi federali avevano evidenziato "alti livelli di Sr-90 nel latte e di Sr-90 e Cs-137 nelle diete totali dei residenti a Pittsburgh".[417] Il membro della Commisione DeGroot disse che era "altamente improbabile che il NUS possa aver fatto degli errori sistematici, tutti in una direzione, in svariate e diverse tecniche analitiche".

Il membro della Commissione Morgan fu più diretto. "Sembra esserci", disse, "un forte sospetto di disonestà". Aggiunge poi, "per un lungo periodo di tempo i livelli di radioattività nel latte in quell' areq generale sono stati alti, secondo i sondaggi delle agenzie di salute pubblica, che sono completamente separati dal sondaggio del NUS. Ciò non è mai stato spiegato".[418]

Per quanto riguarda le percentuali di morti infantili e di cancro, la Commissione ebbe delle conclusioni miste. E questa potrebbe essere stata una funzione dello staff.

Quando iniziarono le deliberazioni sulle cifre di Sternglass, il Dr. Tokuhata shifted i numeri in accordo con DeGroot. Disse agli altri membri della Commissione che alcune delle principali statistiche sanitarie locali erano "inaccurate" e riflettevano dei numeri di mortalità infantile superiori a quelli correntemente esistenti. Alcune comunità, disse, facevano liste di morti infantili che non appartenevano alla zone, perchè venivano ad usare gli ospedali persone di altre zone, che non erano quindi residenti locali. Dopo aver trovato al-

---

[417] Governor's Fact Finding Committee, *"Shippingport Nuclear Power Station Alleged Health Effects"*, State of Pennsylvania, 1974 (d'ora in poi citato come *Shapp Report*).

[418] Griffiths, "Safety", Il Dr. Karl Z. Morgan disse a Griffiths che pensava che il programma di monitoraggio della Duquesne Light fosse "peggio che se non ci fosse stato", perchè ogni volta che si registrava un valore alto, la struttura "lo insabbiava".

tre "inadeguatezze" nei dati ufficiali, Tokuhata ridusse sostanzialmente i numeri su cui Sternglass aveva basato le sue conclusioni.[419]

Tokuhata, poi, ripetè il metodo di ritoccare la base statistica per le percentuali di mortalità per cancro. Sternglass aveva affermato che dopo un periodo di latenza di cinque anni, a seguito dell'apertura del reattore le percentuali di mortalità per cancro erano aumentati nelle zone in prossimità di Shippingport. Ma quando Tokuhata presentò i dati alla Commissione, inclusero l'intera decennio degli anni Sessanta, facendo una media nei primi cinque anni di operazione del reattore – quando non era trascorso un periodo di latenza, con gli altri cinque, quando le percentuali di cancro iniziarono a crescere.

Così, le statistiche riviste davano l'impressione che il reattore non avesse causato alcun effetto. E così la Commissione concluse che non vi era un "modello sistematico" di morti che aumentavano in prossimità dell' impianto.[420]

Furono fatte altre critiche anche a Sternglass. Il dottor Radford sottolineò il fatto che un aumento nelle percentuali di morti infantili poteva essere attribuito a degli ulteriori fattori sociali e ambientali. In una lettera inviata a noi, Radford definì i metodi di Sternglass come "abbastanza scorretti".[421]

Tuttavia, la Commissione rimaneva fortemente divisa. DeGroot, ad esempio, riconobbe la validità dei cambiamenti iniziali nelle statistiche sulla mortalità infantile. Ma egli evidenziò che i confronti chiave erano stati fatti anno per anno e città per città. Così, ci ha delineato in una serie di lettere e interviste, che Tokuhata errò nel sottrarre delle morti per un anno in una comunità senza fare correzioni simili per altri anni e altre comunità che servivano come riferimento di controllo. Cambiare i numero solo per alcune città, e solo per il 1971, sarebbe risultato in cambiamenti statistici che andavano tutti in una sola direzione: verso il basso.

In una lettera inviata a noi, Tokuhata negò di avere messo a confronto dei dati alterati dell'area di Aliquippa del 1971 con cifre non alterate per altre aree in altri anni. Riconobbe che "ristrettezze di tempo e di personale" non avevano permesso di fare tali cambiamenti per tempi e posti diversi dall'area di Aliquippa nel 1971.

Ma vi era qualche altra domanda, ossia a che scopo le alterazioni dell'area di Aliquippa potevano risultare utili. DeGroot temeva che Tokuhata avesse fatto soltanto "metà lavoro", correggendo le statistiche. Disse che eliminare le morti infantili da Aliquippa senza correggere le cifre dei bambini nati nei vicini ospedali di Pittsburgh – che attiravano i residenti di Aliquippa perchè si credeva che fossero migliori degli ospedali del posto- avrebbero fatto apparire il problema delle morti dei neonati ad Aliquippa meno grave di quanto fosse.[422]

Tokuhata aveva anche posto particolare enfasi nel confrontare le statistiche sanitarie nell'area di Shippingport con le medie dello Stato. Però, le percentuali di morti infantili intorno a Shippingport si erano dimostrate significativamente *più basse* della media dello Stato prima che l'impianto aprisse. Così, la loro corrispondenza con la media dello Stato rappresentava in realtà un *aumento,* che avrebbe potuto essere attribuito all'apertura del reattore. Si trattò di un inganno statistico che si sarebbe verificata nuovamente a Three Mile Island.

---

[419] Ibid.
[420] *Shapp Report*. Vedi anche, Sternglass, *Secret Fallout*, pp. 139-177.
[421] Edward Radford, lettera agli autori, 4 febbraio 1981.
[422] Morris DeGroot, interviste, aprile e luglio 1981; DeGroot, lettera agli autori, 13 maggio 1981; e George Tokuhara, lettera agli autori, 4 giugno 1981.

Nel complesso, la Commissione concluse che non era possibile trovare "nessuna prova sufficiente" per confermare le accuse di un aumento nella percentuale di morti infantili, ma che "non era possibile neanche confutare questa tesi con i dati disponibili". Inoltre, i membri della Commissione affermavano che era impossibile stabilire "se la percentuale di morti infantili ad Aliquippa sia o meno più alta di quanto ci si dovrebbe aspettare". Tuttavia, vi era una percentuale di morte "considerevolmente più alta" laddove "i bambini di razza bianca sono considerati separatamente" da bambini non bianchi.

E sebbene la percentuale di mortalità infantile per leucemia per l'area di cinque miglia intorno all'impianto sembrava corrispondere alla media dello stato, la percentuale di mortalità per altre neoplasie era "leggermente superiore alla media dello Stato per l'area di cinque miglia e per le comunità «sul fiume»".[423]

In generale, l'industria ed i media presero il rapporto Shapp come una confutazione delle accuse di Sternglass. "Abbiamo scoperto", ci ha detto Tokuhata in una intervista del 1981, "che le sue valutazioni semplicemente non erano veritiere. I dati in pratica non danno sostegno alle sue conclusioni".[424]

Ma due membri della Commissione la vedevano in modo diverso. Sternglass era stato criticato per aver basato le sue conclusioni "solo sui dati nudi e crudi di mortalità pubblicati", disse DeGroot in una appendice al rapporto finale della Commissione. "Ma quelli sono gli unici dati disponibili". La critica, disse, "dovrebbe essere più appropriatamente fatta cadere" sulle agenzie di salute pubblica "che non hanno né raccolto né pubblicato" le statistiche necessarie.[425]

In seguito, il dottor Morgan disse durante una udienza del Congresso che "alcuni membri del pubblico, forse persino alcuni della commissione, hanno interpretato il nostro rapporto per affermare che abbiamo confutato le valutazioni del Dr. Sternglass. Comunque, non ho inserito quella interpretazione nel nostro rapporto. E penso che sia soltanto corretto dire che è un fatto reale che i livelli di Stronzio e Cesio a Pittsburgh e nei suoi pressi, nonché nelle comunità vicine, erano superiori ad altre parti dello Stato e a altre parti della Nazione".

Morgan enfatizzò il fatto che non credeva che quei livelli fossero necessariamente associati a Shippingport. Ma fu anche chiaro che "i disturbi e la mortalità infantile [erano] superiori ad altre parti dello Stato e in altre parti della Nazione in queste popolazioni. Si può tentare di dare una ragione per questo, ma non penso che sia stata trovata una risposta soddisfacente".[426]

Una cosa su cui la Commissione era concorde fu che l'apparato di monitoraggio delle radiazioni della Duquesne Light era totalmente inadeguato. Così, raccomandò che "il Governo si assuma l'onere di effettuare una valutazione completa della esposizione alle radiazioni del pubblico vicino alle strutture nucleari. Dove esiste la possibilità di una esposizione significativa, dovrebbe essere intrapresa una appropriata valutazione epidemiologica della salute di queste popolazioni".[427] A tal fine, presentò una lunga lista di modifiche per rendere possibile determinare esattamente quante radiazioni stavano fuoriuscendo

---

[423] *Shapp Report*.
[424] George Tokuhata, intervista, febbraio 1981.
[425] Morris DeGroot, "*Comments*", in *Shapp Report*.
[426] *Radiation Standards and Public Health: Proceedings of a Second Congressional Seminar on Low-Level Ionizing Radiation* (sponsorizzato dal *Congressional Environmental Study Conference, the Environmental Policy Institute, and the Atomic Industrial Forum*, Washington, D.C., 10 febbraio 1978), p. 46.
[427] *Shapp Report*.

dagli impianti ad energia nucleare della Pennsylvania, e quali effetti avrebbe potuto avere sul pubblico.

Ma sei anni dopo, appena dopo l'incidente a Three Mile Island, il dottor Thomas Gerusky – responsabile del monitoraggio delle radiazioni per lo Stato e che aveva lavorato come membro dello staff nella Commissione Shapp – ammise che "per quanto ne possa sapere, nessuna di quelle raccomandazioni fu mai messa in pratica. In sostanza, non c'erano abbastanza soldi per il programma".[428]

Nel frattempo, la Duquesne Light iniziò a realizzare due reattori sul sito della Beaver Valley.

---

[428] Richard Pollock, "*Business as Usual in Pennsylvania*", *Critical Mass Journal,* dicembre 1979, p.7.

12.

Quante radiazioni?

Jane Lee è una vedova sulla quarantina che ama parlar chiaro. Dalla cucina del casale in pietra della sua famiglia a Etters, una piccola località al centro della Pennsylvania, la Lee ha ossservato la calma campagna attorno a lei subire alcuni cambiamenti drammatici.

Poche aree rurali negli Stati Uniti sono rimaste così ben tenute come la campagna sulle colline attorno a Harrisburg, una cittadina di cinquantamila abitanti a circa 125 miglia ad ovest di Filadelfia. Con una nutrita popolazione di "gente semplice", conservatrice e tranquilla, di tradizione Amish e Mennonita, le regioni campestri della Susquehanna Valley vantano tuttora alcuni dei terreni più belli e fertili del mondo. Campi lussureggianti e intensamente coltivati e granai, solidi e ben tenuti sono tratti distintivi di un'area in cui i tradizionali simboli popolari olandesi significano tuttora molto più che semplici souvenir.

I cambiamenti più profondi in questa campagna di Jane Lee sono stati invisibile – quelli derivanti dalle radiazioni. Alla metà degli anni Sessanta, la Metropolitan Edison, una sussidiaria della holding General Public Utilities (GPU), decisero di realizzare un gigantesco complesso alimentato ad energia atomica. L'impianto avrebbe dovuto essere realizzato a Three Mile Island, un piccolo appezzamento di terra nel mezzo del fiume Susquehanna, dieci miglia a sudest di Harrisburgh. La prima unità da 819 megawatt fu ordinata da Babcock & Wilcox, produttori di reattori, nel 1966. Fu operativa nel 1974.

Pochissime persone si opposero al TMI-1. Ma Jane Lee aveva espresso il suo disaccordo. Lo Stato aveva già provato a collocare una discarica per rifiuti tossici sulla sommità di una vicina collina, dove le acque di scolo avrebbe inquinato la faglia acquifera. "Se le autorità erano abbastanza stupide da volere qualcosa del genere", ci ha detto Lee, "non credo proprio che ci si dovrebbe fidare di loro neanche facendogli realizzare un impianto nucleare".

Vivere accanto ai reattori

L'opposizione di Lee al progetto le aveva dato una certa visibilità. Due anni dopo l'apertura del TMI-1, iniziò a raccogliere le lamentele dei vicini, perché avvenivano cose strane ai loro animali. "Siamo tutti abituati a vedere un animale morire, o alcuni problemi alla nascita, o una annata cattiva con i raccolti e cose del genere", ci ha detto. "Ma tutto questo sembrava davvero qualcosa di nuovo. Improvvisamente, siamo stati tormentati da avvenimenti bizzarri. E quando trovi degli allevatori che ti dicono che i loro animali cadono e non riescono a rialzarsi, o che si verificano aborti, uova che non si schiudono, vitelli che nascono deformi, peli che cadono e mucche che muoiono, e la gente che da anni manda avanti una fattoria non riesce a trovare nessuna spiegazione, inizi a farti delle domande". Questo "farsi domande" portava ad un solo luogo – Three Mile Island. In una stanza dietro la sua cucina, a tre miglia dall'impianto, Lee iniziò ad accumulare faldoni di documenti, raccogliendo dichiarazioni firmate da coloro, tra i suoi vicini, che volevano mettere nero su bianco i problemi che avevano i loro animali. "Questa non è una zona in cui le persone sono abituate ad alzare la voce", ci ha detto. "Non è stato facile spingere le persone a farsi avanti".

Mentre parlavamo, nella fresca umidità di inizio primavera, Lee ci mostrava delle foto che ritraevano una figliata di gattini orrendamente deformi, nati nel 1978. Uno sembrava normale, un altro era nato con solo qualche ciuffo di pelo qua e là, gli ultimi due erano più piccoli del normale, privi di peli, e nati morti.

"I gatti ricevono il triplo delle radiazioni", racconta Lee. "Le prendono quando respirano e bevono, proprio come noi. Le prendono ancora quando mangiano animali selvatici come topolini di campagna. E le prendono ancora una volta quando si leccano dopo aver scorrazzato nei campi".[429]

Ma i gatti non erano gli unici animali a soffrire. Le uova di anatra non si schiudevano, e gli anatroccoli che ci riuscivano spesso erano deformi. Conigli e capre nascevano morti. Gatti cadevano morti per nessun apparente motivo. Gli alberi perdevano la corteccia e le piante nei giardini sfiorivano nel giro di una notte.

Emma Whitehall, che aveva vissuto nella stessa fattoria, a quattro miglia dal TMI per tutti i suoi settant'anni, disse a Lee che nel 1978 le sue anatre avevano deposto 290 uova, nessuna delle quali si era schiusa. Perse anche una mucca da latte e il suo vitellino.

Sulla stessa strada, James Fitzgerald riferì di due vitelli nati ciechi, con ossa innaturalmente molli. Lungo il fiume, a Middletown, a meno di cinque miglia dal reattore, Mary Ann Fisher vede una cucciolata di gattini di tre settimane morire improvvisamente nel corso della notte. Un centinaio di uova deposte da dodici oche produsse un solo uovo fertile, ma il pulcino morì.

Nel gennaio del 1979, appena dopo l'apertura di una seconda, grande unità nucleare a Three Mile Island, Fisher perse tre cucciolate di gattini per aborti spontanei, una cucciolata terminò il periodo di gravidanza ma i gattini nacquero morti, e si lamentava del fatto che quattro giovenche erano sterili. Le sue oche deponevano uova che non si schiudevano, e poi smisero di covare.[430]

Charles Conley, che vive a un tiro di schioppo delle torri del TMI, aveva anch'egli di che lamentarsi. Da quando l'impianto aveva aperto, disse, la pioggia aveva sparso una sostanza lattiginosa sul suo tetto e nelle cisterne da cui si abbeveravano le mucche. Se le mucche la bevevano, "cadevano e non erano più capaci di rialzarsi". Se gettava la sostanza fuori dalla cisterna, "l'erba moriva".

Anche altri vicini si lamentavano per questa sostanza bianca, e indicavano delle striature sotto i propri tetti, in cui qualcosa aveva creato una striscia di erba morta.

Conley non aveva prove che la sostanza bianca derivasse dalla centrale elettronucleare. Ma, ci disse, "quando la spengono, chissà perchè, la polvere scompare. E quando la riaccendono, la polvere ritorna".[431]

Nato nel 1914, a mezzo miglio di distanza dalla sua fattoria, Conley ammise prontamente che la vita di campagna è piena di alti e bassi, e che piante e animali si ammalano e muoiono, a volte per ragioni inesplicabili. "Ogni contadino che abbia del bestiame sa che ci sono sempre problemi", aggiunge Gary Huntsberger, proprietario di quattrocento acri vicino all'impianto. "Non appena sistemi una cosa, un'altra salta fuori".[432]

È virtualmente quasi impossibile fissare delle statistiche definitive su una percentuale "normale" di difetti alla nascita e problemi riproduttivi tra animali d'allevamento. Il dot-

---

[429] Jane Lee, intervista, marzo 1980.
[430] Affidavit alla Fattoria Fisher, Etters, Pennsylvania.
[431] Charles Conley, intervista, marzo 1980.
[432] Laura T. Hammel, "*Three Mile Island's Second Accident: How Government Failed*", "*Baltimore News-American*", 20 luglio 1980 (d'ora in poi citato come "*Second Accident*").

tor Horst Leipold, della Kansas State University, uno dei principali esperti di riproduzione animale, ci ha detto che una percentuale dell'1% di animali nati morti tra manzi e mucche da latte era considerata normale, e che la percentuale avrebbe potuto essere doppia tra capre e maiali. "Se sento di due parti con nati morti, o malformazioni, nella stessa fattoria, considero la cosa abbastanza grave da andare a vedere", ci ha detto Leipold.[433]

Per gli allevatori e per molti osservatori, sembravano esserci delle ragioni ovvie per le quali le radiazioni attorno al TMI, nel ranch di Lloyd Mixon vicino alle Rocky Flats e in altre strutture nucleari causavano un numero anomalo di sintomi che comparivano negli animali prima che negli esseri umani. Alcuni di loro – in particolare gatti e conigli – sono molto più piccoli e si riproducono molto più velocemente, ad una età decisamente inferiore rispetto agli esseri umani. Molti animali selvatici e da fattoria tengono il muso e il naso costantemente nel suolo, per pascolare o cacciare. Ciò significa che assorbono molte più particelle pesanti da fallout dall'aria che respirano, dall'acqua che bevono e dalle piante e animali che mangiano. Possono anche ricevere una maggiore quantità di dosi gamma da emettitori che si trovano sul suolo.

Alcuni animali, poi, possono essere più sensibili alle radiazioni rispetto agli esseri umani adulti. In effetti, gli animali sono stati usati come monitor di radiazioni durante le emissioni anomale all'Oak Ridge National Laboratory. E si sa da tempo che gli alberi di pino sono più sensibili alle radiazioni rispetto agli esseri umani adulti.[434]

Gli umani, d'altro canto, di solito lavano le verdure. Stanno raramente al suolo, rispetto a molti altri animali, e così respirano meno particolati pesanti. La carne e il pesce della loro alimentazione spesso non sono macellati da poco, dando ad alcune delle radiazioni il tempo di decadere.

Ma ultimamente, siamo anche più attenti. "Guardate gli animali", ci ha detto nel 1980 Helen Caldicott, una pediatra ed esperta di radiazioni di Boston. "Quello che succede prima agli animali presto succederà alla gente".[435]

E quello che stava avvenendo agli animali durante le normali operazioni a Three Mile Island sembrava anche avvenire vicino ad altri siti in cui sorgevano reattori. A Hinsdale, nel New Hampshire, dove il reattore Vermont Yankee si trovava subito dopo aver superato il fiume Connecticut, Annie Fostyck, di sessantasette anni, vedeva cose, nelle sue mucche, che non aveva mai visto prima. Dopo che l'impianto aprí, disse, vi fu un improvviso aumento di "mucche che abortivano o non riuscivano a portare avanti le gravidanze. Mucche con piaghe, tumori, claudicanti. Mucche che mangiavano argilla anche in inverno". Si lamentava anche di una "pellicola bianca e lattiginosa" che fluttuava nell'aria e "volava nell'aria quando si tagliava il mais".

Il vicino John Solacz si accorse che "era difficile nutrire le mucche", da quando l'impianto aveva aperto. Non c'era "niente che confermasse" le accuse che il reattore stesse causando danni agli animali. "C'è gente che ci chiama continuamente facendo queste lamentele. Ma nella maggior parte dei casi si tratta solo di accuse generiche", disse al reporter del "*Vermonter*" Susan Green. "Questa gente non sa niente delle radiazioni, così quando qualcosa va fuori dell'ordinario, è facile accusare Vermont [Yankee]".

---

[433] Horst Leipold, intervista, maggio 1981; Vedi anche , L.O. Gilmore e N.S. Feccheimer, "*Congenital Abnormalities in Cattle and Their General Etiological Factors*", *Journal of Dairy Science* 52, No. 11, pp. 1831-1836.
[434] Karl Z. Morgan, intervista, maggio 1981.
[435] Helen Caldicott, intervista, marzo1980. Abbiamo parlato con la Dr.ssa Caldicott prima che comparisse in una conferenza ripresa dalla TV nazionale a Harrisburgh. L'occasione fu il primo anniversario dell'incidente. Quando gli fu chiesto dell'aumento repentino dei problemi con gli animali nell'area, un conferenziere pro-nucleare li attribuì alla "febbre del latte" e consigliò di dare alla mucche in questione "un bel calcione".

Le lamentele di Mildred Zywna non furono liquidate così facilmente. Era una donna di spicco a Hinsdale, e riferì della scomparsa generale di scoiattoli, conigli e uccelli, dopo che aprì Vermont Yankee. Un gran numero di alberi era misteriosamente morto, e la corteccia si stava staccando sui fianchi degli alberi che si affacciavano all'impianto. Nonna alla fine dei cinquanta, Zywna aveva notato un aumento del cancro alla tiroide in città. Sapeva anche che la dottoressa Rosalie Bertell, del Roswell Park Memorial Cancer Research Institute di Buffalo, aveva notato un'alta percentuale di problemi cardiaci che richiedevano ospedalizzazione a Vernon, dove si trovava il Vermont Yankee. Turbata da queste scoperte, Zywna e i funzionari suoi concittadini chiesero allo Stato delle statistiche sulle percentuali di cancro a Hinsdale. Lo Stato non rispose mai.[436]

I fattori nella upstate di New York, vicino ai reattori Nine Mile Point e a Fitzpatrick ebbero un trattamento simile. "Stiamo cercando da anni di concludere uno studio qui", ci è stato detto da Nancy Weber, un fattore che possedeva un caseificio nella città di Messico. "Ma non siamo riusciti a farci ascoltare da nessuno".

Il caseificio di Weber apparteneva alla famiglia del marito da trentacinque anni, ed è situato vicino ad entrambi gli impianti. L'area ha anche delle discariche per rifiuti tossici. Comunque, secondo Weber, i documenti della NRC indicavano che le emissioni dei reattori vicini raggiungevano i picchi nello stesso momento in cui un grandissimo numero di fattori locali aveva sperimentato "aborti fuori dal normale tra i nostri animali", più "una estrema difficoltà nell'alimentare le mucche".

Alcuni vitelli che ce l'avevano fatta nascevano deformi, compresi molti che pesavano alla nascita 70 chili, due volte il normale. "Era come un film di fantascienza", disse. "Uno dei vitelli venne al mondo guardandomi fisso con degli enormi occhi rossi". Tra le altre cose, i vitelli così grossi causavano separazioni pelviche alle madri. Per circa un anno, ci ha detto Weber, vi sono stati casi di vitelli nati con due code e tre zampe anteriori, con tumori al cervello e al fegato, e con gravi deformazioni nei loro organi interni. Un fattore che allevava capre racconta di "cuccioli mummificati nati a destra e manca". I problemi riproduttivi nei gatti diventarono molto diffusi.

La NUS Corporation, che aveva effettuato il controverso monitoraggio ambientale a Shippingoport nei primi anni Settanta, fece un sondaggio nell'area Fitzpatrick/Nine Mile Point nel 1980. Trovarono dei livelli anomali di Cesio in una fattoria vicina, ma lo attribuirono al fallout delle bombe atomiche. "Ma non ci credeva nessuno", disse Weber.[437]

Il redattore Jack Anderson riferì anche di problemi simili a Shippingport. Nelle colonne del suo giornale, diffuso a livello nazionale, affermava che l'impianto di Beaver Valley aveva contaminato le riserve di acqua potabile sul sito, e che aveva sversato novemila galloni di liquidi radioattivi nel fiume Ohio senza avvisare le città a valle, che ne ricavavano acqua potabile.

I residenti a Shippingport riferirono al giornalista Howard Rosenberg, un investigatore per Jack Anderson, di "polvere bianca che a volte ricopriva i tetti e riempiva le loro cisterne. Affemarono che i loro pozzi d'acqua e cortili erano stati occasionalmente contaminati. Gli mostrarono dei blocchi di solfato di calcio che era caduto sulla loro proprietà. Si era portato come souvenir un pezzo di sostanze inquinanti a forma di piatto".

---

[436] Susan Green, "*Yankee: The People and the Plant*", Vermonter, 7 dicembre 1980 (da qui in seguito "*Vermont Yankee*"); e David Riley, "Big Power in a Small Town", Country Journal, aprile 1980.

[437] Nancy Weber, intervista, aprile 1981. Vedi anche. "Bovine Blues", The Waste Paper, Sierra Club, primavera 1980, e "*Radioactive Milk?*" inverno 1981.

Anche Rosenberg riferì di strani avvenimenti tra gli animali selvatici, compresi "racconti di uccelli che zampettavano all'indietro".
Cacciatori e boscaioli dicevano che "il fogliame abbondante che cresceva lungo la riva del fiume è diventato marrone e ha un aspetto poco sano. Da molto tempo ormai i cervi hanno lasciato queste terre". In una intervista, Rosenberg ci disse anche che piccoli animali, come scoiattoli e sparvieri, erano scomparsi dalle foreste.[438]
Una delle colonne di Anderson sulla situazione a Shippingport fu bandita da un gran numero di giornali della Pennsylvania occidentale.
Ma resoconti di sintomi simili in Arkansas emersero in un cablo nazionale della *Associated Press*. In quel caso, un fattore di nome Herschel Bennett disse che l'Arkansas Nuclear One stava distruggendo la sua fattoria, che distava appena un quarto di miglio.
La Nuclear One, di proprietà della Arkansas Power and Light Company (AP&L), si trova a settanta miglia da Little Rock, nella città di Russelville. Le fu assegnata la licenza operativa nel 1974. Sul finire dell'inverno del 1977, Bennett riferì che un vitello nella sua fattoria era nato senza bulbi oculari. "Una palpebra era nata chiusa", dichiarò alla *Arkansas Gazette*. "La palpebra non si apriva, ma si poteva sentire che non c'era niente dietro. L'altra palpebra si apriva e si chiudeva ma non c'era traccia di occhio".[439]
Il vitello senza occhi morì il 1° marzo del 1977. Un altro vitello era nato nello stesso periodo senza coda. "Non era mai successo prima qualcosa come quel vitello nato senza coda", ci disse Bennett in una intervista del 1980. Bennett e la moglie avevano vissuto nella stessa fattoria dagli anni Quaranta. Prima di Bennett, il posto era di proprietà del suo bisnonno.
Oltre a trenta capi di bestiame, Bennett gestiva un frutteto di trenta acri. Poco tempo dopo la morte del vitello senza occhi, morì anche un quarto del frutteto di Bennett. Bennett chiamò i tecnici del Nuclear One, che visitarono presto la sua fattoria con una rappresentanza del servizio di estensione agricole locali. Gli dissero che i suoi problemi erano dovuti alle ghiacciate. Secondo Bennett, un agronomo della Louisiana State University, il dottor Earl Puls aggiunse "una cattiva gestione" ed una "popolazione estremamente nutrita di parassiti" tra le liste di cause. Puls, che visitò la fattoria "per circa un'ora", disse che le scoperte erano "conclusive nell'escludere ogni tipo di radiazione nucleare".[440]
Il rapporto di Puls ricordava gli studi ufficiali fatti su problemi agli animali al ranch di Lloyd Mixon, vicino alle Rocky Flats e su smentite ufficiali a Vermont Yankee e Nine Mile Point. "Coltivo pesche ormai da più di trent'anni", ci ha detto Bennett in una intervista, "e c'è stato solo un anno, negli anni Cinquanta, in cui non abbiamo avuto nessun raccolto di mais. Adesso viene questo tizio dall'università, sta qui solo un'ora e mi dice che sto coltivando male i miei frutteti e che non so di cosa sto parlando. Allora, vi dico una cosa. Non abbiamo mai perso niente con questo caldo e questa siccità. E questo impianto è stato chiuso per molto tempo adesso [per delle riparazioni] e da quando ha chiuso, abbiamo avuto una buona annata, come al solito".

---

[438] Jack Anderson e Les Whitten, *"Washington Merry-Go-Round"*, 1° novmbre 1977, 16 novembre 1977, e 17 aprile 1979 (d'ora in poi citato come *"Merry-Go-Round"*). Vedi anche Howard Rosenberg, intervista, maggio 1981. Anderson e Whitten, 1° novembre 1977, l'articolo intitolato *"White Clouds Over Pa"*., fu l'unico ad essere eliminato in alcuni giornali della Pennsylvania occidentale.
[439] Carol Matlack, e Ginger Shiras, *"Farmer Near Plant Reports Calf Deformed, Trees Died"*, *"Arkansas Gazette"*, 2 giugno 1979, p. 1-A (d'ora in poi citato come *"Farmer"*). Abbiamo trovato per la prima volta la storia di Bennett in un articolo della Associated Press, *"Farmer Thinks Nuclear Plant Is Cause of His Plight"*, *"Columbus Dispatch"*, 23 settembre 1979. Ringraziamo sentitamente Phyllis Wasserman per averci inviato questi ed altri ritagli.
[440] *"Arkansas Gazette"*, 17 ottobre e 1 novembre 1979.

Dopo la morte del suo vitello senza occhi, Bennett racconta che vi fu un notevole incremento di problemi riproduttivi nel suo gregge di mucche, e una diminuzione nella percentuale di schiuse delle uova di pollo deposte nella sua fattoria. Un laboratorio confermò il problema delle uova, ma non volle nominare alcuna causa.

Non vi erano degli strumenti di monitoraggio alla fattoria di Bennett. Ma le rilevazioni della NRC confermarono che il Nuclear One aveva riversato una quantità anomala di liquidi radioattivi nel vicino lago Dardanelle nell'estate e nell'autunno del 1976, quando il vitello senza occhi avrebbe potuto essere più vulnerabile. "I loro problemi corrispondevano ai miei per quanto riguarda i periodi in cui sono capitati", ci disse Bennett. "Perdite e versamenti e fughe e problemi di filtraggio… hanno fatto tutti gli errori possibili, nel periodo in cui il vitello mi è nato senza le pupille".[441]

Le rilevazioni della NRC confermarono le emissioni. Tuttavia, il membro della Commissione Jack Donohew vide che i livelli erano "una frazione" di quanto avrenne potuto causare "mutazioni biologiche". Donohew dichiarò alla *Arkansas Gazette* il fatto che i problemi degli animali di Bennett, comparsi contemporaneamente rispetto alle emissioni radioattive, erano "probabilmente una mera coincidenza".[442]

Il Record di sicurezza del Reattore

La paura, che si diffondeva sempre più, tra i fattori ebbe le sue conseguenze politiche. Tali paure, unite alle preoccupazioni di natura economica, spinsero nel 1966 la città di Eugene, Oregon, a votare contro il progetto di realizzare un reattore in un'area vicina.

Sul finire degli anni Sessanta e nei primi anni Settanta, un piccolo ma determinato gruppo di cittadini che avevano a cuore la questione, provenienti da ogni parte del Paese, dedicò migliaia di dollari e anni di sforzi a trainare l'industria tramite i processi di concessione delle licenze e le aule giudiziarie, cercando di fermare i reattori o quantomeno di renderli più sicuri. Così facendo, posero le basi per un movimento sociale.

Nei primi anni Settanta, la preoccupazione era diffusa, in particolare nelle zone in cui erano stati realizzati degli impianti. Un insieme di proprietari di fattorie, tradizionalmente conservatori, di pescatori, e di cittadini residenti in piccoli centri si unì agli oppositori del nucleare, organizzati a livello nazionale. Nel 1976, ebbero luogo le prime azioni coordinate di disobbedienza civile presso il sito del reattore di Seabrook, sulla costa del New Hampshire. Operando con tattiche nonviolente, una coalizione denominata "Clamshell Alliance", contribuì ad organizzare una serie di occupazioni che catturarono l'immaginazione degli ambientalisti in tutti gli Stati Uniti. Nell'estate del 1978, quando la Clamshell attraeva qualcosa come ventimila oppositori del nucleare sul sito di Seabrook, si erano avute centinaia di occupazioni in tutto il Paese, ed era operativa una rete antinucleare nazionale. Era nato un movimento per fermare l'industria dei reattori che si rifaceva a quello nato per effettuare test atmosferici due decenni prima.[443]

---

[441] Herschel Bennett, intervista, ottobre 1980. Herschel Bennett è morto in circostanze misteriose mentre stavamo scrivendo questo libro. Stava analizzando le condotture degli scarichi al Nuclear One e in qualche modo è caduto in quattro metri di acqua, annegando. Ci fu solo un testimone dell'annegamento. Non fu fatta nessuna autopsia. Bill Petters, lettera agli autori, 13 novembre 1980; e Bill Petters, intervista, novembre 1980.

[442] Matlack and Shiras, "*Farmer*"; Vedi anche, *On the Record: Operations and Reported Incidents of Arkansas Nuclear One* (*People's Action for Safe Energy*, Fayetteville).

[443] Per una relazione documentaria dei primi movimenti anti- reattori, vedi Harvey Wasserman, *Energy War: Reports from the Front,* Westport, Conn., Lawrence Hill, 1979.

Giunti all'estate del 1979, l'atomo pacifico versava in seri problemi finanziari. L'embargo sul petrolio arabo del 1973 aveva fatto lievitare i prezzi dei carburanti, e ci si aspettava quindi che l'energia atomica sarebbe divenuta più competitiva. Invece, fece lievitare i costi degli stessi reattori, ad una percentuale ben più alta dell'incremento dei costi nei burners di carbone. Anche i prezzi dell'elettricità crebbero drasticamente, spingendo i consumatori americani ad usarne molto meno. Ciò ebbe la conseguenza di fare calare notevolmente la richiesta di nuovi reattori, richiesta che decadde ulteriormente per via delle pressioni pubbliche e di una mancanza di fede nella tecnologia.[444] Gli ordini si ridussero drasticamente, da quarantuno nel 1973 a ventisette nel 1974, a quattro nel 1975, tre nel 1976, quattro nel 1977, e due nel 1978. Ben presto, le cancellazioni superarono numericamente gli ordini. Nel 1978, il numero di reattori nazionali attivi, in ordine o in costruzione scese a 197, il numero più basso dal 1972.[445]

E c'erano anche altri problemi. Nel 1966, il reattore nucleare veloce autofertilizzante Fermi, che la UAW aveva contestato, fino a giungere alla Corte Suprema, arrivò molto vicino a causare un devastante rilascio di radiazioni. Dal 5 ottobre del 1966, il reattore rimase sull'orlo di una catastrofica fusione per un mese intero. I suoi operatori avvertirono in segreto la polizia locale e i funzionari di Detroit, 64 chilometri a nord, che avrebbe potuto essere necessaria una evacuazione di massa. Il disastro fu evitato a malapena.[446]

Undici anni dopo, due operai della centrale elettronucleare della Tennessee Valley Authority di Browns Ferry, nei pressi di Decatur, Alabama, diedero fuoco al sistema elettrico dell'impianto. Gli operai avevano usato una candela per controllare se ci fossero delle fuoriuscite di aria e avevano fatto incendiare del materiale isolante. Quando fu estinto l'incendio, i danni ammontavano a 100 milioni di dollari.[447]

Giunti al 1979, una negligente costruzione dei reattori, una progettazione di basso livello e una gestione inadeguata erano diventate uno scandalo nazionale. Quell'anno, le rilevazioni dell'NRC rivelarono più di ventitremila errori operativi, compreso un guasto alle barre di controllo a Browns Ferry, un blackout temporaneo nella sala di controllo di un impianto nucleare in Florida, lo sviluppo non previsto di una bolla di vapore in un altro reattore in Florida, e l'esplosione di una pompa di raffreddamento nel Nuclear One dell'Arkansas, vicino alla fattoria di Herschel Bennett. Il Fitzpatrick II, di New York, dove stavano morendo le mucche di Nancy Weber, "vantava" da solo ottantotto incidenti.[448]

Vi furono anche altri incidenti: un sistema di raffreddamento di un reattore era stato collegato ai rifornimenti di acqua potabile dell'impianto. In un altro impianto, era stata usata una palla da basket, avvolta nel nastro adesivo, per tappare una condottura difettosa.[449]

Verso la fine del 1979, la dose media permessa per i residenti nei pressi dell' impianto rimaneva di 170 millirem l'anno, una percentuale che secondo il dottor Gofman e il dottor Tamplin avrebbe garantito un ulteriore numero di trentaduemila morti l'anno. E i metodi per misurare le emissioni radioattive non erano stati sistematicamente migliorati, nono-

---

[444] Charles Komonoff, *Power Plant Cost Escalation,* New York, *Komonoff Energy Associates,* 1981.
[445] Un buon riferimento bibliografico per la storia degli ordini dei reattori è l'*"Historical Profile of U.S. Nuclear Power Development",* dell'*Atomic Industrial Forum.*
[446] Fuller, *We Almost Lost Detroit.*
[447] *U.S. Congress, Senate and House Joint Committee on Atomic Energy, Browns Ferry Nuclear Plant Fire,* 94° Cong., 16 settembre 1975.
[448] *"New York Times",* 14 luglio 1980, p. 26; vedi anche, *1979: 2000 Nuclear Mishaps,* Washington, D.C., *Critical Mass Energy Project,* 1980.
[449] Robert Pollard, cur., *The Nugget File,* Cambridge, Mass., *Union of Concerned Scientists,* 1979.

stante le raccomandazioni della Commissione Shapp. Semmai, gli standard stavano peggiorando.

Nel 1975, ad esempio, fu riscontrato un eccesso di radizioni di Stronzio 90 nel latte di una fattoria vicino all'impianto di Shippingport.

L'anno successivo, il monitoraggio in quella fattoria fu cessato.[450]

Nell'ottobre del 1977, Ernest Sternglass affermò che le emissioni di Stronzio del Millstone Nuclear Power Station a Waterford, nel Connecticut, erano straordinariamente alte, e avevano causato un aumento nelle percentuali di cancro.[451] Poco tempo dopo, la NRC eliminò il requisito per cui le strutture erano tenute a raccogliere dati sullo Stronzio 90. Si adducevano ragioni di budget.[452]

Sempre in autunno, il General Accounting Office rilasciò un rapporto che accusava il programma nazionale di monitoraggio di radiazioni dell'EPA di non misurare l'esposizione del 40% della popolazione americana, "e fa solo delle caute supposizioni per il restante 60%". Il GAO avvertì che "stanno aumentando i livelli di radiazioni che non riguardano solo la salute della popolazione attuale, ma anche quella delle generazioni future, per via dei possibili danni genetici". Le agenzie federali non avevano risorse, personale, ed il necessario know-how per affrontare il problema, disse la GAO. La politica della Environmental Protection Agency "può non essere il risultato di un bisogno pubblico, ma riflette piuttosto un approccio orientato alla crisi, del problema".[453] Nonostante questi moniti, l'amministrazione Reagan nel 1981 tagliò drasticamente il programma di monitoraggio delle radiazioni dell' EPA ben al di sotto dei livelli citati come inadeguati dal GAO.

Ma la crisi era qualcosa che secondo l'industria non poteva avvenire. Nonostante la quasi-catastrofe del Fermi e di Browns Ferry, produttori di reattori, strutture ed i loro sostenitori nel Governo continuarono ad assicurare l'opinione pubblica che un incidente era praticamente impossibile. Nel 1976, un professore del MIT di nome Norman Rassmussen pubblicò un fondamentale studio che indicava che le probabilità di una grave fusione nel 1980 erano nell'ordine di una su ventimila. Sponsorizzato dalla NRC, il suo rapporto fu osannato dall'industria quale definitiva conferma della sicurezza dei reattori nucleari.[454]

Tuttavia, nel gennaio del 1979, il GAO pubblicò un altro studio sulle radiazioni, stavolta intitolato *Le aree intorno alle strutture nucleari dovrebbero essere meglio preparate ad affrontare le emergenze radiologiche*. Tra le altre cose sottolineate dal rapporto, si affermava che i piani di evacuazione attorno agli impianti militari e commerciali erano inadeguati. "Non sembra esserci una politica federale che fornisca una informazione di risposta ad un incidente nucleare per l'opinione pubblica", era l'accusa del rapporto. Così, vi era "solo una limitata assicurazione che le persone che si trovavano vicino alle strutture nu-

---

[450] Anderson and Whitten, "*Merry-Go-Round*", 16 novembre 1977.

[451] Ernest Sternglass, "*Strontium-90 Levels in the Milk and Diet Near Connecticut Nuclear Power Plants*", 27 ottobre 1977, e Sternglass, "Cancer Mortality Changes Around Nuclear Facilities in Connecticut", presentato ad un seminario del Congresso sulle radiazioni di basso livello, Washington, D.C., 10 febbraio 1978. L'accusa di Sternglass che le alte emissioni dell'impianto Millstone potevano aver causato un aumento nelle percentuali di cancro ebbe una conferma preliminare dalle prime indicazioni di uno studio dello Stato del Connecticut. Vedi Steve Fagin, "*Radiation Study Group Gets Preliminary Report on Cancer*", New London, *Day*, 10 giugno 1981, p. 2.

[452] Joseph Hendrie, presidente, NRC, lettera a Dorothy B. Jones, Primo Vice-Presidente, *Another Mother for Peace*, 3 dicembre 1978. Nella lettera, Hendrie afferma che monitorando i livelli di Cs-137, la NRC poteva anche stabilire quanto Sr-90 era emesso. "L'omissione del Radio-Stronzio dal programma raccomandato non è una questione di monitoraggio", afferma.

[453] "*New York Times*", 15 settembre 1977, p. A-1.

[454] NRC, WASH-1400, ottobre 1975.

cleari più integre siano adeguatamente protette dalle conseguenze radiologiche di un grave incidente nucleare".
In effetti, parte del problema sembrava essere l'attiva ostilità da parte delle strutture. In molti siti, si lamentava il GAO, operatori delle "strutture" erano restii a fornire informazioni pubbliche per paura di creare un allarmismo generalizzato che poteva risultare in nuove o prolungate attività di protesta".[455] Il rapporto del GAO, che era stato in preparazione per mesi, era datato 30 marzo 1979.
Due giorni prima, l'"impossibile" stava iniziando ad avvenire nella Unità 2 di Three Mile Island. Il reattore era stato messo in funzione velocemente dai suoi proprietari – la Metropolitan Edison Company – il 28 dicembre 1978, apparentemente per questioni fiscali. Vi furono critiche che affermavano che non era del tutto pronto per essere operativo, e le sue prime rilevazioni ne erano la prova. Qualche settimana dopo l'apertura, l'Unità 2 presentava delle valvole che si rompevano durante un test di turbine. Il primo di febbraio, una valvola a farfalla iniziò ad avere delle perdite. Un giorno dopo una pompa fece saltare una guarnizione. Poi, un'altra pompa saltò.
Infine, alle 15.58 del 28 marzo 1979, gli allarmi nella sala controlli iniziarono a lampeggiare. Le pompe di alimentazione acqua andarono fuori servizio. Gli operatori della sala controlli lessero erroneamente i loro strumenti e iniziarono a prendere le decisioni sbagliate. Via via che il nucleo perdeva acqua, il calore e la pressione iniziarono a crescere. Una valvola si aprì e non si chiuse. Acqua radioattiva sgorgò sul pavimento dell'edificio di contenimento. Il sistema di raffreddamento di emergenza del nucleo entrò in funzione, e un operatore lo spense. Una pompa inondò un edificio ausiliario con acqua contaminata, causando un rilascio di vapore. Delle radiazioni passarono attraverso il contenimento. L'acqua radioattiva giunse al fiume Susqueanna.
Infine, una bolla di idrogeno si sviluppò nel nucleo, minacciando apparentemente una esplosione. Mentre l'America – e il mondo – erano col fiato sospeso, quantità ignote di radiazioni fuoriuscivano nell'aria della Pennsylvania centrale.[456]

Quanto era stata la radiazione?

Anzitutto l'azienda di gestione, l'NRC e l'industria si sforzarono di minimizzare la percezione popolare sulla quantità di radiazioni liberate a Three Mile Island e di quanto potessero essere pericolose. Come aveva fatto l'AEC per più di 250 test di bombe, e come pure avevano fatto i gestori di Windscale e dell'impianto di Rocky Flats, i proprietari di TMI ora si affrettavano a rassicurare il pubblico che solo quantità trascurabili di radiazioni erano uscite nell'atmosfera, e che non vi era ragione di ritenere che qualcuno ne avrebbe sofferto.
L'emissione totale dovuta all'incidente, disse Margaret Reilly del Department of Radiation Protection della Pennsylvania, ammontava a "un'inezia". Nonostante l'ordine del governatore della Pennsylvania Richard Thornburgh – due giorni dopo l'incidente – che le donne incinte e i bambini piccoli abbandonassero immediatamente l'area, i comunicati stampa ufficiali paragonavano l'esposizione massima a quella di una singolo lastra a raggi X.

---

[455] GAO, *Areas Around Nuclear Facilities Should be Better Prepared for Radiological Emergencies,* EMD-78-110, Washington, D.C., GAO, 30 marzo 1979, pp. 28-31.
[456] Vi sono numerosi resoconti della fusione del TMI. Uno di loro appare nel *"Washington Post", Crisis: Three Mile Island,* Washington, D.C., *"The Washington Post"*, 1979 (citato d'ora in poi come *Crisis*).

Ma nessuno negava che alcuni sottoprodotti della reazione fossero sfuggiti. Attraverso una serie di complessi calcoli matematici, l'NRC stimò che 16 milioni di curie di gas nobili e quattordici curie di iodio 131 radioattivo erano andati nell'atmosfera. Con complessi calcoli che coinvolgevano due milioni di persone in un raggio di 50 miglia intorno a TMI fu deciso che ogni individuo aveva una dose media di 1.4 millirem, una frazione della normale radiazione naturale. La dose massima che chiunque poteva essersi preso, aggiunse Reilly, era di 70 millirem – e ciò valeva solo per qualcuno "che fosse rimasto nudo per una settimana davanti ai cancelli dell'impianto".[457]

Le stime di Reilly non tenevano conto di particelle o gas radioattivi che fossero stati ingeriti o inalati.

Pochi mesi dopo una commissione presidenziale diretta dal presidente del Dartmouth College George Kemeny confermò i risultati dell'NRC. "In base alle conoscenze scientifiche attuali", disse la commissione, le dosi di radiazioni "erano così piccole che non ci saranno casi addizionali rilevabili di cancro, anormalità nello sviluppo o malattie genetiche in conseguenza all'incidente a TMI". Nel caso peggiore, solo per una tra le 325.000 persone nell'area che ci si poteva aspettare dovessero morire di cancro si poteva dire avesse una "ragionevole probabilità" di essere stata vittima della radiazione di TMI.

Sostenitori attivi dell'energia atomica andarono oltre. In una serie di annunci pubblicitari, Edward Teller sostenne di essere stato "la sola vittima di Three Mile Island". Lo stress nervoso dovuto agli attacchi alla sua industria preferita da parte degli antinuclearisti, diceva, gli avevano portato un attacco di cuore. Quanto al fallout, Teller sosteneva che il rischio non era diverso dal vivere in alta montagna, dalle parti di Denver, dove la radiazione naturale di fondo è più alta che nella Pennsylvania centrale. Teller non specificò se intendeva dire sottovento o sopravvento rispetto a Rocky Flats. Ma il suo punto era chiaro. "C'è una possibilità ma non una probabilità che a causa dell'incidente di TMI una singola persona all'anno d'ora in avanti sviluppi un cancro"[458].

Tale conclusione non era condivisa da tutti. Karl Z. Morgan e altri accusarono presto che l'ammontare delle emissioni era stato sottostimato, e che specifiche "sacche" di popolazione potevano aver ricevuto dosi molto alte – particolarmente nella città di Harrisburg, che era sottovento nei momenti critici dell'incidente.

I sistemi di misura delle emissioni all'impianto di TMI erano sostenzialmente quattro: sensori nelle barre di controllo per misurare quanta radiazione fosse sfuggita; filtri al carbone attivo delle barre di controllo che trattenevano parte del materiale per misure successive; sensori nelle vicinanze per stimare quanta radiazione era arrivata nell'ambiente esterno; ed esami su vegetazione, latte, campioni di tessuto animale dalle fattorie della zona per stimare la radiazione che poteva essere stata ingerita dagli animali locali. I risultati definitivi di ciascuno di questi indicatori hanno causato molte controversie. Il 12 aprile ad esempio, nel mezzo della crisi, un rappresentante dell'NRC di nome Lake Barrett ammise che i rilevatori nelel barre di controllo dell'impianto "non fornivano misure precise di valori assoluti della quantittà di radioattività liberata nel corso dell'incidente". Alti valori di radiazione, disse Barrett, avevano mandato i sensori "fuori scala" e li avevano resi inutili.[459]

---

[457] Margaret Reilly, intervista, marzo 1981.
[458] Edward Teller, *"The Overblown Fear of Radiation"*, *"Philadelphia Inquirer"*, 1979
[459] Lake Barrett, *"Preliminary Estimates of Radioactivity Releases from Three Mile Island"*, memorandum da diffondere al pubblico, NRC, 12 aprile 1979, p. 1.

A giugno Albert Gibson, capo della sezione *Radiation Support*, uno degli autori del rapporto finale dell'NRC sulle emissioni da TMI, confermò il problema. Testimoniando di fronte ai cinque membri della commissione dell'NRC, Gibson disse, "Tutti i sensori nelle ciminiere, da dove sono sfuggite almeno l'80% delle radiazioni, andarono fuori scala la mattina dell'incidente. Il problema con quei sensori è che non era previsto che dovessero monitorare incidenti come Three Mile Island". Gibson spiegò che c'erano tre sensori nella ciminiera e altri cinque nel corridoio che vi arrivava. Il mattino dell'incidente erano tutti e otto al massimo della lettura. Era impossibile dire quanta radiazione fosse effettivamente sfuggita. I rilevatori ne registrarono una parte minima.

"Pertanto", chiese il membro della commissione Victor Gilinsky, "noi in realtà non sappiamo cosa uscì da lì? Su per la ciminiera di ventilazione?" "Esatto", confermò Gibson.

Dentro l'edificio le letture mostrarono un minimo di un milione di millirem per ora, una dose letale. Nella zona attorno, il giorno dell'incidente, i sensori a 100 metri dalla ciminiera mostrarono livelli di 365 millirem di raggi Beta e Gamma per ora. Un elicottero sulla verticale della ciminiera misurò emissioni anche triple. Anche tali misure erano "parecchio inconcludenti", disse Gibson. Mostravano i valori dosimetrici "solo relativi al momento della misura". Senza una conoscenza precisa dei dati meteorologici, ammise, "non sappiamo se furono fatte in punti appropriati".[460]

Così Gibson aveva detto ai suoi superiori dell'NRC che uno dei metodi chiave di misurare le emissioni, i sensori presso le barre di controllo, erano stati sostanzialmente inutili durante e dopo l'incidente.

Ma in un'intervista nel 1981 con noi Gibson ritrattò. "Non voglio che il vostro libro tratti troppo di quanto dissi alla commissione", ci disse. "Ciò che intendevo dire allora era che al momento dell'incidente non sapevamo quanta radiazione stesse sfuggendo. Ma dopo, misurando i filtri al carbone attivo dopo le barre di controllo, potemmo stimare il totale".

La seconda linea di difesa dell'NRC, ci disse Gibson, funzionò come doveva. I filtri al carbone attivo delle ciminiere trattennero una certa percentuale dello Iodio 131 e di altri isotopi che si erano liberati nel corso dell'incidente. "Se avessimo saputo che ci sarebbe stato l'incidente, avremmo avuto più sensori operativi", Gibson disse. "Ma sono convinto che le concentrazioni di Iodio rilasciate fossero ragionevoli".

Comunque uno studio dell'NCR pre-incidente aveva già messo in forse le prestazioni e la precisione dei filtri in condizioni che prevedessero grandi quantità di umidità e gas nobili.[461] Una conferenza del 1978 del DoE aveva già discusso le scarse prestazioni dei filtri nel caso fosse presente umidità, prevedendo problemi quali la corrosione che avrebbero permesso a del materiale radioattivo di sfuggire e non essere così rilevato nelle successive misure sui filtri.

Un successivo articolo di *Nuclear Engineering* disse che i filtri non sarebbero serviti a molto comunque. A causa di una "insolita quantità di vapore acqueo", scrisse Seo Takeshi del *Nuclear Reactor Laboratory* dell'Università di Kyoto, "la capacità di assorbimento delle cartucce deve essersi rapidamente ridotta". La loro saturazione ha portato a letture più basse, per le quali l'NRC e la ditta incaricata "non hanno apportato correzioni", una mancanza che Takeshi definì "inperdonabile".[462] Anche i membri della commissione

---

[460] Thomas O'Toole, "*NRC Told Radiation Leak at A-Plant Off the Gauges*", "*Washington Post*", 22 giugno 1979. p. A-3.
[461] D. W. Underhill e D. W. Moeller, *The Effects of Temperature, Moisture, Concentration, Pressure and Mass Transfer on the Absorption of Krypton and Xenon on Activated Carbon*, NUREG-0678, Washington, D.C., *Nuclear Regulatory Commission*.
[462] Seo Takeshi, "*NRC's Gross Underestimation of the Radioactive Releases and Population Doses During the TMI-2 Accident*" (citato da qui in poi come "*NRC's Underestimation*").

Kemeny erano preoccupati. "A causa di uso improprio prima dell'incidente", conclusero, i filtri negli edifici ausiliari e in quelli di manipolazione del combustibile "non hanno funzionato come previsto".[463]

E in effetti, nell'aprile del 1979 Harold Denton della NRC disse ad una conferenza stampa a Middletown che ad un certo punto almeno venti filtri erano stati rimossi e mai rimpiazzati. Così "c'erano una possibilità che delle perdite potessero bypassare i filtri, passando attraverso lo spazio dei filtri senza essere filtrate". In altre parole la radioattività sfuggì perché non c'erano filtri per fermarla.

Così i sensori della ciminiera e i filtri erano quasi completamente inaffidabili. Ma restava pur sempre la terza linea di difesa: sistemi di monitoraggio ambientale gestiti da Met Ed e dalla NRC. Queste reti erano basate su dispositivi di lettura della radiazione conosciuti come dosimetri a termoluminescenza (TLD), progettati per misurare la radiazione Gamma.

I TLD, disse Albert Gibson, "ci confermarono i livelli da noi stimati di perdite dall'impianto". Ma a tutti gli effetti, anche il sistema dei TLD era inefficace. Prima cosa, erano fatti per misurare l'esposizione alla radiazione su un periodo di mesi. Monitor in "tempo reale", che possano misurare con maggior precisione quanta radiazione viene liberata su periodi più brevi, non erano in uso durante l'incidente di TMI, e più di due anni dopo non erano ancora stati installati. Secondo, i TLD leggono solo la radiazione Gamma. Ma anche grandi quantità di emettitori Alfa e Beta stavano sfuggendo da TMI, e non c'erano apparecchiature per monitorarli. Secondo il dottor Carl Johnson, del Colorado, che lavorò mesi ad ottenere informazione sul rilascio di radiazione Alfa da confrontare con quello di Rocky Flats, "non c'è alcun dato".

Gli stessi TLD erano sistemati in modo irregolare e non erano affidabili. A causa della "scarsa manutenzione", scrisse Seo Takeshi, i dati per il periodo cruciale dal 31 marzo al 1° di aprile erano "inattendibili". Da molti settori attorno a TMI "non c'erano assolutamente dati". E "stime generali della dose collettiva e della quantità di radioattività rilasciata basate su questi miseri dati non possono essere precisi e vanno considerati minori del livello reale".

Infatti, aggiunse Takeshi, in base ad uno studio dell'NRC dell'agosto 1979, almeno 64.000 curies di I-131 sono state liberate, una cifra 4.000 volte maggiore di quanto sia stato comunicato al pubblico, e rappresentanti una dose capace di mettere a rischio la salute della popolazione locale.

Thomas Gerusky, capo del *Bureau of Radiation Protection* dello Stato, confermò che il sistemi di monitoraggio a TMI era "preparato solo per incidenti di routine, cose piccole. Penso che l'idea fosse che nel momento in cui fosse capitato un incidente serio, il monitoraggio si poteva sempre espandere. Ovviamente, scopritono che non era così". Sia lo Stato che le autorità federalo riconobbero che nei primi due giorni dopo l'incidente, quando vennero rilasciate circa l'80% delle radiazioni, non c'erano abbastanza TLD disponibili. "Non sappiamo se ci furono delle altre fughe nei primi istanti, oltre che dalla ciminiera", disse Gerusky al *News-American* di Baltimora. "Ci sono ancora dubbi circa quanto I-131 è stato liberato all'inizio dell'incidente". La prossima volta, aggiunse Margaret Reilly, le autorità sapranno che "è bello essere più prodigi di TLD". Dopo tutto, disse, TMI è stata "la prova generale di un incidente".

---

[463] Kemeny Report, p. 30.

I TLD vennero mandati a due ditte per la valutazione. Una era la Radiation Monitoring Corporation, una consociata della Philadelphia Electric, uno dei sostenitori più ardenti dell'energia atomica. L'altra era Teledyne Isotopes, consociata di Teledyne Inc., una multinazionale di Los Angeles con qualcosa come 400 milioni di dollari di contratti legati al nucleare militare americano. Entrambe le società avevano chiari interesse finanziari a favore dell'energia atomica. I dosaggi letti da Metropolitan Edison TLD indicavano meno radiazione di quelli dell'NRC, una discrepanza the la commissione Kemeny discusse ma non riuscì a spiegare.[464]

Una misurazione in particolare gettò un'ombra su tutta la valutazione. Scartabellando le misurazioni, il gruppo di Kemeny trovò una stazione a 96 miglia a nordovest di TMI con misure relativamente alte. La dose assoluta era molto bassa, ma a in termini comparativi sembrava indicare un livello anormale di radiazione a Harrisburg. La commissione scartò le letture più alte come imprecise, teorizzando che la dose si era accumulata su quel particolare TLD a causa di delle operazioni errate. La chiamarono "l'anomalia del Nordovest". Ma in realtà l'"anomalia" sembrava confermare una delle accuse principali: che la radiazione dall'impianto non si fosse diffusa uniformemente sull'area, ma in realtà fosse stata sospinta verso Nordovest seguendo un tragitto piuttosto stretto, verso Harrisburg, a circa 16 chilometri.

L'ultimo punto dello studio ufficiale riguardava gli esami della vegetazione, del latte e degli animali. Stando a John Nikoloff, portavoce del Dipartimento per l'Agricultura dello Stato, "centinaia" di campioni di latte erano stati raccolti dopo l'incidente.

In generale, ci disse, non si erano riscontrate concentrazioni che superassero 41 picocurie per litro di Iodio radioattivo, molto al di sotto del limite massimo di 100 picocurie a litro. "Nulla di ciò che abbiamo visto indicata problemi seri", disse Nikoloff.

Ma le misure della Metropolitan Edison indicavano un risultato di 105 picocurie per litro nel latte delle capre della fattoria di Louise Hardison, a circa sei chilometri dall'impianto. E *"The News-American"* di Baltimore riportò che uno studio indipendente condotto da un professore associato di ingegneria nucleare della Pennsylvania State University riscontrava in sette casi una misura di oltre 1.200 picocurie per litro. I risultati spinsero Thomas Gerusky a dire a *"The News American"* che "potrebbe esserci più Iodio di quanto pensassimo".

C'erano anche altre contraddizioni. Margaret Reilly ci disse che erano stati esaminati numerosi animali e che "non risultava nulla". Ma anche il *U.S. Bureau of Fish and Wildlife* di Harrisburg fece uno studio riscontrando livelli di I-131 nelle tiroidi dei conigli considerevolmente più alti di quanto fosse stato precedentemente registrato. "Abbiamo dato fiducia all'NRC e a Met Ed", disse Norman Chupp, del *Bureau*, "ma sembra non fossero interessati agli animali che interessano a noi... Chissà se i risultati non sarebbero stati più interessanti se li avessimo ottenuti prima?".

Un secondo studio, condotto da quattro membri della facoltà del vicino Millersville State College nello stesso periodo dello studio del DoA, sembrò confermare gli altri livelli di iodio anche altrove. Lo studio usava l'Arvicola nordamericana – un piccolo roditore - come controllo, e trovò alti livelli di I-131 nella tiroide di animali catturati presso l'impianto.

---

[464] Health Physics and Dosimetry Task Group, Kemeny Commission, *Report of the Public Health and Safety Task Force on Health Physics and Dosimetry*, Washington, D.C., ottobre 1979, p. 133

Nel frattempo un articolo su Science indicava che valori oltre l'ordinario erano stati registrati sino ad Albany-Troy.57 Un altro studio indipendente notò livelli alti nel Maine dopo l'incidente.

Nell'area di TMI gli abitanti sentirono uno strano sapore "metallico" in bocca. "Diresti che è nell'aria", ci disse Charles Conley nella sua fattoria vicino a TMI. "Lo puoi sentire. Lo sentimmo tutti".

Gli sfortunati vicini di TMI si lanciarono in una corsa ai contatori Geiger, che secondo molti mostravano livelli anormali in tutta la Pennsylvania centrale. Il trend spinse Margaret Reilly di dire come battuta al *The News-American* che lo Stato stava considerando di comprare tutti gli strumenti dai negozi per fermare il flusso di proteste sui presunti alti livelli di radioattività rilasciata.

Ad un incontro dell'aprile 1980 sponsorizzato dalla New York Academy of Sciences, Thomas Gerusky della Pennsylvania sottolineò che "migliaia di campioni di latte, aria, acqua, prodotti, terra, vegetazione, pesci, sedimenti dei fiumi e fango presi nelle vicinanze dell'impianto sono stati analizzati". Ma stime precise delle dosi erano valide "solo per individui che vivessero entro cinque chilometri da TMI", disse, "perchè la maggior parte dei campioni furono presi in quell'area".61 Reilly aggiunse in un'intervista nel giugno 1981 che nonostante "non siano pericolosi per la salute", rilasci di gas nobili usciti da TMI il giovedì dopo l'inizio dell'incidente erano così ingenti che esperimenti radiologici condotti in un fabbricato di Harrisburg si erano dovuti interrompere a causa delle interferenze radioattive.[465]

Pochi erano preoccupati di tali fughe più di del presidente dell'NRC Joseph Hendrie. Nella mattinata di venerdì 30 marzo, al massimo della crisi, Hendrie sentì parlare di un rilascio improvviso sopra le ciminiere. Ciò indicava delle emissioni "di circa 1.200 millirem all'ora che si poteva calcolare corrispondessero, nel momento in cui la fumata dell'emissione fosse arrivata a terra dove le persone lo avrebbero subito, a circa 120 millirem all'ora. Ora, ciò è ancora sotto il livello soglia per l'evacuazione dell'EPA; d'altra parte, di certo è una dose abbastanza robusta da avere fuori dal sito".[466]

Almeno una parte di quella "dose abbastanza robusta" sembra sia scesa su Harrisburg, dove i suoi effetti sui bambini piccoli sarebbero stati letali.

---

[465] Margaret Reilly, interview, giugno 1981.
[466] *"Pittsburgh Post-Gazette"*, 16 aprile 1979, p. 1.

13.
Animali morti a Three Mile Island

Il dottor Robert Weber sembra il tipico veterinario di campagna. Di modi gentili ma massiccio, Weber portava il cappello stile western e i baffoni a manubrio nel marzo del 1980, nella sala elegantemente pannellata della *Public Utilities Commission* della Pennsylvania durante l'udienza sull'incidente di TMI in cui deponeva come testimone.
Anche se tutte le sottigliezze su curie, millirem ed isotopi dicevano poco a Weber, egli aveva un'idea abbastanza chiara su ciò che stava capitando agli animali dei suoi clienti. E quando la PUC finalmente tenne le udienze, un anno buono dopo l'incidente, Weber andò diritto al punto. Dopo l'incidente, disse, riceveva segnalazioni di nati morti tra i maiali vicino a TMI al ritmo di due alla settimana. La norma erano due casi all'anno. Praticava nella zona di Mechanicsburg dagli anni '40 e non aveva mai visto un'epidemia del genere. Gli ormoni che normalmente servono ad aiutare la dilatazione delle scrofe non funzionavano.
E durante quella primavera del 1980 aveva anche dovuto fare due cesarei alla settimana su pecore e capre locali, una media straordinaria.
Weber fu immediatamente affrontato da un avvocato della Metropolitan Edison, che domandò se stesse affermando che le radiazioni da TMI avesse causato il problema.
"Non sono competente per dire che sono state le radiazioni", rispose il veterinario. "Non so quale sia la causa".
Ma fuori dalla sala Weber ci disse che se mai delgi animali erano serviti come rivelatori di radiazioni in un incidente nucleare, era priprio stavolta. "Molti di questi problemi stanno venendo fuori proprio sul percorso delle fughe di TMI", disse. "Non posso dire per certo che è stata la centrale a causare tutto. Ma non riesco ad immaginare cos'altro possa stare succedendo laggiù". In effetti la "valanga" di problemi di parto tra i maiali cominciò "subito dopo che si era guastato l'impianto. Non so se ci siamo trovati sulla scia di qualcosa. Gli esami non hanno mostrato particolari malattie che possano causare tutto ciò.
Weber ci disse anche di aver visto molti casi in grado di sostenere le dichiarazioni giurate accumulate da Jane Lee. "Dal 1976 ho notato che alcune mucche vanno a terra dopo aver avuto il loro vitello, e no rirscono più a camminare. Non hanno la tipica febbre da allattamento, ma non sappiamo cosa abbiano. Restano giù e in un paio di casi ho dovuto sopprimerle. Tutte le cure che ho provato, semplicemente non hanno funzionato". Agiunse che le cose erano sensibilmente peggiorate dopo l'incidente, compreso un aumento della malattia di Hodgkin tra i cani, e lamentele diffuse sulla scomparsa di cervi, fagiani e altra selvaggina dalla zona.
Charles Conley confermò la descizione. "Mio papà comprò questa fattoria nel 1912", disse al The News-American. "Ho avuto più problemi negli ultimi due anni che in tutti i precedenti anni di lavoro in fattoria".
Conley notò che poco dopo l'incidente la corteccia di un acero del suo cortile si staccò. "Il raccolto di frumento quell'anno andò male", aggiunse. "I frutti rimasero piccoli e alcuni vegetali si accartocciarono. Sparirono anche gli uccelli. Dopo l'incidente, non si vedevano sciamare dietro l'aratro come usavano sempre fare. Ne avevamo di tutti i tipi. Era normale avere 25 morli migratori, fuori in giardino. Quest'anno [1980] ne ho visto solo uno. Un mucchio di storni volò semplicemente nel fienile e morì. E mio fratello, trovò un

tordo migratore a pancia in su in un cesto di pesche. Quella roba ha ucciso anche i serpenti. Non abbiamo crotali da queste parti, ma di serpenti giarrettiera e di colubri neri, di solito se ne vedevano molti. Ora non più".

A casa di Jane Lee il numero di segnalazioni da agricoltori che lamentavano problemi con gli animali aumentò drammaticamente dopo l'incidente. Non lontano lungo la strada, a casa di Emma Whitehall, che nel 1978 aveva segnalato che 290 uova di anatra non si erano aperte, una capra ebbe un inspiegabile aborto gemellare otto giorni dopo l'incidente. Nella fattoria, posta a meno di cinque chilometri da TMI, poco dopo altre capre incinte morirono misteriosamente, insieme a 26 conigli appena nati e a 19 porcellini d'India.

Nella vicina fattoria di James Fitzgerald, nacque un puledro deforme. Da Mary Ann Fisher, a Middletown, oltre il fiume, morì inspiegabilmente una nidiata di gattini. All'allevamento di cani di Fran Cain, a mezzo chilometro dal reattore, un barboncino nacque senza occhi.

Uno dopo l'altro, dopo l'incidente, arrivarono in numero sempre crescente segnalazioni di sterilità, casi di nati morti, malformazioni, malattie, morti inspiegabili; sparizione della selvaggina, dei serpenti, e degli insetti; e vegetazione che appassiva.

I risultati ufficiali dello Stato della Pennsylvania

A metà maggio, il *Department of Agriculture* della Pennsylvania (DoA) decise di condurre un proprio studio. Il direttore del dipartimento per l'informazione, John Nikoloff, ci disse che la raccolta dei dati fu fatta in due giorni, il 23 e il 24 maggio, e che coinvolse dieci impiegati del dipartimento, tra i quali due veterinari. Nikoloff disse che 100 agricoltori vennero intervistati. In base allo studio, solo cinque di essi lamentarono problemi anomali.

Nikoloff sottolineò che lo studio, al quale non era stato dato un titolo, era informale e "per uso interno". Non era sofisticato o esaustivo, piuttosto un "controllo a campione" ottenuto compilando una lista approssimativa degli allevamenti bovini entro otto chilometri dalla centrale e prevedendo che gli intervistatori si presentassero, senza preavviso, ad altri allevatori nei dintorni "se restava loro tempo".

Nikoloff aggiunse che il dipartimento aveva compiuto alcune autopsie, ma meno di quante avrebbero voluto. "In un certo senso non possiamo farci niente", disse, "perché molti animali dei quali vengono riportati i problemi sono morti e sepolti prima che possiamo fare l'autopsia". La dozzina circa di animali esaminati non mostrava tracce di danni da radiazione. Così, sulla base di ciò e del piccolo numero di proteste ricevute, Nikoloff e il DoA aveva concluso che "non c'erano prove ad indicare che alcun problema ad animali nella zona avesse a che fare con la radiazione da TMI".

Nell'aprile del 1980, oltre un anno dopo l'incidente, la redazione del "*New York Times*" si basò sullo studio del DoA per un lungo pezzo, molto di parte, intitolato "Affabulatori nucleari", che si occupava soprattutto della crescente polemica sulle cifre della mortalità infantile presso TMI. I "rapporti sulle bizzarre deformità tra gli animali di fattoria e la fauna selvatica" erano stati smentiti, scrissero. I problemi "sono stati ricondotti ad infezioni virali o all'alimentazione sbagliata; non ci sono state prove di danni da radiazione".

Ma tre mesi dopo quell'editoriale, un team investigativo del "*The News-American*" riportò che lo studio del DoA era "privo di valore". Le segnalazioni degli allevatori locali erano state "notevolmente sottostimate". I dati dello Stato "Errati. Le conclusioni sbagliate".

In un articolo di quattro pagine scritte principalmente dal giornalista investigativo Laura T. Hammel, "*The News-American*" lanciò l'accusa che non il 5%, ma almeno il 40% degli allevatori elencati nello studio del DoA lamentavano problemi a piante ed animali che risalivano non solo a dopo l'incidente, ma a dopo l'apertura di TMI-1.

L'allevatore di mucche da latte Joseph Conley (cugino di Charles, citato in precedenza) disse al "*The News-American*" che a cominciare dal 1974, le foglie dei suoi vigneti diventarono bianche, i rami dei suoi noccioli seccarono e morirono e, alla fine del 1978, subito prima che aprisse TMI-2, il suo bestiame divenne irrequieto.

Poco dopo l'incidente del 1979 due delle sue mucche abortirono, dieci dei vitelli morirono poco dopo la nascita, i suoi gatti diventarono sterili e i membri della sua stessa famiglia cominciarono ad accusare malessere e fiacchezza al punto che traslocarono e si andarono a stabilire in un'altra contea. Ma il DoA lo aveva messo nell'elenco di quanti "non avevano avuto problemi".

Anche Richard Bailey, allevatore a York Haven, a 20 chilometri da TMI, fu segnato tra quanti non avevano avuto problemi. Invece disse al "*The News-American*" che nei due mesi dopo l'incidente aveva perso sei vitelli uno dopo l'altro. Un altro era nato nano. Prima dell' incidente aveva avuto solo dieci vitelli nati morti in più di trent'anni di attività.

Russell Whisler di Manchester, anche lui inserito dal DoA tra quanti non riportavano problemi, disse di aver perso due pecore e quattro agnelli a causa di gravidanze anormali dopo l'incidente, e che lo Stato lo sapeva. "Ci chiesero che cosa ci era successo, e noi glielo dicemmo", disse.

Jane Ressler di Elizabethtown, che lamentava quattro cavalli sofferenti di problemi alle articolazioni subito dopo l'incidente, anche lei "non aveva problemi". Invece disse al "*The News-American*", "Abbiamo avuto un sacco di problemi. Non ho mai parlato a nessuno mandato dal del governo, e nemmeno mio marito. Ma avrei voluto".

Stando al reporter Hammel, almeno trentacinque allevatori elencati nello studio dissero che il loro punto di vista era stato malinterpretato. Almeno tre dissero che avevano detto agli ispettori dello Stato di avere problemi e finirono nella lista di quelli che non ne avevano. E un gran numero di liste di animali nello studio risultarono grossolanamente imprecise.

Molti allevatori della zona che avevano seri problemi non furono contattati del tutto. Uno è Robert Ziegler di Newberry Township, direttamente oltre il fiume dal TMI. Due giorni dopo l'incidente i maiali di Ziegler si rifiutarono di uscire dal porcile e i suoi polli presero a svolazzare come pazzi intorno alla loro stia. Per la metà di maggio, 27 polli e 11 maiali erano inspiegabilmente morti. Al momento del raccolto, il suo mais era spugnoso e malformato, il raccolto di avena aveva reso la metà, e un noce di 23 anni stava perdendo la corteccia. Ma Ziegler non compariva nello studio, mentre fattorie a 120 chilometri di distanza invece c'erano.

La ragione, spiegò il segretario all'agricoltura, Penrose Hallowell, era di fornire un "controllo a macchia di leopardo" per vedere " se c'erano differenze tra le fattorie più lontane e quelle più vicine". Hallowell disse anche che alcune delle più lontane erano state incluse perchè il dipartimento "voleva raggiungere più allevamenti di mucche da latte possibile nell'area, ed esse erano in gran parte fuori dal limite degli otto chilometri".

Eppure lo studio incluse 11 famiglie che non erano allevatori, e citò come "senza problemi" la proprietà di 58 acri a Manchester di Barbara e Homer Meyers, che però dissero di "non avere avuto contatti" affatto con gli estensori dello studio.

Nikoloff spiegò che lo studio includeva animali di proprietari che non erano allevatori. E che alcuni allevatori che erano stati studiati magari non lo erano venuti a sapere, dato che il lavoro era stato fatto da ispettori che testavano di routine latte, mangimi e fertilizzanti nella zona.

Quanto ai numerosi allevatori che lamentavano problemi non documentati nello studio, Nikoloff ci disse che sospettava che essi fossero emersi al di fuori del lasso di tempo tra lo studio dello Stato e l'indagine del *"News-American"*.

Allora domandammo come mai il DoA non avesse fatto uno studio successivo. "Non abbiamo chiesto fondi per un altro studio", rispose. "Gli esperti di radiazioni ci dissero che non era necessario in base alla quantità di radiazione nell'aria. Ci dissero che sarebbe stato uno spreco di denaro dei contribuenti".

Tra gli allevatori stessi dilagava incredulità e rabbia. "Non ci daranno mai delle risposte", concluse Vance Fisher, allevatore di Etters, 68 anni, il cui bestiame stava morendo. "Chiunque lavori nello Stato ha paura di dire una parola contro TMI".

"Mi è difficile credere a qualsiasi cosa dicano", aggiunse Pat Baum, allevatrice di Elizabethtown. "Non sapevano cosa stavano facendo quando la faccenda è cominciata, e non credo che sappiano cosa stanno facendo anche ora".

"Quando cominciammo a girare", ci disse la redattrice del *"News-American"* Hammel, "C'era una tale ostilità che dovevamo dimostrare di non lavorare per lo Stato perché i fattori accettassero di parlare con noi". Una volta, Hammel disse che incontrò "molte persone che non si conoscono tra loro, che ci hanno raccontato storie incredibilmente simili".13

Entra in gioco la NRC

Per l'estate del 1980 le storie del Dottore Weber, Jane Lee, Charles Conley e di altri abitanti della zona avevano cominciato a filtrare nei media.14 Era esattamente il tipo di pubblicità che l'industria non poteva sostenere. I reattori operavano a circa il 65% della capacità; in origine l'industria aveva promesso l'80%. E con 70 centrali attive, l'energia atomica produceva solo il 9% del fabbisogno di elettricità degli U.S.A., e meno del 2% dell'energia U.S.A. totale. Dopo 35 anni di ricerca e sviluppo, 40 miliardi di dollari pagati dai contribuenti, e più di 100 miliardi di dollari in investimenti collegati, i reattori commerciali fornivano ai consumatori americani meno energia della legna da ardere.[467]

L'indomani di TMI andò in vigore una moratoria federale sulle licenze. Mancando nuove ordinazioni, andati alle stelle i costi di costruzione, la domanda di elettricità in calo, con la questione delle scorie sempre irrisolta, i fondamenti economici dell'atomo "pacifico" sembravano vacillare più che mai.

Ora si sgretolavano anche le fondamenta politiche. Il 6 maggio, solo cinque settimane dopo l'incidente di TMI, più di 100.000 antinuclearisti di raccolsero a Washington per protestare contro il pericolo radioattivo che l'incidente aveva messo in evidenza. Il 23 settembre in più di 200.000 si riunirono a Manhattan per una marcia antinucleare con concerti in quella che fu la più vasta manifestazione politica americana degli anni '70. Do-

---

[467] Per informazioni sulla antieconomicità degli elettroreattori vs gli impianti termoelettrici a carbone, v. *Komonoff, Power Plant Cost Escalation*. Per un prospetto dell'andamento negativo degli ordini di nuovi reattori, v. *Atomic Industrial Forum, The Nuclear Industry in 1980: A Rocky Road to Recovery*, Washington, D.C., Atomic Industrial Forum, 19 gennaio 1981. La comparazione nucleare/legna da ardere è di Tim Glidden, *project manager* del Resource Policy Center, Dartmouth College.

vunque vi fossero reattori in funzione o in costruzione, la popolazione locale si organizzava contro di loro.

Ma l'energia nucleare non veniva abbandonata. L'industria aveva miliardi di dollari in investimenti. Prima di tutto, appariva necessario sentire l'idea che TMI avesse causato danni a qualcuno. E ciò interessava la questione degli animali. Proprio come le pecore del Nevada erano state la prima e più visibile vittima dei test degli anni '50, così le capre, i maiali, le vacche e i gatti della Pennsylvania centrale sembravano destinati a giocare quel ruolo all'inizio degli anni '80.

E come già l'AEC, lo Stato della Pennsylvania non cedette. "Non c'è uno straccio di prova che ci sia stato un singolo problema legato alle radiazioni", disse il governatore Richard Thornburgh delle lamantele dei fattori. "Se mi sapete portare un singolo caso di problema legato alle radiazioni, allora verremo a dare un'occhiata".

Ma la resistenza, a livello di Stato, verso un approfondimento della questione oltre i limiti dello studio del DoA rimaneva ferma. "Non c'è stata sufficiente radiazione che ci dia un'indicazione della necessità di un ulteriore studio", disse Robert Furrer della DoA. "Fare altri studi vorrebbe dire dare la caccia ad un fantasma", aggiunse Nunzio Palladino, preside del *Pennsylvania State College of Engineering*. "Non mi giocherei un centesimo su ulteriori ricerche".17 Nel 1981 Palladino divenne direttore della *Nuclear Regulatory Commission*.

A dispetto di queste posizioni l'NRC unì le forze con l'EPA per studiare gli animali attorno a Three Mile Island nella primavera del 1980. Guidati da Germain LaRoche dell'NRC, il gruppo si dedicò a contattare gli allevatori che avevano lamentato problemi con i loro animali. L'investigazione si concluse per l'autunno del 1980 e le conclusioni erano chiare: "nessuna ragionevole connessione" poteva essere stabilita tra la radiazione di TMI e i danni agli animali.

Tra le altre cose, il rapporto disse che le morti di gatti adulti e neonati e i problemi riproduttivi "fanno pensare a malattie infettive". I problemi di pecore, capre e mucche "fanno pensare a deficienze nella nutrizione". Anche la tendenza delle mucche a non stare in piedi sembrava essere legata alla dieta. Problemi di schiusa delle uova di anatre e oche "potrebbero derivare dall'instabilità della temperatura nelle incubatrici nei casi in cui venivano usate incubatrici".

Le conclusioni generali del rapposto erano che "mentre molti dei sintomi segnalati sono caratteristici delle malattie da radiazione", molti venivano altresì diagnosticati "come fenomeni comuni tra animali domestici e selvatici". In generale "nessuna relazione può essere stabilita tra le operazioni a TMI o il rilascio accidentale di radioattività e i problemi sanitari segnalati".[468]

Pubblicato nell'ottobre del 1980, lo studio ebbe immediatamente diffusione nazionale. Il *"New York Times"* lo considerò la prova definitiva che le lamentele dei fattori erano prive di fondamento. A novembre il *"Times"* pubblicò un editoriale intitolato "Storie di capre da Three Mile Island", dove si affermava con sicurezza: "I risultati sono chiari. Nessuno dei problemi a piante e ad animali può essere attribuito all'incidente o alla normale operatività di Three Mile Island. Molte delle malattie degli animali infatti, sono state ricondotte alla scarsa cura degli allevatori che si sono lamentati". Mostrando inequivocabilmente il punto di vista del giornale, l'editoriale diceva che i problemi riproduttivi nel caso di una capra erano stati risolti con "un nuovo maschio".

---

[468] G. E. Gears, et al., *Investigations of Report Plant and Animal Health Effects in the Three Mile Island Area NRC e EPA, NUREG-0738 e EPA 600/4-80-049*, Washington, D.C., NRC e EPA, ottobre 1980, p. 31.

Cavalli che non figliavano avevano "un'infezione cronica". Vitelli che "non stavano in piedi o barcollavano" soffrivano di "deficienze nutrizionali". Danni alle piante e agli alberi "sono spiegati con malattie ed insetti, non con le radiazioni".
Così, disse il "*Times*", "le storie da *horror* sono svanite". L'incidente di TMI fu "molto drammatico e spaventoso", ma "non ha causato difetti nei boschi e nei cortili della Pennsylvania". L'editoriale del "*Times*" fu riprodotto e distribuito in giro per la campagna da ditte legate al nucleare. Per molti fu la prova definitiva che gli allevatori vicini a TMI erano semplicemente un po' sfasati.
Ma a quanto pare né la redazione del "*Times*" né molti dei media più importanti avevano letto con attenzione il rapporto NRC/EPA. Gli autori avvertivano nell'introduzione che lo studio "non andava in nessun caso considerato uno studio epidemiologico". C'erano, si diceva, numerosi casi "che non si erano potuti approfondire per mancanza di dati sufficienti". Mancavano anche "informazioni di base" su molte malattie nella zona.
Secondo Germain LaRoche, che abbiamo contattato per telefono all'inizio del 1981, gli autori del rapporto "non hanno controllato gli animali. Abbiamo lavorato sulle persone e sui dati di laboratorio. Abbiamo ottenuto una lista di problemi dallo Stato e contattato più allevatori possibile".
In altre parole l'abbozzo di studio del Dipartimento dell'Agricoltura della Pennsylvania del 1979, che era stato definito "senza valore" dal "*The News-American*", era servito come base per lo studio federale "definitivo" dei problemi sugli animali attorno al maggiore incidente nucleare del Paese. In effetti l'NRC aveva contattato ancora meno fattori di quanti ne avesse contattati lo Stato, e un anno dopo. "Non siamo andati da tutte quelle persone", ci disse, "ma ne abbiamo visitate un bel po'".
Nemmeno quanto agli effettivi esami sulle bestie si era andati avanti. "Non abbiamo visto nessun animale", spiegò LaRoche. "Non abbiamo fatto autopsie. Questo studio è stato eseguito oltre un anno dopo l'incidente. Quando abbiamo fatto la mappatura, tutti gli animali [interessati] erano morti o non c'erano più".
Infatti il rapporto finale NRC/EPA elenca meno di 35 casi riguardanti problemi degli animal vicino a TMI. In oltre metà dei casi i ricercatori ammettevano che i dati erano insufficienti per trarre conclusioni riguardanti avvelenamenti da radiazione. Ad esempio, nella categoria "problemi riproduttivi tra gli animali di fattoria, il rapporto elenca 14 casi differenti. In 10 di essi i ricercatori riconoscono di non avere dati, o di non averne a sufficienza, o concludono "cause sconosciute".
Quanto alle conclusioni del rapporto del dottor Robert Weber, che i nati morti e le malformazioni tra i maiali erano dovuti ad un'epidemia, non venivano forniti studi né interviste. Gli autori notavano semplicemente che "casi di animali di fattoria che hanno avuto bisogno di cesareo per partorire sono stati segnalati dopo l'incidente". "Questo specifico problema non era noto nel 1980; comunque, un aumento dei nati morti tra i maiali è stato riportato nella primavera del 1980". Non ci fu alcuna indagine sistematica tra i veterinari locali, nè un'indagine statistica tra gli allevatori di maiali.
"Problemi similari tra le capre e le pecore sono stati altresì segnalati", dissero gli autori. "Ma l'aumento del numero dei nati morti non si è osservato in questi animali. Anche in questo caso, questi problemi non sembrano eventi ricorrenti. La sterilità e il basso livello riproduttivo, soprattutto nelle anatre e nelle capre, sono stati segnalati ma non confermati".
Lo studio andava avanti facendo notare che "l'indicazione verbale di un privato cittadino" segnalava che un barboncino era nato, in località non specificata, "senza una cavità ocula-

re". In effetti il cane, come confermato in seguito da John Nikoloff del DoA, era nato con due cavità ma senza bulbi oculari al canile di Fran Cain. Il caso era stato largamente trattato dai media, ma l'NRC non aveva mai visitato il canile. Concludeva però che il caso "era probabilmente una malformazione dello sviluppo, per cause ignote". In un confronto incrociato con 9 altri casi i risultati erano altrettanto inconcludenti. Quanto agli altri casi, si menzionavano patologie respiratorie del bovino, pododermatite ovina, insufficienze alimentari, virus e svariate altre malattie. Per la maggior parte il responso era: "dati insufficienti" o "nessuna diagnosi".

Quanto alla scomparsa degli animali selvatici, largamente riportata, il rapporto dava la colpa ai pesticidi e al tempo. Non veniva fatta menzione degli studi indipendenti dai quali risultavano alti livelli di radiazione nel conigli, nelle Arvicole e nel latte.

Come contributo ad uno dei più cruciali contenziosi in tema di salute della storia degli Stati Uniti, l'NRC e l'EPA citavano non più di una ventina di autopsie vecchie di un anno, nessuna eseguita in proprio; non presentavano alcun studio sistematico su cacciatori, fattori, giardinieri, veterinari, medici, allevatori o pescatori; e non aggiungevano nulla al già molto succinto studio dello Stato di un anno prima. "Provai disappunto per il rapporto del NRC", John Nikoloff. "Sentivo che con le risorse a disposizone avrebbero potuto fare un lavoro migliore".

Comunque la commissione era pronta a promettere che "i cittadini preoccupati possono stare sicuri che coerentemente con la sua missione di salvaguardare la salute e la sicurezza del pubblico, lo staff della *Nuclear Regulatory Commission* continuerà ad investigare segnalazioni di problemi insoliti riscontrati su piante o animali, e ogni risultato di rilievo sarà reso pubblico".

Se la NRC avesse investigato più accuratamente, avrebbe potuto riscontrare fatti importanti. All'inizio del 1981, due anni dopo l'incidente, il Dottore Robert Weber, il veterinario di Mechanicsburg, ci disse che la piaga dei problemi dei parti di maiali, capre e pecore era finita. "Da quando l'impianto è stato chiuso", disse, "non abbiamo più avuto vacche o altri animali con l'ipertensione o simili problemi laggiù. Tutto ciò di cui abbiamo sofferto fino all'anno scorso, è in declino. Non ricevo quasi più chiamate da quella zona".

"Da quando hanno chiuso la centrale", aggiunse Charles Conley, "beh, le cose vanno molto meglio. Buoni raccolti, alcuni degli uccelli sono di ritorno". Conley era uno dei numerosi allevatori della zona che segnalava un avvertibile miglioramento della salute dei suoi animali all'indomani della chiusura di TMI. Ci disse anche che la misteriosa polvere bianca che si trovava nell'acqua piovana non era più apparsa dopo la chiusura.

In effetti gli investigatori NRC/EPA dedicarono parecchio tempo a cercare tracce della polvere. Ma con TMI fermo, non se ne trovava. "Abbiamo chiesto e tutti i fattori di portarci un campione della polvere bianca", disse Germain LaRoche. "La sola cosa che abbiamo ottenuto da una donna è stata della roba che poi si è rivelata essere muffa".

Uno studio su scala più ampia sulle "torri di raffreddamento per tutta la campagna non ha portato alcuna prova di quella polvere bianca", diceva il rapporto. Ma in un modo o nell'altro, era loro sfuggito un deposito bianco segnalato da persone residenti non più lontano di Shippingport, segnalazioni riportate a livello nazionale da Jack Anderson nel 1977. Anche dichiarazioni riguardanti strani residui scesi dal cielo vicino Vermont Yankee non furono investigate.

Né, a quanto pare, il governo diede molto credito alle esperienze di allevatori esperti, radicati nel territorio e di tendenze conservatrici della Pennsylvania, come nel caso degli allevatori di pecore sottovento al Nevada Test Site: persone come Herschel Bennett in

Arkansas, Nancy Weber nello Stato di New York, Lloyd Mixon a Rocky Flats, Mildred Zywna a Vermont Yankee, Emil Zimmerman a West Valley, o come Clarence Ransome presso Canon City. Tutti semplicemente incapaci di dare un'altra spiegazione alla quantità senza precedenti di malattie diffuse tra i loro animali, se non radiazioni nucleari create dall'uomo.

14.
Persone morte a Three Mile Island

Gordon MacLeod sedeva di fronte al governatore della Pennsylvania. Era il 9 ottobre del 1979. MacLeod era segretario alla Sanità da dodici giorni quando ci fu l'incidente a Three Mile Island.
Un alto, azzimato bostoniano, MacLeod era da sempre un repubblicano che aveva lavorato nel Dipartimento della Salute, dell'Educazione e del Welfare sotto Richard Nixon. Laureto in medicina e in ingegneria, era passato da una borsa di studio di ricerca alla *Harvard Medical School* alla direzione della *Graduate School of Public Health* dell'Università di Pittsburgh.
Nel 1979 il Governatore Richard Thornburgh, vicino di MacLeod, aveva insistito perché prendesse in carico il Dipartimento della Salute dello Stato, che era nel caos. MacLeod aveva cercato di declinare, ma infine aveva accettato, con l'accordo che sarebbe rimasto in carica due anni per poi tornare alla carriera accademica.
Ora, otto mesi più tardi, mentre infuriava la controversia su quanta radiazione fosse stata rilasciata a Three Mile Island, l'ufficio del governatore chiamò il segretario alla Salute per un incontro. Che cominciò cordialmente, come MacLeod ci disse un anno dopo. Infine, Thornburgh andò al sodo. "'Gordon", disse il governatore, "Sono costretto a chiedere le tue dimissioni".
"Rimasi seduto lì", ci disse MacLeod, "sconvolto. Dopo tutta la pena che si era presa per avermi in carica, ora mi stava dicendo di andarmene dopo appena otto mesi perché le cose «non andavano proprio»".
La spiegazione ufficiale di Thornburgh per il licenziamento di MacLeod fu "divergenze sullo stile istituzionale". Ma i media dello Stato la vedevano diversamente. Come riportato dalla UPI, MacLeod era stato "il critico più aspro di come l'amministrazione Thornburgh aveva risposto all'incidente di Three Mile Island. E potrebbe essere stata quella la causa del licenziamento".
I problemi di MacLeod con Thornburgh in effetti erano cominciati il 29 marzo, il giorno dopo che le notizie di una fuga radioattiva da TMI avevano cominciato a diffondersi. MacLeod aveva, nelle sue parole, "consigliato e, il giorno successivo, fatto pressioni sul governatore nel modo più forte possibile di ordinare l'evacuazione delle donne incinte e dei bambini piccoli da un'area di otto chilometri attorno all'impianto di Three Mile Island". MacLeod ci disse che se dovesse ritrovarsi nella stessa situazione, avrebbe fatto pressione anche per l'evacuazione dei ragazzi in età puberale, anch'essi straordinariamente sensibili alle radiazioni.
Ma gli ingegneri nucleari e i radiologi dello Stato non erano d'accordo con MacLeod, e dissero al governatore che l'evacuazione non era necessaria. Thornburgh consigliò inizialmente agli abitanti della zona di stare in casa, ma non disse nulla riguardo all'evacuazione.[469]

---

[469] MacLeod, intervista, e Gordon MacLeod, "*Three Mile Island and the Politics of Public Health*" presentato alle sezioni di New York City e Old Westbury dei *Physicians for Social Responsibility*, Columbia University, New York, 22 novembre 1980; v. anche Gordon MacLeod, "*Some Public Health Lessons from Three Mile Island: A Case Study in Chaos*", Ambio 10, No. 1 (1981).

Intanto, il giorno dopo l'incidente il dottor Ernest Sternglass era andato ad Harrisburg. Dopo aver esaminato per proprio conto la situazione, e trovati alti livelli di radiazione, disse di evacuare con urgenza donne incinte e bambini piccoli. Era preoccupato, in particolare, che dosi di I-131 si rivelassero devastanti per i bambini piccoli e per quelli in utero, particolarmente vulnerabili ad aborti spontanei, malformazioni, leucemie e altri problemi legati alle radiazioni.

Thornburgh accusò pubblicamente Sternglass di essere un allarmista e rimase fermo sulla sua posizione di non ordinare l'evacuazione.

Quella sera, il dipartimento delle Risorse Ambientali dello Stato annunciò che poiché le vasche di contenimento a TMI traboccavano di liquidi radioattivi, Met Ed le aveva scaricate per ore nel fiume Susquehanna. Nessuno si era preoccupato di avvisare i comuni posti a valle che si approvvigionavano di acqua potabile dallo stesso fiume.

Infine Thornburgh chiese al presidente del NRC Joseph Hendrie, ingegnere nucleare, cosa avrebbe fatto avesse avuto in zona una moglie incinta. Hendrie rispose che l'avrebbe portata via "perché non sappiamo che cosa stia per succedere".

Thornburgh decise allora di fare ciò che MacLeod aveva suggerito con discrezione, e per cui aveva attaccato Ernest Sternglass che lo aveva suggerito pubblicamente. A mezzogiorno del 30 marzo – due giorni dopo l'inizio dell'incidente – annunciò che "suggeriva a quelli che potrebbero essere particolarmente vulnerabili agli effetti delle radiazioni, ossia, donne incinte e bambini in età prescolare, di lasciare la zona entro un raggio di otto chilometri dall'impianto di Three Mile Island fino a nuovo avviso".

La Sanità Pubblica in Crisi

Nel frattempo, Gordon MacLeod stava disperatamente cercando di mettere insieme una risposta sanitaria ufficiale. Nonostante le raccommandazioni della Commissione Shapp a Shippingport sei anni prima, MacLeod trovò lo Stato clamorosamente impreparato ad un incidente nucleare. "Non c'era neanche un libro sulla medicina delle radiazioni nel dipartimento", disse. "E non c'era un singolo medico specializzato in medicina delle radiazioni in tutti gli uffici governativi dello Stato della Pennsylvania".

A quanto pare l'NRC era altrettanto impreparato. Mentre l'incidente proseguiva, MacLeod chiese alla commissione di mandare un dottore specializzato in medicina delle radiazioni. "Risposero", disse MacLeod, "che la NRC non ha medici nel suo staff, tantomeno specializzati in medicina delle radiazioni".

La comunità cercava anche di ottenere dal governo federale una fornitura di ioduro di potassio, un liquido che può essere assunto per bloccare l'ingestione di iodio radioattivo dall'atmosfera e prevenire così danni alla tiroide

Infine, cinque giorni dopo l'incidente, troppo tardi per servire a qualcosa, 11.000 "fialette brune" arrivarono. Stando a MacLeod, 6.000 erano prive di etichetta. Molti dei dosatori contenevano solo metà della dose corretta. Altri non si adattavano alle fiale. E molte delle fiale contenevano "sospensioni filamentose e altro materiale estraneo".

Nonostante la sua convinzione che la risposta ufficiale all'incidente sia stata grossolanamente inadeguata, MacLeod restava un sostenitore dell'energia atomica. "Personalmente credo", disse ad una conferenza alla Columbia University diciotto mesi dopo l'incidente, "che l'energia nucleare possa essere resa relativamente sicura se non ignoriamo le lezioni del passato".

Ma MacLeod temeva che tali "lezioni" fossero state ignorate. Diversi mesi dopo l'incidente si scontrò con Thomas Gerusky, responsabile del monitoraggio delle radiazioni del dipartimento delle Risorse Ambientali dello Stato, che si era opposto all'immediata evacuazione delle donne incinte e dei bambini piccoli dalla zona. MacLeod ritenne che la testimonianza resa da Gerusky alla Commissione Kemeny che indagava sull'incidente fosse fuorviante. Nel corso dell'autunno scrisse una lettera al presidente della Commissione John Kemeny esprimendo le proprie obiezioni a quanto detto da Gerusky.

Ciò, a quanto pare, fu l'ultima goccia per l'amministrazione Thornburgh. Cominciò a circolare la voce che il comportamento di MacLeod durante l'incidente fosse stato "incoerente". Per la metà di ottobre era stato rimosso dalla carica. I media dello Stato interpretarono il licenziamento di MacLeod come una concessione all'industria nucleare. Alcuni sostenitori dell'atomo si erano profondamente risentiti per l'appello all'evacuazione, dicendo che era stata non necessaria, infondata, e che era servita solo ad allarmare la popolazione.

Ma il licenziamento di Gordon non fece molto per bloccare la controversia sulle conseguenze dell'incidente sulla salute, e sulla sua gestione. A novembre, Ernest Sternglass dichiarò che le cifre dagli ospedali delle vicine Harrisburg e Holy Spirit indicavano il raddoppiare delle morti infantili, dalle 6 del periodo febbraio-aprile 1979 alle 12 del periodo maggio-giugno. All'ospedale di Harrisburg, da maggio a giugno del 1978 era morto un solo bambino; nei tre mesi dopo l'incidente ne erano morti 7. Le statistiche sembrava ricordare tragicamente l'era dei test delle bombe atomiche. L'NRC, lo Stato e le aziende avevano sostenuto, come aveva fatto l'AEC dopo tante esplosioni atomiche, che il rilascio di radiazioni era stato troppo basso per avere più che effetti marginali sulla salute, o nessuno del tutto.

Sternglass asseriva che le autorità avevano mancato di informare dell'estrema sensibilità del feto in utero nel momento in cui parlavano di effetti marginali sulla salute delle radiazioni rilasciate dall'incidente.[470]

Egli puntò anche il dito su un errore cruciale del metodo di calcolo della dose stimata di un incidente nucleare. La dose media per la popolazione era stata stabilita stimando quante radiazioni erano state rilasciate e facendo calcoli basandosi sui due milioni di persone nel raggio di 80 chilometri attorno a TMI. Ma, disse, i venti durante le ore più critiche dell'incidente – quando fu rilasciata gran parte della radiazione – erano generalmente verso ovest, nordovest e nord. Così l'impatto della dose reale non riguardava la massa della popolazione circostante, ma nello specifico quanti vivevano nel percorso della nube di emissione. E, come confermato dal presidente Joseph Hendrie il 30 marzo, al culmine dell'incidente, le dosi nelle singole aree dove il fallout cadde erano "robuste" e nell'area di 120 millirem per ora o più, quantità abbastanza grandi da causare gravi danni ai feti negli uteri delle madri.

Sternglass ora dichiarava che le dosi avevano in realtà colpito le persone sul percorso della nube, e con effetto evidente. Syracuse, Rochester ed Albany avevano ricevuto delle radiazioni portate dal vento provenienti dall'impianto, disse, e si rilevavano morti infantili in aumento. Uno studio preliminare del giornale canadese "*Harrowsmith*" indicava una distribuzione statistica probabilmente simile che emergeva tra i bambini nati negli ospedali dell'Ontario orientale e del Quebec occidentale, causata dalla radiazione del vicino Nine Mile Point.15

---

[470] Ernest Sternglass, "*Infant Mortality Changes Following the Three Mile Island Accident*", presentato a Tel Aviv, Israele nel 1980; e Pawlick, "*Silent Toll*".

A dicembre del 1979, Sternglass portò le sue conclusioni ancora oltre. In uno studio presentato alla Quinta Conferenza mondiale degli ingegneri e degli architetti a Tel Aviv, disse che i dati del *Bureau of Vital Statistics* americano mostravano che c'erano state "242 morti [infantili] oltre la norma in Pennsylvania e un totale di 430 nell'intera area del nordest degli Stati Uniti", un incremento di chiara rilevanza statistica. Il collegamento con TMI era chiaro perché "Grandi quantità di iodio 131 radioattivo erano state liberate dall'impianto" e il picco di mortalità tra i bambini si verificò nei primi mesi successivi. L'aumento maggiore ci fu nelle vicinanze dell'impianto, con effetti a decrescere in funzione della distanza da Harrisburg.

Egli sostenne la sua teoria analizzando l'ammontare di radiazione che le donne in stato interessante avrebbero potuto subire. Accettando le stime minime ufficiali, Sternglass calcolò che la sola dose di I-131 radiattivo potese essere dell'ordine delle centinaia di millirem per singola donna incinta lungo il percorso della fuga.

Dosi simili, disse, erano chiaramente capaci di causare aumenti della mortalità infantile.16

Usando le statistiche federali, Sternglass dimostrò poi che la mortalità infantile in Pennsylvania a luglio era la più alta tra tutti gli Stati a est del Mississippi (a parte Washington, D.C.), nonostante la Pennsylvania avesse normalmente uno dei tassi di mortalità infantile più bassi della nazione. Andò oltre, e disse che un simile aumento era rilevabile nei tassi di mortalità nel New England del nord, colpito dal fallout della centrale portato dai venti, rispetto a quelli del New England del sud.17

L'ipotesi venne confermata dal fatto che i tassi di mortalità infantile ricominciarono a scendere dopo l'incidente. Ciò, disse, era prevedibile perché gli embrioni in utero che erano troppo piccoli per avere già sviluppato la tiroide, o concepiti dopo l'incidente, non sarebbero stati interessati dall'ingestione di Iodio radioattivo da parte della madre.

Ma lo I-131 non era stato il solo elemento rilasciato da TMI, né i bambini erano i soli umani che potevano ammalarsi. Lo Stronzio 90, il Cesio 137, gas nobili e altri isotopi dannosi possono essere sfuggiti.

La Pennsylvania nega

L'accusa che TMI avesse davvero ucciso dei bambini provocò un'ondata di indignazione da parte del governo della Pennsylvania. Lo Stato rispose, come a Shippingport sei anni prima, che le statistiche ufficiali usate da Ernest Sternglass fossero, in fine dei conti, inaccurate. Il dottor George Tokuhata, direttore del dipartimento di Ricerche Epidemiologiche dello Stato, disse che c'era stato "un errore di stampa" da parte del *U.S. Bureau of Vital Statistics* che aveva distorto le cifre della mortalità infantile dello Stato. V'erano stati così 88 decessi infantili in meno in Pennsylvania nell'estate del 1979 di quanto originalmente riportato.

Sternglass, comunque, mantenne la sua posizione. Le discrepanze tra i dati del singolo Stato e quelli federali non sono rare. Ma in questo caso particolare sembravano "sospette". La discordanza nelle morti tra le due fonti per il periodo 1° aprile – 30 giugno 1979, era di due; dal 1° ottobre al 31 dicembre, pure di due.

Ma anche sottraendo gli 88 decessi infantili interessati, disse Sternglass, il coefficiente di mortalità infantile della Pennsylvania supera la media U.S.A., è in controtendenza "e la supera anche nei mesi che seguono l'incidente sino a dicembre". Pertanto egli ritenne valide le proprie conclusioni generali riguardo la mortalità infantile nel nordest.21

Tokuhata nonostante tutto disse al *"New York Times"*, che accettò acriticamente le sue affermazioni, che le analisi di Sternglass erano basate "su cifre sbagliate". Tokuhata inoltre accusò i rapporti di Sternglass di essere "pieni di problemi" in quanto costruite su "metodologie incompatibili con le procedure epidemiologiche standard". Egli, disse Tokuhata, "ha scelto le aree da analizzare che confermavano le sue ipotesi, trascurando quelle che, pur vicine al reattore, mostravano bassa mortalità infantile".

Sternglass replicò – certo non sul *"New York Times"* – che non aveva inizialmente studiato le zone vicine al reattore nel suo rapporto di Tel Aviv "perché proprio Tokuhata aveva rifiutato di rendere disponibili i dati mentre compivo il mio studio".

In un'intervista rilasciataci da Tokuhata, egli negò di aver mai rifiutato di dare i dati a Sternglass . "Avrà chiesto a qualche altro dipartimento", Tokuhata disse. "Noi non abbiamo mai detto di no".[471]

Ma in effetti le statistiche della mortalità infantile attorno a TMI divennero pubbliche solo nell'inverno del 1980, quando il dottor MacLeod – ritornato nel frattempo all'Università di Pittsburgh – cominciò a venir chiamato dai suoi ex colleghi. Membri anonimi del Dipartimento disssero a MacLeod che lo Stato stava sopprimendo le statistiche che indicavano un aumento della mortalità infantile presso TMI. Allarmato da quella che definì "una gestione restrittiva" dei dati sanitari, MacLeod rivelò le cifre dal pulpito della Prima Chiesa Unitaria di Pittsburgh. Ciò, a sua volta, obbligò il Dipartimento della Salute ta rendere pubbliche le cifre ufficiali.

E le cifre sembrarono confermare le peggiori paure del pubblico. Nei sei mesi successivi all'incidente, per un raggio di 16 chilometri [10 miglia] attorno a TMI, erano morti 31 bambini. Nel 1978, il numero era di 18; nel 1977 erano stati 20.

Tokuhata disse al *"Times"* che l'aumento apparentemente rapido dei bambini morti nel 1979 non era significativo perché era un numero assoluto e non il rapporto tra nati morti e nati vivi. Il reporter del *"Times"* Jane Brody lo parafrasò così: "Quando le 31 morti infantili sono state considerate in relazione al numero di nati vivi, non è risultata alcuna differenza statistica significativa".

Ma in effetti, disse Sternglass, quei risultati "preliminari" mostravano un *rateo* di morti entro il raggio di 10 miglia di 7.2 per 1.000 nati vivi nel 1978; nel 1979, dopo l'incidente, il numero era salito a 15.7 per 1.000, oltre il doppio. I numeri del rapporto entro un raggio di 5 miglia da TMI, per quanto bassi in assoluto, erano ancora peggiori. Nel 1978 il rapporto era stato di 2.3 nati morti per 1.000 nati vivi; nel 1979, dopo l'incidente, era stato di 16.2: un salto di un fattore pari a sette.

Ma lo Stato aveva una spiegazione. In una conferenza stampa nell'aprile del 1980, il Dottore H. Arnold Muller, che aveva preso il posto di MacLeod come Segretario alla Salute, annunciò che il rapporto di morti infantili nell'are di TMI non mostrava "differenza statistiche significative rispetto allo Stato nel suo complesso".[472] Per supportare la sua tesi lo Stato introduceva un fattore razziale. Si sa che i negri, disse, soffrono un rapporto di mortalità infantile maggiore dei bianchi. Perciò la presenza di un grande numero di negri ad Harrisburg – alcuni dei quali erano rientrati nel calcolo del rapporto relativo alle 10 miglia attorno a TMI – avevano fatto apparire le cifre della mortalità alla nascita impropriamente grandi. Così Tokuhata venne parafrasato da Jane Brody sul *"Times"*: "[...] quando analizzato senza tener conto di Harrisburg, dove la popolazione di colore ha normalmente

---

[471] Intervista a Tokuhata.
[472] *Pennsylvania Department of Health, Health Department Releases Preliminary Study on Infant Deaths in TMI Area*, Harrisburg, *Department of Health*, 2 aprile 1980, (da qui in poi *State Preliminary Study*).

un rapporto di mortalità alla nascita più alto del resto della regione, le cifre per la popolazione residente entro 10 miglia dall'impianto sono le stesse che *per lo Stato nel suo complesso*" (il corsivo è nostro).

Ma tale analisi era ingannevole.

L'ipotesi che TMI avesse ucciso dei bambini nelle sue vicinanze non aveva nulla a che fare con un un paragone con la media di tutto lo Stato. L'ipotesi era basata sul confronto con le cifre della stessa area della primavera ed estate del 1977 e del 1978 – prima dell'incidente – contro quelle della primavera ed estate del 1979 – dopo l'incidente. Sottrarre le cife per i neri dalle statistiche del 1979 senza fare lo stesso per il 1978 e il 1977 avrebbe avuto senso solo se la gente di colore si fosse trasferita ad Harrisburg il giorno dell'incidente.

E in realtà, prima dell'incidente, il rapporto di mortalità infantile nell'area di TMI area era stato in generale *più basso* della media dello Stato. Se esso ora raggiungeva tale media, ciò implicava un significativo aumento nel normale rapporto di morti infantili.

Ma le statistiche dello Stato mostravano le cifre locali maggiori in ogni caso della media. Dal 1° aprile al 1° settembre 1979, il rapporto di mortalità infantile era stato fissato a 13.3 per 1.000. Per lo stesso periodo, nelle 10 miglia attorno a TMI era di 15.7; nel raggio di 5 miglia (che escludeva così gli abitanti di colore di Harrisburg) era di 16.2. Perciò, nello stesso comunicato stampa nel quale lo Stato dichiarava di avere prove precise che l'incidente di TMI non aveva nuociuto ai bambini, le stesse cifre riportate mostravano proprio l'opposto.[473]

Nel frattempo, un'altra controversia era scoppiata circa un inatteso aumento dei casi di deficienza alla tiroide tra i bambini nati a sudovest dell'impianto. Gordon MacLeod fu nuovamente responsabile per la diffusione pubblica delle informazioni. Informato da colleghi ancora all'interno del Dipartimento della Salute che erano emerse cifre in proposito, MacLeod domandò privatamente allo Stato – quattro volte – di rendere pubblici i dati. Lo Stato ogni volta rifiutò. Così MacLeod allertò un giornalista dell'UPI che c'era "una storia laggiù", e presto finì sui giornali.

Il problema si basava su 13 casi di ipotiroidismo infantile in un'area dove normalmente ci si dovevano aspettare 3 casi. MacLeod era particolarmente sensibile al congelamento dei dati sull'ipotiroidismo da parte dello Stato perché si tratta di un disturbo facilmente curabile alla nascita con la somministrazione di integratori di Iodio. Non curato, può causare danni al cervello euna varietà di altri gravi danni. "La cosa realmente importante era che ci sono buone possibilità di prevenire la malattia", ci disse MacLeod. Avvertire la popolazione "potrebbe aiutarci a individuare dei casi che altrimenti potrebbero sfuggire".

Ma la questione toccava un punto sensibile. I problemi alla tiroide erano ben noti per aver afflitto gli abitanti delle Isole Marshall colpiti dal fallout dei test atomici. Alludere ad un'epidemia dovuta al fallout di TMI era una potenziale accusa al reattore.

La risposta dell'industria fu pertanto immediata ed aggressiva. "Non può esserci alcuna connessione" tra TMI e la malattia, disse il dottor Victor Bond del *Brookhaven National Laboratory*. "Lo posso affermare inequivocabilmente. Per effeti alla tiroide, le dosi avrebbero dovuto essere migliaia di volte quello che sono state". "Non può esserci collegamento", aggiunse William Dornsife, un ingegnere nucleare del *Bureau of Radiation Safety* dello Stato.

---

[473] *State Preliminary Study.* V. Pawlick, "*Silent Toll*", per una esaustiva discussione sui periodi rilevanti o meno ai fini di una statistica attendibile sulla mortalità infantile oggetto della discussione.

Tokuhata disse in seguito che un'indagine caso per caso nella Lancaster County, dove erano emersi sette dei casi di ipotiroidismo, non mostrava "alcuna prova" di una connessione tra TMI e la malattia. Un caso, disse, era emerso "prima dell'incidente". Un altro era "ereditario" e un terzo bambino era "nato tre mesi dopo l'incidente e non poteva esserne stato causato". Altri due "avevano la tiroide fuori posto, che è un problema dello sviluppo improbabile da attribuire a TMI". Gli ultimi due casi erano "non spiegati". Ma avendo eliminato cinque vittime su sette, Tokuhata disse che gli ultimi due rientravano nelle "cifre normali" di due ipotiroidismi per 5.500 nati vivi.

Tagliando i dati senza pietà, Tokuhata aveva portato le statistiche dell'ipotiroidismo a ciò che lo Stato definiva come "normalità". Ma Gordon MacLeod insistette che anche se si ammettevano le sottrazioni di Tokuhata, la straordinaria concentrazione di casi in un breve lasso di tempo dopo l'incidente rifletteva comunque un aumento di 5-10 volte rispetto al numero atteso.[474]

Il "*New York Times*", comunque, accettò l'analisi di Tokuhata senza discussioni. Nell'articolo di Jane Brody del 15 aprile 1980, dal titolo "Three Mile Island: non si è trovato alcun impatto sulla salute", il giornale scagionava definitivamente il reattore danneggiato. Nel caso degli ipotiroidismi, "una selezione dei casi potenzialmente in malafede ha portato alla conclusione che la radiazione avesse danneggiato la tiroide nei feti".

L'articolo liquidava le mortalità infantili, dicendo che cifre incomplete e metodi di studio scorrette erano i veri colpevoli. Basandosi sulle dichiarazioni di Tokuhata, di altre autorità della Pennsylvania e del *Center for Disease Control* di Atlanta (ma senza interpellare Gordon MacLeod) Brody concludeva che "le autorità sanitarie dicono che sin qua i dati non supportano" le accuse di problemi fuori dall'ordinario sui bambini sottovento.[475]

Sfortunatamente, nel fidarsi ciecamente delle parole dello Stato e dellen autorità federali, Brody non si era accorta che stavano emergendo altre posizioni. Il dottor Thomas Foley del Children's Hospital di Pittsburgh disse al Washington Post che non era stata definitivamente dimostrata una relazine causa-effetto che connettesse TMI all'ipotiroidismo. Ma "il fatto che si sia verificata in seguito all'incidente apre delle questioni", disse. La tempistica era "peculiare e curiosa".

"*The Times*" trascurò anche la possibilità che la radiazione da TMI potesse essere solo parzialmente da biasimare, e che le emissioni dovute alla normale operatività del vicino reattore di Peach Bottom potesse aver contribuito al problema. Uno studio sui casi nel vicino Maryland avrebbe potuto aiutare a chiarire la questione, ma non venne fatto.

Tre giorni dopo la pubblicazione dell'articolo di Jane Brody, apparve sul "*Times*" l'editoriale "I contastorie del nucleare". Vi si denunciava che "quelle storie paurose su danni della radiazione dall'incidente di Three Mile Island rischiano di portarci incredibilmente lontano". Proprio come "affermazioni su bizzarre deformità tra gli animali domestici e selvatici" erano stati zittite dal Dipartimento dell'Agricoltura, così le preoccupazioni per la mortalità infantile e l'ipotiroidismo erano state "efficacemente messe a tacere dai ricercatori medici federali e dello Stato". Il fatto che "la poca radiazione sfuggita non aveva posto praticamente alcun pericolo per la salute pubblica" era stato "supportato da tutti i principali soggetti che avevano investigato sull'incidente", scrisse la redazione del "*Times*".

---

[474] Gordon MacLeod, intervista, giugno 1981.
[475] Brody, "*3 Mile Island*". Tra le altre circostanze errate, la Brody nel suo articolo riferisce in errore di 20 morti infantili nell'area di 10 miglia intorno a TMI nel 1978; in realtà i dati dello Stato mostrano 14 per quell'anno, e 20 per il 1977.

Il vero problema erano stati "esperti" che avevano "fomentato i timori del pubblico manipolando irresponsabilmente le statistiche".

Tra di essi vi erano il Dottore MacLeod, che "ha pubblicizzato irresponsabilmente alcuni dei dati grezzi suggerendo così l'esistenza di problemi per la salute", e il Dottore Sternglass, che è stato "accusato da autorità mediche neutrali [!] di manipolare i dati per dimostrare danni fisiologici. Anche nelle favole sul nucleare", concludeva il grande giornale americano, "ci sono quelli che gridano «al lupo!»".

A TMI sono morti i bambini

Mentre il dibattito sull'ipotiroidismo e i nati morti si faceva acceso, crescevano la paura e la rabbia di chi abitava attorno a Three Mile Island. Nel marzo del 1980, per il primo anniversario dell'incidente, circa 11.000 persone si riunirono al municipio di Harrisburg per chiedere la chiusura definitiva di TMI. La controversia verteva soprattutto sull'"altro" reattore di Met Ed, l'Unità 1 di Three Mile Island.

Al momento dell'incidente del 1979, TMI-1 stava per essere rimessa in linea dopo una sosta di rifornimento. Ironicamente, TMI-1 aveva una tra le migliori storie operative di tutti i reattori americani. L'incidente a TMI-2 l'aveva fatta tenere ferma. Ora Metropolitan Edison, sulla soglia della bancarotta, a fronte di un preventivo di oltre il miliardo di dollari per la bonifica di TMI-2, voleva disperatamente ripaprire TMI-1 e riportarla alla capacità di base.

Ma l'opposizione locale, crescente e feroce, bloccava il passo. A marzo del 1981 residenti locali bruciarono bollette della Met Ed per 50.000 dollari sui gradini del Parlamento dello Stato. Il giorno dopo, secondo anniversario dell'incidente, 15.000 persone si riunirono per chiedere la chiusura permanente degli impianti. L'ultima manifestazione segnò un punto di svolta nell'atteggiamento del pubblico verso il nucleare in quanto era stata sostenuta da undici unioni sindacali internazionali, in rappresentanza di circa 7.000 di lavoratori. Per anni le organizzazioni dei lavoratori erano state dipinte come un sostenitore unito e compatto dell'energia atomica. Ma adesso, crescenti preoccupazioni per la salute, la sicurezza e i riscolti economici avevano cambiato le cose.

Allo stesso tempo comunque, l'amministrazione Reagan recentemente insediata stava spingendo per far ripartire il rilascio delle licenze per le centrali. Negli ultimi mesi dell'amministrazione l'industria aveva messo in atto un lobbying spietato per porre fine alla moratoria post-TMI. L'industria aveva imparato molto quanto a sicurezza, dicevano, ed era il momento di costruire nuovi impianti. Sostenuta dal presidente dell'NRC Joseph Hendrie, ci fu una forte spinta per abbreviare le pratiche di rilascio di nuove licenze, e limitare la partecipazione pubblica ad esse.

Ma gli oppositori sostenevano che quello era proprio il momento in cui i reattori se erano dimostrati più pericolosi che mai. Un conflitto particolarmente aspro si stava sviluppando intorno alla Centrale Nucleare di Diablo Canyon, un progetto a doppio reattore sulla costa della California, ad appena cinque chilometri da una delle principali faglie sismiche. La centrale era stato oggetto di battaglie legali dal momento in cui era stata completata, nel 1976. C'erano stati centinaia di arresti sul posto, e nel 1981 vi scoppiò uno scontro che arrivò all'attenzione nazionale.

In mezzo a questa crescente polarizzazione emergevano le prove che il nucleare era molto più pericoloso di quanto chiunque avesse creduto, e che Gordon MacLeod ed Ernest Sternglass invece che da inesistenti "lupi" stessero in effetti mettendo in guardia da un pericolo molto reale.

Già nell'ottobre 1979 – 6 mesi dopo l'incidente di TMI, e nel mese in cui Gordon MacLeod venne licenziato – il Dipartimento della Salute dell'Arkansas pubblicò uno studio che indicava un netto aumento di nati morti nella Pope County, dove è situata la centrale nucleare Nuclear One della Arkansas Power and Light. Il rapporto di mortalità era lievitato in misura così significativa che il totale combinato era salito da 20.3 per 1.000 nati vivi nel 1974, quando aprì Nuclear One, a 25.4 nel 1975, 27.6 nel 1976 e 26.8 nel 1977. Lo stesso parametro in contee di controllo lontane da impianti nucleari, invece, era nettamente calato.

La Arkansas Power and Light negò prontamente ogni possibilità che Nuclear One "potesse avere alcun effetto sulla salute dei nascituri. Abbiamo lavorato a fianco degli ospedali laggiù", disse il vicepresidente dell'AP&L Charles Kelly, "e ogni indicazione che abbiamo ottenuto dal monitoraggio di eventuali effetti sulla salute, è che non ce ne sono stati". Lo studio, aggiunse Robert Young, direttore del Dipartimento della Salute dell'Arkansas, era "inconcludente" e non portava prove che Nuclear One fosse responsabile dell'aumento dei nati morti.

Ma i Dottori George Carlo e Carol Hogue, gli epidemiologi del campus di Scienze Mediche dell'Università dell'Arkansas che avevano preparato lo studio, avvertirono che sembrava si stesse delineando un "quadro di rischio". "La situazione dovrebbe essere tenuta sotto stretto controllo", dissero, perché "forse stiamo rivelando un debole segnale".40

Il "segnale" da TMI pareva notevolmente più forte. A febbraio del 1981 la Pennsylvania diffuse le sue statistiche demografiche per il 1979: sette mesi dopo il previsto. Tra i dati che venivano omessi per la prima volta c'erano le cifre generali delle malattie per la città di Aliquippa, presso Shippingport. Mancavano anche i dati delle malformazioni congenite contea per contea, ed informazioni su quanti bimbi erano nati sotto i 1.500 grammi. "Tali informazioni fondamentali", accusò Ernest Sternglass, "sono necessarie per studiare i possibili effetti dello iodio radioattivo dalla perdita a TMI o dagli altri grandi reattori nello stato della Pennsylvania.

"Il modello è chiaro", disse in un rabbioso articolo su *The Nation*. "Due anni dopo l'incidente a TMI, l'industria nucleare e lo stato della Pennsylvania continuano a ingannare il pubblico sui suoi effetti negativi sulla salute umana".

Appena prima del raduno, sponsorizzato dai sindacati, alla capitale di stato, il Dipartimento della Salute Pubblica rilasciò quello che definì un rapporto "finale" sulle morti infantili vicino all'impianto. Il 20 marzo, il dottor George Tokuhata riferì ai media che il tasso delle morti infantili nel loro primo anno di vita non era certo aumentato dopo l'incidente. In realtà, disse, in un raggio di dieci miglia intorno a TMI, il tasso di morti infantili per 1.000 nascite regolari era un identico 19.3 nel trimestre prima dell'incidente e in quello succesivo. Non vi era quindi "alcuna differenza" nel tasso di mortalità infantile dal gennaio sino al marzo 1979, al contrario di aprile fino a giugno.

Se l'incidente avesse in effetti ucciso dei neonati dell'area, "avrebbe dovuto verificarsi un significativo incremento delle morti infantili negli ultimi sei mesi del 1979". Invece il tasso di mortalità scese a 12.7 tra il luglio e il settembre del 1979 e 13.4 tra ottobre e dicembre.

Perciò, concluse Tokuhata, "a oggi non vi è prova che le radiazioni dalla centrale nucleare abbiano influenzato l'andamento delle statistiche". Un assistente nel dipartimento delle

Ricerche Epidemiologiche ci riferì che Sternglass si era affidati erroneamente a dei "dati provvisori", e che quest'ultimo, "definitivo" rapporto avrebbe sistemato tutto quanto.
In generale lo Stato e l'industria del nucleare concentrarono la loro difesa di TMI attaccando Ernest Sternglass.
Ma come in passato il ruolo primario di Sternglass era stato di richiamare l'attenzione sull'argomento. In ultima analisi era il personale dello Stato stesso che avrebbe dovuto indicare se TMI aveva procurato danni o meno ai neonati locali.
In questo caso, come aveva fatto negli anni precedenti, il dottor Tokuhata aveva comparato delle finestre temporali che erano essenzialmente irrilevanti tra di esse. Nella sua analisi pubblica aveva enfatizzato che i tassi di mortalità infantile vicino a TMI del 1979 nei mesi invernali da gennaio a marzo – prima dell'incidente – erano gli stessi che nei mesi primaverili da aprile a giugno – dopo l'incidente.
Ma i tassi di mortalità infantile scendono solitamente in primavera. Il fatto che fossero alti come nell'inverno era estremamente significativo.
Anzi, si può facilmente sostenere che l'apertura del dicembre 1978 di TMI-2 – e non solo l'incidente – può avere una relazione con un significativo incremento nella mortalità infantile. I tassi di mortalità dell'inverno 1979 furono di molto maggiori che quelli del 1977 e 1978. I dati dello stato per l'inverno del 1977 mostrano che 14.7 neonati sono morti per 1.000 nascite regolari nel raggio di dieci miglia da TMI. Il dato era identico alla media dello stato per quel periodo dell'anno. Nel 1978 il dato era 14.0 – meno della media dello stato per quel periodo dell'anno. Ma nel 1979, dopo l'apertura di TMI-2, il numero si innalzò a 19.3 – molto più che la media statale per quel periodo dell'anno, e molto più del tasso per quel periodo nei due anni precedenti nella stessa area. Qualcosa aveva causato un innalzamento delle morti infantili nell'area di TMI nell'inverno 1979.
Per quanto riguarda la primavera del 1979 – tre mesi dopo l'incidente – i contrasti erano ancora più evidenti. Dall'aprile al giugno del 1977, i neonati erano morti nell'area di dieci miglia da TMI al tasso di 11.7 per 1.000 nascite regolari, meno della media statale. Nel 1978 il dato era 9.8, di nuovo sotto la media statale. Ma nel 1979 il numero saltò a 19.3, molto al di sopra della media statale, e quasi raddoppiando il tasso dei due anni precedenti.

Tasso di mortalità infantile per 1.000 nascite
Raggio di dieci miglia intorno a Three Mile Island

Inverno	Totale	Harrisburg	Escluso Harrisburg	Media dello Stato
1977	14.7	24.8	10.9	14.7
1978	14.0	30.7	7.5	14.3
1979	19.3	33.8	12.6	13.3

Primavera	Totale	Harrisburg	Escluso Harrisburg	Media dello Stato
1977	11.7	8.1	13.1	14.4
1978	9.8	11.5	9.1	14.0
1979	19.3	29.7	14.7	14.0

Estate	Totale	Harrisburg	Escluso Harrisburg	Media dello Stato
1977	9.2	10.9	8.5	12.9
1978	4.9	3.3	5.5	11.8
1979	12.7	9.9	13.9	12.1

Autunno	Totale	Harrisburg	Escluso Harrisburg	Media dello Stato
1977	14.7	16.9	14.0	13.7
1978	15.1	25.9	11.5	13.6
1979	13.4	31.7	5.9	14.4

Fonte: *Pennsylvania Department of Health*, "*TMI Area Death Rates No Higher than State Average, Health dipartimento Report Says*", Harrisburg, 20 marzo 1981, Tabella 5.

Anche i dati per i mesi estivi da luglio a settembre erano degni di nota. Anche se morirono meno neonati nell'estate del 1979 che nella primavera del 1979, il tasso era chiaramente più elevato che nelle estati del 1977 e del 1978. Le cifre erano 12.7 nel 1979 contro 9.2 nel 1977 e 4.9 nel 1978.

I dati quindi si abbassavano per i mesi autunnali da ottobre a dicembre, con il tasso di mortalità infantile in realtà più basso nel 1979 di quello che era stato nello stesso periodo nel 1977 e 1978.

I numeri erano contenuti in termini assoluti, ma di chiaro significato statistico nei periodi temporali più cruciali. Nell'insieme, il modello sembrava rientrare nello scenario peggiore per un incidente radioattivo. I tassi comparativi della mortalità infantile sono cresciuti attorno a TMI quando il secondo reattore fu attivato, andando alle stelle precisamente in quei critici primi tre mesi dopo l'incidente. I dati per Harrisburg stessa – dove alcuni sostennero si fossero posate il peggio delle emissioni radioattive della centrale – sembravano ancor più spaventose.

Tasso di morte neonatale per 1.000 nascite
Raggio di dieci miglia intorno a Three Mile Island

Inverno	Totale	Harrisburg	Escluso Harrisburg	Media dello Stato
1977	12.4	20.7	9.3	10.7
1978	8.6	19.2	4.5	9.9
1979	17.2	33.8	9.4	9.3

Primavera	Totale	Harrisburg	Escluso Harrisburg	Media dello Stato
1977	8.5	0	11.6	11.1
1978	7.6	7.6	7.6	11.1
1979	19.3	29.7	14.7	10.5

Estate	Totale	Harrisburg	Escluso Harrisburg	Media dello Stato
1977	6.1	7.3	5.7	10.1
1978	1.0	0	1.4	9.3
1979	7.8	6.6	8.3	9.3

Autunno	Totale	Harrisburg	Escluso Harrisburg	Media dello Stato
1977	10.5	12.7	9.8	10.1
1978	10.8	17.2	8.6	10.5
1979	9.3	21.1	4.4	10.1

Fonte: *Pennsylvania Department of Health, "TMI Area Death Rates No Higher than State Average, Health dipartimento Report Says"*, Harrisburg, 20 marzo 1981, Tabella 4.

Nel 1977, nel trimestre di primavera da aprile a giugno, i neonati ad Harrisburg morirono al tasso dell'8.1 per 1.000 nascite, molto al di sotto della media statale nello stesso periodo. Nel 1978 il dato er 11.5, di nuovo ben al di sotto della media dello Stato. Ma nel 1979 raggiunse un terrificante 29.7, più del doppio della media statale e quasi triplicando i dati per Harrisburg nei due anni precedenti.

Anche se i numeri assoluti erano piccoli, i cambiamenti erano di chiara importanza statistica.

Nè i dati consideravano alcuna delle donne incinte che fuggirono dall'area durante l'incidente in modo da far nascere i propri bambini da un'altra parte, e che avrebbero ben potuto essere state colpite dalle emissioni in quei due primi, terrificanti, giorni.

Ma il dazio più pesante di tutti sembra essere quello sui neonati nati a Harrisburg appena dopo l'incidente, che morirono quindi entro ventotto giorni. I tassi di mortalità infantile – sui quali si incentrò la maggior parte del dibattito pubblico sull'impatto sulla salute di TMI – sono basati sui neonati che cessano di vivere entro il loro primo anno di vita. I tassi della mortalità neonatale, una sottosezione delle statistiche sulla mortalità infantile, si concentrano sui neonati che muoiono nel loro primo mese di vita.

E in quei tragici tre mesi dopo l'incidente di TMI ogni neonati di Harrisburg indicato come una statistica della mortalità infantile era in realtà morto nei suoi primi ventotto giorni di vita. Quindi, dall'aprile sino a giugno del 1979, le statistiche di neonatalità dello Stato indicavano che i neonati di un mese o meno morirono a Harrisburg ad un tasso di 29.7 per 1.000 nascite. Nel 1978 la cifra era stata 7.6. Nel 1977 era stata zero.

Anche se in numeri assoluti la cifra era di nuovo piccola, la deviazione era di ancor maggiore rilevanza statistica che quella nel tasso di mortalità infantile.

La ricaduta psicologica

In quei primi paurosi giorni dell'incidente a Three Mile Island, gli alunni delle elmentari e delle medie della vicina Middletown si erano riuniti per scrivere le loro ultime volontà e i loro testamenti. Il terrore era istintivo, viscerale, e risaliva a molto indietro, sino a Hiroshima. "La prima applicazione dell'energia nucleare furono le bombe atomiche che distrussero due importanti città giapponesi", spiegò la Commissione Kemey nel 1979. "La

paura delle radiazioni era stata con noi sin d'allora, ed è resa peggiore dal fatto che, diversamente delle inondazioni e dei tornado, non possiamo né sentire né odorare le radiazioni".
Perciò, stimarono i sovrintendenti, il "maggiore effetto sulla salute dell'incidente" sembrava essere l'"angoscia mentale" percepita da "certi gruppi" che vivevano vicino al reattore. Il problema, dissero, era "di breve durata". Ma nove mesi dopo, dei ricercatori dello Stato confermarono un balzo del 113% nel numero di residenti vicino a TMI che facevano uso di sonniferi, e un incremento dell'88% nell'uso di tranquillanti.
L'uso di alcol era aumentato del 14% e il fumo aumentato di quasi un terzo.
Come documentati da un migliaio di interviste telefoniche, un'ampia gamma di "malattie psicosomatiche" era venuta a galla, incluse nevralgie croniche, diarrea, perdita dell'appetito, sudorazione, eczemi, e ipertensione. "I sintomi che la popolazione sta soffrendo sono simili a quelli sofferti dalla gente che lavora in lavori a rischio", ci disse il dottor Robert Holt, uno psicologo della New York University che studiò l'area di TMI. "In queste situazioni ci si aspetta un aumento della tensione, accresciuto nervosismo, cambiamenti di umore e altri sintomi fisici come iperventilazione, ulcere e asma".
Oltre che a trovare dello stress, scoprirono anche che la popolazione era diventata piuttosto politicizzata. Accesi dibattiti infuriarono su temi quali l'emissione di gas krypton da TMI-2, lo sversamento di altra acqua radioattiva nel Susquehanna, la riapertura di TMI-1, chi doveva pagare per la bonifica del sito, e se si sarebbe dovuto permettere o meno alla Metropolitan Edison di andare in bancarotta.
Nel frattempo, continuavano a emergere notizie di livelli anormali di radiazioni in pozzi campione attorno al sito della centrale, e nelle acque sotterranee. Questi rapporti ebbero un effetto. "Sono spaventata a morte", dichiarò Mary Enterline al *The New York Times*. "Ho un figlio di due anni e ogni notte mentre abbasso la sua tapparella quando è ora di dormire e guardo fuori dalla finestra e vedo le torri di raffreddamento, quasi mi metto a piangere".
"Vivo nella paura ogni giorno", disse Donna Umholtz alla *Public Utilities Commission* dello Stato. "Sono pronta a scappare all'istante"
"Non permetterò che i miei bambini siano esposti a radiazioni di basso livello", aggiunse Joanne Topolsky, la quale – come molti altri – stava cercando di vendere la sua casa e di traslocare via dall'area. "Avevamo così tanti sogni, e adesso sono fatti a pezzi a causa di TMI".
Mentre inziavano gli anni '80, raduni, marce e una rivolta per il costo dell'energia continuarono a smuovere quello che era stato da sempre un'area quieta e fedelmente conservatrice.
L'avversione e la sfiducia per la Met Ed, lo Stato e la NRC continuava a crescere. Alcune riunioni pubbliche degenerarono in aspri scontri verbali. "Non perdoneremo o dimenticheremo cosa avete fatti qui", gridò la ventiseienne Michelle Stewart alla commissione del NRC nella primavera del 1980. "Avete creato tensioni tra mariti e mogli. Ci avete trasformato in gente cinica…". "Mio marito è un carpentiere che ha contribuito a costruire entrambi quei reattori, e adesso è dannatamente dispiaciuto per questo", ci disse una casalinga locale nel 1980. "Nessun al mondo può minimamente comprendere cosa abbiamo passato qui".
Le chiedemmo quale, fra tutti i problemi, fosse quello che la preoccupasse di più. Ci pensò su un attimo".Sono stanca", rispose",che usino la salute dei miei bambini in un esperimento". Nel frattempo qualche residente di TMI stigmatizzò che era stata dato così tanta

attenzione alla ricaduta psicologica dell'incidente, e così poca ai suoi effetti fisici sulla salute.
Secondo il *"The New York Times"*, furono eseguiti almeno quattordici studi sui residenti locali a seguito dell'incidente, basati in parte su finanziamenti di 375.000 $ dal *National Institute of Mental Health* e altri 52.000 $ dall'azienda dei servizi pubblici. Lo Stato della Pennsylvania, che aveva riunito appena cento ore lavorative per studiare gli animali dell'area e che non aveva costituito alcun sistematico studio per possibili danni fisici dalla radiazione di TMI, condusse però un sondaggio telefonico da mille persone sull'impatto mentale dell'incidente. 55 "Ti viene da chiederti", ci disse Jane Lee, "come riescano a ottenere così tanti soldi per studiare gli effetti psicologici di questi incidente quando sembra che non ci riescano per monitorare gli effetti fisici sulla salute animale e umana".

Il sapore della tragedia

Per molti nell'area di TMI il risultato dell'incidente del reattore sembrò ora così ovvio come lo era stato a Bikini Island, St. George, Utah, e altre comunità sottovento da anni di sperimentazioni di bombe nucleari; tra i GI che avevano aiutato a sgomberare le macerie di Hiroshima e Nagasaki; tra i 300.000 che erano serviti come cavie nei test nel Nevada e nel Pacifico; tra i milioni di cittadini esposti a troppe radiografie mediche; tra i lavoratori nelle miniere di Uranio e negli impianti di raffinazione di Church Rock e Shiprock, a agli impianti nucleari quali Hanford, Portsmouth, Paducah, Piketon, U.S. Radium Dial, American Atomics, e Rocky Flats; e tra i cittadini viventi sottovento di Windscale, Kyshtym, American Atomics, Rocky Flats, a valle di Church Rock, Durango, e altri siti di stoccaggio di scarti; tra migliaia di americani viventi vicino a questi depositi, alcuni dei quali costruirono case con questi scarti, altri che soffrono per esse nella loro acqua e aria; tra i milioni di americani vicino a depositi di rifiuti di basso e alto livello, con motivi di temere per la propria salute e quella dei propri figli; tra i coltivatori vicino gli impianti di Shippingport, Arkansas Nuclear One, West Valley, Vermont Yankee, Rocky Flats, e Fitzpatrick e Nine Mile Point, con motivo di credere che ai propri animali possa capitare la brutta fine delle pecore incappate nel fallout della bomba "Dirty Harry" del 1953; e tra i cittadini vicino Dresden, Humboldt, Indian Point, Shippingport, Millstone, Arkansas One, e circa settanta altri reattori americani, con buoni motivi di temere che i propri bambini sono uccisi dalle radiazioni ancor prima di vivere un solo mese.
Ora, nella scia di TMI, gli schemi si stavano ripetendo nella Pennsylvania centrale.
Nell'autunno del 1979, una coppia di York fece causa della Metropolitan Edison per la propria figlia nata morta in agosto. Un ingegnere di Hershey di nome Steven Scholly vide la propria figlia nascere con la sindrome di Down l'estate successiva all'incidente. Lo Stato, disse, gli aveva assicurato che le emissioni del reattore non potevano esserne state responsabili. Ma, ci disse, "Sappiamo che le radiazioni causano difetti genetici". "È incredibile", notò Diane McCleary di Valley Green, a meno di cinque miglia dal sito. "Ho parlato con così tante persone in solo quest'area che hanno perso i loro bambini, abortiti o con gravidanze quasi portate a termine per poi perderli. Ho vissuto in diversi luoghi e non ho mai sentito di qualcosa di simile".
"È quello che dicevo l'altra sera" aggiunse la sua vicina Deborah Frey in una intervista con *"Harrowsmith"*, "leggendo i necrologi sul giornale, non avevo mai visto così tanti neonati che vivono un giorno o due e poi sono morti". "Sto vedendo un molte cose strane", ci disse il dottor Joseph Leaser un anno dopo l'incidente". Niente che uno possa fis-

sare con precisione. Ma qui emergono dei sintomi che non possono essere spiegati solo come uan questione nervosa".

Leaser, un medico generico a Middletown, è padre di quattro bambini, un allevatore di cavalli part-time e un residente da lungo tempo dell'area. "Abbiamo avuto una vera ondata di eczemi inusuali, reazioni allergiche, dermatiti, lesioni alla cute, pruriti e di persone che lamentavano di uno strano sapore nelle loro bocche", ci disse Leaser nel 1980.

Leaser si poneva dei dubbi anche su delle inusuali aberrazioni che aveva notato tra i suoi pazienti. "Abbiamo trovato dei conteggi anormali di granulociti eosinofili – un tipo di cellule bianche del sangue – in quello che direi un numero significativo di pazienti", ci disse".Non è uno studio verificato scientificamente. Ma direi che quando esamino i campioni di sangue, mi sembra di vederne sempre di più". Alti valori di granulociti eosinofili, aggiunse, sono un "noto sintomo di eccessiva esposizione alle radiazioni".

Il misterioso "strano sapore", inesplicabile scientificamente, che Leaser riferì menzionato dai suoi pazienti, fu citato da numerosi residenti delle due rive del Susquehanna – come lo era stato dai residenti dello Utah dopo l'esplosione *Dirty Harry* del 1953. "Avevamo un brutto saporaccio in bocca, come un sapore di ferro, metallico", disse Fran Cain, l'allevatrice di cani in vista della centrale. "Ci arrivava dritto in casa. Lo sentimmo tre o quattro volte".

"Sapeva di, hai presente, come quando sei piccolo e ti metti delle monete in bocca?", disse Jane Lee. "E tutti lo sentivamo".

"Era come avere una monetina in bocca", disse Bill Whittock, un ingegnere in pensione sulla settantina che vive a mezzo chilometro dalla centrale. "Sarei curioso di sapere a quale livello di radioattività sono stato esposto".

Ci furono anche altri sintomi, inoltre. "Finii più o meno scottato il primo giorno", disse Vance Fisher, un coltivatore locale. "Non sapevo cosa stesse succedendo e avevo del lavoro all'aperto da fare, così restai fuori quasi tutto il giorno. Mi ritrovai così con una leggera ustione. Insomma, non era una scottatura solare, ad ogni modo. La mia faccia divenne rossa".

Nel bel mezzo all'incidente Celeste Crownover della vicina Londonderry iniziò a soffire di delle inesplicabili contrazioni alle gambe, che – sino alla nostra intervista del giugno 1980 – non sono interamente scomparse. Durante il peggio delle emissioni radioattive, delle lacrime iniziarono a uscire dai suoi occhi, percepì un cattivo sapore metallico in bocca, e una sensazione di calore coprì le sue braccia e gambe, e una "gran vescica" uscì fuori sulla sua spalla. Nell'estate, i suoi capelli caddero "a manciate". Ho cinquantuno anni", ci disse, "e non mi era mai successo niente di simile prima o dopo".

"Mia figlia si ammalò gravemente", disse Becky Mease di Middletown agli inviati della commissione della NRC. "Ebbe la diarrea per tre giorni filati e mal di testa e diventò anemica. Non so cosa fare. La mia piccolina continua ad avere febbri e problemi di sinusite", soggiunse Mease. "Ora, se questo non dipende dalla centrale, ditemi cosa è".

"Non mi sono sentito più in forma da circa tre mesi dopo l'incidente", ci disse Louise Hardison, le cui capre – a due chilometri dal reattore – produssero latte con alti livelli di radiazioni. "Sono sempre stanco. Magari dipende tutto dalla mia testa. Ma magari non lo è".

I lamenti di Hardison per la sua stanchezza giunsero quasi due anni dopo l'incidente, e furono ripetuti da altri nell'area di TMI, come anche da persone viventi vicino Vermont Yankee e Rocky Flats.

Il dottor Joseph Leaser ci disse ai primi del 1981 come "dopo circa sei mesi dopo la fusione, ho notato che il problema con le cellule bianche del sangue scomparve e non è ritornato".

Durante la fuga di gas krypton dell'autunno 1980 dal nucleo di TMI-2, aggiunse, "un gran numero di pazienti che non sapevano cosa stesse accadendo si ricoverarono, lamentando indipendentemente un sapore strano in bocca. Non ne ho più sentito parlare dall'incidente, e non più dalla fuga di gas"

Leaser disse di pensare che tutto indicava qualcosa molto spaventoso e pericoloso. "Questa è gente tutta d'un pezzo, religiosa e sempre con la bibbia in mano. Non sono il genere di persone che parlano giusto per dare aria alla bocca. Alcuni di questi sintomi si possono spiegare con lo stress psicologico, non c'è dubbio. Ma per altri non puoi proprio farlo". 68

15.

Conclusioni: sopravvivere al nuovo Fuoco

Poco dopo che il Dottore Gordon MacLeod fu rimosso dall'incarico di Segretario della Salute della Pennsylvania, ammonì che "se un'altra Three Mile Island succedesse domani, saremmo di nuovo impreparati ad affontare i problemi alla salute impliciti in un incidente nucleare".
E un anno dopo disse a un pubblico alla Columbia Univerity che in termini di preparazione per una emergenza nucleare, "la gente della Pennsylvania non è messa meglio oggi, e forse è messa peggio, che come erano il giorno prima della fuga di radiazioni a TMI".
Per l'aprile del 1981, informò l'*American College of Physicians* come non vi fosse ancora "alcuna unità di soccorso per radiazioni da qualunque parte della Pennsylvania" e perciò "non è possibile gestire gli aspetti medici di un qualsiasi futuro incidente". E, aggiunse, "quasi sicuramente ne avremo un altro".
Questo inevitabilità fu sottolineata il luglio successivo quando uno studio di alto livello del DoE concluse che, due anni dopo l'incidente, le lezioni di sicurezza di TMI non erano state applicate ai trentacinque reattori gestiti dal DoE. Inoltre, il dipartimento non aveva abbastanza personale per farli funzionare in piena sicurezza in futuro.
Lo stesso addebito fu mosso alle centrali commerciali nazionali quando il *Presidential Nuclear Safety and Oversight Committee* riferì a Ronald Reagan che dubitava che la NRC o qualunque altra agenzia federale "avesse l'esperienza o la competenza di gestire le centrali elettronucleari".5 Il Deputato del Congresso Edward Markey (Democratico, Massachusets) aggiunse che la maggior parte dei circa settanta reattori nucleari commerciali non aveva ancora predisposto i piani di evacuazione approvati federalmente. E lo staff dell'*House Interior Committee* concluse nel febbraio del 1981 che i manager del TMI avevano nascosto delle informazioni sulla gravità dell'incidente e avevano reso delle dichiarazioni ingannevoli sulla gravità dell'incidente a funzionari dello Stato e federali. Victor Stello, direttore dell'*Office of Inspections and Enforcement* del NRC, aveva già citato in giudizio la Metropolitan Edison per non aver diramato i rapporti appropriati.
Met Ed a sua volta stava facendo causa alla NRC per quattro bilioni di dollari in danni, accusando la commissione di non averli informati di un incidente ad un reattore simile a TMI, privandoli di una conoscenza vitale. L'NRC era stata anche attaccata dalla Commissione Kemeny del Presidente Carter su TMI. Il loro rapporto finale concluse: "Le prove suggeriscono che l'NRC aveva a volte sbandato dalla parte degli interessi dell'industria invece che perseguire la sua missione primaria di assicurare la sicurezza".
Quella missione comprendeva la responsabilità di proteggere gli americani dalle radiazioni. Nel dicembre del 1979, la NRC abbassò la dose ammissibile per le popolazioni attorno alle centrali nucleari da 170 millirem per anno a 25 millirem.
I cambiamenti nei regolamenti giunsero nove mesi dopo l'incidente a TMI e un intero decennio dopo che John Gofman e Arthur Tamplin furono attaccati brutalmente e quindi costretti a lasciare i loro impieghi per aver sollecitato una azione simile.
Ma il nuovo standard avrebbe potuto essere puramente accademico. Come riportò il GAO nel dicembre 1979, una revisione dei programmi di monitoraggio delle radiazioni in otto Stati chiave indicò che "molte fonti di radiazioni non erano coperte da regolamenti, la co-

pertura delle risorse regolamentate limitata, e vi era una limitata garanzia che i pericoli identificati fossero stati corretti".

E nel mentre l'amministrazione tagliafondi Reagan si insediò nel 1981, la NRC e gli spalleggiatori dell'industria si mossero per velocizzare le procedure per l'assegnazione delle licenze e sventrare i programmi di monitoraggio attorno alle centrali nucleari.

Simili tendenze erano evidenti nello studio della salute pubblica. A dispetto delle scoperte di Gofman, Tamplin, Pauling, Sakharov, Caldwell, Knapp, Lyon, Weiss, Martell, Livingston, Pendleton, Sternglass, Caldicott, Rimland, Larson, Dyson, Morgan, Stewart, Kneale, Bross, Blumenson, Bertell, Abrams, Kushner, Matanowski, Mancuso, Cobb, Najarian, Drinker, Flinn, Martland, Wagoner, Archer, Eisenbud, Johnson, Radford, Winterer, Gottleib, Odin, Goodman, Franke, Steinhilber-Schwab, Talbott, Jordan, Kepford, Pohl, Lochstet, Resnikoff, Medvedev, MacLeod, Takeshi, e una folta schiera di altri scienziati, dottori e ricercatori nel campo delle radiazioni "dissidenti", non furono intrapresi delle importanti e sistematiche iniative per rilevare l'andamento della salute pubblica intorno agli impianti nucleari dell'America.

Attaccando questi esperti ad hominem, ignorando le scoperte di "non professionisti" quali allevatori e comuni cittadini, e omettendo di fornire da parte loro degli studi indipendenti, l'industria nucleare e le autorità di salute pubblica hanno negato a migliaia di vittime di avvelenamento da radiazioni l'accesso al tempestivo trattamento, e a milioni di americani il diritto di prendere una decisione informata sulle politiche nucleari della nazione.

Le statistiche ufficiali erano uniformemente apporssimative o inesistenti. Nove anni dopo che la Commissione Shapp della Pennsylvania aveva fatto le sue raccomandazioni per modernizzare il monitoraggio delle radiazioni e della salute attorno agli impianti nucleari, e più di due anni dopo TMI, nessuna delle raccomandazioni di alto profilo sono state trasformate in legge.

"Malauguratamente", George Tokuhata ci disse all'inizio del 1981, "la legislatura, semplicemente, non ha votato il finanziamento".

Nè il problema termina con i reattori nucleari. Due decenni dopo che fu commissionato dalla *Atomic Energy Commission*, il maggiore studio sistematico sulla salute dei lavoratori nucleari – il Rapporto Mancuso – rimane avvolto da una aspra controversia e manovre per una sua completa soppressione. Tre decenni dopo che i primi GI furono fatti marciare sui siti dei test delle bombe nucleari, i militari rifiutano fermamente di permettere il pubblico accesso ai nomi di queste involuntarie "cavie da laboratorio".

Così i soldati rimangono ignari sui rischi per la salute nei quali sono incorsi, e il pubblico non conosceva cosa le radiazioni potessero aver realmente fatto ai 300.000 americani deliberatamente esposti a quelle esplosioni. Trentacinque anni dopo i primi "test" di massicce emissioni di radiazioni sulle popolazioni umane di Hirsohima e Nagasaki, molte delle statistiche sulla salute attorno a quei bombardamenti rimangono ammantati nella segretezza, e soggette a sistematiche revisioni che indicano come il danno sia stato molto peggiore che quello che la comunità internazionale sia stata portata a credere.

In realtà tutti i segnali indicano come le radiazioni dai test delle bombe, reattori nucleari, miniere di Uranio, stabilimenti e depositi di stoccaggio, stabilimenti di produzione delle bombe, depositi di scorie "terminali", stabilimenti di produzione commerciale, e le macchine a raggi X, sono molto più pericolose di quello che ci si aspettava in precedenza.

Poco dopo l'incidente a TMI, per esempio, un gruppo di quattordici scienziati della Germania Ovest dall'Universita di Heidelberg stimò che i giudizi ufficiali dalla *U.S. Nuclear Regulatory Commission* su quanto Plutonio, Cesio e Stronzio sono stati assorbiti dalla vegetazione possono essere sino a un migliaio di volte troppo bassi. Quindi le dosi provenienti dagli impianti di produzione, reattori nucleari, test di bombe e una possibile guerra nucleare possono essere ancor più letali di quanto creduto prima.

Il pericolo è verso tutte le creature viventi. Ma forse il costo maggiore è quello imposto sui non nati, la cui dimensione e vulnerabilità fetale le rende infinitamente suscettinili a anche la più piccola dose di radiazioni. E dal momento che tutti gli umani devono passare attraverso lo stadio fetale, l'intera specie è a rischio, anche con dosi fin qui considerate "basse".

Questi pericoli non sono sfuggiri al pubblico americano. Da metà degli anni '70, un movimento per bloccare la costruzione delle centrali nucleari ha avuto un marcato impatto sulla pianificazione energetica americana. Anni di costosi interventi legali, centinaia di dimostrazioni, e migliaia di arresti nei siti nucleari in tutto il paese hanno trasformato il pacifico atomo da un quieto miracolo in una contesa questione politica.

Se non fossero avvenute queste dimostrazioni, è improbabile che TMI avrebbe suscitato molto di più che due righe in cronaca nella stampa nazionale.

Adesso gli impianti nucleari sembrano molto in declino. Le ragioni sono in parte finanziarie, e in parte politiche. Con i crescenti costi di costruzione e un livello di domanda di energia in stabilizzazione, semplicemente l'energia atomica non è più un investimento ragionevole – se mai lo è stato.

Da quando i costi dell'energia sono andati alle stelle come conseguenza dell'embargo petrolifero arabo del 1973, il pubblico americano ha scoperto di poter risparmiare grandi quantità di energia e sopravvivere abbastanza felicemente. Utenze che furono essenzialmente forzate a guardare al nucleare inizialmente trovano ora che il risparmio energetico può in ultima analisi portare a un incremento dei profitti e causare meno problemi che non i miracoli della fissione atomica.

Nel 1976 c'erano 219 reattori operativi, ordinati, o in costruzione negli USA. Quattro anni dopo, dopo un fiero combattimento in vicinati, corti, banche, legislature, e ai siti delle centrali, il numero era sceso a meno di 180. Solo nel 1980, furono cancellati 16 reattori – contro nessun nuovo ordine – e 69 impianti in costruzione furono posticipati.

Molte centrali erano già state chiuse permanentemente con grandi spese, inclusa la Fermi I del Michigan, che patì un grave incidente nel 1966; la Indian Point I di New York, che mancava di un essenziale sistema di raffreddamento del nucleo; e il reattore Humboldt della california, che si scoprì stesse funzionando direttamente sopra una faglia sismica.

Nel 1981 i costruttori della centrale nucleare di Diablo Canyon, sulla costa della California, furono costretti ad ammettere che l'impianto era stato costruito con una serie di piani errata, e che avrebbe potuto essere non così resistente ai terremoti come promesso. Importanti questioni si presentarono sulla produttività dei contenitori a pressione dei reattori e dei sistemi di raffreddamento nelle centrali in tutta la nazione, sollevando lo spettro di spegnimenti di massa e dell'abbandono. Nel 1981, inoltre, un raid israeliano contro un reattore nucleare iracheno pose delle nuove, serie questioni sulla saggezza di esportare la tecnologia nucleare.

Nondimeno, l'amministrazione Reagan si attivò per permettere la rilavorazione del combustibile nucleare esaurito e per abbassare i requisiti basilari di sicurezza per permettere il rapido conferimento delle licenze. La mossa fece sorgere la preoccupazione che venissero abbandonati anche gli standard minimi di progettazione e costruzione nelle centrali domestiche e per l'esportazione.

Furono mossi anche rilievi sul se le lasse regolamentazioni potessero salvare energia atomica. Con alti tassi di interesse, domanda in caduta, e un crescente scetticismo sulle prestazioni dei reattori, la *carte blanche* alla regolamentazione dell'amministrazione non offriva alcuna garanzia di salvezza dal pantano economico dell'industria.
In ultima analisi, l'"atomo pacifico" sarà ricordato più per la sua funzione di segnale d'allarme radiattivo che per la sua abilità nel generare elettricità. Se gli indicatori delle salute a Three Mile Island e di altre installazioni nucleari sono corretti, per danneggiare la salute di umani e animali potrebbero servire molte meno radiazioni di quello che chiunque avesse mai immaginato. E questo, a sua volta, potrebbe avere delle basilari implicazioni per l'utilizzo più visibile dell'energia atomica – l'impiego come uno strumento bellico.
A questo riguardo, TMI, Kyshtym, Windscale, American Atomics, Church Rock, Rocky Flats, l'industria delle radiazioni, la controversia sui raggi X – servono tutti come dei vitali segnali di pericolo. E le centinaia di test di bombe nucleari americani negli anni '50 e inizi degli anni '60 offrono degli indicatori non inizialmente voluti dai militari. Se queste esplosioni – ora considerate relativamente"piccole" alla luce della potenza delle testate attuali – danneggiarono migliaia di GI e residenti vicini, uccisero migliaia di bambini e danneggiarono la crescita di migliaia di altri, uno può solo rabbrividire a quello che un qualunque scambio atomico – "limitato" o altrimenti – potrebbe fare alla vita sulla terra.
Nè farebbe molta differenza dove le bombe atterrerebbero. Quattro giorni dopo che i cinese fecero esplodere una bomba atomica sul proprio suolo nel settembre del 1976, furono registrati dei livelli pericolosi di radiazioni nel latte in tutto il New England.
La nube radiattiva quindi fece il giro del mondo e fu monitorata mentre passò sulla East Coast degli Stati Uniti una seconda volta, diversi giorni dopo. In ultima analisi un attacco americano all'unione Sovietica o un attacco sovietico all'America avrebbe di base lo stesso impatto sulle future generazioni di ogni nazione. E le bombe atomiche costruite e usate, o le esplosioni di reattori in nazioni minori alla fine ucciderebbero e ferirebbero i bambini della nazione che aveva venduto loro la tecnologia.
Questo catalogo di disastri radiattivi non è stata nè una lettura felice nè un bello scrivere. La sua conclusione è ineludibile – eccetto un uso ben più prudente dei raggi X medici e altri ausili alla salute, la gran parte della tecnologia nucleare è semplicemente troppo pericolosa per un impiego sicuro. Non esiste un "atomo pacifico" – solo un fallito, costoso esperimento che è diventato troppo rovente per essere maneggiato. Non esiste anche qualcosa come una guerra nucleare – ma solo un suicidio radioattivo. Una nazione potrebbe emergere dall'olocausto come una temporanea vincitrice, con chi ha cospirato per premere il bottone ben nascosto nei propri ricoveri speciali. Ma in definitiva la razza umana nell'insieme non sopravviverebbe.
L'azione dei cittadini ha già drasticamente cambiato il corso della pianificazione atomica. Il risparmio energetico e l'auto-organizzazione politica hanno portato alla cancellazione di numerosi reattori nucleari. Numerosi tentativi di estrazione e raffinazione dell'Uranio negli USA, nel Canada e in Australia sono stati bloccati dalle proteste pubbliche. Il trasporto dei materiali nucleari e l'immagazzinamento delle scorie nucleari è stato contrastato con forza in tutto il Nord America. E nonostante delle fiere pressioni militari, nel 1963 fu firmato un trattato di mora sui test nucleari nell'atmosfera – un atto che salvò milioni di vite umane, americane e non solo.
All'alba degli anni '80, continuati test nucleari sotterranei e discorsi da parte del regime Reagan/Bush di guerra nucleare "limitata" e della "vincibilità" di un confronto globale

scatenò delle imponenti proteste negli USA, Europa e Giappone, e decollò rapidamente una campagna mondiale per il disarmo nucleare.

Questa campagna potrebbe diventare la forza sociale maggiormente vitale degli anni '80, e potrebbe anche contenere in sé la chiave di volta di tutta la storia umana. Quando nel 1947 Albert Einstein paragonò la scoperta della fissione nucleare alla scoperta del fuoco, non evidenziò anche quanto tempo impiegò la società umana primitiva a imparare a impedire a quel fuoco di distruggerla, o quali tipi di mutamenti consapevoli furono richiesti alla specie.

Né calcolò quanto ci sarebbe voluto, o quali cambiamenti nella coscienza sarebbero stati necessari, a una società moderna, per sopravvivere alla fissione dell'atomo. Egli pensò chiaramente che il tempo per questa seconda operazione sarebbe stato breve, e che era in gioco il futuro della razza umana. Ma credeva anche che, con una popolazione informata, ci si potesse riuscire.

APPENDICI ALL'EDIZIONE ITALIANA

APPENDICE A.

Giustizia per le vittime

Molti anni dopo la stesura di questo libro, il Governo USA ammise definitivamente di aver causato gravi danni alla salute a decine di migliaia di americani, stabilendo dei notevoli risarcimenti economici alle vittime delle radiazioni, prima con il *Radiation Exposure Compensation Act*, ratificato nel 1990, e quindi con l'*Energy Employees Occupational Illness Compensation Program* del 2000. Le ingenti somme stanziate fanno riflettere sui costi, non solo in termini di sofferenza umana, del nucleare.

Il Radiation Exposure Compensation Act

Il *Radiation Exposure Compensation Act* (RECA)[476] degli Stati Uniti d'America è uno statuto federale che stabilisce il risarcimento economico per le persone, incluse i veterani atomici, che contrassero il cancro e un gran numero di malattie specifiche[477] come diretto risultato della loro esposizione ai test nucleari nell'atmosfera intrapresi dagli USA durante la Guerra fredda (in questa categoria ricadono anche i soldati americani "veterani dell'atomo"), o della loro esposizione ad alti livelli di radon durante l'estrazione mineraria dell'Uranio. L'atto, ratificato il 5 ottobre 1990, stabilisce le seguenti compensazioni:

– 50.000 $ a individui residenti o lavoranti sottovento al Nevada Test Site.
– 75.000 $ ai lavoratori partecipanti agli esperimenti atmosferici di armi nucleari
– 100.000 $ ai minatori, operai dei frantoi e trasportatori di minerale

In tutti i casi vi erano ulteriori requisiti che dovevano essere soddisfatti (prova dell'esposizione, lo stabilirsi del tempo dell'impiego e di certe condizioni mediche, etc.).
In alcuni casi, però, fu estremamente difficile per gli abitanti ricevere le loro compensazioni, in special modo nel caso delle vedove dei minatori dell'Uranio. Poiché molti di questi lavoratori erano nativi americani, le vedove non erano in possesso delle normali licenze matrimoniali, necessarie per stabilire una relazione legale con il deceduto. Furono poi introdotte delle revisioni nel Registro Federale per assistere la stesura di queste richieste di compensazione.
Nel 2000 furono ratificati altri emendamenti, i quali aggiunsero due nuove categorie, i lavoratori dei frantoi di Uranio e quelli del minerale, e aggiunse altre località geografiche

---

[476] Legge per il Risarcimento della Esposizione alle Radiazioni.
[477] Leucemia, mieloma multiplo, linfoma, cancro primario della tiroide, seno, esofago, stomaco, faringe, intestino tenue, pancreas, reni, vescica, ghiandole salivari, cervello, colon, ovaie, fegato o polmoni.

alla lista dei luoghi sottovento, cambiò alcune delle infermità riconosciute, e abbassò la soglia della esposizione all'Uranio per i minatori dell'Uranio.

Alla data del 14 ottobre 2009 erano state approvate 21.629 richieste (e 8.736 negate), con una spesa totale di 1.444.082.096 $.

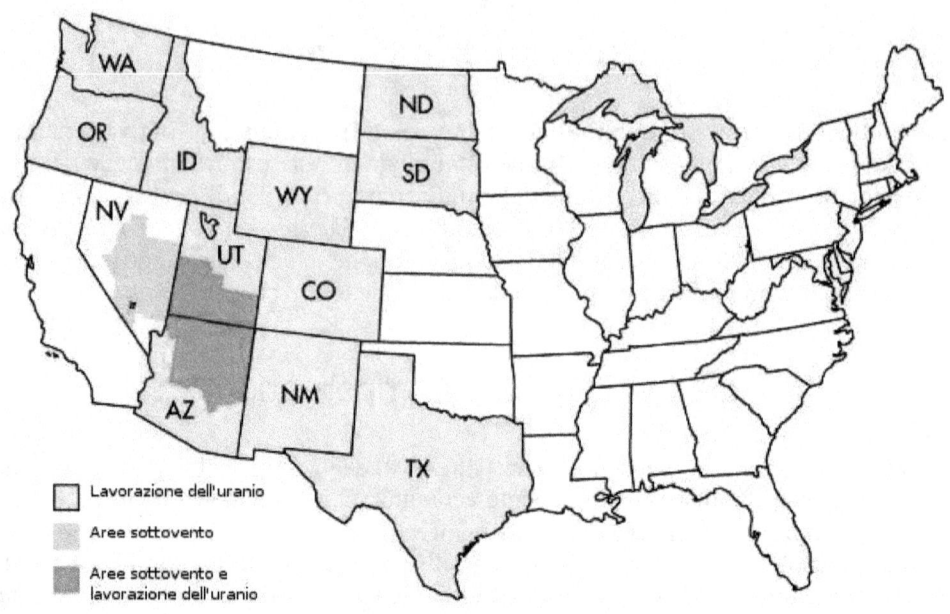

Le aree coperte dal Radiation Exposure Compensation Act.

L'Energy Employees Occupational Illness Compensation Program

L'*Energy Employees Occupational Illness Compensation Program* (EEOICP)[478] fu ratificato nel 2000 per risarcire gli individui che avevano lavorato nella produzione delle armi nucleari e come risultato dell'essere stati esposti durante il lavoro hanno contratto certe malattie. La legge fu firmata dal Presidente Bill Clinton il 7 dicembre 2007. L'Ordine Esecutivo 13179 dichiara quanto segue:

Dalla seconda guerra mondiale, centinaia di migliaia di uomini e donne hanno servito la loro Nazione nel costruire la sua difesa nucleare. Durante il loro lavoro, superarono delle sfide scientifiche e tecniche mai immaginate prima. Migliaia di questi coraggiosi americani, tuttavia, pagarono un alto prezzo per il loro servizio, sviluppando malattie disabilitanti o fatali come risultato dell'esposizione di berillio, radiazioni ionizzanti, e altri pericoli unici alla produzione e alla sperimentazione delle armi nucleari. Troppo spesso, questi lavoratori non furono né adeguatamente protetti, né informati dei pericoli lavorativi ai quali erano esposti. […] Mentre la Nazione non potrà mai pienamente ripagare questi lavoratori o le loro famiglie, essi meritano riconoscimento e compensazione per i loro sacrifici. […]

Il programma è amministrato dal Dipartimento del Lavoro. L'EEOICP, come emendato, ha cinque sezioni: la parte B copre gli individui, o certi sopravissuti di individui, che hanno lavorato in delle strutture coperte e hanno sviluppato la silicosi o delle malattie legate al cancro come risultato dell'esposizione alle radiazioni. La parte E è per gli individui, o certi sopravissuti degli individui, che hanno sviluppato malatttie risultanti dall'esposizione alle tossine. Il risarcimento sotto la parte B è un pagamento forfettario di 150.000 $, eccetto gli individui con i requisiti richiesti che hanno già ricevuto pagamenti sotto il RECA; questi ultimi riceveranno un risarcimento forfettario di 50.000 $. Oltre al pagamento forfettario, le compensazioni includono l'assistenza medica. I risarcimenti ricadenti nella parte E variano sino ai 250.000 $, basati sulla perdita degli stipendi, invalidità, sopravissuti, etc.
Tra il 2000 e il 2009, l'EEOICP ha distribuito più di 5 miliardi di dollari in compensazioni ai lavoratori malati e alle loro famiglie.

---

[478] Programma per il Risarcimento delle Infermità Lavorative dei Lavoratori [nel campo] dell'Energia.

APPENDICE B.
Nozioni elementari sulla radioattività

La *radioattività* è la proprietà di alcuni nuclei atomici di emettere radiazione. La *radiazione* in questo caso indica un processo che implica il trasporto di *energia*, per il quale *particelle o onde* viaggiano nella materia o nello spazio.

Le radiazioni citate in questo libro rientrano in queste categorie:

– *Alfa* (α). Sono di natura *corpuscolare*, sono cioé particelle; sono poco penetranti e possono essere "fermate" da uno strato d'aria o da corpi solidi. Sono considerate pericolose per gli organismi se le sostanze che li emettono vengono ingerite o inalate.
– *Beta* (β). Anch'esse di natura *corpuscolare*, ma più penetranti delle Alfa; possono attraversare anche corpi metallici. La protezione dai raggi Beta richiede indumenti protettivi specifici, o schermi metallici di adeguata consistenza.
– *Gamma* (γ). Di natura *ondulatoria* – si comportano cioè come onde elettromagnetiche quali la luce o le onde radio – hanno un notevole potere di penetrazione e possono oltrepassare anche lastre di piombo di un certo spessore; costituiscono una piccola parte della radiazione totale ma sono considerate le più forti e dannose.

I *Raggi X* sono onde elettromagnetiche con energia minore rispetto alle Gamma. Sono molto penetranti e vengono perciò usate in medicina per applicazioni diagnostiche; in questo caso vengono generate per emissione catodica tramite l'applicazione di tensioni di decine di KVolt all'interno di un tubo a vuoto.
Oltre a queste, presenti anche in natura, le esplosioni nucleari liberano pure *neutroni*, che sono componenti del nucleo atomico; relativamente pesanti e con carica neutra, sono più difficili da schermare e da misurare e hanno effetto rilevante sui tessuti viventi che attraversano.
Se l'energia della radiazione è sufficiente a *ionizzare* gli atomi della materia su cui incide, ossia a farle perdere o guadagnare elettroni, essa può in generale avere effetti sui tessuti biologici, ed è quella propriamente trattata in questo libro.

Rilevamento e misura della radioattività

Le varie radiazioni possono essere rilevate o misurate con strumenti diversi e specifici per uno o più tipi di esse, e possono dare informazioni qualitative sull'esposizione o quantitative sulla quantità di radiazione assorbita.
Gli strumenti per la rilevazione più usati sono i *rilevatori ad azione fotografica (badge)*, in cui si sfrutta la proprietà della radiazione di impressionare una pellicola fotografica; questa viene protetta dalla luce e sviluppata dopo l'esposizione; in caso di radiazione, questa verrà rivelata dalla presenza di macchie nere.
Il *Contatore Geiger-Müller*, lo strumento più diffuso per la "misura sul campo" della radiazione, conta il numero di eventi ionizzanti avvenuti nella camera, o tubo Geiger, per unità di tempo. Un circuito elettronico rivela il "passaggio in conduzione" del gas rarefatto contenuto all'interno del tubo, effetto di una radiazione.

È importante sottolineare che il tipo più comune di contatore Geiger-Müller può limitatamente discriminare il tipo delle particelle, e non ne può misurare l'energia nè la quantità di carica da esse prodotta. Inoltre, l'attività rilevata dal sensore non corrisponde alla totalità dell'emissione di una sorgente, a causa della limitata sensibilità angolare del sensore: alcune particelle possono essere fermate dalle pareti del sensore, o non riuscire ad attraversare la finestra. In generale, ci si può limitare a dire che la lettura del contatore fornisce un'indicazione proporzionale all'attività della sorgente. Non è perciò corretto graduare la scala di un contatore di questo tipo, ad esempio, in rem.

Dosimetria e unità di misura

La *dosimetria* si occupa di calcolare la dose assorbita nei materiali e nei tessuti in seguito all'esposizione a radiazione ionizzante.

La *dose* si misura in *gray* (Gy) per i materiali o *sievert* (Sv) per i tessuti biologici: 1 Gy or 1 Sv equivale a 1 joule per kg. Unità non nel Sistema Internazionale (SI) sono i *rad* e i *rem*: 1 Gy = 100 rad e 1 Sv = 100 rem.

Le altre unità di misura dipendono da cosa effettivamente si vuole esprimere:

a) Unità di misura di *disintegrazioni nucleari*:
– Nel SI, l'unità di misura è il *becquerel* (Bq), unità di misura definita come numero di decadimenti per secondo.
– Un'altra unità molto usata nel passato è il *curie* (Ci): il fattore di conversione tra le due unità è 1 Bq = 27 pCi. Un curie è uguale a trentasette miliardi di disintegrazioni al secondo, o approssimativamente alla radioattività di un grammo di radio.

b) Unità di misura della quantità di radiazione *ionizzante (X o γ) necessaria a produrre un certo effetto* nella materia:
– Il *röntgen* (R) è una unità di misura della radiazione ionizzante, riferito solo a radiazioni X e Gamma. È definito come la quantità di radiazione che produce in un campione di aria di 1 mL a 0 °C e 1 atm, una ionizzazione corrispondente ad una carica elettrica di 1 ues ovvero $2,08 \times 10^9$ coppie di ioni.
Esempi: un orologio luminoso produce circa 5 milliröntgen (mR) per anno; una radiografia produce circa 500 mR.

c) Unità di misura della quantità di *qualsiasi radiazione necessaria a produrre un certo effetto* nella materia:
– Nel SI si usa il *gray* (Gr) che rappresenta la quantità di radiazione che deposita 1 Joule in un kg di materia.
– È usato anche il *rad* che che corrisponde a 100 erg per grammo di materia.

d) Unità di misura che indica la quantità di radiazione *necessaria a produrre un effetto biologicamente rilevante*:
– Come sopra riportato, tradizionalmente si è usato il *Röntgen equivalent man* (rem) che indica la cosiddetta *dose equivalente*, che tiene conto della quantità di radiazione assorbita da un tessuto, del tipo di radiazione e della sua energia e di alcune costanti.
– Nel SI si usa il *Sievert* (sv) che corrisponde a 100 rem.

APPENDICE C

Effetti biologici delle radiazioni[479]

La presenza di radioisotopi nell'ambiente, in seguito a eventi naturali, a carenze di controllo o a situazioni incidentali, può esporre la popolazione a dosi da irraggiamento esterno (contatto) e da irraggiamento interno (ingestione e inalazione) aggiuntive a quelle medie naturali, con esposizioni che possono protrarsi anche per lunghi periodi.
I radioisotopi dispersi nell'ambiente possono entrare a far parte delle catene biologiche, e quindi subire processi di concentrazione che possono portarli ad accumularsi in alcune sostanze destinate all'alimentazione animale e umana, creando così particolari condizioni di rischio. Per esempio:

– si è constatato che radioisotopi come il piombo-210 e il polonio-210 si concentrano nel pesce e nei molluschi, esponendo a dosi elevate chi consuma grandi quantitativi di questi alimenti;
– analogo è l'effetto dei fenomeni di concentrazione degli stessi radioisotopi nei muschi e nei licheni, e conseguentemente nella carne degli erbivori che, come le renne, se ne nutrono. In tal modo decine di migliaia di persone che vivono nell'estremo nord dell'Europa e che si cibano abitualmente di carne di renna subiscono normalmente dosi che superano di oltre 30 volte i livelli medi ambientali;
– altri processi di accumulo della radioattività nelle catene biologiche sono stati scoperti in Australia, dove alcune popolazioni che si nutrono di carni e frattaglie di pecora e di canguro subiscono esposizioni che superano di oltre 70 volte i livelli medi normali.

La presenza dei fenomeni di concentrazione e di accumulo dei radioisotopi nelle catene biologiche complica in misura notevole la valutazione delle dosi cui la popolazione è esposta in seguito alla dispersione di radioattività nell'ambiente, e costringe gli esperti di radioprotezione a fare sistematico uso di sofisticati modelli di diffusione.

Effetti sulle cellule e sui tessuti biologici

Attraverso il processo di ionizzazione, le radiazioni determinano la temporanea alterazione degli atomi e la conseguente modificazione delle molecole e delle cellule che li contengono. In tal modo le radiazioni interagiscono con i tessuti biologici danneggiando i costituenti cellulari in genere, e tra essi il DNA. Il danneggiamento del DNA può impedire la sopravvivenza o la riproduzione della cellula.
Alle basse dosi e per limitate intensità di dose, quando i danni provocati nelle cellule sono lievi e la velocità di danneggiamento non è elevata, i normali meccanismi biologici di riparazione cellulare – sempre attivi in ogni organismo – possono porvi riparo, e non si hanno quindi necessariamente conseguenze dannose sulla funzione cellulare e sui tessuti.
La riparazione può talvolta non essere perfetta, e può dare luogo a una cellula vitale ma modificata; questa potrà continuare a riprodursi generando un clone di cellule modificate, che può evolvere alla fine in un tumore. Se la cellula modificata ha la funzione di trasmet-

---

[479] Tratto da http://www.sogin.eu/approfondimenti/Radioattivita/Pagine/Effettibiologicidelleradiazioni.aspx.

tere informazioni genetiche alla discendenza, allora è probabile che possa trasmettere informazioni imprecise, influendo sul suo corretto sviluppo.

Al crescere della dose e della sua intensità i danni cellulari diventano più numerosi e più gravi e tali da interferire con la funzione cellulare. I meccanismi di riparazione e rigenerazione possono rivelarsi inadeguati, e la cellula, danneggiata irreparabilmente, può morire, immediatamente o dopo un certo numero di divisioni. Alle alte dosi il danno cellulare può estendersi fino a interessare vaste regioni del tessuto colpito, pregiudicandone la funzione organica.

Effetti somatici e genetici

Gli effetti prodotti dalle radiazioni nell'organismo umano sono usualmente distinti in due categorie: *effetti somatici* ed *effetti genetici*.

Sono *effetti somatici* quelli che interessano le cellule somatiche, cioè quelle che costituiscono i tessuti dell'individuo e che scompaiono all'atto della sua morte; considerando un agente fisico che non ha nulla a che fare con le radiazioni ionizzanti, ma che è a tutti ben noto, sono effetti somatici, ad esempio, le ustioni epidermiche che derivano dall'esposizione alla radiazione solare.

Sono *effetti genetici* quelli che interessano invece il corredo genetico delle cellule riproduttive, che viene trasmesso alla progenie attraverso la riproduzione.

A seconda dell'epoca in cui si manifestano rispetto all'esposizione, gli effetti somatici sono classificati come effetti immediati o tardivi.

Sono *effetti somatici immediati* quelli che si manifestano entro qualche giorno o al massimo entro qualche settimana dall'esposizione. Si tratta di manifestazioni tipiche di irradiazioni acute (di forte intensità e breve durata), quali quelle che si verificano nel caso di incidenti. Questi effetti si manifestano quando il danno cellulare è così esteso da pregiudicare significativamente un intero organo o tessuto e sono perciò possibili solo se viene superato, in un dato intervallo di tempo, un determinato limite di esposizione. A parte una lieve variabilità dovuta a fattori biologici individuali, sono colpiti tutti gli individui irradiati al di sopra di questo valore soglia, normalmente espresso in termini di dose assorbita all'organo considerato. La gravità dei sintomi è inoltre crescente al crescere della dose assorbita. Appartengono, ad esempio, a questa categoria le ustioni solari già ricordate. Nel caso delle radiazioni ionizzanti gli effetti somatici immediati possono giungere anche a determinare la morte dell'individuo. Ad esempio, una dose acuta di 5 Gy a tutto il corpo (corrispondenti a 5 Sv) è tale da determinare la morte entro 30 giorni del 50% dei soggetti esposti, e si definisce per questo *dose letale al 50%*.

Gli *effetti somatici tardivi* sono quelli che si manifestano a distanza anche di molti anni dall'esposizione; appartengono a questa categoria malattie degenerative di diverso tipo. Alcune di queste manifestazioni, quali la dermatite cronica, la cataratta da radiazioni, le anemie e leucopenie croniche, hanno modalità di manifestazione assimilabili agli effetti immediati precedentemente considerati, quali l'esistenza di una soglia, certamente elevata ancorché difficilmente quantificabile, in quanto fortemente dipendente dalle caratteristiche temporali delle irradiazioni. Altre, fra cui il cancro e laleucemia, esibiscono caratteristiche completamente diverse: non esiste un valore soglia per la loro comparsa, mostrano sempre la stessa gravità per qualsiasi valore della dose (tipo tutto o niente, senza alcuna gradualità con la dose), hanno frequenza di comparsa sempre relativamente bassa, ma tanto più elevata quanto maggiore è la dose. Per questi effetti si suppone che il legame fra dose ed effetto sia sempre di tipo proporzionale senza soglia, come sarà meglio precisato nel paragrafo successivo.

Gli effetti genetici sono sempre di tipo tardivo, potendosi manifestare solo nelle generazioni successive a quella interessata dall'esposizione. Le alterazioni del corredo genetico delle cellule riproduttive possono tradursi in manifestazioni non patologiche, in manifestazioni patologiche lievi o in manifestazioni patologiche gravi. In radioprotezione si assume, a titolo cautelativo, che tutti gli effetti siano del tipo più grave, e anche per essi si assume un rapporto dose-effetto di tipo proporzionale e senza soglia.

Effetti somatici di un tipo particolare sono quelli legati all'irradiazione del feto nell'utero. In questa categoria sono compresi sia effetti deterministici (principalmente aborto spontaneo, malformazioni e difetti dello sviluppo, a secondo delle dosi assorbite e del periodo dell'irradiazione) sia effetti tardivi stocastici, del tutto assimilabili a quelli di un individuo già nato. La probabilità di induzione di questi ultimi effetti è ritenuta sostanzialmente più alta di quella relativa all'esposizione dell'adulto, in virtù della particolare radiosensibilità dei tessuti fetali. Giova sottolineare che, anche nel caso di malformazioni, in questo caso si tratta di effetti somatici e non di effetti genetici, essendo prodotti a partire da un danneggiamento di tessuti fetali o embrionali e non da una modificazione del corredo genetico di una cellula riproduttiva.

Effetti deterministici e stocastici

Aldilà della classificazione ricordata, gli effetti biologici delle radiazioni vengono anche classificati in effetti deterministici ed effetti stocastici, sulla base della loro riconducibilità alle cause iniziali.
I danni che si producono con sintomi organici evidenti e in stretto rapporto con l'esposizione prendono il nome di effetti deterministici delle radiazioni: si tratta generalmente di manifestazioni di tipo acuto, la cui gravità dipende dalla dose di radiazione assorbita, nel senso detto in precedenza. Gli effetti deterministici si manifestano generalmente entro breve tempo dall'esposizione per effetto di dosi e intensità di dose elevate, e comprendono tutti gli effetti immediati e quegli effetti somatici tardivi che presentano caratteristiche ad essi confrontabili quanto ad esistenza di un valore soglia e gradualità di manifestazione.
I restanti effetti somatici tardivi (essenzialmente cancro e leucemia) e gli effetti genetici, che non mostrano invece uno stretto ed evidente legame con l'esposizione, e che possono o meno manifestarsi anche a distanza di anni, sono chiamati effetti stocastici delle radiazioni: dalla dose di radiazione assorbita dipende solo la loro probabilità, ma non la gravità.
In termini sanitari gli effetti deterministici si traducono in manifestazioni immediate e certe, sempre di tipo somatico, direttamente correlabili con l'esposizione subita, e la cui gravità dipende dall'entità di questa. Gli effetti stocastici si traducono invece in manifesta-

zioni tardive e probabili di tipo somatico (cancro, leucemia, ecc.) o genetico, la cui probabilità, come appena detto dipende dalla dose assorbita.
A fini radioprotezionistici si assume che la relazione tra la dose e la probabilità di manifestazione degli effetti stocastici sia di linearità senza soglia.
Si ipotizza, in altre parole, che a qualsiasi dose, per quanto piccola, sia associato una probabilità diversa da zero che si manifesti un danno di tipo stocastico e che questa probabilità sia proporzionale alla dose efficace.

La riconoscibilità degli effetti

L'esistenza di una soglia di induzione al di sotto della quale è possibile escludere l'insorgenza di effetti deterministici ne permette la prevenzione, limitandone il campo di interesse essenzialmente a ristrettissime categorie di lavoratori o a condizioni incidentali estreme. Questa circostanza, unitamente all'adozione dell'ipotesi di linearità senza soglia, fa sì che le conseguenze più temute dell'esposizione alle radiazioni consistano nell'insorgenza di effetti stocastici, cioè di malattie degenerative (leucemia e tumore) o di mutazioni genetiche nella popolazione esposta.

Le manifestazioni patogene indotte da radiazioni sono clinicamente distinguibili come tali, a livello del singolo individuo, solo nel caso degli effetti deterministici. Non esiste infatti alcuna differenza clinica tra un tumore o una mutazione genetica radioindotta e le corrispondenti patologie spontanee o indotte da altri agenti fisici, chimici o biologici. Esistono pertanto difficoltà oggettive nell'identificare sulla base dei dati epidemiologici gli effetti dell'irradiazione di una popolazione o di un gruppo di individui, a causa di diversi fattori: il tempo di latenza delle malattie radioindotte, la dimensione e l'oscillazione statistica dell'incidenza naturale delle stesse malattie, la scarsità di dati sull'incidenza naturale e l'effetto amplificatore dell'approfondimento delle tecniche diagnostiche.

Le manifestazioni degenerative (leucemia e cancro) causate dalle radiazioni hanno un periodo di latenza che può essere anche molto lungo (tipicamente 2-3 anni per la leucemia e 5-10 anni per i tumori solidi), periodi che si riducono nei bambini a causa della velocità con la quale negli organismi giovani si riproducono le cellule. La variabilità statistica del periodo di latenza rende estremamente complesso – e sovente impossibile – correlare la comparsa di un effetto con la causa (radiazione o altro) che potrebbe averlo generato.

In una qualsiasi popolazione esiste una incidenza spontanea della leucemia e del cancro dovuta alle cause più disparate, che va sotto il nome di "incidenza naturale", e che è di per sé molto elevata: le statistiche stabiliscono che oltre il 20% dei cittadini dei paesi industriali morirà di leucemia o di cancro per effetto dell'incidenza naturale, con ampie oscillazioni statistiche da un anno all'altro. Il numero di casi dovuti all'incidenza naturale e le oscillazioni statistiche sono tali da mascherare completamente i pochi casi "aggiuntivi" attesi come effetto (statistico) di un'esposizione alla radioattività.

La mancanza in molti paesi di dati epidemiologici attendibili sull'incidenza naturale della leucemia e del cancro nella popolazione rende ulteriormente difficoltosa qualunque analisi mirante a discriminare i casi dovuti ad un'esposizione cronica (ad esempio, al *fall-out* radioattivo degli esperimenti nucleari militari) o acuta (ad esempio, le esposizioni medico-diagnostiche o quelle dovute a gravi incidenti nucleari).

Il miglioramento del monitoraggio sanitario fa di per sé aumentare i casi di malattia osservati, a causa della diagnosi precoce di casi di malattia che altrimenti sarebbero passati inosservati anche per molti anni e della diagnosi di casi di decesso che sarebbero stati attribuiti ad altre cause. Un'esperienza diretta di questo effetto è stata fatta in tutti i paesi industrializzati occidentali nella profilassi del cancro alla mammella, allorché il miglioramento delle tecniche di indagine e l'ampliamento della popolazione sottoposta a *screening* evidenziò inizialmente un (apparente) aumento della frequenza di questo tipo di malattia. Per tutti questi motivi, il riconoscimento diretto degli effetti di un'esposizione alla radioattività è problematico, a meno che non si tratti di un'esposizione tanto elevata da determinare effetti somatici immediati o effetti statistici evidenti.

Gli effetti delle basse dosi

Alle basse dosi di radiazione – quelle confrontabili con le dosi derivanti dal fondo naturale – possono determinarsi esclusivamente effetti di tipo stocastico, con probabilità che si riduce al ridursi della dose assorbita.

Al diminuire della dose la probabilità che si manifestino conseguenze diventa praticamente nulla, e gli effetti dell'irraggiamento non possono essere materialmente rilevati su base scientifica.

Per avere comunque una base di valutazione – destinata più a progettare le misure di radioprotezione che a valutare i reali effetti sanitari dell'esposizione - gli organismi nazionali e sovranazionali di radioprotezione adottano un'ipotesi di proporzionalità lineare fra dosi ed effetti stocastici estrapolata sulla base degli effetti verificati per le alte dosi.

Questa ipotesi di linearità porta sicuramente a sovrastimare gli effetti delle piccole dosi, e quindi agisce nel senso della sicurezza.

Ma se ciò è vero in fase di prevenzione, l'uso indebito di questo procedimento da parte di persone non qualificate per condurre previsioni circa gli effetti sanitari di una determinata esposizione - oltre ad essere errato sulla base dei presupposti scientifici - può determinare ingiustificate apprensioni.

Gli effetti psicologici e psicosomatici

Sulla base dei dati epidemiologici raccolti in occasione dei maggiori incidenti nucleari (Windscale, Three Mile Island, Chernobyl), gli esperti internazionali hanno riscontrato nelle popolazioni interessate conseguenze di tipo psicologico e psicosomatico legate non all'entità dell'esposizione, ma al timore circa la reale entità del rischio e allo sconvolgimento dei modi e dei ritmi di vita.

Gli effetti di questo stress psicologico possono tradursi in disagi cardiaci, sindromi nervose e indebolimento del sistema immunitario.

Nella popolazioni evacuate in occasione del disastro di Chernobyl è stato osservato uno stato di ansia e di stress di tipo cronico, con disturbi di vario genere, insonnia e difficoltà di apprendimento.

Si tratta di disturbi che, seppure complessivamente diagnosticati come "sindrome da radiofobia", non sono direttamente correlati all'effetto delle radiazioni, ma al timore di esse.

APPENDICE D.
Elenco dei test di bombe atomiche

L'elenco seguente, incluso nell'edizione originale del libro, aggiornato ai primi anni '80, dava un totale di 691 test nucleari. Il totale ufficiale degli esperimenti nucleari USA è oggi di 1.054 test, con l'impiego di 1.151 ordigni, con 331 test atmosferici e 839 sotterranei. Seguono poi l'URSS con 715 test con 959 ordigni, la Francia con 210 test, Inghilterra e Cina con 45, India e Pakistan con sei, e la Corea del Nord con due.

"Elenco dei test nucleari USA annunciati"
Fonte: U.S. Department of Energy

Totali per anno

1945 - 3	1966 - 40
1946 - 2	1967 - 28
1947 - 0	1968 - 33
1948 - 3	1969 - 29
1949 - 0	1970 - 30
1950 - 0	1971 - 11
1951 - 16	1972 - 8
1952 - 10	1973 - 9
1953 - 11	1974 - 8
1954 - 6	1975 - 16
1955 - 18	1976 - 16
1956 - 18	1977 - 12
1957 - 32	1978 - 13
1958 - 77	1979 - 15
1959 - 0	1980 - 17
1960 - 0	
1961 - 10	Totale: 691[480]
1962 - 98	
1963 - 43	
1964 - 30	
1965 - 29	

---

[480] Il totale include 12 test congiunti angloamericani dal 1962.

Totali per tipo

Sganciata da aereo/detonazione a mezz'aria (*airburst*) 55
Torre 56
Pontone (su laguna con basso fondale) 36
Superificie (livello del mare o terrestre) 28
Pallone 25
Razzo 15

TOTALE DEI TEST ATMOSFERICI 212

Pozzo o tunnel 465
Cratere 9

TOTALE DEI TEST SOTTERRANEI 474

TOTALE DEI TEST SUBACQUEI 5

Totali per scopo

Sviluppo e valutazione delle testate (più dell'85% per la sperimentazione di nuovi modelli di armi) 606
Esperimenti di sicurezza 33
Progetto Plowshare (programma per usi civili) 27
Test congiunti angloamericani 12
Vela Uniform (sperimentazione di rivelatori sismici di test nucleari sotterranei) 7
Stoccaggio/trasporto 4
Combattimento (Hiroshima e Nagasaki) 2

Totali per luogo

TOTALE NEL PACIFICO: 106

Eniwetok 43
Christmas Island 24
Bikini 23
Johnson Island 12
Altrove nel Pacifico 4

TOTALE NEL NEVADA TEST SITE: 563

TOTALE NEL SUD ATLANTICO: 3

TOTALE ALTRE LOCALITÀ: 19

Nevada, al di fuori del Nevada Test Site 7
Amchitka, Alaska 3
Alamogordo, New Mexico 1
Giappone 2
Carlsbad, New Mexico 1
Hattiesburg, Mississippi 2
Farmington, New Mexico 1
Grand Valley, Colorado 1
Rifle, Colorado 1

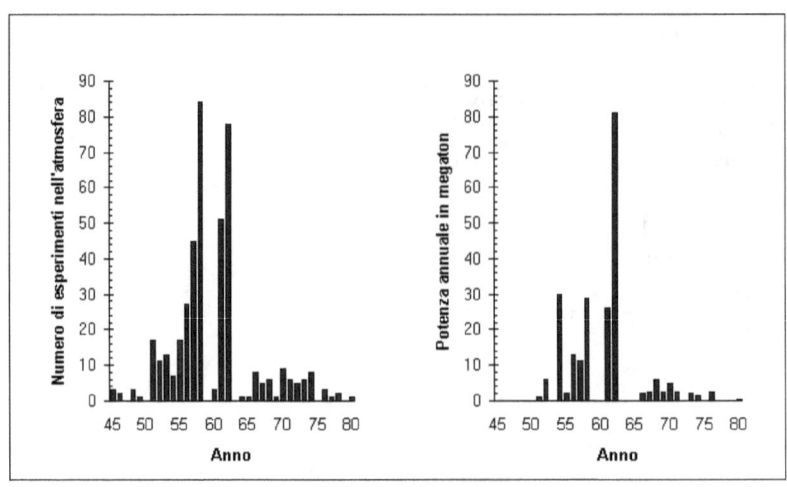

Esplosioni nucleari nell'atmosfera (UNSCEAR).

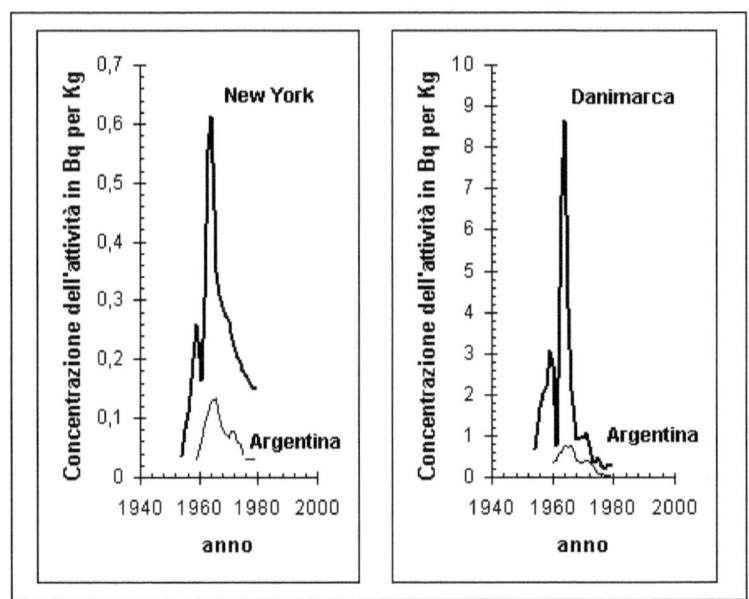

Concentrazione di Stronzio e Cesio nella dieta alimentare, data dalla contaminazione della catena alimentare da fall-out. Notare la corrispondenza esatta con l'andamento delle esplosioni atomiche sperimentali (UNSCEAR).

Note

Per la stesura di questo libro sono state condotte più di duecento interviste, molte delle quali non sono citate in nota[481]. Spesso la stessa persona è stata intervistata più volte, e in tal caso le conversazioni sono citate sotto una sola data. Nel citare le fonti a stampa e nel testo sono state usate diverse abbreviazioni, principalmente per Enti del Governo USA.

ABCC: Atomic Bomb Casualty Commission
Commissione Vittime delle Bombe Atomiche
AEC: Atomic Energy Commission
Commissione per l'Energia Atomica
CDC: Center for Disease Control
Centro per il Controllo delle Malattie
DoA: Department of Agriculture
Dipartimento dell'Agricoltura
DoD: Department of Defense
Dipartimento della Difesa
DoE: Department of Energy
Dipartimento dell'Energia
DHEW: Department of Health, Education, and Welfare
Dipartimento della Salute, Istruzione e Welfare
EPA: Environmental Protection Agency
Ente per la Protezione dell'Ambiente
FRC: Federal Radiation Council
Consiglio Federale sulle Radiazioni
FDA: Food and Drug Administration
Agenzia per gli Alimenti e i Medicinali
GAO: General Accounting Office
Ufficio Verifica Spese dell'Amministrazione
ICRP: International Commission on Radiological Protection
Commissione Internazionale sulla Protezione Radiologica
JCAE: Joint Committee on Atomic Energy
Comitato Congiunto sull'Energia Atomica
NAS: National Academy of Sciences
Accademia Nazionale delle Scienze
NIOSH: National Institute for Occupational Safety and Health
Istituto Nazionale per la Salute e Sicurezza sul Lavoro
NRC: Nuclear Regulatory Commission
Commissione di Regolamentazione Nucleare
OTA: Office of Technology Assessment
Ufficio per il Monitoraggio delle Tecnologie
PHS: Public Health Service
Servizio di Salute Pubblica
USMC: U.S. Marine Corps
Corpo dei Marines degli Stati Uniti
VA: Veterans Administration
Amministrazione dei Veterani di guerra

---

[481] Per motivi di spazio non abbiamo potuto inserire nel testo tutte le note dell'edizione originale, ma abbiamo selezionato quelle di maggiore rilevanza; per chi fosse interessato segnaliamo comunque che il testo originale completo di *Killing Our Own* è reperibile in .pdf all'indirizzo web http://associazioneitalia.blogspot.com, NdE.

INDICE

Prefazione all'edizione italiana

Introduzione

Parte I
Le bombe

1. I primi veterani dell'atomo
2. 300.000 GI sotto il fungo atomico
3. Le bombe arrivano a casa
4. Fallout dei test e ricadute politiche
5. I test continuano, la storia si ripete

Parte II
Il posto di lavoro radioattivo

6. Lavoratori nucleari: radiazioni sul lavoro

Parte III
Il lato oscuro dell'industria

7. La produzione di bombe a Rocky Flats: la morte sottovento
8. La raffinazione dell'Uranio e il disastro di Church Rock
9. Trizio a Tucson, scarti in tutto il mondo

Parte IV
L'atomo pacifico

10. La Battaglia di Shippingport
11. Quante radiazioni?
12. Animali morti a Three Mile Island
13. Persone morte a Three Mile Island
14. Conclusioni: sopravvivere al nuovo Fuoco

Appendici all'edizione italiana

Appendice A. Giustizia per le vittime
Appendice B. Nozioni elementari sulla radioattività
Appendice C. Effetti biologici delle radiazioni
Appendice D. Elenco dei test di bombe atomiche

www.ingramcontent.com/pod-product-compliance
Lightning Source LLC
LaVergne TN
LVHW081540070526
838199LV00057B/3726